高等政法院校规划教材

# 合同法学

HE TONG FA XUE

## （第五版）

**司法部法学教材编辑部 审定**

主　编：陈小君　高　飞

撰稿人：（以撰写、修订章节先后为序）

陈小君　张嵩纶　易　军

陆　剑　高　飞　王继远

裴丽萍　耿　卓　侯　巍

于凤瑞　王　刚　王茂祺

王太平　李国强

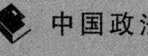

中国政法大学出版社

2022·北京

**图书在版编目（ＣＩＰ）数据**

合同法学/陈小君，高飞主编. —5版. —北京：中国政法大学出版社，2022.2
ISBN 978-7-5764-0295-7

Ⅰ.①合… Ⅱ.①陈…②高… Ⅲ.①合同法—法的理论—中国 Ⅳ.①D923.61

中国版本图书馆CIP数据核字(2022)第008827号

-------------------------------------------------------------------------------------------------

| | |
|---|---|
| 出 版 者 | 中国政法大学出版社 |
| 地　　址 | 北京市海淀区西土城路 25 号 |
| 邮　　箱 | fadapress@163.com |
| 网　　址 | http://www.cuplpress.com (网络实名：中国政法大学出版社) |
| 电　　话 | 010-58908435(第一编辑部) 58908334(邮购部) |
| 承　　印 | 固安华明印业有限公司 |
| 开　　本 | 720mm×960mm　1/16 |
| 印　　张 | 28.25 |
| 字　　数 | 538 千字 |
| 版　　次 | 2022 年 2 月第 5 版 |
| 印　　次 | 2022 年 2 月第 1 次印刷 |
| 印　　数 | 1～6000 册 |
| 定　　价 | 69.00 元 |

**作者简介**

**陈小君**　中共党员，法学教授。现为广东外语外贸大学"云山（法学）工作室"首席专家，博士生导师。兼任中国法学会民法学研究会副会长，农业农村部法律顾问等。在法学核心期刊等刊物上发表学术论文近百篇，出版合著 10 余部，普通高等教育"十五""十一五"国家级规划教材《合同法学》主编和"马工程"教材《民法学》副主编。2 项国家社科基金重大项目和 2 项教育部哲学社会科学研究重大课题攻关项目首席专家。获第七届、第八届高等学校科学研究优秀成果奖（人文社会科学）二等奖等 10 余项省部级奖励。坚持 20 年法学研究田野调查，参与国家民法典编纂等立法起草论证。

**高　飞**　中共党员，法学博士。现为广东外语外贸大学土地法制研究院教授，院长；吉林大学兼职教授，博士生导师。兼任中国农业农村法治研究会常务理事、中国法学会民法学研究会理事、广东省法学会民商法学研究会常务理事、广东省政府立法咨询专家等。发表论文数十篇，出版专著（含合著）近 10 部；参编"十二五"普通高等教育本科国家级规划教材《合同法学》（第三版）和"马工程"教材《民法学》（第一版）等。主持国家社科基金项目、司法部国家法治与法学理论研究项目等。获第八届高等学校科学研究优秀成果奖（人文社会科学）二等奖、全国百篇优秀博士论文奖、吴玉章人文社会科学青年奖等 10 余项省部级奖励；被评为第三届广州地区十大杰出中青年法学家。参与民法典物权编和农村土地承包法、土地管理法等法律法规编修论证。

**易　军**　中共党员，法学博士。现为中国政法大学民商经济法学院教授，博士生导师。兼任中国人民大学民商事法律科学研究中心兼职研究员、中国法学会民法学会研究会理事、北京市民商法学会常务理事、北京市消费者保护法学会常务理事等。入选教育部青年长江学者、教育部新世纪优秀人才支持计划，荣获首都十大杰出青年法学家（提名奖）。在权威期刊或法学核心刊物上发表论文 50 余篇。主持国家社科基金项目、司法部国家法治与法学理论研究项目等。获全国百篇优秀博士论文奖、司法部全国法学教材与科研成果奖二等奖、中国法学会优秀科研成果一等奖等多项省部级奖励。

**裴丽萍** 中国农工民主党党员，管理学博士。现为华中科技大学法学院教授，博士生导师。兼任中国法学会会员、中国法学会民法学研究会理事，湖北省法学会理事，武汉市仲裁委员会仲裁员等。发表论文 20 余篇，出版著作 5 部。研究成果获 6 项省部级奖励。参与完成中国合同法、民法典等立法专家建议稿的研究起草。

**耿 卓** 中共党员，法学博士。现为广东外语外贸大学土地法制研究院教授、博士生导师，法学院副院长。兼任中国法学会民法学研究会理事、广东省土地学会常务理事及土地法专业委员会副主任、广东省法学会财税法学研究会副会长等。在权威期刊或法学核心等刊物发表论文 40 余篇，出版独著、合著近 10 部。主持国家社科基金项目 2 项。获湖北省社科优秀成果奖、钱端升法学优秀成果奖和第八届高等学校科学研究优秀成果奖（人文社会科学）二等奖等；被评为第三届广东省十大优秀中青年法学家。参编 21 世纪法学规划教材《民法学》等。

**王太平** 中国致公党党员，法学博士。现为广东外语外贸大学"云山杰出学者"、法学院教授，博士生导师。兼任中国法学会知识产权法学研究会常务理事、中南财经政法大学知识产权研究中心兼职研究员等。主持国家社科基金项目 2 项，发表学术论文 50 余篇，出版个人著作 6 部；参编"马工程"教材《知识产权法学》。

**李国强** 中共党员，法学博士。现为大连海事大学法学院教授、博士生导师，大连海事大学国土资源法治研究中心主任。吉林大学兼职教授，吉林大学财产法研究中心副主任。兼任中国法学会民法学研究会理事、中国法学教育研究会诊所法律教育专业委员会常委、辽宁省法学会民法学研究会秘书长。发表论文 50 余篇，出版著作、教材 10 余部。主持国家社科基金 3 项、主持教育部人文社科基金等其他科研项目 10 余项。被评为"吉林省十大杰出中青年法学家"，相关科研成果三次获得省级社会科学优秀成果奖。

**王　刚**　中共党员，法学博士。现为青海民族大学法学院教授，博士生导师，青海省法学研究所所长。青海省"高端创新人才千人计划"拔尖人才、青海省"135 高层次人才培养工程"创新教学科研骨干，省级骨干教师。兼任中国法学会民法学研究会理事、中国农业农村法治研究会理事等。发表学术论文近 50 篇，出版专著 1 部。主持完成国家社科基金项目等多项。获中国法学优秀成果三等奖，国家民委人文社会科学成果二等奖，青海省哲学社会科学优秀成果二、三等奖等。获"青海省优秀青年法学家""青海青年五四奖章"等称号。参编普通高等教育"十一五"国家级规划教材《商法学》(第四版)。

**王继远**　中共党员，法学博士。现为五邑大学政法学院教授，五邑大学江门市地方立法研究院院长。兼任中国法学会社会法学会理事、广东省法学会社会法学研究会副会长、广东省法学会劳动关系法学研究会副会长，江门市第十五届人大常委会委员等。发表论文多篇，出版专著(含合著) 3 部。获省、校教学成果奖一等奖 3 项、市哲学社会科学成果奖 3 项。参编《民法学》《商法学》等教材多部。

**陆　剑**　中共党员，法学博士。现为中南财经政法大学法学院副教授。兼任中国法学会民法学研究会理事、湖北省法学会民法学研究会常务理事等。发表论文多篇，独立完成著作 2 部，合著 5 部。主持国家社科基金项目等 10 余项。获武汉市社会科学优秀成果优秀奖，"中国农村发展研究奖"专著奖等。

**张淞纶**　中共党员，法学博士。现为广东外语外贸大学"云山青年学者"、土地法制研究院副教授、副院长。出版专著 2 本，译著 4 本，在《哲学研究》《中外法学》《环球法律评论》等期刊上发表论文近 20 篇。承担国家社科基金项目一项。

侯　巍　中共党员，法学博士。现为华南师范大学法学院副教授，南粤优秀教师。兼任广东省法学会民商法学研究会副秘书长、广东省"七五"普法讲师团讲师、广州市人大监察和司法咨询专家等。出版专著 1 部，主（参）编教材 8 部，在《法商研究》《法学》等期刊发表学术论文多篇，主持参加省部级以上科研课题 7 项，获省部级以上科研教学奖励 3 项。

于凤瑞　中共党员，法学博士。现为广东外语外贸大学土地法制研究院副教授、副院长；兼任广东省法学会民商法学研究会副秘书长；在《法律科学》《法商研究》等刊物发表学术论文 10 余篇，出版专著 1 部；主持国家社科基金项目、教育部人文社科项目等课题；多项科研成果获中国法学会优秀成果奖。

王茂祺　中共党员，法学博士。现为深圳大学法学院副教授。在《法学评论》《武汉大学学报》《武大国际法评论》《行政与法》等刊物上发表论文 10 余篇，出版专著 1 部，参编教材 2 部。参与省部级项目数项。

# 出版说明

　　长期以来，在司法部的领导下，法学教材编辑部认真履行为法学教育服务的职能，为满足我国不同层次法学教育发展的需要，在全国高等院校和科研院所的大力支持下，动员了包括中国社会科学院法学研究所、北京大学、清华大学、中国人民大学、浙江大学、厦门大学、中山大学、南京大学、武汉大学、吉林大学、山东大学、四川大学、苏州大学、烟台大学、上海大学、中国政法大学、西南政法大学、中南财经政法大学、华东政法学院、西北政法学院、国家行政学院、国家法官学院、中国人民公安大学、中央司法警官学院、广东商学院、山东政法管理干部学院、河南政法管理干部学院等单位的教学、科研骨干力量，组织编写了《高等政法院校法学主干课程教材》、《高等政法院校法学规划教材》等多层次、多品种的法学教材。

　　这些教材的出版均经过了严格的策划、研讨、甄选、撰稿、统稿、修订等程序，由一流的教授、专家、学术带头人担纲，严把质量关，由教学科研骨干合力共著，每一本教材都系统准确地阐述了本学科的基本原理和基本理论，做到了知识性、科学性、系统性的统一，可谓"集大家之智慧，成经典之通说"。这些教材的出版对中国法学教育的发展，起了非常重要的推动作用，受到广大读者的欢迎和法学界、法律界的高度评价。

　　教材是一定时期学术发展和教学、科研成果的系统反映，所以，随着科研的不断进步，教学实践的不断发展，必然导致教科书的不断修订。国际上许多经典的教科书，都是隔几年修订一次，一版、五版、二十版，使其与时俱进，不断成熟，日臻完善，成为经典，广为流传，这已成为教科书编写的一种规律。

　　《高等政法院校规划教材》出版至今已有十余年的时间，本套系列教材已修订多次，其中不少种教材多次荣获国家教育部、国家司法部等有关部门的各类优秀教材奖。由于其历史长久，积淀深厚，已经形成自己独具特色的科学、系统、稳定的教材体系，在法学教育中，既保持了学术发展的连续性、传承性，又及时吸纳新的科研成果，推动了学科的发展与普及。它已成为国内目前最有影响力的一套法学本科教材。

　　进入 21 世纪，依法治国，建设社会主义法治国家是我国的基本方略。为了更好地适应新世纪法学教育的发展，为了迎接新时代的挑战，尤其是我国加入 WTO 带来的各种新的法律问题，我们结合近年来法制建设的新发展，吸收国内外法学研究和法学教育的新成果、新经验，对这套教材再次进行了全面修订。我们相信重修之规划教材定能对广大师生提供更有效的帮助。

司法部法学教材编辑部

2001 年 12 月

# 第五版说明

党的十八届四中全会明确提出，全面推进依法治国的总目标是建设中国特色社会主义法治体系、建设社会主义法治国家。习近平总书记在十九届中央政治局第三十五次集体学习时的重要讲话中指出："要坚定不移走中国特色社会主义法治道路，以解决法治领域突出问题为着力点，更好推进中国特色社会主义法治体系建设，提高全面依法治国能力和水平，为全面建设社会主义现代化国家、实现第二个百年奋斗目标提供有力法治保障。"

根据党中央和习近平总书记指示精神，以《中华人民共和国民法典》（以下简称"《民法典》"）出台为契机，为进一步提升我国民法学教育水平，提高法律人才素质，我们对《合同法学》（第四版）进行了全面增修。本次增修乃是以《民法典》最新规定为基础，以中国特色社会主义法治思想为指导，结合最新相关司法解释的内容，广泛吸收国内外法学研究与法学教育的新成果，力争全面与系统，兼顾广度与深度，追求科学性、理论性与实用性的统一。

本次《合同法学》增修由广东外语外贸大学土地法制研究院的陈小君与高飞两位教授担任主编。与之前版本相比，本版各章节的作者虽有所调整，但均为我国高等院校年富力强的中青年教师，拥有多年合同法学的教学实践经验，这些都为本教材的增修奠定了良好基础。在增修过程中，我们尽可能吸收以往版本撰写的有益经验，试图帮助读者从《民法典》的基本体系、范畴、规则出发来贯通理解合同法学的知识，将合同法学与《民法典》其他部分内容有逻辑的勾连融汇，加强读者对《民法典》"合同编"理论及相关制度的全面认知与把握，提升其民事基本法的法治思维、市场经济的规则意识、司法裁判和争议解决的能力，为全面建设社会主义法治国家、用制度促进市场经济的繁荣奠定坚实基础。

本书各章的撰写、增修分工如下：

陈小君　第一章；

张淞纶　第二章；

易 军 第三、五章；

陆 剑 第四、十二、十七章；

高 飞 第六、十五、十六、二十章；

王继远 第七章；

裴丽萍 第八、九、二十四、二十六、二十七章；

耿 卓 第十、二十五章；

侯 巍 第十一、二十二、二十三章；

于凤瑞 第十三章；

王 刚 第十四、三十章；

王茂祺 第十八、十九章；

王太平 第二十一章；

李国强 第二十八、二十九章。

全书由陈小君、高飞负责统稿、定稿。

编 者

2022 年 1 月

## 第四版说明

为了适应社会主义市场经济的发展和实施依法治国方略对法律人才的要求，满足法学教育提倡的服务社会理念对实务人才的需要，根据高等政法院校教学方案，由中南财经政法大学陈小君教授担任主编，中南财经政法大学麻昌华教授、高飞副教授担任副主编，对《合同法学》进行了新的修订。本次修订以理论与实践相结合原则为指导，广泛吸纳了国内外合同法学研究的新成果，结合我国最新制定和修订的法律、法规及相关司法解释，对基本原理做了全面、准确的阐述，同时加强了对读者思辨能力和解决实务能力的培养。

本书各章的撰写、修订分工如下：

陈小君　第一、二章；

高　飞、周佳念　第三、十八、十九、二十章，第五章第五、六节；

麻昌华　第四、十六、二十四章，第五章第一、二、三、四节；

裴丽萍　第六、七、二十一、二十二、二十三章；

赵金龙、耿　卓　第八、十四、十五章；

桂菊平　第九、十、十一、十二、十三、十七章。

编　者
2014 年 7 月

## 第三版说明

　　为了适应我国社会主义现代化建设和实施依法治国方略对法律人才的需求，全面提高法律人才的素质，根据高等政法院校新的教学方案，我们对高等政法院校规划教材作了全面的修订。这批教材以邓小平理论为指导，广泛吸收国内外法学教育的新成果，坚持理论联系实际的原则，力求系统、准确地阐述各学科的基本原理、基础知识，努力做到科学性、系统性和实用性的统一。

　　《合同法学》是其中的一种教材，由中南财经政法大学陈小君教授担任主编、中南财经政法大学麻昌华教授担任副主编。本次修订结合最新制定和修订的法律、法规，在原版内容的基础上，查缺补漏、删繁就简，力求在内容上尽量达到完整、全面。

　　本书各章的撰写、修订分工如下：

陈小君　第一、二章；

周佳念　第三、十九、二十、二十一章、第五章第五、六节；

麻昌华　第四、十七、二十六章、第五章第一、二、三、四节；

裴丽萍　第六、七、二十二、二十三、二十四、二十五章；

汪良平<br>赵金龙　第八、十四、十五、十六章；

桂菊平　第九、十、十一、十二、十三、十八章。

编　者

2007 年 2 月

通　　则

## 典 型 合 同

## 准　合　同

# 通　则

## 第一章　合同与合同法概述

■ 学习目的和要求

通过本章的学习，要求学生掌握合同的概念、特征及其基本分类，为《民法典》合同编的学习奠定基础。具体而言，通过学习能够掌握合同法的概念和本质，了解合同法的渊源和我国合同法制度与《民法典》合同编的立法进程，掌握合同法的基本原则，从宏观上把握合同法在整个私法体系中的地位。

### 第一节　合同概述

#### 一、合同的定义

关于合同（contrat，vertrag，contract）的概念有各种理论和立法，大陆法系有"合意之债"和"私法合同"之学说。以《法国民法典》为代表，[1] 认为合同是基于双方当事人的一种合意之协议而产生的法律关系。所谓合意，是指两个或两个以上的民事主体意思表示一致。合意以意思自治为前提，具有法律效力。这种"合意之债"实际上就是狭义的债权合同。《德国民法典》虽未给合同下定义，但观其合同在民法典中的位置，[2] 便知合同首先是债的种概念，同时，又不失为法律行为的一种，不能完全套用债的概念。可见，德国法上的合同是广义的私法合同，泛指一切以意思表示一致为要素而发生在私法上的行为。这里的合同除债权合同外，还包括物权合同、身份合同等。英美法系学者则认为"合同是

---

〔1〕　契约是一人或数人据以对另一人或者数人负担给付、作为或不作为之债务的协议。

〔2〕　《德国民法典》中同时存在着法律行为、债和合同三个概念。

一种允诺"，[1] 与大陆法系强调双方合意不同，其更注重将合同认定为一个或一组许诺。这种许诺如果具备一定条件——通常是另一方承诺且至少具有象征性对价时——法律将承认合同的可履行性并给予救济。由于英美法系合同的概念仅强调一方对另一方的允诺，而没有将双方当事人的合意置于重要位置，受到西方许多学者的批评。他们认为，应尽量将大陆法系合同界定时"协议"的内容运用于英美法中。[2] 在此类主张及其理论的影响下，英美法系与大陆法系在合同概念界定上日益趋同。

　　我国民法理论围绕合同的概念长期存在"经济说""书面协议说""经济合同协议说"和"法律行为说"等主张。但前三种主张仅停留在合同的作用上，未能从合同的本质来界定，而"法律行为说"较准确地揭示了合同的内核即合意之协议的本质。此外，在合同的适用范围上，还存在"广义合同""狭义合同"和"最狭义合同"之学理区分。[3]"广义合同"指所有法律部门中确定权利、义务内容的协议，有民事合同、行政合同、劳动合同、国家合同、身份合同等；"狭义合同"指一切民事合同，即债权合同、物权合同、身份合同、知识产权合同；"最狭义合同"仅指债权债务协议，即债权合同。《民法通则》"民事权利"一章中第85条明确规定："合同是当事人之间设立、变更、终止民事关系的协议……"依此内容，合同定义显然建立在"法律行为说"基础上，但依此内容设立的位置，该合同概念适用范围囿于债权债务关系，应为"最狭义合同"。至于我国1993年修改的《经济合同法》第2条将合同限定在"法人、其他经济组织、个体工商户、农村承包经营户相互之间，为实现一定经济目的，明确相互权利义务关系而订立的合同"，其定义既没有准确揭示合同的本质，又明显偏狭，不能涵盖基本的民事合同。

　　值得注意的是，1999年3月15日第九届全国人民代表大会第二次会议审议通过的《合同法》，将合同视为市场交易的法律形式，将合同法视为规范市场交易行为的规则，准确地界定了合同的概念："合同是平等主体的自然人、法人、其他组织之间设立、变更、终止民事权利义务关系的协议。婚姻、收养、监护等有关身份关系的协议，适用其他法律的规定。"在当时我国市场经济尚处于初级发展阶段和民事立法尚欠完备的情况下，采用此种狭义式与排除式相结合的定义

---

〔1〕　参见［英］P. S. 阿蒂亚：《合同法概论》，程正康等译，法律出版社1982年版，第27~29页。

〔2〕　在英美法上，"契约是两人或多人之间为在相互间设定合同义务而达成的具有法律强制力的协议"。参见［英］戴维·M. 沃克主编：《牛津法律大辞典》，邓正来等译，光明日报出版社1989年版，第205页。

〔3〕　参见王利明、崔建远：《合同法新论·总则》，中国政法大学出版社1996年版，第4页。

法较为科学和理智。具体理由如下：①合同法草案曾采用过的最狭义概念把合同纳入民法债权债务范畴，认为合同是当事人之间设立、变更、终止债权债务的协议，此举虽有它的合理性，但合同适用范围未免限定过窄，如采纳之，会将许多民事合同类型排除在合同法调整范围之外，如抵押合同、质押合同、建设用地使用权出让合同、土地承包合同等物权合同；再如，民法中有些合同在于取得共同利益，并不完全反映债权债务关系，如合伙合同等。上述合同虽有别于债权合同，但仍反映的是平等主体在市场交易中的关系，理应受到合同法的规制。②考虑到我国法律中和立法指导思想上未将身份关系的协议列入债权债务合意，加之身份关系如结婚、离婚以及收养等合意确有自己的特性和规律，立法体系上虽属民法，但已相对独立，采用排除界定式将此置于合同法之外乃是理所应当；不过，在此类关系的相关规范尚不完善之时，参照使用合同法的相关规定，同样也是合理之举。正因如此，《民法典》第464条规定："合同是民事主体之间设立、变更、终止民事法律关系的协议。婚姻、收养、监护等有关身份关系的协议，适用有关该身份关系的法律规定；没有规定的，可以根据其性质参照适用本编规定。"该条第2款为身份关系的协议参照适用合同编的规定留下了制度空间，与《合同法》相关规定相比更为先进，颇值赞同。

总之，本书所讨论的合同，是指平等的自然人、法人、非法人组织等民事主体间以设立、变更、终止民事权利义务为目的而进行的意思表示一致的法律行为。有关身份关系的协议，能否以及如何参照适用合同法（编）的规定，应该根据该身份关系协议的具体性质和内容加以判断。

**二、合同与契约**

通说认为，合同即契约。历史地看，合同与契约曾经含义不同。据查，汉语中合同一词两千年前就已存在，但当时广泛应用的是契约一词。在近代，中国法学家认为合同与契约并非等同，国外也有学者将两者区别开来，认为合同是当事人具有共同性的意思表示一致的协议，即约定去共同完成某一行为，其订约目的具有一致性，如成立社团、合伙；相反，契约则是当事人具有对应性的意思表示一致的协议，即约定相互完成某一行为，此与现代人对合同的理解相同。随着历史的演进，新中国成立后的一些规范性文件中，出现了合同与契约交替使用的情形，直至20世纪70年代以后，合同一词在我国得到广泛地承认与使用，契约则被看作较为陈旧的词语而少有应用。尽管有学者认为使用契约一词比使用合同一词更方便和科学，但在学术上，学者们大多主张合同即契约，没必要过分区分，以免引起用语的混乱。所以，时至今日，合同与契约不再分开使用，无论是共向意思表示，还是对向意思表示，只能说明合同或契约之特点的差异，并没有本质的区别。

### 三、合同的法律特征

在我国，合同作为法律事实之一种，与其他法律行为相比较，主要具有如下鲜明特点：

（一）合同是两个或两个以上当事人的法律行为

这是合同区别于单方法律行为的重要标志。单方法律行为成立的基础条件是当事人的单方意志，如被代理人的事后追认行为；而合同是基于双方（或多方）当事人的合意行为得以成立的。合同是法律行为而非事实行为。所谓事实行为是指行为人不具有设立、变更或终止民事法律关系的意图，但依照法律规定能引起民事法律后果的行为。合同本质是双方或多方当事人的合法行为，当事人的合意内容与目的在不违背法律要求时即具有法律拘束力，并受到国家强制力保护。

（二）合同是以设立、变更和终止民事权利义务关系为基本内容或目的的协议

各方当事人所为协议是经过协商所达成的共向或对向的具有权利义务内容的一致意见。这一特点将合同与生活中的一般商量行为、社交行为区别开来。此外，当事人所订协议的内容，不仅包括债权债务的发生，而且包括移转、变更或终止民事权利义务等双方法律行为，即以设立、变更和终止民事权利义务为目的或宗旨，合同才有法律意义。

（三）合同是当事人在平等自愿的基础上达成的，且具意思表示一致性和真实性的协议

在当今世界各国，合同当事人意思表示一致时，无论是明示还是默示，均可成立合同。当事人的意思表示须一致，且应建立在当事人平等自愿和意思表示真实的基础上。这体现了如下三方面的含义：①当事人的缔约意思是自愿而为，双方地位平等，订立合同时当事人应当具有相应的行为能力；②当事人的内心须具有追求法律效果，即发生法律上权利义务的目的性明确的意思；③当事人的内心意思和外在表示须具一致性。《民法典》第465条第1款明文规定："依法成立的合同，受法律保护。"

## 第二节　合同的分类

合同的分类是将诸多合同按照特定的标准对其加以抽象的区分。一般来说，我们会依据合同所反映的社会关系的性质来划分合同的种类，如买卖、赠与、借款、保证、租赁、承揽、运输、保管、委托、合伙等，这是为了通过立法建立各种有名合同的法律制度，以满足社会经常进行的经济交易活动的需要。在学理上对合同种类进行抽象划分的意义在于：①把握各类合同关系的差别，认识和了解此类合同与彼类合同的相互联系；②在同一类合同中划分出若干子合同，而子合

同具有自身的特性，通过这种划分认识某些合同关系的主要特点；③通过类型划分，在市场交易与各种经营活动中正确处理不同的合同关系，促进社会主义市场经济的发展；④从分类中掌握同一类合同的共同特征及其成立条件等，有助于合同立法的完善与健全，并决定合同的管理、案件的管辖和法律的适用。

各国或地区在合同分类上有其据以划分的不同标准，其中大陆法系的分类方法最科学，常被英美法系各国或地区的合同法所采用。我国合同法学理论吸纳了大陆法系在分类上的众多内容，形成了如下常见的几种分类。

**一、双务合同与单务合同**

这是根据合同当事人双方权利义务的分担方式来划分的。

1. 概念。双务合同，是指双方当事人都享有权利和承担义务的合同。例如，《法国民法典》第1102条规定："如缔约人双方相互承担义务时，此种契约为双务契约。"在这类合同中，当事人的债权债务关系呈对应状态，即每一方当事人既是债权人又是债务人，双方各自享有的权利和负担的义务与对方应尽的义务和享有的权利不可分离。双务合同的特点在于当事人应当履行自己的合同义务，有权要求他方履行合同义务，双方的关系具有相互依赖性。至于一方的权利与另一方的义务在客观经济价值上是否等同，则在所不问。典型的双务合同有买卖、租赁、运输等合同。单务合同，是指一方当事人只享有权利而不承担义务，另一方当事人则只承担义务而不享有权利的合同。例如，《法国民法典》第1103条规定："如一人或数人对于另一人或另数人承担义务而后者不承担义务时，此种契约为单务契约。"典型的单务合同有赠与、归还原物的借用和无偿保管等合同。实践中，双务合同最为普遍，单务合同是合同的例外情形。

2. 区分意义。合同的这一分类，其主要意义在于规范合同的履行而不是合同的成立。由于双务合同所产生的当事人间所享有的债权具有相互依赖性，即权利义务的对价关系，因此，它可能会产生一些单务合同所不具有的法律后果，例如，不履行义务的抗辩权，即一方不履行合同义务时，他方有权拒绝履行其义务；解除合同后已负义务一方有要求对方返还原物的权利；发生不可抗力时的债务免除、债权消灭等。

**二、有偿合同与无偿合同**

这是根据合同双方当事人权利的取得是否付出相应代价来划分的。

1. 概念。有偿合同，是指当事人因取得权利（包括利益）须偿付一定代价的合同。有偿合同中，双方当事人互为给付，即当事人以接受对方相应的代价为履行义务的条件，如买卖、租赁等合同。无偿合同，是指当事人一方只取得权利而不偿付任何代价的合同。有偿合同大多数是双务合同，但也有例外，如有息借款属有偿合同但却属单务合同。无偿合同原则上是单务合同，但单务合同又未必是无偿合同。正如学者指出："双务必系有偿，而单务原则上为无偿，例外亦有为有偿者；反过来说，无偿必系单务，而有偿则原则上为双务，例外亦有为单务者。"[1]

2. 区分意义。区分有偿合同与无偿合同，其法律意义在于：①有利于确定合同相对人的不同地位，有偿合同中相对方当事人的身份一般不具特殊意义，而无偿合同中相对方当事人的身份对于确认合同是否有效意义重大；②有利于确定合同当事人不同的权利义务以及违约责任的大小，一般而言，无偿合同因其内容和性质，不享有有偿合同中当事人的同等权利，其法律责任也较有偿合同为轻。另外，这两类合同在设立时的主体要求往往也有差异。

### 三、诺成合同与实践合同

这是根据合同的成立是否以交付标的物为要件来划分的。

1. 概念。不依赖标的物的交付，只需当事人意思表示一致即可成立的合同，为诺成合同。除经当事人意思表示一致外，还需以交付合同标的物为合同成立要件的，为实践合同。传统民法通常将买卖、租赁、承揽、委托等列为诺成合同，而将借款、保管、赠与等归入实践合同。但时至今日，关于实践合同的传统理论面临挑战，随着世界范围内经济的高速发展，信贷业、运输业以及仓储保管业已今非昔比，如果仍坚持订立上述合同必须以交付标的物为前提条件，则势必阻碍经济流转的便捷。因此，各国学者就实践合同是否还应存在颇具争议。在我国，按照《民法典》的规定，自然人之间的借款合同和保管合同都是实践合同；运输合同中的；客运合同和仓储合同则为诺成合同。

2. 区分意义。区分诺成合同与实践合同，对于确定两类合同的成立时间，标的物所有权、使用权以及风险转移时间有重要意义。

### 四、要式合同与不要式合同

这是根据合同的成立是否需要采用特定的形式或程序来划分的。

1. 概念。要式合同，是指合同成立时要求采用特定形式的合同。其中，根据特定形式是法律直接规定还是当事人自由约定，又分为法定要式合同与约定要式合同。相对而言，不要式合同，是指不需要特定形式或手续就可成立的合同，如《民法典》第 469 条所列举的一般书面形式、口头形式和其他形式即是。在我国，所谓"特定形式和手续"，主要是指必须遵照特别指定的书面形式，如公证、鉴证、批准和登记等形式。

2. 区分意义。随着市场经济的发展，各国或地区民法均倡行契约自由，合同多为不要式。区分要式与不要式合同的法律意义主要在于，两者成立或生效的

---

[1]　参见韩世远：《合同法总论》，法律出版社 2018 年版，第 80 页。

条件不同。至于成立或生效问题，对于要式合同来说，值得注意。要式合同中的形式在效力上具有多种表现。有的要式合同，不具备法定形式则不能成立。例如，依我国法律，技术转让合同非书面形式不能成立。但是，有的要式合同不具备法定形式并不完全影响其成立。例如，《民法典》第 668 条虽然规定了借款合同"应当"采用书面形式，但也明确规定"自然人之间借款另有约定的除外。"该条前半句并未规定不采用书面形式的后果，可以认为采用书面形式不是合同成立或生效的要件；而后半句的规定则指明，法律承认自然人之间的借款合同可以采用其他形式，从而说明该法律规定的非强制性。此外，合同缺少某种特定形式是否不成立或无效，还应视法律的具体规定来判断。所以，不能以缺少书面形式为由而盲目断定合同不成立或无效。

### 五、主合同与从合同

这是根据合同相互间是否具有从属性来划分的。

1. 概念。当两个以上的合同相互关联，其中一个合同对另外的合同存在制约或限制时，便产生了主从合同关系。凡不以他种合同的存在为前提，即不受其制约而能独立存在的合同，称为主合同。反之，必须以他种合同存在为前提，自身不能独立存在的合同，称为从合同。如在订立借款合同且为保障贷款人债权实现订立抵押、质押等合同时，借款合同是主合同，为借款合同所订立的抵押、质押等合同是从合同。

2. 区分意义。区分这两种合同的法律意义在于明确相互间的制约关系，从合同以主合同的存在为前提。通常，主合同变更或消灭，从合同也随之变更或消灭。

### 六、本人利益的合同与第三人利益的合同

这是根据订约人究竟为谁的利益而成立合同来划分的。

1. 概念。一般情况下，订约人都是为了本人的利益而订约，将此称为本人利益的合同。但在某种情况下，订约人并非为自己而是为他人的利益订立合同，将此称为第三人利益的合同。例如，指定受益人的人寿保险合同就是典型的第三人利益的合同。

本人利益的合同，其权利义务均为本人设定，而第三人利益的合同则具有明显的不同：①第三人未参加合同的签订，通常却可以享有权利而无须履行义务。因此，该合同的签订也无须事先征得第三人同意或通知第三人。②在合同有效期内，第三人接受该权利的，无须订约人协力便可独立行使，还可直接请求合同相对人给付。据此，第三人通常又被称为受益人。③合同成立后，须经第三人同意才对其产生效力。第三人可以接受该权利，也可拒绝接受该权利，若第三人拒绝接受的，该权利归订约人本人享有。

2. 区分意义。区分这两种合同，意在表明在为第三人利益订立的合同中，第三人接受权利后便具有了合同当事人的地位，从而在法律规定或当事人约定的基础上，独立享有合同约定的权利。

### 七、有名合同、无名合同与混合合同

这是根据合同的名称是否为法律所赋予来划分的，其分类源于罗马法。

1. 概念。凡是法律赋予一定名称，并特别作出规定的合同，称为有名合同，又可称为典型合同。我国《民法典》合同编所列的买卖合同、建设工程合同、承揽合同、运输合同等 19 种合同；物权编所列的抵押合同、质押合同等；《保险法》规定的保险合同；《旅游法》规定的旅游合同，都是有名合同。凡是法律上没有确定的名称，也未对其特别作出规范的合同，称为无名合同，又可称为非典型合同。无名合同的内容在不违反法律、行政法规的强制性规定和不违背公序良俗时，同样具有法律效力。如劳务交换合同、企业咨询合同等都是无名合同。《民法典》第 467 条第 1 款针对无名合同的适用作了专门规定："本法或者其他法律没有明文规定的合同，适用本编通则的规定，并可以参照适用本编或者其他法律最相类似合同的规定。"该规则延续了《合同法》第 124 条的规定，后者是新中国成立后第一次在立法上明确无名合同的地位及其适用，有利于鼓励人们大胆地从事交易行为，从而促进了市场交易的规范化和市场经济的发展。无名合同的出现是社会经济生活发展的需要，它有时会随着形势的迫切需要而成为有名合同。混合合同，是指内容包括两个以上独立的有名合同事项或有名合同与无名合同事项混杂在一个合同中的合同。如旅馆住宿合同便同时包含物品的租赁合同与雇佣服务合同两种协议。

2. 区分意义。区分这一类合同的意义在于明确合同的法律适用。对于有名合同，应直接适用法律规定。对于无名合同则可适用《民法典》合同编"通则"部分的规定和与该合同相近似的有名合同的法律规定，并同时参酌当事人的自治意思和合同的目的来处理。对于混合合同，情况稍复杂，不可单独适用某类合同的法律规定，应据该合同具体情况综合考虑法律及其原则的适用。

### 八、本约合同与预约合同

这是根据订立合同是否存在事先约定的关系来划分的。

1. 概念。凡当事人约定将来设立一定合同的合同是预约合同，又称预约。凡是为了履行预约而订立的合同是本约合同，也称本约。大陆法系各主要国家民法均规定，凡订有预约的，即负有订立本约的义务；否则，需承担财产责任。在《民法典》出台之前，我国未有关于预约的明文规定，学术研讨也欠深入。实际上，在社会主义市场经济发展过程中，为保证在交易迅速便捷的同时实现交易的安全稳妥，广泛地运用预约为市场经济服务已成为社会的迫切要求和发展趋势。

在我国实际生活中，将预约仅理解为不受法律约束的意向书、意向协议与预约的法律本意是有较大差异的。而且，预约未必与实践合同相联系，任何一种合同均可先订立预约。因此，《民法典》第495条规定："当事人约定在将来一定期限内订立合同的认购书、订购书、预订书等，构成预约合同。当事人一方不履行预约合同约定的订立合同义务的，对方可以请求其承担预约合同的违约责任。"

2. 区分意义。区分这两种合同的意义在于明确其具有不同的订约目的和法律效力。

### 九、格式合同与非格式合同

这是根据合同条款是否经由当事人协商确定所作的分类。

1. 概念。格式合同，是指合同条款由一方当事人提出，对方当事人仅能作出是否接受决定的合同，又称为附和合同、标准合同；反之，就是非格式合同、非标准合同、非附和合同。在实践中绝大多数合同均属非格式合同。格式合同中往往包含一些格式条款。《民法典》第496条第1款规定："格式条款是当事人为了重复使用而预先拟定，并在订立合同时未与对方协商的条款。"

格式合同是现代社会经济分工和发展的产物，在当今社会中得到了广泛应用，其中主要原因有：①格式合同有利于节约交易成本；②格式合同有利于促进交易安全，预先分担风险，确定法律责任。[1]

2. 区分意义。区分这两种合同的法律意义在于明确双方的意思表示是否一致，双方的义务、责任是否失衡。简言之，应当保障附和一方当事人的合法权益和意思表示的真实、自愿。法律对这两类合同的关注重点、适用的解释规则以及对合同条款的效力的审查标准都不相同。本书将在第二章第三节讨论格式条款。

## 第三节  合同法的概念和本质

### 一、合同法的概念

（一）合同法的概念

合同法是现代各国民事法律制度的重要组成部分，是调整财产流转关系、规制交易行为的基本法，是国家在现代经济发展时期依法维护经济秩序的重要法律。现代合同法所规定的内容十分丰富，主要包括什么是合同，怎样订立合同，合同的履行规则，合同的法律效力，合同的担保、解除、解释或终止应具备的条

---

〔1〕 参见苏号朋："定式合同研究——以消费者权益保护为中心"，载《比较法研究》1998年第2期。

件，在具体合同履行中当事人的权利与义务，违反合同时应承担的民事责任，以及相对方如何获得法律补救等问题。因此，合同法是调整平等民事主体间利用合同进行财产流转或交易而产生的社会关系的法律规范的总和。从这个意义上说，合同法是民法体系中的一个特殊范畴。作为一门学科，合同法学除了对合同法的规范进行研究外，还应包括对合同法的本质、功能、发展史等问题的研究。

(二) 合同法在大陆法系国家的发展

合同法在不同法系中所处的地位本质上相似，但在法律体系的具体排列编制上有较大差异。大陆法系率先开创了近、现代完善合同立法体系的先河，其民法理论把合同作为债的发生根据之一，称为合同之债，其中以第一部资本主义民法典即 1804 年《法国民法典》为代表。《法国民法典》在体系上基本上遵循了罗马法（法学阶梯）传统，从保护个人财产利益出发，将合同规范主要安排在该法的第三编，即"取得财产的各种方法"中，表示了立法者强调以保护私有财产所有权神圣不可侵犯为根本宗旨的"个人本位"主义，基本上排斥了社会组织、团体在订立合同中的作用。《法国民法典》中的合同规范占了该法典全部条文总数的 50% 左右，地位十分显赫，但它在体系上却不尽完备，具有零散合同法向系统的合同法过渡的特点。19 世纪末 20 世纪初，在资本主义由自由阶段向垄断阶段的过渡时期，大陆法系又一民事立法的典范——《德国民法典》诞生了。该民法典遵循中世纪欧陆法学的注释法学派传统，对合同法作了科学严谨、系统完整的规范，特别是在民法体系中，规定了合同作为债的发生根据之一，与无因管理、不当得利和侵权损害并列，接受债的一般原则的调整和规范，使其成了债法的重要组成部分。《德国民法典》还专为解决合同中某些共同性问题设立了诚实信用原则。所以，德国民法中合同法的严谨概念及其科学编制体系，以及合乎社会发展规律和推动市场经济良性循环的原则性规定，堪称大陆法系其他国家和地区合同立法的楷模。例如，有强烈德国法色彩又不失本国特色的日本民法债权编、瑞士民法债务编和我国台湾地区的民法债法编。

(三) 合同法在英美法系国家的发展

英美法系国家有关合同的法律规定主要由历史留下来的丰富的判例和少量制定（成文）法独自构成一个统一的体系，称为合同法。在合同法的概念上，与大陆法系在传统理性思辨方式下产生的成文法相比，英美法系未受"债"之概念的限制，且认为合同无须与其密切相连，合同法应当享有一个遵循自身规律与性质独立发展完善的成长机会，成为真正独立的集判例之灵活性、实用性为一体的部门法，多方位多层次地适应社会实际生活和审判实践的需要。从总体上把握，英美法系国家的合同法，其内容的组合与大陆法系的民法典中合同法相当，因而在法律分类与法学论述上，英美法系国家的合同法同样被认为是民法的组成部分。但由于判例法的特点，英美法系的合同法体系较为庞大，相对复杂和细密，不易为民众掌握与适用。

应当指出，自 19 世纪末以来，大陆法系国家在成文法典之外开始注重发挥法院判例的灵活性与实用性的作用，而英美法系国家则开始尝试编制具有理性特点的抽象化、确定化的成文法。可以说，两大法系合同法尽管仍然存在不小的差异，但在全球经济一体化的趋势面前，立法趋同可谓大势所趋。

公有制国家的合同法主要受大陆法系立法的影响，编制出与德、法民法相仿但又各具特色的合同法，其中以《苏俄民法典》为突出代表，大多数公有制国家在概念上将合同法归入债法中。

### （四）合同法在我国的发展

我国在清末之前没有集中、统一、系统的合同法，后来清政府和民国政府曾在民事立法中对合同给予了专门规定，内容较为详尽。例如，1930 年民国政府制定的民法典债编除设有合同的一般通则外，还有买卖等 24 种合同的具体规范。1949 年后，新中国宣布废除国民党的旧法统，国家开始制定一些合同法规，先后正式颁布施行的有《民法通则》《经济合同法》《技术合同法》《涉外经济合同法》。直至 1999 年 3 月 15 日，我国第九届全国人民代表大会第二次会议审议通过了《合同法》，结束了上述"一马当先，三足鼎立"的合同立法格局，开创了中国合同法统一化、科学化、现代化的新纪元。此外，调整平等主体间具有民法性质的权利义务关系的有关合同单行法规和条例，也应包括在我国合同法概念之中。2021 年 1 月 1 日施行的《民法典》第三编"合同编"在延续《合同法》的基本体例基础上，增加了第三分编"准合同"，确立了我国合同立法的新范式。

### 二、合同法的本质及调整对象

如前所述，合同法内容应包含对各种合同关系予以全面确认和保护的法律规范。但过去在我国指令性的计划经济体制下，合同法还不能完全体现按照市场交易原则调整经济流转关系的本质。随着国家经济体制改革和社会主义市场经济体制的建立与完善，通过统一的合同立法对合法的经济流转关系全面加以调整已是通行做法。突出合同法的本质作用，不仅有利于促进社会主义市场经济的进一步发展，而且还可以稳定社会经济秩序，防止违法合同产生，保护当事人合法权益。因此，必须充分认识到，合同法在本质上是调整合法经济流转关系的法律规范体系，是为社会经济生活提供合法交易和促进交易、指导交易、保护交易、维护交易秩序与安全的法律手段。这有助于我们明确如下两方面的认知：①确立合同法的指导原则；②理解合同法的调整对象，保障当事人在合同中的各项权利。

合同法主要是调整民事主体利用合同进行经济（财产）流转或相互交易而产生的社会关系。对此，可从两方面来认识：①合同法调整的是具有财产内容的社会关系。合同法所反映的是平等主体间在转让产品或货币，完成工作和提供劳务的活动中产生的债务的清偿或履行，即经济流转关系，它具体体现财产从一个民事主体到达另一个民事主体的合法移转过程。很明显，财产是产生这一社会关系的中介，主体间的行为总是与一定的财产利益相关联。这正是合同法与反映人身关系的法和规制侵权行为的法的区别。②合同法调整以经济流转为特征的社会关系，这表明合同法并不调整社会中的全部财产关系，而是仅调整其中的动态财产关系，即以财产流转为显著特点的社会关系。合同法律制度的社会职能是媒介财产或其他劳动成果从生产领域移转到交换领域，并经过交换领域进入消费领域，其内容常常表现为转移已占有的财产，转移的目的或是实现对财产的占有或是创造一个新的占有。可以说，合同法是所有权人处分财产或获得财产的重要法律手段，充分反映了流通领域内的财产运动状态。

总之，合同法作为一种法律规范，其调整特定的平等主体间基于合同而自愿建立的财产流转的社会关系。在调整过程中，合同法会确认和保障平等民事主体正当地行使权利、履行义务，依法约束自己的行为，通过明确当事人的法律地位，充分调动自然人、法人和非法人组织参与市场经济活动，鼓励以交易为目的的市场运行，从而推动整个社会的进步。

## 第四节    合同法的形成与发展

合同是商品经济发展的产物，与商品经济相伴而生，随着商品经济的发展而发展。商品经济越发达，商品交换就愈频繁，合同制度的内容就愈丰富，其形式则愈趋向完备。合同法大致经历了三个典型的发展时期。

### 一、古代合同法

人类初始，曾经历了一个漫长的原始社会时期，那时私有制度产生不久，商品交换处于萌芽状态，少且不普遍。调整商品交换的简陋规则，只是社会中长期沉积的习惯，不存在现代意义的合同法。人类社会的第二次大分工，推动了商品经济的发展，此时的商品交换已逐渐成为一种普遍的现象。"交换的不断重复使交换成为有规则的社会过程。"[1] 原来的习惯已不足以保障商品交换和信誉安全，为保证这一规则的顺利实施，便产生了社会共同体运用公共权力制定和认可的法律规范，这种约束交换的法律规则就是合同法。所以马克思说："先有交易后来才由交易发展为法制……这样通过交换和在交换中才产生的实际关系，后来

---

〔1〕《马克思恩格斯全集》第 23 卷，人民出版社 1962 年版，第 106 页。

获得了契约这样的法律形式。"[1]

古代合同法具有以下明显的特点：

1. 合同主体严格限制，范围狭窄。奴隶如牛马、工具和物品，属主人所有，只是合同的标的物，任其买卖或租赁；合同主体只限于奴隶主和自由民之列。在家庭中，法律也仅赋予家长订立合同的权利能力。封建社会的"家父"制下，农民附属于封建土地的所有者，家属附属于家长，都没有独立的人格，无权进入市场进行商品交换。

2. 合同形式复杂，程序繁琐。当时的商品经济不甚发达，在商品交换中，当事人特别关心交易的安全与可靠，尽可能切实地取得财产，因而，合同的手续或形式甚至比当事人间的合意都重要得多。古代的《汉谟拉比法典》规定，在某种场合下，没有书面契约而取得财产的被当作犯罪。而"单纯的契约不能发生诉权"甚至是罗马法的一个原则，由此可见订立合同的形式十分严格。我国古代也不例外，《周礼·天官·小宰》曰"听称责以傅别""听买卖以质剂""听取予以书契"，其中"傅别""质剂""书契"均为借贷、买卖等关系不同的书面合同形式。

3. 违约可受刑罚，且手段残酷。古代各国法律直接规定，债权人可以自行决定对债务人实行裁判，如关押债务人，将不能偿还债务的人处死。还有的法律规定，如果债权人为数人时，允许他们将违约者砍切成块。这说明违约行为在当时是严重的违法行为，统治者对合同关系的粗暴干涉可见一斑。

可见，在古代合同法时期，虽然诞生了简单商品生产条件下最完备的罗马法，但由于这个时期的任何法必然受制于它特定的经济基础，也就不可能把合同法推向一个超脱或跨越时代的较高层次。于是，尽管罗马法在古代已有了各种合同的若干规则，与其他国家比较有了相当的发展，甚至蕴含着现代合同法精神的萌芽，对现代合同法产生了重大影响。但就古代社会整体而言，落后甚至愚昧是其基本特质，因此，当时的合同法远未能达到真正科学而系统的理论水准。

**二、近现代合同法**

合同法虽然产生于简单商品经济，但它的生长、发育却离不开近现代文明土壤的培育。资产阶级夺取政权后，商品生产和商品交换蓬勃发展，在经济上奉行自由放任主义，在法律上推崇私法自治的指导原则，导致了资本主义的近现代合同制度的空前繁荣。

17~18 世纪自由资本主义阶段，自由竞争替代了古老的传统束缚，为了和封

---

〔1〕《马克思恩格斯全集》第 19 卷，人民出版社 1962 年版，第 423 页。

建等级特权抗衡，资本主义的思想家推崇的个人主义、自由主义哲学、放纵主义经济和自然法学都在这个时期发展到顶峰。历史把所有权神圣不可侵犯、契约自由和过错责任原则推到了全部民法（私法）的基础地位上。为此，契约自由就成为合同法上的铁律。"从身份到契约"，这意味着现在任何人均可通过自由的合同关系创造一切，人人有为自己缔结合同的不可剥夺的权利，法律应尽可能少地干预人们的活动。合同关系遍及社会各个角落。根据契约自由的私法原则，订立合同自由，选择对方当事人自由，决定合同内容自由，合同方式自由，协议变更合同自由。法官甚至法律所起的作用都是次要的、消极的，它们的主要目的是使人们能够实现自己的意志，不受政府干预，或在一方当事人违反了缔约规则或不履行义务时帮助救济另一方，从而将合同中个人的真实的意思自治置于至高无上的地位。契约自由原则对促进资本主义商品经济的竞争和繁荣功不可没。可以说，合同自由和合同神圣是近现代合同法的灵魂和不可动摇的基石，体现了近现代合同法的价值。

**三、当代合同法**

当代合同法与现代合同法并无明显的发展界限和本质差异。这是因为，支撑和筑构当代合同法的基础没有质的改变，"私法自治"仍处于相当重要的基石地位，"契约自由"为题中应有之义。但是，自19世纪下半叶以来，现代社会的飞速发展，出现了许多人们始料未及的社会、经济条件变化和司法实践的变革，使得现代合同法随之发生了一些不同的变革也是不容置疑的。20世纪，西方各主要国家进入经济垄断时期，各阶层资本家间的利益冲突表面化、白热化。为协调这种利益冲突，克服频繁和严重的经济危机，维持良好的经济秩序与交易安全，统治者在主客观上都不得不对交易自由进行限制，契约自由原则在立法上、司法上和契约的实践中均有了修正和束缚。由此带给合同法的冲击是强有力的，主要表现在：

1. 合同内容得到了前所未有的拓展，合同法调整社会交易关系的涵盖面宽广了许多。例如，资本主义国家在第一次世界大战后出现了继续供应、分期付款、租售、售货机买卖等新的合同形式；出现了因旅游、科研、技术转让等引发的交易；国际贸易中许多新型的合同形式纷纷出台。针对这些情况，国家颁行一系列强制性的单行合同法规显得十分必要，由此，较大地限制了合同双方当事人的自由意志。

2. 垄断经济导致了合同的格式化趋势，格式条款置对方当事人于无可选择的地位，合同当事人在"实力"上的不平等被加剧甚至凸显，近代合同法建立的朴素天然的公平性受到挫折。

3. 国家对合同关系的干预在合同法领域和其他方面均有加强。例如，大陆法系国家司法上出现了诚实信用、情事变更原则，英美法系国家有了合同落空规则，学理上则出现了"审判官形成权"的理念，这些都使法官取得了近似于变更或解除合同的司法裁量权。契约就是法律的观念被冲淡，合同自由原则受到怀疑，甚至有人惊呼"合同死亡了"。

从近现代到当代，对合同自由的限制逐渐在各国中成为普遍的事实，表明了国家在法律上对经济活动的干预，法律开始注重保护经济上处于弱者的个人及中小企业的利益。这种干预当然缘于维护各国所有制的需要。在我们看来，合同自由在当代已确非古代、近代的那种内涵，但作为合同法基础和私法自治的组成部分之地位尚未根本改变，也可以说，对契约自由的限制并没有消灭契约自由，合同没有真的死亡。在某种意义上，古典的契约自由本身存在一些缺陷，当代合同法对此的改造与改变，本身亦是对合同法内容的丰富，由此推动了现代社会的发展、维护了交易秩序就是最好的说明。当然，合同自由受到的冲击和合同法在当代发展中的剧烈变化，是必须正视和予以研究的。此外，随着经济发展日益复杂化，社会分工日益细化，财产流转愈加频繁，合同在经济、社会发展中的作用愈发突出，地位愈加优越。这种发展趋势值得我们给予更多的关注。

## 第五节　合同法在私法体系中的地位

合同法作为民法的组成部分，在整个民法体系中占有举足轻重的地位，并与民法的其他部分存在着紧密的逻辑关联。研习合同法，除了应对其内在的构造、理念以及具体制度条文予以重点关注外，还必须对整个合同法在民法中的地位及其与其他部分的关系予以应有的重视。只有从宏观与微观、整体与局部这两个角度进行透视研究，才能更好地了解合同法、掌握合同法，从而推动合同法的研究。

从制度功用看，在财产流转和提供服务过程中，人们有必要比以前在更大的范围内依赖于许诺与协议。合同法在以下方面发挥着重要作用：①合同法是对私法上权利义务产生的最重要依据——合同的保障。在私法领域中，允许当事人根据合同自由原则设定自己的权利义务，使合同成了创设私法上权利义务的最重要依据（虽然不是唯一的依据）。②合同法是通过保护交易进而促进实现私法上目标的基本工具。合同法是对各种合同关系予以全面确认和保护的法律规范。市场交换是一个自由自愿的双向选择过程，而契约正是其媒介，合同法的本质正体现在对经济流转关系的调整上，并为市场的存在提供法律秩序。合同法为市场的运转提供保障和必要的手段，并且提供整个体制发展的活力。充分认识合同法在本质上是调整合法经济流转的法律规范体系，是为社会经济生活提供合法交易和促进交易、指导交易、保护交易、维护交易秩序与安全的法律手段，一方面有助于确立合同法的指导原则，另一方面也有助于我们理解合同法的调整对象，保障当事人的契约权。③最大限度地增加经济价值。按照法经济学的观点，有效率地使用资源必须借助于交易的方式。只要通过自愿交换的方式，各种资源的流向就必然趋于有价值的利用。波斯纳认为，法律，尤其是私法，是为尽可能地增加经济价值而设计的，法律强制的主旨或标准在于为促进将来价值最大化的行为创造动因。不但如此，合同在现代社会逐渐成为财富的重要表现形式，正如罗斯科·庞德所言："在商业时代里，财富多半是由许诺组成的。"[1]

合同法在大陆法系民法典中占有重要位置，是其重要组成部分，各国或地区的民法典用了大量的条文来规范合同。在德国法系国家，合同作为一种双方法律行为，依次受到民法总则中的法律行为条款、债权法中的一般规则以及合同的具体规定的规范，占法典全部条文的近1/3；在法国法系国家，合同作为财产权取得的一种方法，更是占据主导地位。不但如此，合同法在当代的范式民法典——荷兰民法典中以独立的两编的形式出现，地位得到进一步凸显。在我国，合同法更是被赋予了独立的形式，成为民商事交易的基本法律规范。

从发展趋势看，债权的重要性在现代社会日益增加，合同法的地位随之提高。债权地位的提升至少表现为以下方面：①从某个方面讲，债权与物权之间由手段与目的关系转变成了目的与手段的关系。对此，拉德布鲁赫作了精辟的概括："社会生产关系完全以所有权为中心的中世纪的社会形式是静态的，今天资本主义法律形式已完全变为动态的，债权表现的权力欲及利息欲，在今天都是经济目的。债权已不是取得对物权和物的利用的手段，它本身就是法律生活的目的。经济价值不是暂时静止地存在于物权，而是从一个债权向另一个债权不停地移动。"[2]②在现代社会，对物的"利用"更加强调，这主要通过债权法（合同法）来实现和保障。在这种条件下，所有权关系已相应地由人对物的支配、占有关系转化为所有权人与其他利用人之间的权利义务关系。③对待现代合同上权利（即债权）的方式日益物权化，如债的保全体现其效力的对世性，债权的处分、债权上担保的设定等。

在大陆法系民法中，财产法由债权法（其主体是合同法）与物权法组成。要正确认识合同法的地位，离不开对其与物权法关系的梳理。制度经济学的研究表明，产权的明确归属是交易得以顺利进行的先决条件。而要发挥合同法对市场

---

〔1〕 转引自［英］P. S. 阿蒂亚：《合同法概论》，程正康等译，法律出版社1982年版，第3页。

〔2〕 转引自［日］我妻荣：《债权在近代法中的优越地位》，王书江等译，中国大百科全书出版社1999年版，第6~7页。

交易的规制作用，首先物权法应发挥其定分止争的作用。换言之，物权为债权发生的前提和目的，债权为取得物权的手段。

作为民法尤其是财产法的基本组成部分，合同法和物权法之间还存在着衔接与协调的问题。在大陆法系其他发达国家或地区，民法理论和民事立法都已比较成熟、完善，合同法和物权法的衔接与协调问题得到了妥善处理。在今日之中国，作为民事领域基本法的《民法典》已经颁行，而民法理论研究较《合同法》颁行之时也有了较大进步，故对合同法学的学习，必须注意将其置于民法的整体体系之中，关注合同法与民法总论、物权法乃至商法和知识产权法等部门法之间的联动与交流。

## 第六节　中国合同法的体系与《民法典》合同编

合同是财产流转和交易关系的法律形式，合同法通过对合同的一般规定和对各种合同的具体规定，来规范市场经济中的交易行为。作为市场经济的基本法律，合同法与公司企业的生产经营和人民群众的生活密切相关。由于种种缘由，新中国成立至今，我国合同立法经历了太多的风雨与坎坷，合同法体系的完善之路亦非坦途。

### 一、我国合同立法的状况

从新中国成立到党的十一届三中全会前，由于经济上的集中、政治上的集权、法律上的虚无主义，在这长达30年的历史中，我国合同立法几乎一片空白。在这30年中，公有经济领域中的财产流转和个人消费品的分配，几乎完全依靠行政指令进行；而被压缩在极其狭窄范围内的个人财产流转则依靠相传的习惯。当然在这30年中，也有过经济政策稍为宽松、曾以行政条例和规章对合同作过一鳞半爪规定的时期（如建国初期和贯彻执行国民经济调整八字方针的时期），但是更有过猛刮"共产"风、极"左"思潮严重泛滥的时期，如"大跃进"和十年动乱。在这30年中，我国商品交易和合同立法的状况不仅不能与西方市场经济国家相比，就是与被斥为修正主义的苏联和东欧各国相比也相形见绌。从1950到1956年，为了恢复国民经济，开展有计划的经济建设，适应当时多种经济成分并存的经济结构，国家在经济领域广泛实行合同制度。至1956年，中央各部委总共制定了40多件合同法规。在1956年12月完成的民法典草案中，也设有合同通则性规定及买卖等16种合同。1958年以后，生产资料所有制的社会主义改造已经完成，中国实行集中统一的计划经济体制，作为商品交换法律形式的合同制度被取消。虽然从1961年开始，中国又把恢复和推广合同作为调整国民经济的一项重要措施，并制定了许多合同法规，但1966年以后，合同制度再次被废弃。

1978 年以后，中国实行对内改革、对外开放的经济体制改革，合同在发展国民经济中的重要作用重新被人们认识。特别是党的十一届三中全会后，中国纠正了指导思想上的"左倾"错误，开始了由集中计划体制向有计划商品经济体制过渡的改革。1981 年 12 月 13 日，我国制定了新中国成立以来有关合同的第一个法律——《经济合同法》，迈出了用法律而不是用行政条例或规章来规定合同的可喜的第一步。此后，国务院依据经济合同法，于 1983 至 1986 年间，制定和批准发布了 12 个合同条例或实施细则，中央各部委也制定了许多有关合同的规章。1985 年 3 月 21 日，我国制定了《涉外经济合同法》，1987 年 6 月 23 日又制定了《技术合同法》。至此，在我国合同立法体系中形成了经济合同法、涉外经济合同法、技术合同法"三足鼎立"的局面。除三个合同法及其与之配套的实施条例、细则和适用意见、解答外，1986 年 4 月 12 日制定的《民法通则》，在其第五章第二节中对债和合同作了原则性规定；后来的《海商法》《保险法》《铁路法》《著作权法》《票据法》《担保法》《合伙企业法》等也设有有关合同的特别规定。这些规定都是我国合同法渊源的组成部分。

上述合同法律、法规的制定和实施，对规范交易、激励交易，维护交易安全和交易秩序起到了一定的作用，但仍未能解决中国合同法制不完备的问题。这是因为：①原合同法体系缺少系统科学的合同总则性规定。《民法通则》中有关合同的内容，尚无法作为合同法的总则适用，即《民法通则》对三个合同法并没有起到"统"的作用。②三部"合同法"针对的是三个不同关系，内容不一致，存在空白、中间地带。③市场经济条件下的合同主体呈多种所有制形式，如国有企业、中外合资企业、外资企业、私营企业、个体工商户、农村承包经营户，是多元化的主体。三部"合同法"的适用范围未能覆盖社会的全部经济生活，对经常地大量发生在自然人之间、自然人与法人之间的合同关系缺乏规范。此外，95% 以上的商品流通靠市场调节，"经济合同"概念失去意义。④合同规定的种类过少，不足以规范各种经济交往。⑤三部"合同法"对各种合同规定得过于简略，不仅当事人在订立和履行合同时难以适用，法院在处理合同纠纷时适用合同法也时常发生困难。而且，对国家计划的过分强调，对合同当事人的限制太多，立法技术上的不成熟，许多重要制度的遗缺，各法律法规之间的不协调，也是当时中国合同法制中存在的问题。

1987 年国家立法机关开始了对中国有关合同最主要的法律即《经济合同法》的修订工作，并产生过若干个修订草案。主要有两种修订意见：①将其修订为合同法总则；②以原法律为基础，删除计划性和行政干预过强、显然不适合现代经济生活的内容，待时机成熟，再制定统一合同法。1993 年 9 月 2 日通过的《全国人大常委会关于修改〈中华人民共和国经济合同法〉的决定》，采纳了后一种意见。修订后的经济合同法修改了立法目的，将其适用范围扩大到法人、其他经济组织、个体工商户、农村承包经营户之间的合同；废除了由行政机关确认合同无效的制度，简化了处理经济合同纠纷的程序。对于其他内容，则无大的变动。

**二、统一合同法的制定**

修订后的《经济合同法》当然有一些进步，但仍和发展现代化的市场经济不相适应。特别是修订后的《经济合同法》仍未完全解决"三足鼎立"带来的问题和矛盾。制定统一的合同法，成为完善合同法制的迫切任务。社会与现实对合同立法的要求越来越高，主要表现在：①现代化的市场经济要求市场交易规则和标准的统一，而三部"合同法"仍存在内容、结构不一致，基本原则和制度上存在很大差别的问题，无法与全国统一大市场的交易要求相衔接和交融，一旦出现纠纷将无法进行合理的裁决。由此，合同的统一化是大势所趋。②建立社会主义市场经济体制对法制的另一个要求是实现合同规则即交易规则的科学化。法律是一个严谨的科学体系，是一个逻辑结构的整合，它由概念、原则、制度组建而成。每一个条文、规则都有自己的构成要件，明确的法律效果。人民法院或仲裁机构在裁判案件时，通常情况下，都是把案件事实查明以后和法律规定加以对照，如果符合某个法律规则的构成要件，即可按照逻辑推理得出判决，得到法律规定的效果，这便是法律的可操作性，也是合同法科学性的集中体现。③市场经济对法制还有时代的要求即现代化问题。过去的三部"合同法"，包括修订的《经济合同法》在内，有些规定沿袭着苏联的立法和理论，反映的是过去高度集中的计划经济的特征；有些制度则反映的是不甚发达的市场经济，如19世纪的市场经济规则。现代的市场经济，从世界范围来看，到第二次世界大战以后有了高度的发展。特别在合同法上，其发展是惊人的，产生了许多新的规则、制度。既然我们现在立足于建设一个与国际市场接轨的现代化市场经济，当然就要在交易规则上与发达国家尽可能一致。因此，合同法的现代化，就是要吸纳新的、反映现代市场经济要求的共同交易规则。归结起来，制定新的统一的合同法当然是要满足交易规则的统一化、合同立法技术与内容的科学化和现代化的要求，这是由我国确定的建设社会主义市场经济体制和发展中的市场经济所决定的。正如全国人大常委会法工委主任顾昂然在第九届全国人大二次会议上所说："随着改革开放的不断深入和扩大，经济、社会的不断发展，这三部'合同法'的调整范围和有些规定不能完全适应时代要求了，需要根据发展社会主义市场经济的要求，制定统一的合同法。"[1]

---

〔1〕　参"合同法草案提请九届人大二次会议审议"，载《法制日报》1999年3月10日。

《经济合同法》修订后不久，全国人大法工委召开了一个专家研讨会。与会专家一致认为，起草统一合同法的时机已经成熟，建议先由专家学者提出一个立法方案并承担草拟工作。1993 年 10 月，合同法立法方案经讨论出台，其内容包括立法指导思想、调整范围及与其他法律的关系、基本结构及起草提要、起草的技术性要求等。1994 年 1 月，全国人大法工委邀请了十多所高校、研究机构的专家、教授论证，通过了此方案并着手分工起草。1995 年初，中国社科院法学所、北京大学、中国人民大学和司法部所属 5 所政法院校等 12 个单位的学者完成了《中华人民共和国合同法（试拟稿）》的起草工作，并将此提交全国人大法工委，共计 34 章 528 条，内容非常丰富，这是当时我国规模最大的法律草案。1995 年 7 月 13 日，全国人大法工委民法室在前草案讨论和参考意见的基础上，起草了"合同法试拟稿"（第二稿），共 41 章 511 条。此后，其又于 1996 年 6 月 7 日完成了"合同法试拟稿"（第三稿）。1997 年 5 月 20 日，全国人大法工委办公室将合同法草案（第四稿，征求意见稿）在全国公开发布，广泛征求各地各部门意见。值得一提的是，1998 年 9 月 5 日和 9 月 7 日的《法制日报》《人民日报》先后刊登了合同法草案第五稿全文。公布法律草案进行"全民公决"并不是我国立法的必经程序。将一个尚未生效的法律草案公之于报端，给公众提供一个实实在在的参与立法的机会，这一举措本身蕴涵着巨大而又深远的意义。这一个合同法草案经 1999 年 3 月 15 日第九届全国人大二次会议审议通过成了正式的法律文本，并于 1999 年 10 月 1 日起正式施行。

### 三、合同法的主要特点

《合同法》起草工作历时近 5 年之久，调研广泛，参与者众多，立法民主，其间六易其稿，表明了国家对深化经济体制改革和保障经济正常运行秩序的高度负责态度。《合同法》的立法在我国立法史上写下了浓重的一笔。纵观立法程序和具体内容，该法无论是在立法指导思想还是法条规范以及立法技术上，都可圈可点。具体而言，有如下显著特点：

1. 从实际出发，总结与借鉴吸收相结合的原则明晰突出。整部合同立法充分考虑了从中国改革开放和发展社会主义市场经济、建立全国统一大市场及其与国际市场接轨的实际出发；总结了中国合同立法、司法实践经验和理论研究成果；广泛参考借鉴了市场经济发达国家和地区立法的成功经验和判例学说，尽量采用了反映市场经济客观规律的共同规则，并注意与国际公约和国际惯例协调一致等重大问题；较过去三部"合同法"，在立法技术、用语规范、内容协调上都较为充分地体现了先进性与科学性。尤其是总则部分作为立法的重点，科学总结和概括出了各类合同的共性、规律性的内容，拟出了一个既承继历史经验，又反映时代精神的合同基本准则，从总则的框架、结构到具体法条，都与世界先进立法和相关的国际公约保持了基本一致与趋同，促进了中国的对外开放。

2. 鼓励交易与意思自治的理念明确充分。《合同法》是民法的重要组成部分，主要是保护"私"权利，对私法观念的要求较高，其充分考虑了法应有的保障市场交易，推动经济增长的需求。在内容上，该法在鼓励、指导交易的同时，更注重体现和弘扬尊重当事人意思自治的现代私法理念。许多条文明确规定了在不违反法律和公序良俗的前提下，保障当事人享有充分的合同自由，不受行政机关及其他组织干预的思想。简言之，非基于重大的正当事由，不得对当事人的合同自由予以限制。

3. 显著、集中地反映了法制定和实施的时代特点。《合同法》的制定和实施，基本是处在计划经济体制向市场经济体制过渡、同时又要毫不犹豫地向市场经济坚定迈进的时期。此时法律的制定，既应考虑到过渡时期的特点，又要兼顾该法能够适应中国建成社会主义市场经济后对法律调整的要求，难度较大。值得欣慰的是，《合同法》较好地处理了时代的矛盾即与旧法衔接的问题，既注意了适应新情况、新形势、新特点，体现了改革创新精神；又注意了承上启下，保持法律的连续性、稳定性，例如，与《民法通则》基本原则保持统一。总则中合同成立程序、合同履行中抗辩权的规定、合同保全的内容、违约责任的归责原则都吸纳了通行于世界的合同法制，对发展和巩固市场经济大有裨益。

4. 经济效率与社会公正、交易便捷与交易安全的价值取向相互兼顾。这一特点可以从众多的法律条文中反映出来，例如，合同订立形式和格式合同的规定就考虑到了交易便捷与经济效率，而缔约过失责任条款、合同效力的若干条款和违约责任规定则注重了社会公正与交易安全。这两方面的规范各司其职又相互呼应，既有利于提高效率，促进生产力的发展，又有利于维护社会公益；既保护消费者、劳动者权益，维护自然人、法人合法权益，又维护市场经济的道德秩序，不允许靠损害国家利益、社会利益和民众利益而发财致富；既体现了现代化市场经济对交易便捷的要求，又体现了不可因此损及交易安全和交易秩序的精神。

5. 普遍化的合同制度与类型得到了全面规制，操作性强。《合同法》注重了法律的规范性和可操作性，重要条文繁简比较适当，概念定义较为准确（如合同的概念、不可抗力的概念、违约责任的概念等），对有明确的适用范围、构成要件和法律后果的制度，尽可能作了明确规制，有利于《合同法》在实务中的运作与适用（如合同权利义务的终止、合同的转让、合同约定内容不明的履行、买卖合同的交付等）。此外，《合同法》将过去零乱分散的合同制度进行了科学地整合，在丰富发展的同时，也理顺了各种经济关系，避免了合同法律关系趋于复杂，有利于保障债权人的利益，符合 21 世纪合同法统一化的发展潮流。

6. 新的法律框架科学严谨，各种新制度构筑完备。为充分保证合同制度能发挥出对百姓生活、企业经营以及市场经济发展的重要作用，《合同法》的法典化框架模式与以往我国几部合同法均有不同，它科学地分为总则、分则、附则三大部分，但以总则、分则为主要内容，分别规范了合同的共性问题和基本规则，规范了 15 种成熟的典型合同类型。其间，有利于保障合同当事人权益、有利于经济发展和保障交易的新制度在各章均有明显反映并被放在突出位置上，如要约和承诺规则、前契约义务、后契约义务、代位权、撤销权、抗辩权、法定解除权、严格责任原则、违约损害赔偿规则、责任竞合等；分则中还规定了一些新类型合同，如居间合同、行纪合同、委托合同、融资租赁合同等。此外，《合同法》中还规定了一些与法律适用和司法、行政机关对违法合同行为的处理有关的原则。这些都充分显现出这部现代《合同法》统一、完备、新颖、科学的特色。

7. 立法技术不断提高，立法语言日趋规范。《合同法》在建构和设计中，立法技术较过去计划经济时期有了很大改观，立法体例沿袭了传统民法的样式，但不失科学性、规范性；立法内容的归纳分布和条目的排列基本上依从了从一般到特殊、从抽象到具体的逻辑顺序；概念准确，沿用了许多合同法固有术语，使用同一概念时，在内涵及外延上保持了一致；在立法语言上，通俗而不失规范，易懂而不失严谨，用语较为准确、清晰，繁简适当，文字流畅。这些都显示了较高的立法水平。

### 四、合同法的基本体系和基本内容

我国《合同法》的立法体例充分借鉴吸收了成文法法典化的模式，由总则、分则和附则三部分构成，共 23 章 428 条。其中，总则全部内容均为交易活动的一般性规则，包括一般规定、合同的订立、合同的效力、合同的履行、合同的变更与转让、合同的权利义务终止、违约责任和其他规定等 8 章 129 条；分则分别规定了买卖，供用电、水、气、热力，赠与，借款，租赁，融资租赁，承揽，建设工程，运输，技术，保管，仓储，委托，行纪，居间等 15 类有名合同，计 15 章 298 条；附则 1 条，仅涉及施行及废止条款。

《合同法》中设计、规范的主要制度与基本内容大致如下：

1. 合同的一般规定。主要包括立法目的、合同定义、基本原则，强调了合同的严肃性等。

2. 合同的订立。主要包括合同成立形式，基本内容，要约、承诺程序与规则，合同成立的时间、地点，格式条款，缔约过失责任等。

3. 合同的效力。主要涉及合同特别效力、合同有效要件、表见代理制度、合同有效效力待定规则、合同的无效与合同的可撤销及其法律后果等。

4. 合同的履行。主要包括合同履行的原则、附随义务、合同约定不明或无约定时的补缺性规则、双务合同中的抗辩权、合同保全中的代位权与撤销权等。

5. 合同的变更和转让。主要包括协议变更合同、债权让与、债务承担与合同的承受等。

6. 合同权利义务的终止。其中涉及合同终止的原则、合同的解除、法定解除权、合同消灭原因等。

7. 违约责任。主要包括严格责任原则、违约的形态、瑕疵损害与瑕疵结果损害、违约责任承担的方式、赔偿损失的规则、责任竞合等。

8. 合同的其他规定。内容涉及无名合同的法律适用、合同的解释、当事人选择解决争议的法律及方法、某些特别合同的特别诉讼时效。

9. 合同的分则。买卖、租赁等 15 种有名合同的权利、义务、责任及其他规则。

根据附则的规定，自 1999 年 10 月 1 日《合同法》正式施行起，我国《经济合同法》《涉外经济合同法》《技术合同法》同时废止。这三部"合同法"的废止必然导致与《经济合同法》配套出台的几个合同条例和有关实施细则一并消灭，其他与《合同法》相关的司法解释和法规的适用得依立法目的解释来判断是否适用。

**五、从《合同法》到《民法典》合同编**

《合同法》自订立以来，在我国市场经济中扮演了非常重要的角色，对我国经济发展和法治建设发挥了重要推动作用。然而，立法难免存在相应的漏洞；而且，时代的发展，特别是新型经济模式在市场中出现，又会敦促立法加以改进。正因如此，《合同法》出台之后，最高人民法院先后于 1999 年和 2009 年出台了关于《合同法》的两部司法解释（分别是法释〔1999〕19 号和法释〔2009〕5 号），并在 2012 年又出台了《关于买卖合同纠纷案件适用的法律问题的解释》（法释〔2012〕8 号，该司法解释在《民法典》出台之后被修改为法释〔2020〕17 号）。这些司法解释对《合同法》规则进行了扩展和细化，构成了我国合同法体系的重要组成部分。不过，时代仍然呼唤着一部更加系统、完整和成熟的法律文件，这就是 2020 年 5 月 28 日通过、2021 年 1 月 1 日起施行的《民法典》。在《民法典》中，《合同法》化身为"合同编"，基本结构和内容得以保留，并且依然是规模巨大的一编：条文数共 526 条，字数约为 4.5 万；与《合同法》相比，合同编增加了 135 条，删去了 37 条，修改了 158 条。[1]

合同编延续了《民法典》编纂的基本体例，亦即"总则（合同编规定为'通则'）+分则"的结构。与《合同法》总则相比，《民法典》合同编"通则"有增有删。删除的部分主要是针对《民法典》总则编已有规定而构成的重复性

---

〔1〕 参见石宏："合同编的重大发展和创新"，载《中国法学》2020 年第 4 期。

规定，包括基本原则、法律行为、代理规则、法人部分以及责任竞合规则、涉外民事法律关系适用法等处，并且对合同解释的规则进行了删减。增添部分，则包括新增实现债法总则功能的规定、吸收电子商务法规则、新增按份之债和连带之债的规定、吸收司法解释规定、新增缺失遗漏的债法重要制度（诸如强制缔约、悬赏广告、第三人代为履行制度等）。同时，合同编"通则"又做出了相应的更新与完善：包括体系调整、概念精准、规制完善、制度增添，等等。在合同编的典型合同分编中，增加了保证、保理、物业服务和合伙四类合同，并且根据司法解释的规定，对固有的典型合同之条文进行了完善与调整。[1] 本书的内容，也将以"合同编"的内容作为基础和主线。

值得提及的是，债法总则与合同编密切相关，债法总则通常是传统民法典都会设置的重点部分。在我国《民法典》编纂过程中，学术界与立法界对是否要有债法总则的问题有过激烈争论。立法者最终采部分学者主张，未设债法总则，相关内容一是在《民法典》总则编第 5 章第 118 条定义了债权，二是通过合同编第一分编"通则"相关制度安排，将传统债法总则的内容加以体现。侵权行为之债通过侵权责任编加以规范；而无因管理与不当得利属于"法条简单、适用复杂"的法律机制，成文法难以通过详尽规则加以确定，既然未设债法总则，则只能根据司法实践的一般惯例，将其归入合同编"准合同"部分。当然，这也顺应了 1999 年统一《合同法》颁布之后的裁判习惯与市场交易习惯认知。

## 第七节　我国合同法的基本原则

合同法的基本原则，是指合同立法的指导思想以及调整民事主体间合同关系所必须遵循的基本方针和准则，其贯穿于整个合同法律规范之中。合同法的基本原则是制定、解释、执行和研究合同法规范的依据和出发点，其在很多内容上与民法典的基本原则相通。

### 一、意思自治原则

意思自治是现代民法尤其是合同法的一项最基本的原则，它在我国《民法通则》和《合同法》中都有反映。在《民法典》中，这一原则体现为第 5 条，即"民事主体从事民事活动，应当遵循自愿原则，按照自己的意思设立、变更、终止民事法律关系。"

意思自治原则是指合同当事人取得权利、承担义务或从事民事活动时应基于

---

〔1〕　关于合同法与"合同编"之间具体的调整内容，参见周江洪："民法典合同编的制度变迁"，载《地方立法研究》2020 年第 5 期。

其意志的自由，不受国家权力和其他当事人非法干预。该原则的核心是充分尊重当事人在进行合同活动中对外表达的内心真实意愿即合同自由。这一原则产生和存在的基础须是市场经济，因为在集中统一的计划经济体制中，合同的计划性、行政性占统治地位，意思自治没有生存的空间和意义。所以说，意思自治原则既是合同主体平等法律地位的具体体现，更是从法律的角度反映了市场经济发展的内在规律。法律保障和赋予商品生产者和经营者以充分的自主决策权，鼓励他们作为合同主体自主自愿地从事生产和交易活动。

意思自治体现于合同法中，包含两层意思：①在平等的私法关系中，个人取得权利义务应依赖于个人的意志；②个人意思的发生、行使应有其自行决定的自由。意思自治的具体表现是：合同当事人有依法缔结合同的自由，禁止欺诈、胁迫行为；当事人有选择合同相对人、合同内容和履约方式的自由。这样一来，当事人通过自己在经济活动中的自由科学决策，达到保障其经济利益充分实现的目的。当然，意思自治不是放弃国家对合同领域的干预，从维护交易安全与公平，维护社会利益和公序良俗的目的出发，国家可以通过相应行政法规的制定对合同进行积极干预，对社会经济生活进行宏观调控与管理。这体现了合同自由与社会正义的统一。

**二、平等原则、公平原则**

平等原则是指民法赋予民事主体平等的民事权利能力，并要求所有民事主体同等地受法律的约束。这反映在合同法中，就是通过基本原则肯定当事人合同地位平等，在权利义务的分配上平等协商，肯定合同主体平等地受法律保护。因此，在合同关系中不承认特权和特权依托下的身份，"从身份到契约"正是平等原则起作用的结果。合同或契约意味着当事人在平等基础上自由选择，人们可以通过契约，利用对一切社会成员开放的机会，获得自身发展。平等对合同的正常发生与圆满实现至关重要。

公平原则要求民事主体本着公正的观念从事合同活动，正当行使权利和履行义务，在民事活动中兼顾他人利益和社会公共利益。公平原则实际上是社会道德的观念，是正义的观念，反映了人与人之间应保持一种正当善良的利益关系。在合同法领域中贯彻公平原则，将有助于保障公正交易和公平竞争，同时有利于合同纠纷公平合理地解决，切实保障自然人、法人的合法权益，弘扬社会主义的文明道德。

上述两项原则除在我国《民法通则》《合同法》中有过表达外，在《民法典》中又被给予了郑重和明确的重申。《民法典》第4条规定："民事主体在民事活动中的法律地位一律平等"；第6条规定："民事主体从事民事活动，应当遵循公平原则，合理确定各方的权利和义务。"

### 三、诚实信用原则

诚实信用原则简称诚信原则，它是在市场经济活动中形成的道德规则，现代民法吸收了这一道德观念，要求人们在从事民事活动时，讲究信用，恪守诺言，诚实不欺，用善意的心理和方式行使权利、履行义务，在不损害他人利益和社会利益的前提下追求自身的利益。"诚实信用原则虽以社会伦理观念为基础，唯其并非道德，而是将道德法律技术化。"[1]

诚信原则本身经历了较长的历史发展过程。该观念肇始于罗马法，体现在一般恶意抗辩诉权中。《法国民法典》对此没有大的发展；在《德国民法典》制定时期，经济危机与社会动乱使得经济关系混乱不堪，立法上更加注重道德规范的调节功能，故《德国民法典》专为合同设立了比罗马法和法国民法伸缩性更大、适应性更强的诚实信用原则，其实质在于授予法院以较大的自由裁量权，与法国合同法中对法官裁判的严格限制形成较鲜明的对比。实践证明，诚信原则不仅为灵活裁决、解释合同提供了广阔的空间，更为现代合同法各项制度的发展开创了良好的局面，注入了新的活力。因此，《民法典》第 7 条明确规定："民事主体从事民事活动，应当遵循诚信原则，秉持诚实，恪守承诺。"

一般认为诚实信用原则涉及双重利益关系，即当事人之间的利益关系和当事人利益与社会利益之间的关系，诚信原则的目标是在两重利益关系中实现平衡，故诚信原则的第一个要求就是在市场交易中不损害其他竞争者、不损害社会公共利益和市场道德的前提下，去追求自己的利益。此外，由于诚信原则的内容极为概括抽象，规范模糊，其适用范围又很宽泛，这就实际上把处理包括合同关系在内的民事纠纷的相当大的自由裁量权交给了法官，因此，诚信原则的实质在于授予法官以自由裁量权，意味着司法活动的创造性与能动性。[2]

当合同权利义务关系成立后，社会生活环境发生了当事人不能预见、不可避免、不能克服的重大情势变化，若按原义务履行将显失公平时，当事人可诉请法院酌情调节其权利义务关系，此谓之情事变更原则。这是在动态层面上对问题进行处理时具体贯彻诚信原则的表现。

诚信原则由于有超乎法律条文规范的抽象性以及随时间、空间而变化的灵活性，能够贯彻公平正义或分配合理的精神且具有弥补法律漏洞的功能，故有"帝王条款"之美称。

---

[1] 参见梁慧星："诚实信用原则与漏洞补充"，载梁慧星主编：《民商法论丛（第 2 卷）》，法律出版社 1994 年版，第 65 页。

[2] 参见徐国栋：《民法基本原则解释——成文法局限性之克服》，中国政法大学出版社 2001 年版，第 80 页。

### 四、公序良俗原则

公序良俗，是公共秩序与善良风俗的简称，是现代民法一项重要的概念和法律原则。它的主要功能是在市场经济中维护国家、社会的一般利益和一般道德观念，因而在现代民法中具有至高无上的地位。法国法、德国法、日本法等对此都有规定。我国《民法通则》和《合同法》未使用公序良俗的概念，它们规定的"社会公共利益"和"社会公德"的地位作用相当于各国或地区民法中的公序良俗原则。此次《民法典》第8条明确规定："民事主体从事民事活动，不得违反法律，不得违背公序良俗。"至此，公序良俗作为一个实证法所确认的基本原则被纳入我国立法之中。

将公序良俗原则作为现代合同法的基本原则，无疑具有重要意义。在改革开放和发展社会主义市场经济中，有许多成就和经验，但在商品交换等过程中也出现了一些损害国家利益和违反社会一般道德准则的丑恶行为，而公序良俗原则的建立，有助于进一步完善市场经济法治和建立健康有序的市场经济法律秩序，抑制合同中的不良行径，维护交易的稳定安全。

公序的含义至今没有统一的解释。有学者认为，公共秩序为国家社会之存在及其发展所必要的一般秩序。有学者认为公序即法秩序。还有学者认为公序分为政治（传统）的公序与经济（现代）的公序等。我国民法学家梁慧星先生在研究了各种学派观点后，认为公共秩序的内容是现行法秩序与现行法秩序的根本原则和根本理念，公共秩序的概念比法秩序的外延更加宽泛。

善良风俗是以道德为核心的概念，是一定社会应有的道德准则，我国通常称之为"社会公德"。但善良风俗应注意与另一种具有道德规则的诚实信用区别开来。诚实信用原则主要作用于市场交易中，而善良风俗的本意则主要指性关系和家族关系中的道德准则。

公序良俗经历了较长的发展阶段，从政治的公序到经济的公序，从确保对反人伦行为的处理到以保护市场中社会正义为主导，公序良俗在市场经济条件下发挥着协调当事人之间利害冲突，确保健康公正的市场交易秩序多样化的重要机能，也理应成为合同法的基本原则。

违反公序良俗行为的类型，从市场交易或商品交换的角度看，主要有：危害国家公序行为类型，如订立违反国家宏观经济或金融调控政策的契约，订立以从事犯罪或帮助犯罪行为为内容的合同等；违反性道德行为类型，如为开设妓院而购买或承租房屋，以非法同居为条件进行财产的转让等；射幸行为类型，即以他人之损失而受偶然利益的行为，如赌博、巨奖销售又未经政府特许的情况；违反人权和人格尊严的行为类型，如过分限制人身自由的契约，以债务人人身作为抵押的合同等；违反公平竞争的行为类型；实行经济垄断与暴利的行为类型；违反消费者、劳动者保护的行为类型；等等。[1]

可见，公序良俗原则除包含对当事人本人的法律与道德约束外，更多地包含了法官自由裁量权因素，具有十分灵活的特性，尤其在确保国家一般利益、社会道德秩序以及协调各种利益冲突、保护弱者、维护社会道德秩序等方面发挥着重要的功用。

■思考题

1. 什么是合同？它有哪些特征？
2. 简述合同的基本分类及其分类标准。
3. 简述合同法的基本原则及其各自的内涵。

■参考资料

1. 朱庆育：《民法总论》，北京大学出版社 2016 年版。
2. 梁慧星：《民法总论》，法律出版社 2017 年版。
3. 王泽鉴：《债法原理》，北京大学出版社 2013 年版。
4. 徐涤宇主编：《合同法学》，高等教育出版社 2020 年版。
5. 李永军：《合同法》，中国人民大学出版社 2020 年版。

---

〔1〕 参见梁慧星："市场经济与公序良俗原则"，载《中国社会科学院研究生院学报》1993 年第 6 期。

# 第二章　合同的成立

■ 学习目的和要求

　　通过本章的学习，使学生了解合同订立中的基本问题，如合同订立的一般程序、合同的内容及形式、合同订立的特殊方式；同时，要求学生掌握以下内容：要约的概念、构成要件、生效时间、撤回和撤销，要约与要约邀请的区别，承诺的概念、构成要件、生效时间、撤回，合同的形式及条款，格式条款的概念及其限制，缔约过失责任。

## 第一节　概说

　　合同是平等主体的自然人、法人、非法人组织之间设立、变更、终止民事权利义务关系的协议。当事人双方就合同的内容经过协商达成一致，合同即告成立。

　　合同是双方民事法律行为，必须有双方当事人。缔约双方以成立合同为目的，相互进行内容一致的意思表示，即为合同的订立过程。在各国或地区立法以及国际条约中，一方当事人的意思表示为要约，另一方当事人对要约表示同意的意思表示即为承诺，要约与承诺一致，合同成立。因此，合同订立的程序表现为要约和承诺两个具体阶段。双方当事人因各自的利害关系，为订立合同会进行讨价还价，因此，在现实生活中，合同的成立总是要经过要约、反要约、再要约直至承诺的过程。

　　合同自由原则是各国或地区合同法的基本原则，当事人是否缔结合同、同谁缔结合同以及合同的内容和形式，主要取决于当事人的意思。合同内容只要不违反法律、行政法规的强制性规定，不违背公序良俗，就可由当事人自由决定。因此，合同成立具有相当的任意性，各国或地区合同法关于合同的订立、内容、形式等规定，多为任意性规范。以往的《经济合同法》第 3 条规定："经济合同，除即时清结者外，应当采用书面形式……"《经济合同法》第 12 条还规定了合同必须具备的主要条款。可见，我国旧合同法体系，一方面从根本上缺乏关于合同成立程序的系统规定；另一方面，法律对合同的内容、形式有严格的规定，即对双方当事人的合意内容等进行了较多的限制。这既不符合现代合同法的本质和对合同的基本规范，亦不适应市场经济发展的总体要求，在司法实践中增加了认定合同成立与否的困难。1999 年《合同法》对此作了改进：一方面，用了整整一章（共 35 条）的内容对合同订立程序作了详实规定；另一方面，在具体的合同内容与形式上，奉行形式自由的理念，除法律强制性规定外，当事人对合同形式有极大的选择空间。同时，《经济合同法》中主要条款与普通条款的划分亦被取消，《合同法》对合同条款的罗列仅具示范作用，这种详略得体、宽严有度的规范方式保护了交易自由，促进了交易效率，为经济的发展作出了制度性的预设。该做法得到了《民法典》的继受。

订立合同时除了坚持合同自由原则外，当事人还应遵守诚实信用原则。当事人在缔约中相互负有协力、保护、通知、诚实等附随义务。当事人如果违反这些义务，即构成缔约过失。因此给对方造成损害的，应当承担赔偿责任。《民法典》第 500 条、第 501 条继受《合同法》对缔约过失责任作出明确规定，除列举三种须承担缔约过失责任的行为外，另引入诚实信用原则作为判断标准以补列举之不足，并规定以损害赔偿为责任承担方式。

合同是否成立与合同有无效是有区别的，而《经济合同法》没有区分这一界限，导致了司法实践中在认识和处理上述问题时出现了不同程度的混乱。合同的成立，如前所述，是当事人意思表示一致，是一种合意；合同有无效力，则是合同成立后是否符合法律的生效要件的问题，反映了对合同的评价。具体而言，合同的生效，是指合同的内容开始发生法律效力。合同成立后，如果其符合法定生效条件，就会受到法律保护，达到合同当事人预期的目的；如果其违背或欠缺生效要件，则构成无效合同，或可撤销合同，或效力待定合同。因此，合同成立和合同有效，合同的不成立和合同的无效，是不同的问题，有着各自的要件。合同成立只是判断合同效力的前提，一项合同只有成立后，才会产生是否有效的问题。如果混淆了它们之间的界限，就会使大量不成立的合同被确认为无效合同，使本可通过合同的解释和填补漏洞的方法成立的合同被宣布为绝对无效，使正当的交易被迫取消，这既不符合合同法的本质，也不利于我国在社会主义市场经济中促进商品交易目的的实现。《民法典》在《合同法》基础上将合同的订立与合同的效力分两章分别规定，此种体系设计使两者的区别一目了然。

## 第二节 合同订立的程序

合同经法律规定的程序签订才能成立。合同订立的程序是指当事人相互作出意思表示并就合同条款达成一致协议的具体过程。一般来说，合同的订立是要约和承诺两个阶段所构成的，但并不排除存在以其他方式缔结合同的可能。

### 一、要约

#### （一）要约的概念和性质

《民法典》第 472 条规定："要约是希望与他人订立合同的意思表示……"商业贸易中称要约为发盘、出盘。发出要约的当事人为要约人，受领要约的当事人为受要约人，简称受约人。要约属意思表示而非民事法律行为，应适用法律对意思表示的规定。

#### （二）要约的构成要件

《民法典》第 472 条规定了要约应具备的两个条件，但根据民法理论的基本认知，要约须同时具备下列条件：

1. 要约必须由特定的当事人作出。一项要约，可以由合同当事人任何一方提出，但发出要约的人必须是特定的当事人。因为要约是要约人向相对人作出的意思表示，旨在得到对方的承诺并成立合同，只有要约人是特定的人，他人才能对之承诺。所谓特定的人，并不是指某个具体确定的人，而是指凡能为外界所客观确定的人，都可视为特定的人。例如，自动售货机的设置，也可视为一种要约。

2. 要约必须向相对人作出。要约必须经过相对人的承诺才能发生要约人希望的效果，即订立合同，因此，要约必须是要约人向相对人发出的意思表示。相对人一般为特定的人，因为要约人在特定的时间和场合只能与特定的对方当事人订立特定内容的合同。但是，对于不特定的人作出而又无碍要约所达目的时，要约也可成立。例如，商店柜台标明商品价格出售，其要约是面对任何顾客的，这是对一定范围的不特定人发出的要约。悬赏广告是以广告的方式声明对完成一定行为的人给予报酬的意思表示，它是以广告方式对不特定的人发出的要约，相对人以完成一定行为作出承诺，合同即告成立。

3. 要约必须具有订立合同的主观目的。要约必须以订立合同为目的，凡不是以订立合同为目的的行为，例如，邀请参加校庆的请柬，尽管表达了当事人的真实意愿，但不是要约。是否以订立合同为目的，也是要约和要约邀请的主要区别。要约邀请，又称要约引诱，是希望他人向自己发出要约的意思表示。要约邀请的目的不是订立合同，而是在于唤起别人的注意，希望别人向自己发出要约，其作用在于引出要约，而不像要约本身的作用在于引出对要约的承诺。所以，要约邀请只是当事人订立合同的预备行为，它自身不能发生任何法律效果，不应视为要约。根据《民法典》第473条的规定，拍卖公告、招标公告、招股说明书、债券募集办法、基金招募说明书、商业广告和宣传、寄送的价目表等为要约邀请；商业广告和宣传的内容符合要约条件的，构成要约。也就是说，现实中的意思表示并非确定地成为要约或要约邀请，而是要根据其是否满足了要约的要件来判断。

4. 要约的内容必须具体确定。要约的内容必须使受约人足以了解将来可能成立合同的主要内容，以供受约人考虑是否承诺。如果要约人发出的意思表示只包含订立合同的愿望，而未提出决定合同内容的主要条件，那么它就不是要约。至于合同成立的主要条件，则要根据具体要约的性质、要约当时当地的商业惯例以及法律规定来确定。

（三）要约的形式

要约属意思表示，有其外在表现形式，一般分为口头形式和书面形式。所谓要约的口头形式，是指要约人以直接对话或电话方式向相对人发出要约。所谓要约的书面形式，是指采用交换信函、电报、电传和传真等文字形式进行要约。要约究竟采用口头形式还是书面形式，一般是以欲成立的合同类型为标准，欲成立要式合同的要约须采取一定格式的书面形式。现代社会交易频繁，为促进交易便捷，法律对合同要式性的要求日益减少，不要式合同逐渐成为主角，当事人的合同自由得到切实的体现。《民法典》回应了此种趋势，对合同形式鲜有限定，要约的形式相应就有了相当的主观随意性。

（四）要约的法律效力

一项意思表示，符合要约的构成条件，不论是口头形式，还是书面形式，都会发生法律效力。

1. 要约的生效时间。要约的生效时间，因要约的形式不同而有差异。对于口头形式的要约，从相对人了解要约时开始生效。相对人了解要约，应以通常情形下一般人所能理解要约为标准，相对人能够理解要约却故意假装不知，并不影响要约生效。对于书面形式的要约的生效时间，学理上有两种见解，即发信主义与到达主义。德国和日本民法对此采后者为确定要约生效时间的原则。我国现行法律沿袭大陆法系传统，采用到达主义。根据《民法典》第474条的规定，要约生效的时间适用该法第137条的规定："以对话方式作出的意思表示，相对人知道其内容时生效。以非对话方式作出的意思表示，到达相对人时生效。以非对话方式作出的采用数据电文形式的意思表示，相对人指定特定系统接收数据电文的，该数据电文进入该特定系统时生效；未指定特定系统的，相对人知道或者应当知道该数据电文进入其系统时生效。当事人对采用数据电文形式的意思表示的生效时间另有约定的，按照其约定。"可见，《民法典》修改了《合同法》的规定，特别是对数据电文的"到达"作出了新规范，从而更符合意思自治的要求，也更加符合公平与正义的要求。

2. 要约法律效力的内容。要约的法律效力即要约的拘束力，其内容包括对要约人的拘束力和对受约人的拘束力两个方面。

（1）对要约人的拘束力。又称要约的形式拘束力，指要约一经生效，要约人即受到要约的拘束，不得随意撤回、撤销或对要约加以限制、变更和扩张。要约的这一效力，对于保护受约人的利益，维护正常交易的安全是必要的。因为在要约的有效期限内，受约人可能接到该要约而拒绝了他人的相似要约或不向他方发出相同内容的要约，或可能为以后合同履行进行了必要的准备。在这种情况下，要约人一旦撤回、撤销或变更要约，受约人便可能遭受损失。一般认为，凡要约人在要约到达受约人之后撤销或变更要约，由此给受约人造成的损失，应当由要约人赔偿。但是，如果绝对禁止要约人撤回、撤销或变更要约，对要约人未免过于苛刻，也不符合商品交易活动的实际情况，所以法律也赋予要约人在一定条件下，即在受约人承诺前有限地撤回、撤销要约或变更要约的内容的权利。

《民法典》对要约的撤销与撤回都做出了规定，具体规则是：首先，要约可以撤回，但撤回意思表示的通知，应当在意思表示到达相对人前或者与意思表示同时到达相对人。其次，要约可以撤销，但于要约生效后，如果任由要约人撤销，则要约的法律效力将无从体现，本应由要约人承担的交易风险将转移到受约人身上，有违公平。在此，一方面可适用缔约过失责任制度，另一方面《民法典》第476条对要约人的撤销权作了例外规定，即"要约人以确定承诺期限或者其他形式明示要约不可撤销"或"受要约人有理由认为要约是不可撤销的，并已经为履行合同做了合理准备工作"的，则要约不得撤销，《民法典》的此项规定与《联合国国际货物销售合同公约》的相关规定是完全一致的。

（2）对受约人的拘束力。又称要约的实质拘束力，在学理上也称之为承诺适格。它是指受约人在要约发生效力时，取得其承诺而成立合同的法律地位。受约人在接到要约之后，即取得承诺的资格，有权在要约有效期间内作出是否对之承诺的答复。如果受约人对要约予以承诺，便使合同成立。但是，受约人没有必须承诺的义务，若不承诺，受约人只是丧失承诺的资格，导致合同不成立。受约人不为承诺的，没有通知的义务，即使要约人在要约中规定应为通知是否承诺的也是如此。但是，依照法律规定或一般商业惯例负有承诺义务时，受约人不能拒绝承诺。例如，供方不得拒绝承诺订货方依某项指令性计划提出的要约，公路、铁路、飞机、电信、煤气、自来水等关乎人们日常生活的行业，负有应消费者的请求而与其订立合同的义务。这种承诺义务，是为强制缔约义务。《民法典》第494条第2款和第3款规定："依照法律、行政法规的规定负有发出要约义务的当事人，应当及时发出合理的要约。""依照法律、行政法规的规定负有作出承诺义务的当事人，不得拒绝对方合理的订立合同要求"。可见，要约人和受约人都可以负有强制缔约义务。

3. 要约法律效力的存续期间。要约法律效力的存续期间，是指要约受承诺拘束的期间，亦称承诺期限。要约在其存续期间内受相对人承诺的拘束；不在此期间承诺，要约丧失效力。要约法律效力的存续期间分为定有存续期间和未定有存续期间两种情况：

（1）定有存续期间。依照意思自治原则，要约的存续期间由要约人自己确定。受约人在其期限内承诺，对要约人有拘束力。对于要约存续期间的起算，《民法典》第482条作出了明确的规定：要约以信件或者电报作出的，承诺期限自信件载明的日期或者电报交发之日开始计算；信件未载明日期的，自投寄该信件的邮戳日期开始计算；要约以电话、传真、电子邮件等快速通讯方式作出的，承诺期限自要约到达受要约人时开始计算。

（2）未定有存续期间。对于口头要约，仅在受约人立即承诺时，才对要约人有拘束力；对于书面要约，在依通常情形能够收到承诺所需的合理期间内承诺，对要约人有拘束力。所谓合理期间，应包括：①要约到达受约人的必要期间；②受约人考虑是否承诺所需要的必要期间；③承诺发出后到达要约人所需的必要期间。在合理期间内受约人不为承诺，要约丧失效力。

（五）要约的失效

要约的失效，又称要约消灭，是指要约丧失法律效力，要约人解除必须接受承诺的义务，受约人丧失承诺的资格。要约消灭后，合同即失去成立的基础，受约人即使承诺，合同也不能成立。根据《民法典》第478条的规定，要约失效的原因主要有以下四种：

1. 要约被拒绝。此处的拒绝是指受约人以通知的方式明确表示不接受要约，无意与要约人成立合同，而并不包括受约人的沉默，对要约的扩张、限制等广义上的拒绝。要约失效的时间为拒绝通知到达要约人之时，此与要约的生效时间对应。

2. 要约被依法撤销。要约被撤回时，要约尚未生效，故亦无失效可言。在要约生效后，要约人单方欲使要约的效力归于消灭只能采用撤销的方式。

3. 承诺期限届满，受约人未作出承诺。凡在承诺期限内受约人没有作出承诺的，要约即失效。就此种情况的外在表现形式而言，受约人是以不作为的方式表明对要约的拒绝，属于广义的拒绝要约。

4. 受要约人对要约的内容作出实质性变更。此种情况实际上是受约人向要约人发出了新要约。受约人的变更行为表明其不接受要约内容，故原要约失效。

以上是《民法典》合同编规定的要约失效的情形。另外，要约人或受约人死亡将导致要约—承诺流程中主体缺失，此时，要约的效力颇为复杂。若要约人于发出要约后死亡，受约人知悉要约人死亡的，要约失效；要约人发出要约后，受约人于承诺前死亡的，要约亦失效；若受约人并不知悉要约人已死亡而作出承诺的，如要约中并不含有人身履行的专属性，一般认为合同成立。至于受约人承诺后死亡，合同已告成立，当依继承法的相关规定处理。

**二、承诺**

（一）承诺的概念及性质

《民法典》第 479 条规定："承诺是受要约人同意要约的意思表示。"此为承诺的法定解释，在商业贸易中承诺又被称为接盘。与要约的性质一样，承诺属于意思表示，适用《民法典》总则编关于意思表示的规定。

（二）承诺的构成要件

承诺要取得成立合同的法律效力，必须同时具备以下五个要件：

1. 承诺必须由受约人作出。要约和承诺是一种相对人的行为，只有受约人享有承诺的资格。因此，承诺须由受约人作出。受约人为特定人时，承诺由该特定人作出；受约人为不特定人时，承诺由该不特定人中的任何人作出。受约人授权的代理人作出的承诺，与受约人本人承诺具有相同的法律效力。此外，受约人以外的任何第三人即使知道要约的内容并对之作出同意的意思表示，通常情况下也不能构成承诺。

2. 承诺必须向要约人作出。受约人承诺的目的在于同要约人这一特定的主体订立合同，若承诺针对要约人以外的第三人作出，不构成承诺。向要约人授权的代理人作出承诺，应视为向要约人作出。但是，要约人发出要约后死亡，在一定条件下，如合同履行不具有特定的人身性质，要约仍然有效，受约人可以向要约人的继承人作出承诺。

3. 承诺的内容应当与要约的内容一致，否则，视为拒绝原要约，并构成新要约。承诺是受约人愿意按照要约的内容与要约人订立合同的意思表示，因此，承诺原则上须是无条件的，对要约的内容应当全部接受。如果受约人对要约的内容进行实质性扩张、限制或者变更，应视为对原要约的拒绝，由此构成新要约。在这种情形下，原受约人变为新的要约人，而原要约人转变为新的受约人，新要约必须经过新的受约人承诺后才能成立合同。判断承诺的内容与要约的内容是否一致，应该以要约与承诺的意思表示为依据，依诚实信用原则进行解释。《联合国国际货物销售合同公约》以及世界各国或地区的合同立法表明，凡对要约内容表示同意，但对要约内容进行非实质的添加、限制或其他更改的，除要约人及时表示反对，或要约明确规定承诺不得对要约内容进行任何添加、限制或修改外，该承诺仍为有效，合同内容以承诺内容为准。我国《民法典》与世界通例完全一致，其在第 488 条规定："承诺的内容应当与要约的内容一致。受要约人对要约的内容作出实质性变更的，为新要约。有关合同标的、数量、质量、价款或者报酬、履行期限、履行地点和方式、违约责任和解决争议方法等的变更，是对要约内容的实质性变更。"第 489 条规定："承诺对要约的内容作出非实质性变更的，除要约人及时表示反对或者要约表明承诺不得对要约的内容作出任何变更外，该承诺有效，合同的内容以承诺的内容为准。"

4. 承诺须在要约的存续期间内作出。如果要约定有存续期间，承诺必须在此期间内作出。如果要约未定有存续期间，对于口头要约，受约人须立即作出承诺；对于书面要约，受约人应在通常情况下能收到承诺所必要的合理期间内承诺。如果要约以信件或者电报方式作出的，承诺期限自信件载明的日期或者电报交发之日开始计算；信件未载明日期的，自投寄该信件的邮戳日期开始计算；要约以电话、传真、电子邮件等快速通讯方式作出的，承诺期限自要约到达受要约人时开始计算。凡在要约的存续期间届满后承诺，是迟到的承诺，除受约人及时通知受约人该迟到的承诺仍然有效外，不能发生承诺的效力，应视为新要约。但是，受约人在要约的存续期间内作出承诺，在正常情形下能够按时送达要约人，因传达故障等原因致使承诺迟到，是承诺迟延。要约人若不承认该承诺，应立即将承诺迟到的情况通知受约人，以免其因准备履行合同而造成不必要的损失。要约人若怠于通知，承诺视为未迟到，承诺有效，合同成立。

5. 承诺的方式必须符合要约规定。要约人在要约中对承诺方式提出具体要求的，承诺必须按规定方式作出，否则，承诺不发生效力。例如，要约人在要约中指定必须用电传方式作出承诺，受约人若采用信函方式作出承诺，承诺不成立。如果要约对承诺方式没有规定，承诺方式应与要约方式一致，或以其他合理方式作出。根据《民法典》的规定，承诺应当以通知的方式作出，但根据交易习惯或者要约表明可以通过行为作出承诺的除外。需注意的是，除法律有特别规定，或根据交易性质、商业惯例和要约中规定承诺不需通知的以外，沉默和不作为本身不能构成承诺。

（三）承诺的效力

承诺生效，表明双方当事人的意思表示一致，合同即告成立。承诺的生效时间，对于口头承诺，应自要约人了解时生效；对于书面承诺，应自承诺通知到达要约人时生效。承诺通知送达要约人能控制的地方即认为到达要约人；特定情况下，依照交易习惯或者要约的规定，一定行为的作出亦可表明承诺生效。

（四）承诺的撤回

承诺的撤回是承诺人阻止承诺发生法律效力的意思表示。承诺的撤回适用意思表示撤回的基本规则。具体而言，承诺到达要约人时发生效力，双方当事人有订立和履行合同的义务，所以，受约人撤回承诺的通知必须先于或与承诺同时到达要约人，才发生撤回的效力。如果撤回承诺的通知后于承诺到达，但依通常情形应先于承诺或与承诺同时到达的，要约人应将此情况通知受约人，不发生撤回承诺的效力；否则，承诺撤回有效，合同不成立。

**三、其他成立合同的方式**

合同的成立必须由双方当事人就一定的权利义务协商一致，一般是通过要约和承诺的方式来实现。但在现实的经济生活中，当事人只要达成合意，也可以成立合同，因此不限于要约—承诺。其他成立合同的方式主要有：

（一）交叉要约

交叉要约是指合同当事人以订立合同为目的，同时相互提出两个各自独立但内容一致的意思表示。交叉要约通常发生在以书面方式为意思表示的情况。例如，甲向乙以电报方式发出以一定价格购买某商品的要约，在该要约未到达乙时，乙向甲也发出以相同交易条件出售某商品的电报要约，由于双方当事人都有订立合同的愿望，要约的内容也一致，因此，这种交叉要约可以成立合同。两个意思表示相互到达对方当事人时，合同成立，以后到达的要约到达对方当事人的时间，为合同成立时间。

（二）同时表示

同时表示是当事人以订立合同为目的，采用口头方式同时作出内容相同的意思表示。例如，对于第三人制作的合同，当事人双方同时表示同意。同时表示的法律效力与交叉要约相同，也产生合同成立的效果。

（三）意思实现

意思实现是指依照商业惯例或交易的性质，承诺无须通知的要约，或要约人预先声明承诺无须通知的要约，其相对人在相当时期内有可推断其承诺意思的客观事实时，合同成立。受约人虽然没有作出明确承诺的意思表示，但依据客观事实，可推断其有承诺的意思。例如，受约人开始履行合同义务或行使合同权利。在这种以承诺事实成立合同的情形，承诺事实必须在要约的存续期间作出。该承诺事实出现的时间为合同成立的时间。

（四）依指令性计划签约

《民法典》第494条第1款继承并扩充了《合同法》的规定："国家根据抢险救灾、疫情防控或者其他需要下达国家订货任务、指令性任务的，有关民事主体之间应当依照有关法律、行政法规规定的权利和义务订立合同。"根据此规定，合同的当事人此时有义务签订合同，合同的主要内容要依据计划文件的规定。这类合同的成立，并不是当事人要约和承诺一致的结果，有别于要约——承诺的订约方式。

## 第三节　合同的条款

合同条款是指合同当事人协商一致的合同内容，具体约定了当事人的权利义务。合同的条款承载着当事人的权利义务，每条每款都关系到当事人的经济利益，因此它成为合同自由原则发挥作用的重要领域。《民法典》对一般合同的内容与条款进行了归纳与列举，但此种列举并不具有决定合同存废的效力，《民法典》第470条规定："合同的内容由当事人约定，一般包括以下条款……""一般包括"的表述方式表明该条所列举的条款对合同当事人仅具参考示范作用，缺失与否不直接作为合同成立与否的判断标准，此种规定赋予了当事人较大的自由空间，符合现代合同法的发展趋势。

### 一、合同条款的内容

《民法典》列举了合同内容一般应包括的八个条款，分别是：

（一）当事人的姓名或者名称和住所

名称是针对法人和非法人组织而言，姓名则是针对自然人而言。自然人的住所是指其户籍所在地或长期生活的处所；法人和非法人组织的住所则是指其注册登记地。

合同是民事主体意思一致的产物，民事主体的基本情况列明于合同中为合同内容归属所必需，亦为日后解决可能的纠纷指明了对象。

（二）标的

标的是合同当事人权利义务一致指向的对象。没有标的，就失去了订立合同的出发点和归宿，当事人权利义务的实现便无从着手，合同也无法履行。因此，作为满足当事人自身需要的合同必须有明确的标的。

根据传统民法理论，标的与标的物有所不同。一般认为，标的是指合同关系的给付行为，例如，承揽加工、设计勘探、委托、保管、运输等合同的标的是完成某种工作、提供某种服务的行为。[1]不过，二者的含义已有通用的趋势，《民法典》合同编中的标的，其实为标的所指向的标的物。合同标的物的种类因合同种类各异而表现不一。它可以是具体的物（财产）。如房屋买卖，其标的是给付房屋的行为，而房屋这一具体的物（财产），便是给付行为的标的物。标的物可

----

〔1〕　参见崔建远：《合同法学》，法律出版社2015年版，第54页。

以是有形财产，也可以是无形财产。本书亦将二者等同，只是合同标的为物的情况下，会特别使用"标的物"的概念。

（三）数量

数量的要求是与合同的标的紧密联系在一起的。数量就是指合同标的的多少，它直接决定着民事权利义务的大小。凡以物为标的的，应按度、量、衡予以计算；以行为为标的的，可按劳动量或工作量加以计算，并使用统一的计量单位。计量单位要明确、具体，使用统一的解释方法，不能各行其是，否则会导致合同无法履行，发生纠纷也难以分清责任。

（四）质量

标的物质量，是合同标的具体化的又一反映。质量条款无论在哪一类合同中都十分重要。不同的标的，有不同的质量要求。为此，不仅要严格质量检验制度，而且要明确规定质量标准和具体要求，以防止因为合同标的的质量问题，给国内生产以及人民身心健康、生命财产造成损失，甚至对国际声誉、信誉造成不良影响。

（五）价款或报酬

价款或报酬，是合同标的的价值在法律上的表现。所谓价款是指取得标的物一方给他方的对价；所谓报酬，是一方当事人给予完成某项工作或提供某项服务的另一方的报偿。价款或报酬标志着这类合同关系中的财产流转是有偿的。在我国，价款与报酬是用人民币作单位进行计算和支付的。当事人在计算或支付价款、报酬时，还必须严格遵守国家有关物价的规定。国家对价款或报酬没有规定的，可由当事人自行约定。

价款或报酬，是针对有偿合同而言的；对于无偿合同来说，价款与报酬的规定没有任何法律意义。

（六）履行的期限、地点和方式

履行的期限，指履行合同约定义务的时间界限。提前履行或迟延履行，如违反民法强制性规定或合同当事人特别约定，均构成违约，应当承担违约责任。履行的地点，指履行合同约定义务的地点。履行地点关系到严格履行义务、费用负担和合同纠纷案件的法院管辖等，应当做到明确、具体。履行的方式，指履行合同约定义务的方式。按履行的期次，可分为一次履行和分期分批履行；按标的的交付方式，可分为交易现场直接交付、送货式、邮寄式、代办托运式、购货方自提式等。

（七）违约责任

违约责任条款是当事人为了保证合同的履行，依照法律或双方约定，在违反合同的情况发生时，不履行合同一方应向他方承担相应法律后果的约定。按照

《民法典》第577条的规定，违约责任主要有继续履行、采取补救措施和赔偿损失三种方式。

### （八）解决争议的方法

合同当事人就合同内容的理解与合同履行等发生争议时，可以通过和解或调解方式解决纠纷。就外部有法律效力的解决纠纷的方式而言，有诉讼与仲裁两种方式，两者是平行的解决途径。《仲裁法》把仲裁的效力规定为"或裁或讼"，当事人选定适用仲裁的方式解决纠纷则不得再将同一纠纷诉诸法院，仲裁裁决具有终局效力。为了明确纠纷的解决途径，合同条款多约定是采用仲裁还是诉讼，尤其是合同当事人决定采用仲裁方式解决纠纷时，一定要于签订合同时约定仲裁条款或另行签订仲裁协议。

合同中解决争议的条款的效力具有独立性。即使合同已被撤销或被宣布为无效，解决争议的条款仍然有效，对合同纠纷的解决仍要采用双方所约定的方式。

## 二、合同的其他条款

除了上述所列举的八种条款外，还有两种条款性质较为特殊：①不经当事人协商而当然地成为合同内容的条款；②不经当事人协商不能成为合同内容的条款。前者可称为通常条款，后者可称为偶尔条款。[1]

合同的通常条款一般是由法律或交易惯例所规定的，合同一旦成立，就会成为其中的内容，当事人没有必要协商。例如，买卖合同的卖方负有保证出卖物符合质量规定的义务，这种条款，不必由当事人协商，当然成为买卖合同的组成部分。

合同的偶尔条款与通常条款的意思恰好相反，即不经当事人协商不能成为合同内容的条款。如标的物的特殊包装方法、运输中的特殊要求等。偶尔条款也是合同的重要组成部分。

## 三、格式条款

在现代社会，格式条款在便利经济方面具有重大的作用，但其也有可能成为经济实力强大的一方对弱势方（主要是消费者）进行欺诈甚至实施侵害的工具。为此，《民法典》对格式条款进行了特别规制，主要是为了维护实质正义，防止经济实力强大的当事人利用格式条款谋求不正当利益。

首先，对格式条款无效的情形作出了明确规定。根据《民法典》第497条的规定，如果有以下情形，格式合同无效：①具有《民法典》总则编规定的民事法律行为无效情形和合同中免除造成对方人身损害的、因故意或者重大过失造成对方财产损失的责任的格式条款。②提供格式条款一方不合理地免除或者减轻其

---

〔1〕 参见王利明等:《民法新论》（下），中国政法大学出版社1988年版，第390~392页。

责任、加重对方责任、限制对方主要权利。与《合同法》相比，在此添加了"不合理地"做为状语，并且增加了"限制对方主要权利"的内容，使得条文更加完整。本条款主要要求的是提供格式条款一方的作为，如果是相对方提出，则不适用本项规定。③提供格式条款一方排除对方主要权利。

其次，对格式合同的解释，《民法典》第 498 条延续了《合同法》的规定："对格式条款的理解发生争议的，应当按照通常理解予以解释。对格式条款有两种以上解释的，应当作出不利于提供格式条款一方的解释。格式条款和非格式条款不一致的，应当采用非格式条款。"

最后，提供格式条款一方负有提示和说明的义务。《民法典》第 496 条第 2 款前半句规定："采用格式条款订立合同的，提供格式条款的一方应当遵循公平原则确定当事人之间的权利和义务，并采取合理的方式提示对方注意免除或者减轻其责任等与对方有重大利害关系的条款，按照对方的要求，对该条款予以说明。"值得注意的是，本条款后句规定："提供格式条款的一方未履行提示或者说明义务，致使对方没有注意或者理解与其有重大利害关系的条款的，对方可以主张该条款不成为合同的内容。"这等于为提供格式条款一方的相对人提供了一项基础，亦即主张该条款不属于合同内容。根据这一款的规定，即便相对人未提出要求，提供格式条款的一方仍然有义务提示对方注意或说明，否则，对方可以主张在合同内容中"排除"该条款。这一规定为相对人提供了更加完整的保护。

## 第四节　合同的形式

合同形式是指合同当事人设立、变更、终止民事权利义务关系的一致协议的表现形式。通常使用的合同形式主要有口头形式、书面形式和行为默示方式三种。

### 一、口头形式

口头形式，是指合同当事人通过口头交谈方式相互表示意思而订立合同。电话属口头形式，录音则为口头形式的证据。口头形式除非有约定的答复期限外，对方应立即作出接受的答复。否则，合同就不能成立。口头形式一般适用于一些标的数额不大，当时就可清结的合同关系。例如，零售商业企业与顾客之间的商品买卖，集市上的买卖，自然人为满足日常生活需要而订立的借贷、保管、委托等合同关系，多采用口头合同方式进行。

口头合同形式的优点在于简便、易行、迅速、即时清结。这对于加速商品流转，满足自然人日常生活的需要有重要意义和作用，因而是社会生活中不可缺少的一种合同形式。但口头合同缺乏文字根据，在当事人发生纠纷时难以取得证据，不易分清责任。因此，关系较复杂的重要合同不宜采用这种形式。不过，口头合同一旦生效，则具有与书面合同同等的法律效力。

**二、书面形式**

书面形式，是指合同书、信件和数据电文（包括电报、电传、传真、电子数据交换和电子邮件）等可以有形地表现所载内容的形式。它一般用于标的数额比较大、内容较复杂、不能立即履行的合同。合同采用书面形式有两种原因：①法定原因。法律、行政法规规定采用书面形式的，合同应当采用书面形式，这是指具体的法律、行政法规对某一特定类型的合同要求采用书面形式，例如，《民法典》第 707 条规定："租赁期限六个月以上的，应当采用书面形式。当事人未采用书面形式，无法确定租赁期限的，视为不定期租赁。"第 736 条第 2 款规定："融资租赁合同应当采用书面形式。"②约定原因。当事人约定采用书面形式的，应当采用书面形式。当事人作出此种约定一般于要约中声明，但也有在合同成立后再作约定的。

书面合同并不要求有统一的、固定的格式。书面形式包括电报、信件、电传及传真，以及一切可以保留所载信息并能够被有形复制的方式。书面形式分为一般书面形式和特殊书面形式。凡内容合法，只需当事人达成书面协议，不需再履行其他手续，合同即可成立的，就是一般书面形式。需要公证、鉴证、登记或审批的形式为特殊书面形式。

（一）数据电文

数据电文是一般书面形式的一种，与数字技术、通信技术的现代化紧密相连，包含电报、电传、传真、电子数据交换和电子邮件共五种方式。其中，电报、电传、传真、电子邮件只是纸面文件的传递方式不同，电子数据交换则具有其特殊性。电子数据交换（EDI）是利用电子计算机及其通信网络处理文件的技术，被称为电子交易，可实现完全的无纸化，但记录于媒介载体上的信息可被认知，亦可以纸张打印出来，故其仍为一般书面形式。

（二）公证形式

公证是公证机构根据自然人、法人或者非法人组织的申请，依照法定程序对民事法律行为、有法律意义的事实和文书的真实性、合法性予以证明的活动。合同的公证形式是由国家公证机关对合同的真实性、合法性进行审查后，签署证明的形式。因此，经过国家公证机关公证的合同具有可靠的证据效力。合同实行公证，有利于保障合同的合法性、真实性，提高当事人认真履行合同的概率。对于预防、减少诉讼，保护当事人合法权益有重大作用。

我国法律对合同的公证除法律法规另有规定外，一般采取自愿原则。根据《公证法》第 11 条的规定，当事人的申请是公证机构办理公证事项的前提。合同是否公证，由当事人自己决定。法律也可以规定某类合同必须进行公证。当事人和法律都可以赋予合同的公证形式以证据效力或者成立生效的效力。

（三）鉴证形式

合同的鉴证，是指合同管理机关对合同进行审查监督所作的证明，主管合同鉴证的机关要对合同的主体资格以及合同内容的合法性、真实性进行审查，对于符合要求的给予鉴定，并且鉴证机关还应对其实施监督。

鉴证是国家行政机关对合同进行监督、管理的行政措施，因而它与公证合同是有区别的。公证机关与当事人之间不存在行政隶属关系，公证本身不具有强制性。而合同的鉴证是国家行政机关对合同活动的一种制约与干预，管理机关与当事人之间是一种行政关系，管理机关可以直接对不合法、不真实的合同作出处理决定。在我国，除法律另有规定外，合同的鉴证也实行自愿原则。

（四）登记形式

登记形式，是指依照法律规定或当事人约定，将合同提交国家登记机关登记的方式。采取登记形式的前提是当事人已订立了书面合同，否则登记机关无从登记。故法律曾一度认定登记形式为特殊的书面形式。《合同法》对登记的效力没有作出明确规定，此前《最高人民法院关于适用〈中华人民共和国合同法〉若干问题的解释（一）》（法释〔1999〕19号）第9条中指出：法律、行政法规规定合同应当办理批准手续，或者办理批准，登记等手续才生效，在一审法庭辩论终结前当事人仍未办理批准手续的，或者仍未办理批准、登记等手续的，人民法院应当认定该合同未生效；法律、行政法规规定合同应当办理登记手续，但未规定登记后生效的，当事人未办理登记手续不影响合同的效力，合同标的物所有权及其他物权不能转移。不过在《民法典》生效之后，此司法解释已被废止。现在的主流民法学界一般认为，登记是公权力进行管理的内容，登记与否不影响合同本身效力。例如，《民法典》第706条明确规定："当事人未依照法律、行政法规规定办理租赁合同登记备案手续的，不影响合同的效力。"

（五）审批形式

合同的审批，是指按照国家法律或主管机关的规定，由主管部门对合同加以审核批准的特定形式。合同的审批是国家对经济活动积极干预的表现，它有助于把一些重大的经济活动纳入国家的管理之中。这也是国家对特殊合同的特别规定，具有不依当事人自由选择而为的特点。法律不要求合同采取批准形式的，当事人不能约定或要求国家进行批准；法律规定必须经过批准的合同，则未经批准时合同的效力不足。《民法典》第502条第2款规定："依照法律、行政法规的规定，合同应当办理批准等手续的，依照其规定。未办理批准等手续影响合同生效的，不影响合同中履行报批等义务条款以及相关条款的效力。应当办理申请批准等手续的当事人未履行义务的，对方可以请求其承担违反该义务的责任。"也就是说，未办理批准手续虽然会影响合同生效，但并不是影响全部合同；相反报批义务以及其他条款仍然会有合同的效力。合同的批准形式同时还有证据效力、成立效力、对抗第三人的效力。

### 三、默示形式

默示形式，又称推定形式，或称意思实现形式，指合同当事人以某种表明法律意图的行为间接地表示合同内容的合同形式。认定行为默示形式系以合同的开始履行推定合同已经订立。例如，司机驾车驶入收费停车场停放机动车，停车场收费之时即可推定订立了一个合同。《合同法》第 26 条第 1 款规定，"承诺不需要通知的，根据交易习惯或者要约的要求作出承诺的行为时生效"，这是对行为默示形式的法律认可。《民法典》第 484 条第 2 款继受了《合同法》第 26 条的规定。

### 四、合同形式评述

依照我国合同法规范及生产、生活实际情况，合同形式主要有三种：口头形式、书面形式和行为默示方式，其中书面形式为"要式"，另两种形式为"不要式"。现行合同法规范并未规定符合一定条件的合同即需采用书面形式，而采取了对特别法规定和当事人约定予以认可的态度，明显放宽了要式性要求。这对于在我国培育市场经济所需的自由精神，淡化国家对市民社会的干预角色来说有重要意义。

根据学界所言，合同的要式主要有以下目的：①证据目的，即证明合同已经成立，避免未来纠纷；②警告目的，即通过形式要件为当事人提供深思熟虑的机会，避免草率；③境界线目的，即在合同交涉与合同缔结之间划定境界线（Trennungslinie），明确何者可有"真正"的法律效力；④信息提供目的，即为当事人（特别是消费者）明确其所取得权利的内容。⑤其他目的，包括担保目的、仪式要素、心理因素，等等。[1]

在法律要求订立合同必须采取一定形式和特定手续，但当事人未采取这种形式和手续时，会产生什么后果呢？按照《民法典》第 490 条的规定，如果"已经履行主要义务，对方接受"，则合同成立。由此做反向解释，如果未采用书面形式，则一般情况下应认定合同未成立。不过，如果合同当事人对合同内容并无争议，或者有争议但有证据足以证明合同内容的，亦可认定合同成立，合同当事人还可补正合同形式，以符合法定的要式规定。

---

[1]　参见韩世远：《合同法总论》，法律出版社 2018 年版，第 110 页。

# 第五节　合同的成立要件及成立的时间和地点

## 一、合同的成立要件

一般认为，合同是否成立属于事实判断问题，合同是否有效则属于法律对已成立合同的价值判断问题。确立合同的成立要件，要考察当事人是否通过意思表示设立、变更或终止了某些民事权利义务关系。只要这些民事权利义务关系确定且可能履行，当事人各方的意思表示一致即构成合同。合同的成立要件分为一般成立要件和特别成立要件。

1. 合同的一般成立要件有：①须有双方或多方当事人；②当事人各方意思表示一致；③当事人各方一致的意思表示所设立、变更或终止的民事权利义务关系可能履行。而每一方的意思表示必须含下述三要素：①每一方完整地表达了将要设立、变更或终止民事权利义务关系的意图，谓之效果意思或效力意思；②有设立、变更或终止民事权利义务关系的必需内容，至少表达了这些民事权利义务关系的确定方式，而不能残缺不全又不能补正，此谓目的意思；③每一方必须以一定的方式将自己的内心意思（包括上述效果意思和目的意思）表示于外部，此可称为表示行为。

2. 合同的特别成立要件，是依法律规定或依交易惯例确定或依当事人特别约定的合同成立要件。例如，依交易惯例，要物合同应以物的交付为成立要件之一；当事人约定完成某种要式方式后合同方成立的，该要式方式即合同的特别成立要件。

## 二、合同成立的时间

合同成立的时间，指合同当事人通过要约承诺方式、交叉要约方式或意思实现方式等确立权利义务关系的时间。

一般情况下，当事人各方对合同条款达成一致协议时，合同即为成立。但实践中还应区别不同情况。

口头方式的要约，如当面谈判的，受约人立即承诺，合同就告成立。

书面合同于承诺生效时成立，判断承诺生效的时间标准为承诺通知到达要约人之时。当事人采用合同书形式订立合同的，自双方当事人签字或者盖章时合同成立；合同当事人采用信件、数据电文等形式订立合同的，签订确认书时合同成立。

若要约人指明承诺期限，则在承诺期限内承诺的，合同就算成立。

若当事人特别约定合同需要经鉴证、公证程序的，则必须在履行全部手续后合同才成立。

应当注意，合同的成立时间与履行时间是两个不同的概念。除即时清结的合同外，合同成立时一般并不立即履行，而是要按法定或约定的条件一次或多次履行，有的合同履行长达若干年。从合同成立生效到合同全部履行完毕，这段时间可称为合同的有效期间。

### 三、合同成立的地点

合同成立的地点，是指完成合同订立程序的地点。合同以承诺生效的地点为合同成立的地点。

当事人采用合同书形式订立合同的，成立地点为各方当事人签字盖章的地点。签字或盖章不在同一地点的，以最后签字或盖章的地点为合同成立地点。当事人采用数据电文形式订立合同的，法律规定收件人的主营业地为合同成立的地点；若收件人为自然人无主营业地的，其经常居住地为合同成立的地点。当事人对合同成立的地点有约定的，依照约定确定合同成立的地点。

### 四、合同成立的特殊情况

在实际生活中大量存在着法律规定或当事人约定合同采用书面形式，而当事人未完成相应形式，但合同于现实中已开始履行的情形，则此时合同是否成立就成为理论界与实务界共同探讨的问题。实践中多囿于形式要件的欠缺而认定合同并未成立，此种做法欠妥。因为合同形式只是当事人意思的表现形式，法律的要求无非是为了保障交易安全，当事人的约定更是主体内部事务，如果一方当事人已履行主要义务，对方也接受，说明了当事人成立合同的真实意愿及交易的稳妥运行，法律此时应作出内容重于形式的价值判断，承认合同成立。因此，《民法典》第490条第2款规定："法律、行政法规规定或者当事人约定合同应当采用书面形式订立，当事人未采用书面形式但是一方已经履行主要义务，对方接受时，该合同成立。"

## 第六节　缔约过失责任

### 一、缔约过失责任的概念及其性质

缔约过失责任是指当事人于缔结合同之际具有过失，从而导致合同不成立、被确认无效或被撤销时，使对方当事人遭受损害而应承担的法律责任。

1861年，德国著名法学家耶林发表的"缔约上的过失，契约无效与未臻完全时之损害赔偿"一文，系统、深入地分析了缔约过失问题，提出了缔约过失责任理论，被誉为"法学上之发现"。[1] 此理论对许多国家或地区的民事立法和审判实践产生很大的影响。德国、意大利、日本、希腊等国的民法典都对缔约过失责任设有规定。

我国民事法律关于缔约过失责任的规定，首见于《涉外经济合同法》。该法第 11 条规定："当事人一方对合同无效负有责任的，应对另一方因合同无效而遭受的损失负赔偿责任。"其后制定的《民法通则》第 61 条第 1 款规定："民事行为被确认为无效或者被撤销后，当事人因该行为取得的财产，应当返还给受损失的一方。有过错的一方应当赔偿对方因此所受的损失，双方都有过错的，应当各自承担相应的责任。"《合同法》专门对缔约过失责任作出了规定，《民法典》继受了《合同法》的规定，并且对制度细节进行了调整。

**二、缔约过失责任的理论依据**

缔约过失责任是存在于违约责任与侵权责任之间的责任形态。将其归入违约责任，则当时合同尚未成立或已被撤销，无合同可言，违约责任自无从谈起；将其纳入侵权责任，则缔约过失责任对当事人的注意义务的要求较之侵权领域的注意义务为高。那么，缔约过失责任存在的理论依据何在？

当事人由交易外进入磋商谈判欲缔结合同的阶段，其相互之间的关系比陌生人间的关系要密切得多。在此阶段，双方理应互负相应的义务，以免给对方造成损害。此种义务被称为前契约义务，具体内容为当事人相互之间的协力、保护、通知、保密等义务，以及禁止欺诈。之所以给当事人设定前契约义务乃源于民法的诚实信用原则。

缔约过失责任的产生是因为合同法和侵权法的调整范围存在漏洞，此种漏洞的存在在缔约之际给当事人的信赖利益造成了危害。为了弥补漏洞，基于民法对民事主体诚实行事、恪守信用的基本要求，为当事人设定前契约义务，并以违反此义务作为承担缔约过失责任的条件。由此，缔约过失责任于理论上成为一个自足的体系。在此体系中，诚实信用原则成为缔约过失责任的理论依据。

现代社会，经济生活成为人类生活的重心之所在，对经济生活的全面保护为法律的当然之责。合同法对当事人合意进行的经济活动进行调整，居功甚伟。然传统合同法持实证法学立场，认为合同成立之后，当事人才有合同责任可言。这种观点将合同关系的缔结前阶段与履行后阶段分裂开来，使其成为封闭体系，缔结前当事人的利益保护则不得诉诸合同法，侵权法对构成要件要求较高，对缔结合同之际当事人的保护不力，基于保护缔约方利益的现实需要，缔约过失责任应运而生。它除了在其制度领域内完善了当事人的利益保护机制外，对整个合同法

---

[1]　参见王泽鉴：《民法学说与判例研究》（第 1 册），北京大学出版社 2009 年版，第 71~72 页。

的发展也起到了巨大的推动作用。由于缔约过失责任存在于契约法之中但又不依赖于当事人所缔结的合同，这种责任与传统的契约责任已判然有别。在缔约过失责任制度的影响下，法律的保护范围从有效成立的契约扩及整个契约过程，诚实信用成为从事契约活动的任意当事人所必须恪守的准则，缔约过失责任导致了现代契约中义务的扩张和契约责任的扩大化，在完善法律对现实的规整方面意义深远。

**三、缔约过失责任的构成要件**

当事人承担缔约过失责任以违反相关义务并造成损害为条件。具体而言，缔约过失责任的构成要件为：

1. 缔约一方违反前契约义务。当事人缔结合同时，即便合同未成立，当事人之间的关系也大不同于一般的陌生人。当事人可能相互知道对方的一些商业秘密，一方可能已为合同的履行做了准备工作。为保护善意缔约人的利益，法律直接规定了当事人应负有协力义务、保护义务、告知义务、保密义务等前契约义务。协力义务即共同尽力促成合同缔结的义务，防止缔约当事人无正当理由就终止缔约磋商进程；保护义务即双方当事人负有相互保护对方人身财产安全的义务，广义的保护义务还包括不为胁迫与不当影响的义务；告知义务即将己方所知情况无保留地告诉对方的义务；保密义务即不向外界泄露或擅自使用因缔约而知晓的对方的商业秘密的义务。以上是就前契约义务的一般类型而言，于具体场合可凭借诚实信用原则予以判断。

2. 相对方受有损失，即财产利益的减少。一方当事人于缔约之际违反前契约义务，对方当事人因此而受有损失，过错方才有承担责任的必要。如果一方违反义务而另一方毫无损失，责任则无从谈起。

3. 违反前契约义务与损失之间有因果关系。只有违反前契约义务的行为与另一方当事人所受损失之间存在因果关系，缔约过失责任才有合理的逻辑基础。判断因果关系的有无一般采用以下标准：缔约一方的行为在事实上为另一方损失发生的原因；此事实上的原因在法律上亦为对损失应负责任的原因。只有满足此两个要件，方可认为因果关系成立，即一方损失是由另一方的缔约过失行为造成的。

4. 违反前契约义务者有过错。此为对责任方主观违法性的要求。只有一方主体于欺诈、隐瞒、胁迫等心理状态下所为的行为违反前契约义务，其才需承担缔约过失责任。缔约过失责任中的过失即为过错。

缔约一方当事人同时具备以上四个要件的，即要承担缔约过失责任。

**四、缔约过失责任的具体形式**

《民法典》第 500、501 条规定了四种需承担缔约过失责任的情形：

1. 假借订立合同，恶意进行磋商。当事人磋商缔结合同自应本着真诚促进合同成立的心态行事，而不能以订立合同为幌子，利用对方急于签订合同的心态而欺骗对方，或名为与对方谈判，实为拖延时间，使其丧失与第三方缔约的机会。凡有上述行为并给对方造成损失的，均产生缔约过失责任，过错方负赔偿损失责任。

2. 故意隐瞒与订立合同有关的重要事实或者提供虚假情况。在前契约义务中，缔约方的一个重要义务就是告知义务。唯有缔约各方将足以影响合同的情况如实相告，至少是不为虚假的告知，合同的成立才有坚实的基础，否则因一方隐瞒情况或提供虚假情况等欺诈行为而签订合同，对方当事人必陷入错误的认识。若因此而蒙受经济损失，欺诈方给予赔偿就为理所当然。《民法典》第 500 条的规定将欺诈行为限定于订立合同过程中；根据《民法典》第 149 条、第 157 条的规定，合同成立后，受损害方得基于欺诈事实的存在主张合同的撤销，过错方应当赔偿对方的损失。这样，从合同订立直至合同成立后又被撤销的各个时间段内，缔约过失责任都得以确立。

3. 违反保密义务。此处的"密"特指商业秘密，在谈判磋商阶段，由于缔结合同的需要或相互之间的信赖关系，一方可能知晓另一方的一些技术信息与经营信息，若上述信息符合反不正当竞争法对商业秘密的界定从而属于商业秘密的话，缔约方即不得公开或为自己之利益而使用该信息。违反保密义务并给对方造成损失的，成立缔约过失责任。

4. 有其他违背诚实信用原则的行为。《民法典》第 500 条的此款规定是对列举不完全性的一种弥补。诚实信用原则是民法基本原则之一，具有漏洞补充的功效。在合同法领域，诚实信用原则与缔约过失责任紧密相连，为缔约过失责任的理论依据。法律的列举性规定总不能包括变动不居的社会中的所有现象，在缔约过失责任领域亦如此，由于违反前契约义务的行为种类众多，法律不可能一一列举，为了使所有违反前契约义务的行为都承担相应责任，本款的规定就显得必不可少。

■ 思考题

1. 什么是要约？它有哪些构成要件？
2. 什么是承诺？它有哪些构成要件？
3. 合同的成立要件是什么？
4. 合同的生效条件是什么？
5. 缔约过失责任的理论基础是什么？它有哪些构成要件？

■**参考资料**

1. 王利明:《合同法研究(第一卷)》,中国人民大学出版社 2015 年版。

2. 陈自强:《民法讲义(1):契约之成立与生效》,法律出版社 2002 年版。

3. 王泽鉴:《债法原理》,北京大学出版社 2013 年版。

4. 杨桢:《英美契约法论》,北京大学出版社 2007 年版。

5. 徐涤宇主编:《合同法学》,高等教育出版社 2020 年版。

6. 李永军:《合同法》,中国人民大学出版社 2020 年版。

# 第三章　合同的效力

■ 学习目的和要求

　　通过本章的学习，了解合同有效的含义、合同有效与合同成立的差异、合同的附款、合同被确认无效或被撤销后的法律效果；重点理解合同的一般有效要件以及欠缺有效要件的三种典型形态——无效的合同、可撤销的合同、效力未定的合同。

## 第一节　合同的有效概述

　　《民法典》合同编第一分编"通则"第三章的标题为"合同的效力"。严格说来，该"合同的效力"应为"合同的有效"。在合同发生"履行"的效力（合同编第一分编第四章）之前，要先解决合同是否有效的问题。

　　合同的成立是合同的成形与产生，其着眼点在于两个行为人达成的合意是否构成合同。在合同成立以后，还需进一步解决的问题是该合同是否有效。合同的有效是业已成立的合同符合法定有效要件从而具有法律效力，其着眼点在于行为人达成的合意是否符合法律的规定，因而能否取得法律所认许的效力。

　　合同的有效与合同的成立具有密切的联系。对大多数合同而言，当事人皆依法成立合同，因此合同成立之时即为合同有效之时，合同成立即有效。"通常来说，法律行为在成立时生效。"[1] 因而《民法典》第 136 条第 1 款规定："民事法律行为自成立时生效，但是法律另有规定或者当事人另有约定的除外。"然而，合同成立与有效却是两项不同的制度，不可混淆。区分的实益至少有二：一是思维上的必要性。区分合同成立与有效是为了更清晰、有效率地解释合同现象、调

------

〔1〕〔德〕汉斯·布洛克斯、沃尔夫·迪特里希·瓦尔克：《德国民法总论》，张艳译，中国人民大学出版社 2012 年版，第 300 页。

整合同行为。二是事理上的必要性。在社会生活中，存在着一些合同虽已成立，但并非有效（如可撤销、效力未定），甚至无效的现象。例如：甲乙虽就某项标的物的买卖达成合意，但该标的物为禁止流通物。我国《民法典》区分合同的成立与有效，具有科学性。

合同的成立和合同的有效具有以下方面的区别：

第一，两者的内涵与要件不同。合同的成立是指合同的产生或成形，而合同的有效是指已成立的合同因符合有效要件而具有法律效力。"合同成立制度的本质在于确定合同是否存在，而合同效力制度则决定着对合同的内容进行法律上的评价。"[1] 从要件的角度来说，双方当事人之间达成合意，合同即为成立；而合同有效，则须双方当事人具有相应的民事行为能力、意思表示真实、不违反法律和行政法规的强制性规定、不违反公序良俗等。

第二，两者体现的过程不同。合同的成立是合同有效的前提。合同不成立，表明其不存在，确认其效力缺乏起码的基础；然而，合同成立并非必然有效，它只解决了合同是否存在的问题，该业已成立的合同是否有效，取决于其是否符合法定有效要件，符合有效要件则有效，反之则否。

第三，两者实践的理念不同。合同的成立要件"是针对行为人所能控制的范畴，属于落实自治理念所设的强制规定，与公权力的政策或秩序管制完全无关。"[2] 而合同的有效要件则旨在限制自治，"正义诸原则所界定乃是一些至关重要的限制性条件"[3]。

第四，可否通过履行加以弥补不同。合同不成立意味着当事人未达成合意，它常常并没有违反强制性规定与公序良俗，因此，即使合同未成立，但当事人已作出履行的，也可认为当事人通过履行行为达成了合意。对无效合同来说，因其在内容上违反了法律、行政法规的强制性规定与公序良俗，则具有不得履行性。质言之，对无效合同，当事人不得履行合同，也不承担不履行合同的违约责任，对方当事人亦不得请求其履行合同义务并承担违约责任。

第五，法院可否主动审查不同。即使合同不成立，但若当事人未就此提出疑义，而自愿受其拘束，法院或仲裁机构不能主动审查合同是否已经成立。而无效合同具有违法性，对之应实行国家干预原则，无论当事人是否主张无效，法院或仲裁机构均应主动审查合同的效力，若发现合同属于无效合同，应确认该合同

---

〔1〕 朱广新、谢鸿飞主编：《民法典评注：合同编·通则（1）》，中国法制出版社 2020 年版，第 317 页。
〔2〕 苏永钦：《走入新世纪的私法自治》，中国政法大学出版社 2002 年版，第 24 页。
〔3〕 参见《哈耶克论文集》，邓正来选编，首都经济贸易大学出版社 2001 年版，第 169 页。

无效。

第六，法律后果不同。合同不成立和合同无效产生的法律后果不同。合同一旦被宣告不成立，则有过失的一方当事人应依缔约过失责任制度，赔偿另一方所遭受的损失；若当事人已作出履行，则应各自向对方返还已接受的履行。因合同成立主要涉及当事人意思，故合同不成立只产生民事责任而不产生其他责任。但对无效合同来说，因其在性质上具有不法性，所以无效合同不仅产生缔约过失责任、返还不当得利等民事责任，而且可能产生行政责任甚至刑事责任。

## 第二节　合同的有效要件

合同的有效必须具备一定条件，此即合同的有效要件，它们是判断合同是否具有法律效力的标准。依合同有效要件适用的普遍性程度的不同，可分为一般有效要件与特别有效要件。一般有效要件是指一切合同有效都必须具备的要件；特别有效要件则是指除了一般有效要件外，部分合同有效还须具备的要件。

我国《合同法》未明确规定合同的一般有效要件，目前《民法典》合同编"合同的效力"章亦未规定民事行为能力、意思表示瑕疵（欺诈、胁迫、重大误解等）等诸事项，不过，《民法典》第 508 条规定："本编对合同的效力没有规定的，适用本法第一编第六章的有关规定。"因此，有关合同的有效要件可适用《民法典》总则编第六章的规定。

### 一、合同的一般有效要件

《民法典》第 143 条规定了民事法律行为的有效要件，而民事法律行为以合同这一双方民事法律行为最为典型。据此，合同有效须具备以下一般有效要件：

（一）行为人具有相应的民事行为能力

民事行为能力是法律赋予民事主体独立为法律行为的资格。只有具有此资格，才能独立地为法律行为，行使民事权利、履行民事义务。当事人具有相应的民事行为能力，依民事主体的不同形态而有不同要求。

1. 自然人。为法的安定性计，我国民事立法与世界上多数国家或地区的民法一致，采类型化或阶段化的行为能力制度，即将自然人区分为无民事行为能力人、限制民事行为能力人与完全民事行为能力人。因所属类型不同，自然人的行为能力状况有异，能否独立订立合同亦有异。完全民事行为能力人具有完全民事行为能力，能自主决定并自我负责、发展其法律人格，因此，完全民事行为能力人能够独立地订立合同。限制民事行为能力人，可以独立订立纯获利益的合同，以及订立与其年龄、智力相适应的合同。在该范围内，限制行为能力人具有民事行为能力。就无行为能力人而言，《合同法》并未明确规定无行为能力人所订立的合同的效力，而《民法典》第144条规定无民事行为能力人实施的民事法律行为无效，可见，无民事行为能力人不能独立订立合同。值得思考的是，无行为能力人可否像限制行为能力人那样，独立订立纯获利益的合同，以及订立与其年龄、智力相适应的合同，对此，在理论上存在一定争议。

2. 法人。《民法典》第57条规定，"法人是具有民事权利能力和民事行为能力，依法独立享有民事权利和承担民事义务的组织。"从常态来看，法人具有民事权利能力和民事行为能力，可独立订立合同。

在此方面，需注意的是法人的能力受目的事业限制的问题。"目的事业"在我国法上一般称为"经营范围"，即法人或非法人组织所欲从事的经营项目的基本范围。如《民法通则》第42条规定，"企业法人应当在核准登记的经营范围内从事经营。"《公司法》第12条规定："公司的经营范围由公司章程规定，并依法登记。公司可以修改公司章程，改变经营范围，但是应当办理变更登记。公司的经营范围中属于法律、行政法规规定须经批准的项目，应当依法经过批准。"这涉及法人超越目的事业限制所订立合同的效力问题。传统民法理论十分强调法人应在其章程所定目的事业范围内从事民事活动。不过，从两大法系立法和判例的发展趋势来看，各国或地区立法在对法人的能力受目的事业限制上已呈现出不断放宽的趋势。我国的情况亦复如此。从改革开放迄今，随着市场经济观念的逐步深入、扩大企业营业自由的呼求逐渐强烈，我国理论与司法解释不断放松经营范围对法人行为的约束。

在市场经济高度发达的今天，要求法人或非法人组织严格遵守经营范围，将法人超出目的事业范围的法律行为认定为无效，已经不合时宜。[1] 有鉴于此，《民法典》第505条规定，当事人超越经营范围订立合同的，不得仅以超越经营范围确认合同无效。该条既没有将经营范围作为影响合同的效力的决定性因素，也没有完全否认经营范围对合同效力的影响。不过，较之我国既往的见解或做法，该条"旨在放松对市场主体交易的管制"[2] 的色彩较为明显。

与《民法典》第505条有一定类似性的是《民法典》第504条。该条规定："法人的法定代表人或者非法人组织的负责人超越权限订立的合同，除相对人知道或者应当知道其超越权限外，该代表行为有效，订立的合同对法人或者非法人组织发生效力。"这里"超越权限"应如何理解？我国学者有不同认识。一种观

---

〔1〕 朱广新、谢鸿飞主编：《民法典评注：合同编·通则（1）》，中国法制出版社2020年版，第340页。

〔2〕 朱广新、谢鸿飞主编：《民法典评注：合同编·通则（1）》，中国法制出版社2020年版，第337页。

点认为，超越权限包括超越法人或者非法人组织的经营范围；[1] 另一种观点则认为超越权限不包括超越法人或者非法人组织的经营范围。[2] 我们认为，《民法典》第504条规制的是法定代表人（负责人）的越权代表行为，即法定代表人（负责人）超越法人（非法人组织）对其代表权的限制为法律行为。该法律行为的效力依相对人善意或恶意而异其处理。相对人善意的，法定代表人（负责人）的代表行为有效，所订立的合同对法人或者非法人组织发生效力；相对人恶意的，法定代表人（负责人）的代表行为无效，所订立的合同对法人或者非法人组织不发生效力。这应属对《民法典》第61条第3款的进一步具体化。[3] 因此，仅就法人而言，这里的"权限"典型地表现为法人章程或者法人权力机构对法定代表人代表权所作的规定以及限制，不应包括《民法典》第505条中的"经营范围"。

3. 非法人组织。非法人组织是我国《民法总则》新确立的民事主体类型，亦为《民法典》沿袭。《民法典》第102条规定，"非法人组织是不具有法人资格，但是能够依法以自己的名义从事民事活动的组织。非法人组织包括个人独资企业、合伙企业、不具有法人资格的专业服务机构等。"从常态来看，非法人组织作为独立的民事主体类型之一，具有民事权利能力和民事行为能力，可独立订立合同。

（二）意思表示真实

意思表示真实，是指表意人的表示行为真实地反映其内心的效果意思，而效果意思又是基于自愿形成的。只有真实的意思表示才使其发生私法上的效力。在多数情况下，行为人表示于外部的意思同其内心真实意思是一致的，但有时行为人作出的意思表示与其真实意思不符，此即"意思表示不真实"。如何确定行为人所作出的不真实的意思表示的效力，各国立法和学说存在着意思主义、表示主义与折衷主义的分歧。

意思表示不真实既可能是由表意人自身的原因所致，也可能是由表意人以外的其他人的行为所致。对于前者，既可能是表意人故意为之，也可能是其无意造成的。理论上往往依其原因将意思表示不真实划分为"意思与表示不一致"和"意思表示不自由"两类。对"意思与表示不一致"，又依行为人的主观心理状

---

〔1〕　参见朱庆育：《民法总论》，北京大学出版社2013年版，第460页。

〔2〕　参见朱广新、谢鸿飞主编：《民法典评注：合同编·通则（1）》，中国法制出版社2020年版，第331页。

〔3〕　《民法典》第61条第3款规定："法人章程或者法人权力机构对法定代表人代表权的限制，不得对抗善意相对人。"

态进一步细分为"故意的不一致"与"无意的不一致"两类。其中，意思与表示故意的不一致包括真意保留与通谋虚伪表示两种形态。我国《民法典》仅规定了通谋虚伪表示。意思与表示无意的不一致主要是指重大误解。意思表示不自由包括欺诈、胁迫等形态。

（三）不违反法律、行政法规的强制性规定，不违背公序良俗

这一要件包括合同内容的适法性与合同内容的社会妥当性，均鲜明地体现了法律对合同自由的限制。只有不违法与不违背公序良俗的合同，法律才赋予其法律效力，而不合法或不合公序良俗的合同不仅不能受到法律保护，也不能产生当事人预期的法律效果。民法要求合同不得违反强制性规定，是为了维护法律秩序的无矛盾性；而要求合同不得违反公序良俗，"是为了阻止法律行为为实施不道德行为提供服务"。[1]

**二、合同的特别有效要件**

在通常情况下，合同具备一般有效要件，即可产生法律效力。不过，特殊情况下，基于法律的规定或当事人的约定，合同除具备一般有效要件外，还需要具备特别有效要件，才能产生法律效力，发生当事人所预期的法律效果。比较典型的有以下情形：

1. 附生效条件或附生效期限（始期）的合同成立且具备一般有效要件后，并非立刻生效，只有在条件成就、期限届至后，才发生法律效力。对此，《民法典》第158条规定：附生效条件的民事法律行为，自条件成就时生效；第160条规定：附生效期限的民事法律行为，自期限届至时生效。

2. 对要式合同，若将要践行一定形式或程序的要式要求理解为合同的有效要件而非成立要件，则该践行一定形式或程序为该合同的特别有效要件。《民法典》第502条第2款虽然并未明确地将办理批准等手续规定为生效要件，但从"未办理批准等手续影响合同生效的"表述中，可以推断出这里的批准等手续系指构成合同生效要件的手续。[2]

3. 对要物合同，若法律将交付标的物规定为合同的有效要件而非成立要件，则交付标的物为该合同的特别有效要件。《民法典》第586条第1款规定：定金合同自实际交付定金时成立；第679条规定：自然人之间的借款合同，自贷款人提供借款时成立。据此，债务人交付定金、贷款人提供借款已不再是合同的特别有效要件，而是特别成立要件。

---

〔1〕 ［德］迪特尔·梅迪库斯：《德国民法总论》，邵建东译，法律出版社2000年版，第511页。

〔2〕 参见朱广新、谢鸿飞主编：《民法典评注：合同编·通则（1）》，中国法制出版社2020年版，第317页。

## 第三节 欠缺生效要件的合同类型

传统民法理论根据合同所欠缺的有效要件的不同，将欠缺有效要件的合同分为三种类型：若所欠缺的要件关涉公共利益，则该合同为无效合同；若所欠缺的要件只关涉私人利益，则该合同为可撤销合同；若所欠缺的为程序性要件，则该合同属于效力未定合同。

### 一、无效合同

#### （一）无效合同的概念和特征

无效合同，是指虽已成立，但因其在内容上违反了法律、行政法规的强制性规定和公序良俗而应被宣告无效的合同。该合同具有以下特征：

第一，无效合同具有违法性。违法性包括两方面的内容：一是违反了法律和行政法规的强制性规定；二是违反了公序良俗。相较于可撤销合同、效力未定合同，无效合同的违法性最为严重，根本不符合法律与社会的价值判断，因此不能使此类合同发生效力。

第二，对无效合同实行国家干预。无效合同具有违法性，因此对其实行国家干预。"典型的无效事由涉及强制秩序与公共利益，效果为绝对无效，确认合同无效并无期限限制，并且不仅当事人和利害关系人可以主张，法院亦可依职权主动认定。"[1] 详言之，司法机关不待当事人请求确认合同无效，便可依职权主动审查合同是否具有无效的因素，如发现合同属于无效合同，便应主动地确认合同无效。

第三，无效合同具有不得履行性。当事人订立无效合同后，不得依该合同实际履行，也不承担不履行合同的违约责任。

第四，无效合同自始、当然、确定无效。自始无效，是指无效合同自成立伊始即为无效。由此所决定，合同一旦被确认无效，就产生溯及力，使合同自成立之时起就不具有法律效力。已履行的，应通过返还财产、赔偿损失等方式使当事人的财产回复到合同成立之前的状态。当然无效，是指由于无效合同具有违法性，因此该合同的无效乃是理所当然。因此，不依赖于当事人主张，司法机关就可依职权直接宣布合同无效。确定无效，是指无效合同的无效是确定无疑的，根本没有转换为有效合同的可能性。

#### （二）无效合同的立法变化

根据《民法通则》第 58 条的规定，以下行为均属于无效民事行为：①当事

---

〔1〕 周江洪等主编：《民法判例百选》，法律出版社 2020 年版，第 84 页。

人无民事行为能力；②当事人为限制民事行为能力人；③当事人一方有欺诈、胁迫、乘人之危的行为；④双方恶意串通行为；⑤违反法律或者社会公益；⑥违反国家指令性计划；⑦以合法形式掩盖非法目的。可见，《民法通则》规定的无效民事行为的范围较为宽泛，其将一些传统民法中规定为可撤销法律行为、效力未定法律行为的类型均纳入无效民事行为的范围。此种泛化无效民事行为的立法具有造成财产不必要的损失和浪费、不利于尊重当事人的意志和保护当事人的利益、不利于鼓励交易等弊端。

有鉴于此，《合同法》修改了上述规定。根据《合同法》第 52 条的规定，有下列情形之一的，合同无效：①一方以欺诈、胁迫的手段订立合同，损害国家利益；②恶意串通，损害国家、集体或者第三人利益；③以合法形式掩盖非法目的；④损害社会公共利益；⑤违反法律、行政法规的强制性规定。这一规定与《民法通则》第 58 条相比，具有明显的进步性。当然，《合同法》的规定也存在可议之处，如将受欺诈、胁迫所订立的合同一分为二，使部分归属于无效合同之列，部分归属于可撤销合同之列，为不合理的差别待遇，值得商榷。

《民法典》在《合同法》的基础上又有所发展。主要表现为：一概将受欺诈、胁迫的法律行为纳入可撤销法律行为的范畴；将乘人之危与显失公平两项制度合二为一，构建统一的显失公平制度；增加规定了（通谋）虚伪表示；废除以合法形式掩盖非法目的的合同。

（三）无效合同的类型

根据《民法典》的规定，下列合同为无效合同：

1. 无行为能力人订立的合同。《民法典》第 144 条规定，"无民事行为能力人实施的民事法律行为无效。"与限制行为能力人订立的合同可能为有效、也可能为效力未定不同，无行为能力人订立的合同无效。

2. 当事人通谋虚伪订立的合同。《民法典》第 146 条规定，"行为人与相对人以虚假的意思表示实施的民事法律行为无效。以虚假的意思表示隐藏的民事法律行为的效力，依照有关法律规定处理。"当事人通谋虚伪订立的合同的效力表现为：第一，行为人与相对人之间的合同无效。第二，当事人通谋虚伪订立的合同可能隐藏着一个真实的意思表示，该被隐藏的真实意思表示即为"隐藏行为"或"隐匿行为"。隐藏行为之效力不因其为通谋虚伪表示所掩盖而无效，是否有效应以其自身合法与否为标准判断。

3. 违反强制性规定的合同与违反公序良俗的合同。《民法典》第 153 条规定，"违反法律、行政法规的强制性规定的民事法律行为无效。但是，该强制性规定不导致该民事法律行为无效的除外。违背公序良俗的民事法律行为无效。"对违反强制性规定的合同而言，《民法典》相较于《合同法》的最大变化是增加了但书，由此凸显了该条第 1 款的授权条款功能，即授权法官依强制性规定的规范意旨来判断合同是否构成对强制性规定的违反，以及若违反，应发生何种民法上的效力。

4. 恶意串通的合同。《合同法》第 52 条规定，恶意串通，损害国家、集体或者第三人利益的合同无效。相较于此，《民法典》第 154 条在措辞上有一些变化——"行为人与相对人恶意串通，损害他人合法权益的民事法律行为无效。"即明定恶意串通的主体为"行为人与相对人"，并将损害的对象由"国家、集体或者第三人利益"调整为"他人合法权益"。这里的"他人合法权益"应解释为私人利益，由此可避免与《民法典》第 153 条第 2 款即违背公序良俗的民事法律行为无效的规定产生竞合。该条旨在保护受侵害的第三人，因此只能由第三人主张合同无效，当事人自己不得主张。[1]

**二、可撤销合同**

(一) 可撤销合同的概念与特征

可撤销合同是指已经成立，但是意思表示不真实，从而可因享有撤销权的当事人行使撤销权的行为使其效力归于消灭的合同。可撤销合同，属于效力不完全，不同于无效合同的绝对无效，其有效与否，取决于撤销权人的意志。可撤销合同制度，既体现了法律对公平交易的要求，又体现了私人自治原则的要求，是对这两项价值的调和。可撤销合同具有以下特征：

第一，可撤销合同在被撤销以前，已发生了针对无撤销权的当事人的效力。在撤销权人行使撤销权以前，这一效力继续保持。

第二，是否使可撤销合同的效力归于消灭，取决于撤销权人的意思，撤销权人以外的人不得主张撤销合同。撤销权人应是撤销制度所保护之人，具体又视撤销原因的不同而须作个别认定，如受欺诈方、受胁迫方、重大误解方、利益受不利影响方。

第三，可撤销合同效力的消灭，必须有撤销行为。仅有可撤销事由而无撤销行为时，合同效力并不归于消灭。撤销权行使行为在性质上为需受领的单方法律行为。根据《民法典》的规定，撤销权须以诉讼或仲裁方式行使，仅向相对人作出撤销的意思表示并不发生撤销的法律后果。

第四，撤销权一旦行使，原则上溯及成立之时，可撤销合同的效力归于消灭。但对于继续性合同则存在例外，其效力仅及于将来，而不溯及既往。

(二) 可撤销合同的类型

根据《民法典》的规定，可撤销合同包括以下几种类型：

---

〔1〕　参见周江洪等主编：《民法判例百选》，法律出版社 2020 年版，第 83 页。

1. 受欺诈的合同。受欺诈的合同是指一方当事人故意用捏造虚假情况，或歪曲、掩盖真实情况的欺诈手段，致使另一方当事人陷于错误认识而订立的合同。

受欺诈的合同的构成，必须具备以下要件：第一，欺诈方实施了欺诈行为。欺诈行为是欺诈方将其欺诈故意表示于外部的行为。在实践中，欺诈行为往往表现为故意陈述虚假事实或故意隐瞒真实情况。第二，欺诈方欺诈的故意。欺诈的故意是指欺诈方明知自己告知对方的情况虚假且会使对方陷入错误认识，而希望或放任这种结果的发生。欺诈方是否有使自己或第三人因欺诈行为获得财产上利益或使相对人遭受损失的意图，则在所不问。第三，受欺诈方因受欺诈而陷入错误认识。受欺诈方发生错误认识与欺诈方的欺诈行为须有因果关系。受欺诈方的错误认识不是由于其自己的过失造成的，而是受欺诈的结果。若欺诈方实施欺诈行为后，受欺诈方并未陷入错误或所发生的错误不是因受欺诈造成的，则不构成受欺诈的合同。第四，受欺诈方基于错误认识而作出了意思表示。受欺诈方虽因欺诈行为陷入错误，但并未作出意思表示，则不能构成受欺诈的合同。

在实践中，交易一方常常会利用第三人对交易对方进行欺诈，且利用第三人为欺诈较之本人为欺诈更具有欺骗性，因此，各国或地区民法一般也对第三人欺诈加以规定。《民法典》第149条规定，"第三人实施欺诈行为，使一方在违背真实意思的情况下实施的民事法律行为，对方知道或者应当知道该欺诈行为的，受欺诈方有权请求人民法院或者仲裁机构予以撤销。"据此，第三人对合同一方当事人进行欺诈的，若相对人知道或者应当知道第三人欺诈，则视同相对人本人进行欺诈，也构成受欺诈的合同。基于该规定，表意人的自由意思获得了更为全面的保护。

2. 受胁迫的合同。受胁迫的合同是指胁迫人以现实的危害行为相威胁，或以将要实施危害行为相要挟，造成受胁迫者陷于恐惧而订立的合同。

受胁迫的合同的构成，需具备以下要件：第一，胁迫人实施了胁迫行为。胁迫行为包括以将要发生的损害相威胁或直接施加损害威胁他人。胁迫者既可以给自然人及其亲友造成损害相威胁，也可以给法人造成损害为要挟。第二，胁迫人具有胁迫的故意。胁迫的故意首先是指胁迫者意识到自己的行为将造成受胁迫者心理上的恐惧而继续进行胁迫；其次，胁迫者希望通过胁迫行为使受胁迫者作出某种意思表示。第三，表意人因胁迫而作出违背其真实意愿的意思表示。也就是说，由于一方实施胁迫行为使另一方在心理上产生了恐惧，并在此种心理状态的支配下被迫订立了合同。若胁迫方的胁迫行为并未使受胁迫人产生恐惧或虽然产生了恐惧，但没有作出意思表示，则不能认为胁迫行为与被胁迫人的意思表示之间存在因果关系。第四，胁迫行为是非法的。胁迫行为给对方施加了一种强制和威胁，此种威胁必须是非法、无法律根据的。若一方有合法的根据对另一方施加某种压力，则不构成胁迫。

一如欺诈可能由第三人实施，胁迫亦同。《民法典》第150条规定，"一方或者第三人以胁迫手段，使对方在违背真实意思的情况下实施的民事法律行为，受胁迫方有权请求人民法院或者仲裁机构予以撤销。"据此，只要第三人实施胁迫，使表意人在违背真实意思的情况下订立合同，无论表意人是否知道或是否应当知道该情形，表意人均有权请求撤销合同。

3. 重大误解的合同。《民法典》第147条规定，"基于重大误解实施的民事法律行为，行为人有权请求人民法院或者仲裁机构予以撤销。"重大误解的合同是指一方因自己的过错而对合同的内容发生了错误认识并在此基础上订立的合同。

重大误解的合同的构成须具备以下要件：第一，表意人对合同内容发生了错误认识。一般来说，行为人因对行为的性质、对方当事人、标的物的品种、质量、规格和数量等的错误认识，使行为的后果与自己的意思相悖，并造成较大损失的，可以认定为重大误解。第二，错误认识必须是重大的。并非表意人的任何错误认识都可导致合同被撤销，否则就会给非诚信的一方不履行合同提供借口。"重大"应符合两个条件：一是主观上的重要性，即从表意人的角度看，错误具有重要性。二是从客观上看，错误具有重要性。如甲欲预约乙酒店31号房，却误写为13号，这两个房间完全相同，只是甲因迷信而拒绝13号房。从表意人甲的角度看，表示行为错误是重要的，但从理性人的角度看，住13号房而非31号房并无不妥，即错误不具有客观上的重要性。第三，错误认识是由误解方自己的过错造成的，但又非基于故意或重大过失所致。在此要件上，世界各国或地区立法存在一定差异。我国现行立法未设置此一要件。要求表意人的错误认识须基于其过失所致，但又非基于故意或重大过失所致，较为合理，有助于兼顾交易安全之保护。第四，表意人基于错误认识作出了意思表示。这一要件说明，首先，表意人要将其意思表示表达出来，否则无从评价其是否存在误解；其次，表意人作出的意思表示必须是因为误解而造成的，即表意人的意思表示与其错误认识之间具有因果关系。

4. 显失公平的合同。《合同法》确立了危难被乘与显失公平两类可撤销合同。危难被乘的合同是指一方当事人利用对方当事人处于危难或者有急迫需要，而迫使其作出违背真意的意思表示。显失公平的合同则是一方当事人在订立合同时订立的明显对自己有重大不利的合同。事实上，在大陆法系国家或地区，不存在并立的危难被乘与显失公平制度，这些国家或地区一般是通过一项统一的制度——暴利行为或非常损失制度来处理这一问题的。这一制度在构成上需要具备主观与客观两方面的条件，主观条件表现为一方利用他方急迫情况、无经验、缺乏判断能力或者显著意志薄弱，客观条件表现为一方的给付与另一方的对待给付明显不成比例，即显失公平。只有同时具备这两项条件，方才构成暴利行为，受害人才能寻求相应的救济。如《德国民法典》第 138 条第 2 款、我国台湾地区"民法"第 74 条等均如此规定。《合同法》延续了《民法通则》的做法，其实是将暴利行为制度的要件一分为二，而分别设立了危难被乘与显失公平两项制度。由此造成的弊端是，因危难被乘与显失公平两项制度的要件相较于暴利行为制度更为宽松，合同被判定为具有瑕疵的几率增大，以致当事人的私人自治更易受到破坏。

《民法典》第 151 条规定："一方利用对方处于危困状态、缺乏判断能力等情形，致使民事法律行为成立时显失公平的，受损害方有权请求人民法院或者仲裁机构予以撤销。"据此，原本被拆分为二的两项制度合二为一，只有同时具备"一方利用对方处于危困状态、缺乏判断能力等情形"，以及"民事法律行为成立时显失公平"两项要件，受损害方才能请求撤销合同，由此使得私人自治得到了更好的维护。

显失公平制度的构成，需要同时具备以下条件：一是主观条件，即一方利用对方处于危困状态、缺乏判断能力等情形。危困状态乃危险、困难之意，应限于人身或财产权益处于受损害状态，或存在遭受损害之现实危险，且该损害应有相当的重要性。缺乏判断能力是指基于年老衰弱、不识字、患有尚未丧失辨认能力的精神疾病等原因，而对于一般生活上或交易上的事务欠缺判断能力。[1] 二是客观条件，即双方当事人之间利益严重失衡。严重失衡的判断时点为合同订立之时。若合同依法成立后发生双方当事人利益严重失衡的状态，则由情事变更制度加以调整。

### 三、效力未定的合同

#### （一）概念

效力未定的合同是指已成立但欠缺有效要件，其效力能否发生尚未确定，只有经过权利人追认才能有效的合同。若说无效合同是自始、确定、当然无效，可撤销合同自成立时起已发生针对无撤销权人的效力，从而为效力不完全而非效力不确定，那么，效力未定合同则全然不同，其效力既非有效，也非无效，而是处于一种悬而未决的不确定状态。对效力未定合同而言，其效力存在着两种发展的可能性——或者自始无效，或者自始有效，它既可因形成权人的否认而确定地自始无效，也可因形成权人的追认而确定地自始有效。

---

〔1〕 参见李宇：《民法总则要义》，法律出版社 2017 年版，第 620~622 页。

（二）类型

1. 限制民事行为能力人订立的其依法不能独立订立的合同。根据《民法典》第 145 条的规定，除纯获利益的合同，以及与限制行为能力人的年龄、智力相适应的合同可由限制行为能力人独立订立以外，限制民事行为能力人与相对人订立合同应经法定代理人允许。限制行为能力人未经法定代理人允许而与相对人订立合同的，该合同为效力未定合同。该合同效力的确定包括以下几个方面的事由：

第一，限制民事行为能力人的法定代理人享有追认权或否认权。追认权与否认权均属于形成权，无需相对人同意，意思表示达到相对人即发生法律效力。追认与否认的意思表示可向限制民事行为能力人的相对人作出，也可向限制民事行为能力人作出。法定代理人追认的，限制民事行为能力人与相对人订立的合同自始有效，否则，该合同自始无效。此外，限制民事行为能力人取得完全民事行为能力后亦享有追认权或否认权。在比较法上，我国台湾地区"民法"第 81 条第 1 款规定："限制行为能力人于限制原因消灭后，承认其所订立之契约者，其承认与法定代理人之承认，有同一效力。"该规定可供参考。

第二，限制民事行为能力人的相对人享有催告权和撤销权。限制民事行为能力人与他人订立合同后，该合同的效力皆被操纵在法定代理人之手中，若法定代理人不为追认或否认的意思表示，则必然使相对人处于不确定的状态，对其极为不利，因此，立法赋予相对人以催告权和撤销权，以期缩短合同悬而未决的状态，并实现双方当事人利益之平衡。

催告权是指相对人得知与对方订立的合同有效力未定事由后，将效力未定的事由告知追认权人，督促其在一个月内作出是否追认的意思表示的权利。在相对人催告以后，法定代理人应在催告期内以明示的方式向相对人作出追认或否认的意思表示。相对人催告后，在催告期内，法定代理人追认的，限制民事行为能力人与相对人订立的合同自始有效；在催告期内，法定代理人否认的，限制民事行为能力人与相对人订立的合同自始无效；催告期满，法定代理人不作表示的，其沉默视为否认，限制民事行为能力人与相对人订立的合同自始无效。

撤销权是指相对人依法宣告取消其意思表示的权利。相对人行使撤销权必须具备以下条件：一是法定代理人尚未行使追认权或否认权。若法定代理人已追认或否认，由于限制民事行为能力人与相对人之间的合同的效力已然确定，相对人不得再行使撤销权。二是相对人为善意。也就是说，相对人不知对方为限制民事行为能力人，或虽知对方为限制民事行为能力人，但对方采取欺诈手段使其误信对方的行为已征得法定代理人同意。若相对人为恶意，即明知对方为限制民事行为能力人且其行为未征得法定代理人同意，则该相对人不得行使撤销权。相对人撤销的意思表示既可向限制民事行为能力人作出，也可向其法定代理人作出。若相对人撤销其与限制民事行为能力人之间的合同，则该合同自始无效。

2. 无权代理合同。无权代理是指行为人无代理权而以他人名义与第三人订立合同。无权代理的发生原因包括：未经授权的无权代理、超越代理权限的无权代理、代理权消灭后的无权代理、授权行为无效或被撤销的无权代理等。根据无权代理人为代理行为时是否具有代理权的表象，或者是否存在着使相对人误信行为人有代理权的事由，可将无权代理区分为狭义的无权代理与表见代理。狭义无权代理为效力未定的合同，表见代理则发生有权代理的效果，不属于效力未定合同的范畴。

狭义的无权代理，是指行为人无代理权而以他人名义与第三人订立合同，且不存在使第三人相信行为人有代理权事由的代理。《民法典》第 171 条为有关狭义无权代理的规定。值得注意的是，在有权代理中，代理人以他人名义与自己订立合同，或者同时代理双方当事人订立同一合同，构成自己代理与双方代理。在《民法总则》颁行前，学理上有见解认为自己代理与双方代理为"代理权滥用"的情形，应属无效。此种观点并不妥当。因为各国民法虽然禁止自己代理与双方代理，但此类规定并非为保护公益所设，代理人自己代理或双方代理订立的合同，并非当然无效，而是属于狭义无权代理的范畴。《民法总则》第 168 条明确地赋予被代理人同意权或追认权，直观凸显了自己代理与双方代理的"效力未定"法律行为性质。该条为《民法典》第 168 条所沿袭。

在狭义的无权代理情形，无权代理人以被代理人名义与第三人订立的合同，其效力处于不确定的状态。该合同效力的确定包括以下几个方面的事由：

第一，被代理人享有追认权或否认权。《民法典》第 171 条第 2 款规定，相对人可以催告被代理人自收到通知之日起三十日内予以追认；被代理人未作表示的，视为拒绝追认。追认权与否认权属于形成权，被代理人可直接为追认或者否认的意思表示，无须相对人同意即可发生效力。追认或否认作为有相对人的单方法律行为，其意思表示，既可向代理人作出，也可向相对人作出；既可以明示的方式作出，也可以行为默示的方式作出。对行为默示方式，《民法典》第 503 条规定："无权代理人以被代理人的名义订立合同，被代理人已经开始履行合同义务或者接受相对人履行的，视为对合同的追认。"为了尽可能涵盖更多的默示追认情形，"接受相对人履行"应当解释为不仅包括受领对方给付而不提出异议，还包括对方尚未履行但从其行为可推知其将接受对方的履行，如催告对方履行，转让其在合同中的权利等。[1]

第二，相对人的催告权与撤销权。为了防止因本人不行使形成权而使相对人

---

[1]　参见周江洪等主编：《民法判例百选》，法律出版社 2020 年版，第 30 页。

陷于不确定状态，立法也赋予相对人得以终结此种不确定状态的催告权与撤销权。

催告权是指相对人确定相当期限催告本人确定是否追认的权利。在本人追认或否认前，不论相对人是否知悉代理人无代理权，均可行使催告权，催促本人作出追认或者否认的意思表示。催告只能向本人作出，而不能向无权代理人作出，相应的，本人的确定也只能向相对人作出，而不能向无权代理人作出。根据《民法典》第171条第2款的规定，催告期为一个月。催告期内，本人追认的，合同有效，并溯及其成立之时发生效力；本人否认的，合同溯及的无效；催告期届满，本人不作出意思表示的，法律拟制为否认，合同无效，此后，即使本人再为追认，也不能使业已无效的合同重新生效。

撤销权是指相对人撤销无权代理行为，阻止其因本人的承认而发生效力的权利。《民法典》第171条第2款规定，行为人实施的行为被追认前，善意相对人有撤销的权利；撤销应当以通知的方式作出。相对人为善意即不知道代理人无代理权的，可在本人追认或否认前，撤销其意思表示，以阻止该无权代理行为生效。该撤销的意思表示应当以通知的方式作出，且不因相对人业已对本人为催告而受影响，亦即相对人为催告后，于本人追认前，仍可行使撤销权。若相对人知悉代理人无代理权，则即使本人尚未追认与否认，该相对人也不能行使撤销权，而应受自己意思表示的约束，承担本人否认的不确定风险。

3. 无权处分合同。《合同法》第51条规定："无处分权的人处分他人财产，经权利人追认或者无处分权的人订立合同后取得处分权的，该合同有效。"此即无权处分合同制度。我国理论界与实务界对该条的理解存在着极大争议，并存在着不同的观点。一般认为，无权处分合同处于效力不确定状态，经权利人追认或无处分权的人取得处分权时，该合同有效，否则合同无效。在《民法典》中，该条被删除。《民法典》中与该条存在密切关系的是第597条第1款，该款规定："因出卖人未取得处分权致使标的物所有权不能转移的，买受人可以解除合同并请求出卖人承担违约责任。"根据该条规定，出卖他人之物的买卖合同为有效合同，即无权处分合同有效，而非效力未定。

## 第四节　合同被确认无效、撤销的法律后果

合同皆能引起一定的法律效果。有效的合同能引起行为人所意欲发生的法律效果；而被确认无效或被撤销的合同也能引起一定的法律效果，只是这种法律效果并不符合行为人的预期而已。《民法典》第157条规定："民事法律行为无效、被撤销或者确定不发生效力后，行为人因该行为取得的财产，应当予以返还；不

能返还或者没有必要返还的，应当折价补偿。有过错的一方应当赔偿对方由此所受到的损失；各方都有过错的，应当各自承担相应的责任。法律另有规定的，依照其规定。"据此，被确认无效或被撤销的合同发生返还财产、赔偿损失的法律后果。此种法律后果的承担，意图在于使合同当事人的法律地位回复到合同订立之前的状态。

**一、返还财产**

返还财产是指合同被确认无效或被撤销后受领财产的当事人应向给付财产的当事人返还财产。返还财产以恢复原状为原则。恢复原状是使当事人的法律地位恢复到合同成立之前的状态。由于在合同自成立、生效至被确认无效或被撤销的期间，当事人可能已根据该合同取得对方的财产，在合同被确认为无效或被撤销后，当事人取得财产的法律根据已丧失，给付财产的一方可请求受领财产的一方返还财产。若只有一方给付财产，则应作单方返还；若双方皆给付财产，则应作双方返还。"宣告合同无效后，任何一方当事人均可要求返还其根据已被宣告无效或部分被宣告无效的合同已提供的一切，但要以该方当事人也同时返还其根据已被宣告无效或部分被宣告无效的合同已得到的一切为条件。"[1]

依照上述法律规定，"不能返还或者没有必要返还的，应当折价补偿"。所谓不能返还，是指返还原物存在着事实上或法律上的障碍。事实上的障碍，典型者如原物毁损灭失；法律上的障碍，如标的物为第三人善意取得。"折价补偿"的金额通常等于已收到履行之价值。如甲委托乙为其工厂刷漆，乙以欺诈方式引诱甲以远高于市场价格的价格订立合同；在发现被欺诈后，甲撤销该合同；甲可以向乙索回购买的价款，但甲同时有义务支付工厂已被刷漆部分的价值。所谓没有必要返还，一般是指原物返还将会导致不合理的费用，或需付出不合理的努力。

在恢复原状的过程中，给付财产的一方在请求对方返还财产时，其请求权依据何在呢？对此，理论上存在着不同观点：第一，不当得利返还请求权说。该说认为，一方基于合同而向对方为给付，在合同被确认无效或者被撤销时，合同失去约束力，一方所接受的履行因缺乏合法依据而成为不当得利。第二，所有物返还请求权说。该说认为，一方依合同而向另一方所为给付在合同被确认为无效或被撤销时，其交付给另一方的物的所有权并不发生移转，给付方未丧失所有权，受领方未取得所有权，因此，既然给付方享有所有权，那么他可以行使所有物返还请求权。

---

[1] 张玉卿主编/审校：《国际统一私法协会国际商事合同通则2016》，中国商务出版社2019年版，第237页。

如果采纳负担行为与处分行为的二分，则在合同被确认为无效或被撤销后，给付方行使的返还请求权是所有物返还请求权。不过，此时也不排斥不当得利请求权的存在。在一方向另一方提供劳务或者完成一定工作如雇用、承揽、委托等，即标的为行为时，另一方接受对方劳务而受领的利益应折价返还；在一方提供某物给对方使用如借用、租赁时，对方因使用物而享受的利益应折价返还。

**二、赔偿损失**

合同被确认为无效或被撤销而给当事人造成损失的，有过错的一方应向无过错的一方赔偿因合同被确认为无效或被撤销所造成的损失。在双方均有过错的情况下，双方当事人应各自承担相应的责任。此种赔偿责任在性质上为缔约过失责任，其主要目的在于弥补当事人因信赖合同有效成立所受到的损害。

损害赔偿可分为两种：一是履行利益的损害赔偿，也称为积极利益的损害赔偿，是指因合同不履行而受损失的赔偿，如因未履行买卖合同造成的所得利益损失；二是信赖利益的损害赔偿，也称为消极利益的损害赔偿，是指当事人确信合同有效，因某种事实的发生使合同归于无效而蒙受损失的赔偿，如当事人支出的缔约费用、为履行合同进行准备所支出的费用、丧失订约机会等。此处所言损害赔偿是指信赖利益损害赔偿，原则上，信赖利益损害的赔偿数额不得高于履行利益损害赔偿的数额。通过对信赖利益损害的赔偿，使获得赔偿的当事人的利益处于如同其未订立合同时所应处的状况。

# 第五节　合同的附款

## 一、合同附款的概念

合同的附款是指当事人限制合同效果的发生或者消灭的条款，即当事人在合同中设置一定的条款，以此来限制合同效力的发生，或使合同的效力归于消灭。

当事人在合同中设置附款，是其所享有的合同自由的体现。当事人限制合同效力的发生或消灭，不论是表现为约定在具备一定条件时合同才生效、约定在具备一定条件时合同就失效，还是表现为约定在某个时刻到来时合同才生效、约定在某个时刻到来时合同就失效，均系当事人以自己的意思把一定条件或期限与合同的生效或失效联系起来，从而决定合同的效力的发生和消灭，即基于己意来变动私法关系。意定性是这里的"条件"的典型特征，即条件必须为当事人的意思所决定（从而应称为"当事人条件"或"法律行为条件"），这一特性使"条件"与所谓的"法定条件"区别开来。法定条件即某种客观事实的发生与不发生取决于法律规定，"依法律规定"乃是法律效力发生的要件。

此外，合同的附款也是当事人进行风险分配的一种机制。当事人订立时，基于对现状的了解与对未来境况的判断，认为立即实施某项合同的条件还不成熟或不欲使合同永久发生效力，认为未来境况的发展与订立合同时的预期可能会发生矛盾，从而出现不可预知的危险。为防范此种不可预知的风险，就通过对合同效力的限制来控制此种危险。

总之，"为顺应当事人需要，法律乃本乎私法自治原则，创设两种制度，俾供利用，一为条件，一为期限。条件与期限除分配交易上危险外，亦具有引导相对人为特定行为的功能。"[1] 根据我国《民法典》的规定，合同的附款可分为条件与期限。

**二、合同附款之一——条件**

**（一）条件的概念与类型**

条件是指以将来在客观上不确定的事实决定合同效力发生或消灭的附款。条件可分为以下类型：

1. 停止条件和解除条件。以条件是决定合同效力的发生还是消灭为标准，可将条件分为停止条件与解除条件。停止条件是限制合同效力发生的条件。即合同已成立，但尚未生效，其能否生效取决于将来不确定事实能否成就。《民法典》将停止条件称为"生效条件"，更为直观。解除条件是限制合同效力消灭的条件。即合同已成立而且生效，但其效力能否存续取决于将来不确定事实能否成就。《民法典》第158条前段规定："民事法律行为可以附条件，但是根据其性质不得附条件的除外。附生效条件的民事法律行为，自条件成就时生效。附解除条件的民事法律行为，自条件成就时失效。"

2. 积极条件与消极条件。以条件在事实上的发生和不发生为标准，可将条件区分为积极条件和消极条件。积极条件是以某种积极事实的发生作为条件的成就。例如：甲乙约定，"如果乙通过法律职业资格考试，甲即赠与乙一台电脑"。"通过法律职业资格考试"即积极条件。消极条件是以某种消极事实之不发生作为条件的成就。例如：甲乙约定，"如甲不出国，乙就赠与其5万元"。"甲不出国"即消极条件。

3. 随意条件、偶成条件与混合条件。以条件的成就能否为当事人的主观意思所左右为标准，可将条件分为随意条件、偶成条件与混合条件。

随意条件是指条件能否成就，完全取决于当事人一方的意思。例如：甲乙约定，"如乙去台湾地区旅游，则甲赠其机票一张"，而乙是否去台湾地区旅游完全由其自己决定。随意条件可分为纯粹的随意条件与非纯粹的随意条件。纯粹的

---

〔1〕　王泽鉴：《民法总则》，中国政法大学出版社2001年版，第420页。

随意条件是条件能否成就完全由当事人决定，别无其他因素。非纯粹的随意条件，是条件能否成就，除取决于当事人的意思外，还须有某种积极事实。如甲对乙说，"如果考上驾照，赠你此车。"乙是否能考上驾照，除了取决于乙的个人意志外，还受其他外部因素的制约。

偶成条件是条件的成就完全取决于偶然的事实，而非人力所能决定。例如：甲乙约定，"如 10 月 1 日下雨，则甲赠乙雨伞一把"。此处偶然的事实包括天灾，政治、经济或社会事件，第三人的行为等。

混合条件是条件能否成就，取决于当事人一方的意思与第三人的意思或者偶然的事实的结合。例如：甲乙约定，"如乙与丙结婚，则赠乙房屋一栋"。乙能否与丙结婚，非乙个人意思所能左右。

4. 真正条件与非真正条件。真正条件是以客观上不确定之事实为内容的条件。以上所述均为真正条件。非真正条件是徒具条件的外观，而不具有条件实质的条件，又可以分为法定条件、不法条件、既成条件与不能条件等类型：

法定条件是指以法律所规定的合同效力发生或消灭的条件为内容的条件。此类条件是法律所规定的，与当事人的意思无关，因法律已经作出了规定，当事人再约定该条件已无任何意义。如遗嘱人在遗嘱中表示"其死亡时遗嘱生效"，该种表示就没有什么特别的意义。

不法条件是指以违反法律强制性规定或违背公序良俗的事实为内容的条件。如以杀人、不结婚等作为赠与的条件。若合同所附条件为不法条件，则该不法条件显然无效，但该合同是否因此无效，在理论上存在着分歧。

既成条件又称为确定条件，是指以合同成立时已发生或已不能发生的事实为内容的条件。由于既成条件欠缺不确定性，因此其不能构成条件。条件于合同成立时已成就的，若以该条件为停止条件，则合同视为未附条件；若以该条件为解除条件，则应认定合同无效。条件于合同成立时已确定不能成就的，若以该条件为停止条件，则合同无效；若以该条件为解除条件，则合同视为未附条件。

不能条件是指以事实上或法律上不可能的事实为内容的条件，详言之，以合同成立时已确定实现的事实的不实现为条件，或以合同成立时已确定不能实现的事实的实现为条件。若以不能条件为停止条件，则合同无效；若以不能条件为解除条件，则合同视为未附条件。

（二）不得附条件的合同

《民法典》第 158 条规定，"民事法律行为可以附条件，但是按照其性质不得附条件的除外。"按照其性质不得附条件的合同，在附条件后可能出现以下情形：

1. 违背公序良俗以及社会公益。第一，结婚、离婚、收养、非婚生子女的认领等身份行为，不得附条件。若附有条件，则合同无效。第二，继承的承认或抛弃，不得附条件。第三，汇票、本票或支票等票据行为，发票人均负无条件的兑现责任，不得附条件。若附有条件，则票据仍有效，而条件视为不存在。

2. 妨害相对人利益。形成权行使的主要特征在于迅速明确，否则将影响相对人的利益，因此不得附条件。若附有条件，则合同原则上无效。

（三）条件的成就与不成就

条件的成就是指作为条件内容的事实已实现。条件成就的拟制，是指因条件成就而受不利益的当事人，如以不正当行为阻止条件成就的，视为条件成就。对此，《民法典》第 159 条规定："附条件的民事法律行为，当事人为自己的利益不正当地阻止条件成就的，视为条件已经成就；不正当地促成条件成就的，视为条件不成就。"

### 三、合同附款之二——期限

（一）期限的概念与类型

期限是指当事人用将来确定发生的事实的到来决定合同效力的发生或消灭的附款。期限可分为以下类型：

1. 始期与终期。始期又称为生效期限或延缓期限，是指决定合同效力发生的期限。附始期的合同，在期限到来以前，合同已成立，但其效力仍然处于停止状态，待期限到来时，效力才发生。此即《民法典》第 160 条所称"自期限届至时生效"。

终期又称为终止期限或解除期限，是指决定法律行为的效力消灭的期限。附终期的合同，在期限到来以前，合同继续有效，而在期限到来时，合同效力消灭。此即《民法典》第 160 条所称"自期限届满时失效"。

2. 确定期限与不确定期限。确定期限是指依照日历可以计算的期日。例如：甲乙约定，"合同自 2020 年 1 月 1 日始"。不确定期限是指虽期限事实的发生已确定，但其发生时期不确定。如甲与乙约定，"甲父去世时，将房屋出租给乙。"

### ■ 思考题

1. 合同的成立和合同的有效有何区别？
2. 民事行为能力对合同的效力有何影响？
3. 受欺诈合同制度与重大误解合同制度有何差异？
4. 显失公平合同制度与公序良俗原则有何关系？
5. 如何理解《民法典》第 153 条第 1 款中但书"但是该强制性规定不导致该民事法律行为无效的除外"的内涵？

## ■参考资料

1. 王利明:《合同法研究（第一卷）》，中国人民大学出版社 2015 年版。
2. 陈自强:《民法讲义（1）：契约之成立与生效》，法律出版社 2002 年版。
3. 徐涤宇主编:《合同法学》，高等教育出版社 2020 年版。
4. 李永军:《合同法》，中国人民大学出版社 2020 年版。

# 第四章 合同的解释

■ 学习目的和要求

通过本章的学习，了解合同解释的含义、目的及其性质；掌握合同解释的各种方法；理解格式条款解释的特殊性及其方法。

## 第一节 合同解释的含义与性质

### 一、合同解释的含义

法律人的主要工作在于解释，解释的客体主要包括法律和意思表示。意思表示的解释应与法律解释同受重视，亦属法律人应予学习掌握的能力、技巧及艺术。[1] 意思表示的解释，是对于民事主体作出的"表示"所做的确定其含义的作业。可分为"有相对人的意思表示的解释"，典型的如要约；以及"无相对人的意思表示的解释"，典型的如遗嘱。对于合同而言，仅有双方当事人的意思表示尚不称其为合同，须达成意思表示的合意才能成立合同，故"意思表示的解释"，在判断合同是否成立阶段，便有了其特别的用场。

所谓合同解释，是指依据一定的事实，遵循有关的原则，对合同的内容和含义所作出的说明。合同需要解释，其根源在于语言的多义性和复杂性，合同条款难免会出现模棱两可、晦涩难懂或模糊不清，甚至条款之间产生相互冲突等情况。从合同解释的主体看，一般是指受理纠纷的法院或仲裁机构，在解决纠纷过程中对合同及其相关资料的含义所做的有法律拘束力的分析和说明。合同解释的直接目的在于正确地确定当事人之间的权利义务，从而合理妥当地解决合同纠

---

[1] 参见王泽鉴：《民法总则》，北京大学出版社 2009 年版，第 381 页。

纷。合同解释的内容主要包括两方面：一是确定合同当事人的共同意思；[1] 二是解释者在探究合同的含义时，应从哪些因素、手段和方法进行考虑。

合同解释旨在确定合同是否成立，或者对合同条款和内容进行补充和完善。合同解释的目的主要体现在以下三个方面：第一，判断合同是否成立和生效。合同的解释常常以合同的成立为前提，但在合同的内容不明确或存在漏洞的情形下，合同既可以被解释为已经成立或有效的合同，也可以被解释为不成立或不发生有效的效力，此时需要通过合同解释来明确合同是否成立和有效。第二，明确合同条款的含义。主要是通过合同解释来解决合同中存在的用语不明确、含糊不清甚至前后矛盾等问题。第三，完善合同内容。合同解释不仅是为了明确合同条款的含义，还具有补充当事人意思的功能。[2] 诸多学者较为警惕合同解释可能侵害当事人的意思自治，并提出了缓解合同解释与私法自治紧张关系的路径，如在法官适用理性第三人的标准时，应尽量避免以所谓的"理性第三人"之名作出偏离缔约人真意的解释，法官在合同解释中的自由裁量权应受合同解释规则、合同文本内容、法官职业共同体之规则、公平正义、诚实信用等诸基本原则的限制。[3]

**二、合同解释的性质**

关于合同解释的性质，存有事实问题说、法律问题说和折中说三种观点。事实问题说认为合同解释是对合同用语进行客观合理解释的过程，属于事实问题。法律问题说认为合同解释属于法律上的判断，应当由法院或仲裁机构依职权作出，不受当事人陈述的拘束，也不发生举证责任的问题。折中说认为一种合同解释仅就合同意思表示的事实的客观性进行判定，属于事实问题；另一种是对合同意思表示的法律价值作出判断，以决定是否给予法律保护和救济，此类解释是法律问题。[4] 大多数学者持折中说，以兼顾表意人和相对人的利益，并期待跨越意思与表示、主观与客观之间的鸿沟。

## 第二节 合同解释的方法

合同条款是基于合同当事人意思表示一致而订立的，但在实践中由于种种原

---

[1] 参见崔建远：《合同解释论：规范、学说与案例的交互思考》，中国人民大学出版社 2020 年版，第 2 页。
[2] 参见王利明主编：《中国民法典释评：合同编·通则》，中国人民大学出版社 2020 年版，第 25 页。
[3] 参见谢鸿飞：《合同法学的新发展》，中国社会科学出版社 2014 年版，第 64 页。
[4] 参见韩世远：《合同法总论》，法律出版社 2018 年版，第 870 页。

因，当事人可能会对合同某些条款的理解发生争议。对于争议条款的确定，应当探究当事人订立合同时真实的意思表示。如何探究真实的意思表示，存在主观主义、客观主义和折中主义三种观点。主观主义侧重于综合考虑合同文本及文本以外的各种外部证据，以探求表意人的主观意思为解释的中心。客观主义则侧重于合同文本的含义，以客观化的表示为解释的中心。折中主义是力求在主观主义和客观主义之间求得平衡，力争协调内心意思与意思表示之外观，兼顾表意人和相对人的利益。[1] 折中主义为多数学者所认同。解释合同，应遵循一些基本方法，以便达到合同目的，实现公平正义。

《民法典》第 466 条第 1 款规定："当事人对合同条款的理解有争议的，应当依据本法第 142 条第 1 款的规定，确定争议条款的含义。"《民法典》第 142 条第 1 款规定："有相对人的意思表示的解释，应当按照所使用的词句，结合相关条款、行为的性质和目的、习惯以及诚信原则，确定意思表示的含义。"由此可见，当事人对合同条款的理解有争议的，应当遵循有相对人的意思表示解释规则，确定合同中争议条款的含义，其合理性在于：有相对人的意思表示，涉及相对人的利益，且相对人受领表意人的意思表示时，对该意思表示有自己的理解，该种理解与表意人的内心真意未必相同，如以表意人的内心意思为准，将有损于相对人的利益及合理期待；当然，法律也不可能以相对人的理解为准，而是要求解释者（法院或者仲裁机构）基于一个理性旁观者的立场，从客观意义上对意思表示中不明确、不清晰之处作出解释。[2]

根据《民法典》第 142 条第 1 款规定，对合同争议条款的解释规则，可做如下理解：

第一，"按照所使用的词句"，这种解释方法被称为文义解释，是指在当事人就意思表示的用语发生争议以后，对于有关的用语本身，按照一个普通人的合理理解为标准进行解释。该种解释是合同解释的首要方法。对于何谓"合理人"，应当结合具体情况来判断，如果是一般的民事活动，"合理人"就是社会中一般的人，如商场购物中发生买卖合同争议；如果是某些特殊交易，则"合理人"就是该领域内的人，如医疗器械买卖合同的解释就应当按照医疗界人士的理解来解释买卖合同条款的含义。[3]

第二，"结合相关条款、行为的性质和目的、习惯以及诚信原则，确定意思

---

〔1〕 参见朱广新：《合同法总则研究》（下册），中国人民大学出版社 2018 年版，第 787 页。

〔2〕 参见李宇：《民法总则要义：规范释论与判解集注》，法律出版社 2017 年版，第 480 页。

〔3〕 参见黄薇主编：《中华人民共和国民法典合同编解读》（上册），中国法制出版社 2020 年版，第 22 页。

表示的含义",具体体现为采用整体解释、目的解释、习惯解释和诚信解释等方法解释合同。

整体解释,又称为体系解释,是指将全部合同条款以及各个构成部分作为一个完整的整体,综合考虑各个条款和各个部分的相互关联性、争议条款与整个合同的关系以及争议条款在合同中所处的地位等各方面因素,来确定争议的合同条款的含义。整体解释实际上就是从整个合同的全部内容上理解、分析和说明争议条款的内容和含义。整体解释要求合同解释不能局限于合同的字面含义,也不应当仅仅考虑合同条款包含的内容,更不能断章取义,即将合同的只言片语作为当事人的真实意图。如果合同中的数个条款相互冲突,应当将这些条款综合在一起,根据合同的性质、订约目的等来考虑当事人的意图,尤其是当事人在合同中所使用的语言文字必须联系起来考察。运用整体解释,应遵循借助整体来理解个别、特别约定优先于普通约定、手写条款优先于印刷条款、明示其一即排斥其他等规则。如有法院认为:涉案购住房权转让协议第八条约定"本协议经甲乙双方及公证人签字后生效",关于该条款中"公证人"的理解问题,上诉人主张,应理解为到公证机关由公证人签字对协议进行公证。但是,合同中并无到公证机关办理公证的其他约定,结合合同落款处的"甲方:杨迎秋,乙方:李克东,公证人:齐某甲、王某",原审认定协议中约定的"公证人"系指证明人并无不当。上诉人关于涉案购住房权转让协议未经公证人签字因而合同未成立的上诉理由不成立。[1]

目的解释是指解释合同时,如果合同所使用的文字或者某个条款可能作两种解释时,应采取最适合于合同目的的解释。[2] 当事人订立合同都要追求一定的目的,目的解释在合同解释中具有重要地位。合同目的是理解合同具体内容的指南。在依文义解释不能确定意思表示内容的准确含义,运用其他解释方法又得出复数结论时,应采其中最符合合同目的的结论。尤其是当其中一个结论为合同无效或无意义,而另一结论为合同有效或有意义时,应采用合同有效或有意义的结论,因为实施无效或无意义的行为,显然不符合当事人的目的。此为"有效意思优先"规则,即意思表示有两种以上解释的,使意思表示有效的解释优先于使意思表示无效的解释。在对合同进行解释时,还需考虑行为的性质,而行为的性质在合同解释中具有如下意义:其一,行为的性质可作为认定合同目的之依据。如

---

〔1〕 参见李克东与杨迎秋、杨明军房屋买卖合同纠纷,日照市中级人民法院(2015)日民一终字第384号二审民事判决书。

〔2〕 参见梁慧星:《民法学说判例与立法研究》(第2册),国家行政学院出版社1999年版,第262页。

买卖合同的目的就是买受人取得标的物所有权、出卖人取得价款，此由买卖行为的性质即可获知。如有法院认为：外运公司根据协议约定承担的合同义务是占有并保管质物，届时返还质物，享有的权利是收取保管费。这种权利义务具有保管合同的法律特征。依据《合同法》第 125 条之规定，原审法院据此认定外运公司与安阳工行之间已形成保管合同法律关系，并无不当。外运公司认为其与安阳工行系代理关系而非保管合同关系的上诉理由不能成立。[1] 其二，作为有偿行为、无偿行为区分解释的依据。一般而言，无偿行为当事人的义务和责任在解释上应轻于有偿行为的当事人。

习惯解释是指合同所使用的文字词句有疑义时，应当参照当事人的习惯加以解释。在习惯解释中，所谓习惯是指当事人所知悉或实践的生活和交易习惯。合同乃是一种交易工具，所以在解释合同时通常应当根据交易习惯来解释当事人的意思。所谓交易习惯，其一是指在交易行为当地或者某一领域、某一行业通常采用并为交易对方订立合同时所知道或者应当知道的做法。判断某种做法是否属于此类交易习惯需要两个要件：一个是客观要件，即"在交易行为当地或者某一领域、某一行业通常采用"，这体现了交易习惯的地域性和行业性的特点；另一个是主观要件，即"为交易对方订立合同时所知道或者应当知道"。其二是指当事人双方经常使用的习惯做法。一方面，当事人双方的实际履行行为直接表明了对合同含义的真实理解，所以，如果当事人双方经常使用某种习惯做法，就可以公平地认为该种习惯做法构成了理解和解释当事人双方表达及行为的共同基础，应当认定为交易习惯；另一方面，交易习惯一经确立，当事人就会出于对该交易习惯的信赖进行承诺，履行附随义务和理解合同内容，在对合同进行解释时应当保护这种信赖。

诚信解释是指解释合同应遵循诚实信用原则。诚实信用原则可以发挥修正当事人主观意图的作用，对合同条款及用语的解释作出规范性修正。要求法院和仲裁机构应将自己作为一个诚实守信的当事人来判断、理解合同内容和条款的含义，即如果当事人在合同中对相关事项约定不明，则应当按照一个诚实守信的人所应当作出的理智选择进行解释。法院或仲裁机构在依据诚实信用原则解释合同时，需要平衡当事人双方的利益，公平合理地确定合同内容。具体应遵循如下规则：其一，如果当事人对合同的履行时间、地点等约定不明确，则应当作出有利于债务履行的解释；其二，对债务人的义务应当作减轻的解释；第三，从诚信原则出发，应当认定当事人有相互协作的义务；第四，诚实信用原则还可以用来填

---

〔1〕 参见中国工商银行股份有限公司安阳分行与中国外运河南公司保管合同纠纷，河南省高级人民法院（2015）豫法民二终字第 126 号二审民事判决书。

补合同漏洞，即在合同存在漏洞的情况下，法院或仲裁机构要考虑作为一个合理的、诚实守信的当事人，应当如何做出履行，或者如何做出意思表示，以此来填补合同的漏洞。[1]

前述各种合同解释方法，并不具有并列关系。在不同解释方法下，可能得出不同的结果。合同解释的目的在于探求当事人的真意。因此，依据合同目的解释得出的结果是决定合同条款内容的最终依据。文义解释、整体解释、习惯解释等方法，可以印证合同目的解释的结果，如果与目的解释不一致，则应当以后者为准。[2]

《民法典》第 466 条第 2 款规定："合同文本采用两种以上文字订立并约定具有同等效力的，对各文本使用的词句推定具有相同含义。各文本使用的词句不一致的，应当根据合同的相关条款、性质、目的以及诚信原则等予以解释。"本款的适用情形是"合同文本采用两种以上文字"，在满足采用"两种以上文字"订立合同并约定具有同等效力时，推定各文本使用的词句具有相同含义。如果当事人虽然采用两种以上文字订立合同，但明确约定何种文字具有解释上的优先性，则应当按照当事人的约定来确定文本理解的顺序。依据本款后句，各文本使用的词句不一致的，应当根据合同的相关条款、性质、目的以及诚信原则等予以解释。即确立了各文本使用的词句不一致时，需要运用体系解释、目的解释和诚信解释等解释方法，来确定文本的具体含义。

## 第三节　格式条款的解释

《民法典》第 496 条确立了提供格式条款的一方负有遵循公平原则、提请注意或说明的义务，第 497 条对格式条款无效的情形作出了明确规定。在这些规定基础上，《民法典》第 498 条针对格式条款的解释作出了特别规定，且该特别规定在法律适用上应当优先于《民法典》第 466 条关于合同解释的一般规定。具体来看，《民法典》第 498 条确立了格式条款解释的三条规则：

### 一、通常解释规则

通常解释又称为客观解释，是指以社会大众中可能订约者平均、合理的理解对格式条款作出解释。格式条款往往适用于广大消费者，当条款内容无法确定需

〔1〕 参见王利明主编：《中国民法典释评：合同编·通则》，中国人民大学出版社 2020 年版，第 30 页。

〔2〕 参见崔建远：《合同解释论：规范、学说与案例的交互思考》，中国人民大学出版社 2020 年版，第 215~216 页。

要解释时，个案的特殊情况原则上不予考虑，需以通常一般人的了解可能性为解释标准。具体包括四个方面：①格式条款的解释不应仅以条款制作人的理解进行解释，而更应以一般人的理解进行解释；②对某些特殊的术语应作出平常的、通常的、通俗的、日常的、一般意义的解释；③若在格式条款经过长期使用以后，消费者对其中某些用语的理解，与条款制作人制定条款的理解有所不同，则应以交易时消费者的理解为标准进行解释。④在某些情况下，应根据其适用的不同地域、不同职业团体的可能缔约者的一般理解来解释合同。[1]

## 二、不利于格式条款使用人的解释规则

不利于格式条款使用人的解释规则，是指对格式条款有两种以上理解时，应当选择最有利于格式条款接受方的解释。这一解释规则的合理性在于：一方面，格式条款是由提供方拟定的，作为格式条款提供方应当对格式条款的多义性负责，而格式条款接受方没有参与格式条款的制定，不具有可归责性；另一方面，既然格式条款是由一方制定的而不是双方商定的，尤其是条款制作人可能会故意使用或插入意义不明确的文字以损害消费者的利益，或者从维持甚至强化其经济上的优势地位出发，将不合理的解释强加于消费者，故为维护消费者的利益，在条款含义不清晰时，对条款制作人作不利的解释。[2]

## 三、非格式条款优先规则

非格式条款优先规则，是指当格式条款与经过个别协商而达成一致的非格式条款存在分歧时，应当以个别协商的非格式条款为准。非格式条款优先规则已经成为国际上普遍采用的规则。这一解释规则的合理性在于个别协商的非格式条款是建立在双方当事人的意思自治基础上的，非格式条款优先既尊重了当事人的真实意思，也有利于保护广大消费者的利益。

### ■思考题

1. 合同解释的含义和目的是什么？
2. 合同解释主要有哪些方法？
3. 如何理解各种合同解释方法的适用要点。
4. 格式条款解释有哪些特殊规则？

### ■参考资料

1. 崔建远：《合同解释论：规范、学说与案例的交互思考》，中国人民大学出版社 2020

---

〔1〕　参见王利明：《合同法研究（第一卷）》，中国人民大学出版社 2015 年版，第 424 页。
〔2〕　参见朱广新、谢鸿飞主编：《民法典评注：合同编·通则（1）》，中国法制出版社 2020 年版，第 270 页。

年版。

2. 李宇:《民法总则要义：规范释论与判解集注》，法律出版社 2017 年版。

3. 黄茂荣:《法学方法与现代民法》，法律出版社 2007 年版。

4. 杨仁寿:《法学方法论》，中国政法大学出版社 2013 年版。

5. 梁慧星:《民法解释学》，法律出版社 2015 年版。

# 第五章　合同的履行

### ■ 学习目的和要求

　　合同的效力主要解决合同生效以后将发生哪些具体效力的问题，这一效力在静态方面表现为合同当事人的权利与义务，而在动态方面则体现为债务人的履行义务。合同的履行在《民法典》合同编中居于核心地位，因为正是履行构成了实现合同目的的最主要原因。通过本章的学习，了解合同履行的含义及其与给付、清偿的关系；理解并掌握合同履行的原则与规则；重点掌握合同履行中的情势变更制度、涉他合同及合同履行中的抗辩权等内容。

## 第一节　合同履行概述

　　合同的履行是指为了实现合同目的，债务人完成合同义务的行为，该行为包括作为和不作为。如交付约定的标的物、提交约定的工作成果、不泄露对方的商业秘密等。履行具有双重意义，有时指履行行为，有时指履行效果。有的合同，仅有履行行为即可实现其目的，有的合同在履行行为之外还需有履行效果才能实现其目的。如在雇佣合同中，受雇人只要以善良管理人的注意提供劳务，就履行了合同义务，即使雇佣人期待的结果未发生，雇佣人也可请求支付报酬。但是，在承揽合同中，承揽人不仅要提供劳务，而且必须完成约定的工作，否则就是未善尽履行义务，因此，在承揽人工作期间，若承揽物因不可归责于承揽人的事由而毁损灭失，则承揽人不得请求支付报酬。买卖、赠与、租赁等合同均以履行效果为内容，因而出卖人、赠与人或出租人已寄送标的物，虽完成了履行行为，但该物若在途中因意外事故灭失，则不发生履行效果，那么，当事人均未能依债的本旨清偿其债务，从而不得行使对待给付请求权。

　　有观点认为，合同履行是指债务人全面地、适当地完成其合同义务，债权人的合同债权得到完全实现。[1] 这种观点有一定道理。由于要求债务人依债的本旨进行履行进而使债权人的债权实现，这是当事人创设合同关系的根本目的，也是合同履行的常态，只不过并非履行都能引起清偿的结果，导致债的消灭，因此，该观点限缩了履行概念的外延。而且，若采取此种观点，任何不符合法定或约定的履行都不能称为履行，这与我国立法中和理论上采纳"不履行合同义务""履行合同义务不符合约定""不能履行"等概念也不相协调。

总体而言，履行与给付差异较小，但履行与清偿则存在着一定差异。若将履行界定为债务人的行为，则清偿就是指"债务人按照债务本旨而实现债务内容之给付，以此使债权人实现获得一定财产的目的，并消灭债权。"[2] 可见，履行强调的是债务人的行为，而清偿则强调债务人的此种履行是依债的本质作出而满足债权人的目的之行为。履行未必能够产生清偿的效果，其只有依债的本质作出并使债权得到实现，才能够构成清偿。履行不一定可以导致合同关系消灭，清偿则是合同关系消灭的重要原因。

## 第二节　合同履行的原则

合同履行的原则是指债务人履行合同债务时应遵守的基本准则。一般而言，它仅指那些适用于合同履行阶段的基本准则。由于合同法的基本原则效力贯穿于合同法始终，合同当事人在合同履行过程中亦应遵守合同法的基本原则。本节主要对合同履行中应当遵循的特殊原则进行介绍。考虑到作为合同法基本原则的诚实信用原则对合同的履行尤其具有重要意义，故此处也对诚实信用原则进行阐述。

### 一、诚实信用原则

规范债权行使与履行债务，是诚实信用原则的重要功能之一。根据诚实信用原则的要求，当事人履行合同首先应遵守根据该原则派生的附随义务。对此，《民法典》第 509 条第 2 款规定："当事人应当遵循诚信原则，根据合同的性质、目的和交易习惯履行通知、协助、保密等义务。"若当事人不履行此等附随义务，可能要承担不完全给付的债务不履行责任。而且，当事人在行使债权或履行债务时，即便无法由诚实信用原则派生出某种具体的附随义务类型，也应遵守该原则。详言之：

---

〔1〕 参见崔建远主编：《合同法》，法律出版社 2016 年版，第 87 页。

〔2〕 〔日〕於保不二雄：《日本民法债权总论》，五南图书出版公司 1998 年版，第 329 页。

（一）履行的标的物

1. 一部清偿。债务人无一部清偿的权利，但如债务人非分次清偿则相当不便，且分次清偿无害于债权人利益时，债权人不得拒绝债务人的分期清偿或缓期清偿。

2. 给付物些微瑕疵。如合同约定交付某种类物，而债务人的标的物存在质量差异，但此差异并未超出合同约定的范围，或者债务人提出的给付固然具有瑕疵，但瑕疵极小，那么，债权人若以此为由要求解除合同，则违反诚实信用原则。

3. 种类之债的变更。基于特殊原因，债务人不能交付业已特定化的约定标的物，而债务人提出交付同种类、品质、质量的替代物品并不给债权人造成损害时，债权人不得无故拒绝。

（二）履行时间

1. 未约定履行时间。合同中未约定履行时间，债权人或债务人可随时请求履行或提出履行，但须给对方必要的准备时间；若债务人突然履行，债权人拒绝受领的，不构成受领迟延；若债权人突然请求履行，债务人不履行的，不构成履行迟延。

2. 未约定履行时刻。合同订有履行期限但未约定履行的具体时间，债务人选择具体履行时间时应遵循诚实信用原则，如须在营业时间内履行，而不得乘对方关店时交货。

3. 提前履行。债务人一般应在履行期届至时履行义务，如有正当理由需提前履行且不给债权人造成损害的，债权人不得无故拒绝。

4. 履行些微迟延。债务人履行时间些微迟延，如仅迟延10分钟，且未造成债权人损害，债权人拒绝受领，则违反诚实信用原则。

（三）履行地点

合同未约定履行地点或约定不明确，债务人应依《民法典》第511条确定履行地点，此外，债务人还应根据诚实信用原则要求，在符合债权人利益或便于债权人接受的地点履行。

（四）履行方法

如合同约定交货方式为代办托运，存在数种运输方式或路线可供选择时，债务人应选择对债权人最为有利的运输方式或路线。再如，甲欠乙10万元，甲全部以一角的硬币偿还，给乙造成相当不便，此举便违反诚实信用原则。试用买卖是以满意为延缓条件的买卖合同，"试用"即应根据诚实信用原则进行。凡在法条中，有"合理期限""正当理由""合理确定""及时"等，均需依据诚实信用原则作出履行。

（五）履行数量

债务人给付的数量不足但差额甚小，且未给债权人造成明显的损害，而债权人拒绝受领造成损害甚大，即违反诚实信用原则。

**二、适当履行原则**

适当履行原则是指当事人应依合同约定的标的、质量、数量，由适当主体在适当的期限、地点，以适当的方式，全面完成合同义务的原则。《民法典》第509条第1款规定："当事人应当按照约定全面履行自己的义务。"该条体现了适当履行原则的要求。

适当履行原则主要表现为：①履行主体适当。即当事人原则上必须亲自履行合同义务或接受履行，不得擅自转让合同义务或合同权利，从而让其他人代为履行或接受履行。②履行标的物及其数量和质量适当。即当事人必须按合同约定的标的物履行义务，而且还应依合同约定的数量和质量来给付标的物。③履行期限适当。即当事人必须依照合同约定的时间来履行合同，债务人不得迟延履行，债权人不得迟延受领；如果合同未约定履行时间，则双方当事人可随时提出或要求履行，但必须给对方必要的准备时间。④履行地点适当。即当事人必须严格依照合同约定的地点来履行合同。⑤履行方式适当。履行方式包括标的物的履行方式以及价款或酬金的履行方式，当事人必须严格依照合同约定的方式履行合同。

**三、经济合理原则**

经济合理原则是指在合同履行过程中，应讲求经济效益，以最少的成本取得最佳的合同效益。在市场经济社会中，交易主体都是理性的追求自身利益最大化的主体，因此，如何以最少的履约成本完成交易过程，一直都是合同当事人所追求的目标。

在合同履行的过程中，交易主体应遵守经济合理原则，一向为我国立法所认可。如《纺织品、针织品、服装购销合同暂行办法》规定，供需双方应商定选择最快、最合理的运输方法；《仓储保管合同实施细则》规定，及时处理临近失效期或有异状的货物；《农副产品购销合同条例》规定，农副产品因受气候影响早熟或晚熟，交货日期经当事人协商可适当提前或推迟。这些规定都体现了经济合理原则的要求。

**四、协作履行原则**

协作履行原则是指在合同履行过程中，双方当事人应互助合作共同完成合同义务的原则。合同是双方民事法律行为，不仅仅是债务人一方的事情，债务人实施给付，需要债权人积极配合受领给付，才能达到合同目的。由于在合同履行的过程中，债务人比债权人应更多的受诚实信用、适当履行等原则约束，因此，协作履行往往是对债权人所提出的要求。

协作履行原则同样是诚实信用原则在合同履行方面的具体体现。协作履行原则主要有以下具体要求：①债务人履行合同债务时，债权人应适当受领给付；②债务人履行合同债务时，债权人应创造必要条件、提供方便；③债务人因故不能履行或不能完全履行合同义务时，债权人应积极采取措施防止损失扩大，否则，应就扩大的损失自负其责。

**五、环境保护原则**

《民法典》第9条规定了环境保护原则。这是以民事法为工具，推动环保政策的制度规划。[1] 据此，我国《民法典》成为一部兼顾环境保护要求的更具多元价值的社会化民法典，在追求个人关系的私本位关系合理的同时，应当兼顾个人利益与自然生态利益的关系和谐。该原则考虑的重点是共同体的利益对私人自由意志的限制。

环境保护原则在《民法典》中有诸多具体表现，如《民法典》第558条、第625条规定的回收义务等。《民法典》第509条第3款规定："当事人在履行合同过程中，应当避免浪费资源、污染环境和破坏生态。"该条为环境保护原则在合同履行阶段的体现或要求。如合同当事人设计产品和包装物，应当考虑其在生命周期中对人类健康和环境的影响，优先选择无毒、无害、易于降解或者便于回收利用的方案。作为出卖人的企业对产品的包装应当合理，包装的材质、结构和成本应当与内装产品的质量、规格和成本相适应，减少包装性废物的产生，不得进行过度包装。

## 第三节　合同履行的规则

合同履行期限届满以后，债务人应当根据合同的具体内容和合同履行的基本原则实施履行行为。债务人在履行过程中，应当遵守以下合同履行的基本规则：

**一、履行主体**

合同的履行主体包括双方当事人，即债务人和债权人。合同债务全面适当履行的实现，不仅依赖于债务人履行债务的行为，而且还依赖于债权人受领履行的行为。除法律规定、当事人约定以及性质上必须由债务人本人履行的债务外，履行也可以由债务人的代理人进行。不过，代理只有在履行行为是民事法律行为时方可适用。同样，在上述情况下，债权人的代理人也可以代为受领。

还要注意的是，在某些情况下，合同可由上述代理人之外的第三人履行，因而该第三人也可以成为履行主体。《民法典》第524条规定："债务人不履行债

---

〔1〕　参见黄茂荣："民法总则基本规定概论"，载《法治研究》2018年第1期。

务，第三人对履行该债务具有合法利益的，第三人有权向债权人代为履行；但是，根据债务性质、按照当事人约定或者依照法律规定只能由债务人履行的除外。债权人接受第三人履行后，其对债务人的债权转让给第三人，但是债务人和第三人另有约定的除外。"据此，第三人履行的条件包括：债务人不履行债务、第三人对履行该债务具有合法利益、不存在着只能由债务人履行的情形。其中，根据债务性质只能由债务人履行的债务，是指专属给付，它包括：①不作为债务。②注重债务人本人性质、技能、技术等与人身不可分离之要素的债务，又可分为绝对一身专属给付和相对一身专属给付，前者如著名影星的演出，此种情形根本不存在由第三人履行的可能；后者如律师受委托代理案件，此种情形在未取得债权人同意时，原则上不得由第三人履行。[1] 在第三人履行后，发生第三人取得债权人对债务人的债权的法律效果。

**二、履行标的**

履行标的是合同债务人必须实施的特定行为，它是合同的核心内容，也是合同当事人订立合同的目的所在。合同的标的不同，合同的类型就不同。如果当事人不按照合同的标的履行合同，合同利益将无法实现。因此，必须严格按照合同的标的履行合同就成为合同履行的一项基本原则。合同标的的质量和数量是衡量合同标的的基本指标，按照合同标的履行合同，即在标的的质量和数量上必须严格遵守合同约定。

如果合同对标的的质量没有约定或者约定不明确的，当事人可以补充协议，协议不成的，按照合同有关条款、合同性质、合同目的或者交易习惯来确定。如果仍然无法确定的，按照强制性国家标准履行；没有强制性国家标准的，按照推荐性国家标准履行；没有推荐性国家标准的，按照行业标准履行；没有国家标准、行业标准的，则按照通常标准或者符合合同目的的特定标准履行。

在标的数量上，全面履行原则的基本要求是全部履行，而不应当部分履行，但在不损害债权人利益的前提下，也应允许部分履行。《民法典》第531条规定："债权人可以拒绝债务人部分履行债务，但是部分履行不损害债权人利益的除外。债务人部分履行债务给债权人增加的费用，由债务人负担。"这在一定程度上体现了经济合理原则和诚实信用原则的要求。

**三、履行地点**

履行地点是债务人履行债务、债权人受领给付的地点，履行地点直接关系到履行的费用和时间。在国际经济交往中，履行地点往往是纠纷发生后用来确定适用的法律的根据。

---

〔1〕 参见朱广新：《合同法总则研究》（下册），中国人民大学出版社2018年版，第402页。

如果合同中明确约定了履行地点的，债务人就应当在该地点向债权人履行债务，债权人应当在该履行地点接受债务人的履行行为。如果合同对履行地点约定不明确的，双方当事人可以协议补充；如果不能达成补充协议的，则按照合同相关条款或者交易习惯确定。如果履行地点仍然无法确定的，则根据标的的不同情况确定不同的履行地点：合同约定给付货币的，则在接受货币一方所在地履行；合同约定交付不动产的，则在不动产所在地履行；合同约定交付其他标的的，就在履行义务一方所在地履行。

**四、履行方式**

履行方式是合同双方当事人约定以何种形式来履行义务。合同的履行方式主要包括运输方式、交货方式、结算方式等。履行方式由法律规定或者合同约定或者是根据合同的性质来确定，不同性质、内容的合同有不同的履行方式。

根据合同履行的基本要求，在履行方式上，履行义务人必须首先按照合同约定的方式进行履行。如果约定不明确的，当事人可以协议补充；协议不成的，可以根据合同的有关条款和交易习惯来确定；如果仍然无法确定的，则按照有利于实现合同目的的方式履行。

**五、价款或者报酬**

价款或者报酬是指合同的当事人一方取得合同标的物时向另一方支付的代价。所有的有偿合同都必须具备价款或者报酬的条款。取得标的的当事人必须严格按照合同的约定向另一方支付该标的的价款或者报酬。

价款或者报酬不明确的，应当按照合同的有关条款、合同性质、合同目的或者交易习惯确定，如果还无法确定的，应当按照订立合同时履行地的市场价格履行；依法应当执行政府定价或者政府指导价的，按照规定履行。此外，《民法典》第513条规定，"执行政府定价或者政府指导价的，在合同约定的交付期限内政府价格调整时，按照交付时的价格计价。逾期交付标的物的，遇价格上涨时，按照原价格执行；价格下降时，按照新价格执行。逾期提取标的物或者逾期付款的，遇价格上涨时，按照新价格执行；价格下降时，按照原价格执行。"

**六、履行期限**

合同履行的期限是指债务人履行合同义务和债权人接受履行行为的时间。合同的履行期限一般应当在合同中予以约定，当事人须在该履行期限内履行债务。如果当事人不在该履行期限内履行，则可能构成迟延履行而应当承担违约责任。

履行期限不明确的，双方当事人可以协议补充。如果不能达成补充协议的，应当根据合同的相关条款或者交易习惯来确定。如果还无法确定的，债务人可以随时履行，债权人也可以随时要求履行，但应当给对方必要的准备时间。这是合同履行原则中诚实信用原则的体现。

不按履行期限履行，有两种情形：迟延履行和提前履行。在履行期限届满后履行合同为迟延履行，当事人应承担迟延履行责任，此为违约责任的一种形态。在履行期限届满前所为之履行为提前履行，提前履行不一定构成不适当履行。我国《民法典》第530条规定，债权人可以拒绝债务人提前履行，但提前履行不损害债权人利益的除外；债务人提前履行给债权人增加的费用，由债务人负担。该规定体现了合同履行经济合理原则和诚信原则的要求。

为适应信息社会的发展，《民法典》第512条规定："通过互联网等信息网络订立的电子合同的标的为交付商品并采用快递物流方式交付的，收货人的签收时间为交付时间。电子合同的标的为提供服务的，生成的电子凭证或者实物凭证中载明的时间为提供服务时间；前述凭证没有载明时间或者载明时间与实际提供服务时间不一致的，以实际提供服务的时间为准。电子合同的标的物为采用在线传输方式交付的，合同标的物进入对方当事人指定的特定系统且能够检索识别的时间为交付时间。电子合同当事人对交付商品或者提供服务的方式、时间另有约定的，按照其约定。"这是《民法典》对电子合同标的的交付时间作出的规定。

**七、履行费用**

履行费用是指债务人履行合同所支出的费用。

如果合同中约定了履行费用，则当事人应当按照合同的约定负担费用。如果合同没有约定履行费用或者约定不明确的，则按照合同的有关条款、合同性质、合同目的或者交易习惯确定；如果仍然无法确定的，则由履行义务一方负担。因债权人原因增加的履行费用，由债权人负担。如债权人变更住所而导致履行费用增加的，由债权人负担该增加的费用。

## 第四节　情势变更制度

### 一、情势变更制度的概念

任何合同在缔结之际，无论其当事人是否意识到，都是以当时存在的法秩序、经济秩序、货币的特定购买力、通常的交易条件等客观事实为前提的，这些交易条件便是所谓"情势"。若合同成立后，这些"情势"发生了急剧变化，合同当事人是否仍应受原合同的拘束？若不受拘束，则其要件是什么？不受拘束有何具体表现？这些是"情势变更制度"所要解决的问题。《民法典》第533条确立了该制度。根据该条规定，情势变更制度是指合同依法成立以后，由于非归因于双方当事人的原因发生情势变更，仍维持合同的效力显失公平或者不能实现合同目的，受不利影响的一方当事人可以请求法院或仲裁机关予以变更或解除合同的制度。

从历史上看，罗马法奉行"契约必须严守"的原则，坚持纯粹形式主义的合同概念。根据罗马法，双方当事人达成合意即可发生所追求的法律效果，至于合意基于何种情势或前提、其内容是否公平均在所不问。合意达成以后，纵使发生订约时无法预料的经济、社会的重大变化，为维护既存的权利义务关系，当事人仍应忠于契约。因此，情势变更制度在罗马法上无由确立。与之不同，日耳曼法上曾规定，若一处女或妇女于订婚时患癫病或发狂或两眼失明时，他方得解除婚约。该规定可视为情势变更制度的表现。罗马法复兴后，12~13世纪注释法学派的著作《优帝法学阶梯注解》中确立了一项法律原则，其假定每一个合同都包含一个默示条款：合同订立以后，合同订立时的客观情况应继续存在，一旦此情况不存在，应准予变更、解除合同。该条款被称为"情势不变条款"。16、17世纪，自然法思想居于支配地位，情势不变条款得到广泛应用。18世纪后期，由于情势不变条款适用过于广泛以致被滥用，有损于法律秩序的安定，遂受到严厉的批评并逐渐为法学家、立法者所摒弃。19世纪初，历史法学派兴起，极力贬低自然法思想的价值，后起的分析法学派强调实证法，主张形式正义，重视契约严守原则以及法秩序的安定，情势不变条款愈丧失其重要性。在20世纪以前，虽然它曾为一些法典规定为正式条文，但并未给各国民事立法造成重大影响。

进入20世纪以后，人类历史上发生了三次巨大的事变，即第一次和第二次世界大战以及1929年爆发的席卷整个资本主义世界的大经济危机，这些事件使交通被破坏、厂房被炸毁、物价暴涨、货币严重贬值、市场行情发生了巨大的变化，致使许多合同无法依约履行。如果仍然固守契约必须严守的原则就有悖于公平正义观念。在此背景下，学者们借鉴了历史上情势不变条款理论，提出了关于情势变更制度的诸种学说，法院遂采纳之作为裁判的依据，该原则逐渐在各国普遍确立。我国立法对情势变更制度的态度极其审慎，即便《最高人民法院关于适用〈中华人民共和国合同法〉若干问题的解释（二）》确立了该原则，2009年4月27日《关于正确适用〈中华人民共和国合同法〉若干问题的解释（二）服务党和国家的工作大局的通知》中也要求各级法院务必正确理解、慎重适用，如果根据案件的特殊情况，确需在个案中适用的，应当由高级人民法院审核，必要时应报请最高人民法院审核。

**二、情势变更制度的理论依据**

对情势变更制度的理论依据，在学界存在着不同观点，大致有以下四种学说：

1. 约款说。该说认为，情势变更制度是基于当事人意思的一种约款。至于此约款的性质为何，又有两种观点：其一，前提说或先决条件说。此说为德国学者温德夏德所提倡。依其所信，合同订立时的情势即前提，是意思表示的附款，且尚未至条件的程度。意思表示的内容仅在某种状态继续存在或存在之际，始发生法律上的效力。质言之，若此种状态不存在，则意思表示的内容不能发生效力。其二，默示条款说。英国法官罗瑞邦认为，当事人所为的法律行为，必然以某种事实状态的继续存在为基础。这一事实状态的继续存在，虽未由当事人明定于合同，但在法律性质上，是当事人对法律行为效力的一种默示条款。约款说以当事人的意思作为立论基础，易与民事法律行为的要件、意思表示错误相混淆，且情势变更制度的适用以情势变更是订约时当事人不可预见为条件，而约款说显然认为当事人已预见未来可能发生情势变更，故不足采。英国法院1956年已废止默示条款说。

2. 相互性说。德国法学家柯克曼认为，情势变更制度基于双务合同的相互性，故具有下列情形之一，即可适用情势变更制度：①对待给付极不确实；②一方的给付价值不变，但其对待给付却极困难，则此一困难之给付为不可期待；③其他法定情形。该说并未指出究竟是采取主观标准还是客观标准来判断相互性。"若以当事人之主观为认定标准，则不啻将当事人之意思介入，而发生意思介入，致生意思解释问题，与约款说有同弊；反之，若以客观为认定标准，则债务人又得随时以价格不相当而无相互性请求解除契约，其不当亦明。"[1]

3. 法律制度说。该说认为情势变更制度，是对无辜当事人因遭遇不可预见的剧变情势，以致受到不公平待遇时，法律所给予的救济措施，是法律所规定的制度。该说的缺点在于未能深入情势变更制度的内部，发掘其真正的法理基础，有失肤浅；而且，相当多的国家或地区的立法并未建立该制度，因此还不能称之为法律制度。

4. 诚实信用原则说。该说认为，情势变更制度是诚实信用原则的具体体现。当事人在订立合同后，由于出现了订约时不可预见的情势，若继续履行合同，将导致当事人利益严重失衡的后果，有违诚实信用原则，因此，应允许当事人对原合同关系加以调整。该说为我国大陆、台湾地区的通说。

### 三、情势变更制度的适用要件

（一）出现了情势变更的客观事实

情势是指作为合同赖以成立的基础或环境的客观事实，其可以是经济事实，亦可以是非经济事实。前者如物价或币值的变动，后者如和平状态、交通状态以及人的自然生存状态等。变更是指上述情势在客观上发生异常或重大的变化。若一方当事人主观上认为情势有所变化，则不一定构成"变更"。至于变更的情

---

[1]　参见林诚二：《民法理论与问题研究》，中国政法大学出版社2000年版，第23页。

况，是人或物、自然的或人为的、永久的或暂时的、一般的或局部的、剧变的或缓变的，则在所不问。

（二）情势变更的事实发生于合同依法成立以后，履行完毕以前

如果情势变更的事实在订约前发生，则合同是在已发生变化的客观情况基础上订立的，无适用情势变更制度的必要。如果在订约时已发生情势变更，那么受不利影响的当事人仍以变化前的客观情况为基础订约，则表明其自愿承担风险与不利后果，因此，无必要加以保护。如果在合同履行完毕后发生情势变更，则因合同关系已消灭，对双方的利益不产生任何影响，也没有必要适用情势变更制度。合同订立后发生了情势变更，但在履行完毕前，变更的情势已恢复原状的，因该情势变更对合同的法律效果已无影响，从而也无所谓显失公平的问题，故也不得适用情势变更制度。

（三）情势变更是订约时当事人不可预见的

当事人在订约时，未预先料到将来有何情势变更会发生。如果订约时当事人预见将来要发生情势变更，而当事人仍以现在的客观情况为基础订约，则表明当事人愿意承担风险，应使当事人自负后果，不应适用情势变更制度。如果当事人应当预见将要发生情势变更而未预见，则说明其主观上有过错或者具有错误，此种情形，要么由当事人自行负责，要么允许当事人行使撤销权以资保护，也不应适用情势变更制度。若一方当事人预见而另一方当事人未预见，且后者并无过失或错误，则因已预见的当事人常常会乘相对人未预见而期冀获得不当得利，故该未预见的相对人可以主张适用情势变更制度。

（四）情势变更的发生不可归责于双方当事人

不可归责于当事人表明当事人主观上没有过错，对情势变更的发生无法预见也无法克服。如果因可归责于当事人的事由发生情势变更，则当事人应自负其责。值得注意的是，这里的"不可归责于双方当事人"的范围应有所限缩。不可归责于双方当事人的事由就是"事变"。事变，可分为绝对事变（特别事变）与相对事变（通常事变或普通事变）。前者就是不可抗力；后者是指事变的发生虽不是当事人的过错，但也不是绝对不可阻止，如合同标的物为第三人毁损，致使履行困难。传统大陆法系民法理论认为，虽然事变不可归责于当事人，但并非因事变所导致的一切情势变更，均可适用情势变更制度，只有因山洪、地震、政变、瘟疫等绝对事变导致情势变更，才能适用情势变更制度。因为情势变更制度旨在排除不公平结果，且必须在法律上没有其他救济手段时才能适用，而在相对事变的情况下，债务人往往还有救济方法，如债务人请求损害标的物的第三人承担损害赔偿责任，没必要适用情势变更制度。

我国《民法典》合同编中违约损害赔偿责任的归责原则主要采取严格责任

原则，相较于大陆法系传统的过错责任的违约损害赔偿归责原则，显然扩大了债务人应负责事由的范围。也就是说，债务人除了应就过错负责外，还应就通常事变负责，即在通常事变的场合，发生违约责任的问题。因此，在我国更宜认为，并非一切因不可归责于双方当事人的事由导致情势变更，都可适用情势变更制度，而是只有因绝对事变导致情势变更，才能适用情势变更制度。

（五）因情势变更使原合同的履行显失公平

这一要件说明：一方面，合同仍能够履行，如果由于出现某种事由如不可抗力使合同不能履行，则不应适用该原则；另一方面，该合同履行显失公平，显失公平是指双方当事人的利益严重失衡，表现为履行过于艰难或必须付出高昂的代价，如果情势变更对双方当事人之间的利益关系影响轻微，则不应适用情势变更制度。

适用显失公平时应注意以下问题：①显失公平固为利益严重失衡，但何谓显失公平，应根据个案情况，参酌当时的社会环境加以判断。②情势变更制度的适用，既可免除一方当事人的损害，又不至于增加另一方当事人的负担。③不公平的事实须存在于合同双方当事人之间，若情势变更仅对第三人产生不公平的结果，不能适用该制度。④显失公平结果的发生，须与情势变更之间具有相当因果关系。⑤判断公平与否的时间，原则上以债务人应履行债务之时为标准，但合同未确定履行时间的，则应以债务人可作出履行而其实际履行之时为标准。

**四、情势变更制度的效力**

由于情势变更制度的根本目的在于矫正当事人之间利益严重失衡的状态，故适用该制度必然要求藉变更甚至解除的方式对原合同作出调整。基于严守"合同约束力"的考虑，应要求当事人首先进行交涉协商，以尽可能地维系原合同关系。《民法典》第533条正是如此。

（一）当事人负有再协商义务

根据《民法典》第533条的规定，符合上述条件，则受不利影响的当事人可以与对方重新协商。此种协商并非一种"结果义务"，而是一种"行为义务"，并不要求当事人最终一定要达成一项新的合同，只要当事人符合诚信地再交涉了，即符合要求。

从立法例来看，《国际商事合同通则》第6.2.3条第1款和《欧洲合同法原则》第6：111条第2款前段均规定，在情势变更后，当事人应进行协商。若当事人不履行再交涉义务，根据《欧洲合同法原则》第6：111条第3款后段的规定，法院可以对因一方当事人悖于诚实信用与公平交易之拒绝磋商或者终止磋商而遭受的损失判予损害赔偿。

**(二) 请求司法机关变更或解除合同**

在大陆法系国家或地区，其传统理论一般未课当事人以再协商义务，而是直接规定受不利影响的当事人可请求法院或者仲裁机构适用情势变更制度，对原合同关系予以调整——变更合同或者解除合同。依《民法典》第 533 条的规定，在合理期限内协商不成的，当事人可以请求人民法院或者仲裁机构变更或者解除合同。

此处变更或解除权均属于实体权利，但以诉讼（仲裁）方法行使为必要，最终是否变更或者解除合同，应由司法机关依诚信原则及公平原则斟酌决定。从内涵上看，变更合同是维持原合同关系，而解除则是消灭原合同关系。因此，基于契约神圣的考虑，法院在适用情势变更制度时，应注意尽量维持原有的合同关系，只有在此一方法确定不能排除不公平结果时，才采取消灭原合同关系的方法。理论上，往往将维持原有合同关系的效力称为第一次效力，而将消灭原有合同关系的效力称为第二次效力。

1. 变更合同。法院或仲裁机关可通过增减履行标的物的数额、变更标的物、将履行期延期或将一次履行变为分次履行、将先履行变为后履行等方式变更原合同的内容，使原合同在公平的基础上得到履行。详言之：

第一，增减给付。增减给付，是指因情势变更致使给付在数量上发生困难，为实现公平目的，而减少或增加原定给付数量。增减给付仅指变更给付的数量，而不能变更给付的种类。增减给付时应兼顾双方当事人的利益，做到不偏不倚，不但应斟酌情势变更对社会经济的影响，而且也应考虑当事人的生活状况。

第二，分期或缓期给付。因情势变更致使债务人给付困难，法院可以斟酌决定由债务人分期或缓期给付。

第三，同种给付的变更。种类之债，无给付不能的问题，债务人可以同种类的他物进行给付。不过，种类之债经一定程序后即成为特定之债，原则上就不得变更。但是，若因情势变更导致该特定给付不能，而变更给付对债权人并无不利的，则债务人可变更给付。

第四，拒绝先为给付。双务合同中，债务人应先为给付的，若因情势变更，致使他方丧失或可能丧失履行能力，则债务人在他方未为对待给付或提供担保前，可拒绝自己的给付。

第五，穷困抗辩。根据《民法典》第 666 条的规定，若因情势变更致使赠与人经济状况恶化，赠与人可以行使穷困抗辩权，不再履行赠与义务。

第六，成立适法的无因管理。如甲擅自用乙所存的款项购买无价值的股票，嗣后情势变更，股票价值飞涨，此时，若仅准许甲请求金钱上损害赔偿，而让乙保存股票，会造成不公平的结果，不妨认为甲乙之间成立适法无因管理，甲有权要求乙交付其所购买的股票。

2. 解除合同。如果采用上述方法不能消除显失公平的后果或当事人一方认为维持原合同关系有悖于缔约目的时，则法院或仲裁机关可以解除合同。

## 第五节　涉他合同

合同的效力可分为对内效力和对外效力，对内效力是指合同仅约束合同当事人，对外效力是指合同效力及于当事人之外的第三人。具有对外效力的合同即为涉他合同。根据合同的效力是使第三人获得利益还是使第三人承受不利，可将涉他合同分为第三人利益合同与第三人负担合同两种类型。

### 一、第三人利益合同

#### （一）第三人利益合同的概念

第三人利益合同，又称为第三人利益订立的合同、利他合同、第三人取得债权的合同或向第三人给付的合同，是指合同当事人约定由一方向合同关系外第三人为给付，该第三人即因之取得直接请求给付权利的合同。在第三人利益合同中，依约应向第三人为给付的一方，为债务人、诺约人或约束人；可请求债务人向第三人为给付的一方，为债权人、要约人或受约人；可请求债务人向自己为给付的主体，为第三人或受益人。第三人利益合同在我国运输业、保险业等行业普遍存在，而其确实具有缩短给付、节约交易成本、增加第三人债权受偿机会等各种重要功能，因此，《民法典》第522条第2款确立了第三人利益合同制度。

第三人利益合同并非一固有的合同类型，在买卖、赠与、租赁等各种普通合同中，当事人均可为第三人利益作出约定，即约定使第三人直接取得请求给付之权，由此成立第三人利益合同。与普通合同相较，第三人利益合同的特质仅在于其内容的一部分，使合同关系外第三人取得债权。可以说第三人利益合同在结构上实为一普通合同并附有一项第三人利益约款，并且正是此项第三人约款的存在改变了合同上给付义务的方向。就第三人利益合同的成立而言，当事人可于订立普通合同的同时即订立第三人利益约款，也可于普通合同订立以后再订立第三人利益约款。

#### （二）第三人利益合同的成立要件

第三人利益合同的成立除要求债权人与债务人之间的基础合同有效成立外，还需具备以下要件：

1. 法律规定或者债权人与债务人约定由债务人向第三人为给付。债务人向第三人所作给付并无限制，作为、不作为均无不可。第三人既可为自然人或非法人组织，也可为法人，第三人也并不限于订约时既有之人，即使将来可产生之人如胎儿或设立中的法人亦无不可。并且不必于订约时确定其人，仅约定可以确定的标准即可。但是，第三人在行使权利时应有权利能力。

2. 第三人可以直接请求债务人履行债务。依大陆法系各国或地区民法关于第三人利益合同的规定或理论通说，当事人除约定向第三人为给付外，还须有使第三人对债务人取得直接请求权的特约，才构成第三人利益合同。《民法典》第522条第2款中规定："法律规定或者当事人约定第三人可以直接请求债务人向其履行债务"，亦明确提出该要件。如果当事人仅约定向第三人给付，而不约定使第三人对债务人取得直接请求给付的权利，不构成第三人利益合同，仅构成不真正的或不纯正的第三人利益合同。

3. 债权人享有请求债务人向第三人给付的权利。在大陆法系各国或地区，虽有少数立法例仅规定第三人享有请求给付的权利，[1] 但大多数国家或地区民法规定债权人也享有请求债务人向第三人给付的权利。[2] 实际上债权人是否享有此项权利正是第三人利益合同与并存的债务承担的区别，第三人利益合同显然需具备此项要件。我国法上也应作相同解释。

（四）第三人利益合同的效力

1. 对第三人的效力。第三人利益合同成立后对第三人发生的一个基本效力就是：该第三人对债务人取得直接请求给付的权利。

第三人权利的取得是否以该第三人作出受益的意思表示为要件，在各国或地区民法上存在差异，由此形成了两种立法例。第一种立法例将受益的表示作为第三人取得权利的要件，即第三人未作出受益表示或作出不受益的表示的，第三人权利不发生。如《日本民法典》第537条第2款的规定。第二种立法例并不将受益表示作为第三人取得权利的要件，受益表示仅具有对已取得的权利予以确定的作用，即第三人利益合同成立之时即为第三人取得权利之时，不过在第三人作出受益表示前，其权利尚处于不确定的薄弱状态，当事人可予以变更或废弃。法国、瑞士及我国台湾地区"民法"皆采此立法例。在这种立法例下，当事人不作出受益的表示反而作出不受益的表示时，第三人应视为自始未取得权利。

在我国，《民法典》第522条第2款规定："第三人未在合理期限内明确拒绝"，与上述两种立法模式均不相同。首先，它不以第三人作出受益的意思表示为要件；其次，它也不使第三人的受益表示发挥强化第三人权利效力的作用，而是规定，只要第三人未在合理期限内明确拒绝，该第三人即取得直接请求给付的权利。

---

〔1〕《法国民法典》第328条第1款、《日本民法典》第537条第1款。

〔2〕《德国民法典》第315条、《瑞士债法》第112条第1款、我国台湾地区"民法"第269条。

2. 对债权人的效力。第三人利益合同对债权人发生的基本效力就是：债权人可以请求债务人向第三人为给付。

由于债权人的债权与第三人的债权均依第三人利益约款而取得，故有学者将两者均称为第三人约款债权，以别于债权人基于基本合同法律关系而得主张的原合同债权。[1] 债权人债权与第三人债权并不相同，第三人可请求债务人向自己为给付，而债权人只能请求债务人向第三人为给付，且这两种债权不是连带债权，但因这两种债权均以对第三人给付为标的，故类似连带债权从而被称为不真正的连带债权。与此相适应，当债务人不履行债务时，虽债权人与第三人均有损害赔偿权，但债权人与第三人的赔偿权在内容上存在差异。第三人可请求债务人赔偿未向自己为给付所生损害，债权人只能请求赔偿因债务人未向第三人为给付致其所生损害。

3. 对债务人的效力。第三人利益合同对债务人发生的基本效力是：债务人负有应第三人请求或债权人请求向第三人为给付的义务。当债权人不履行债务时，应向第三人承担违约责任。如因债务人不向第三人为给付，致债权人受有损害时，则应向债权人承担违约责任。

第三人虽取得独立的权利，但其权利是基于债权人与债务人之间的合同产生的，从而债权人基于合同可对抗债权人的一切抗辩均可对抗第三人。《民法典》第 522 条第 2 款亦明定："债务人对债权人的抗辩，可以向第三人主张。"这一效力包含两方面的要求：①债务人可援引债权人事由对抗第三人。如债权人未向债务人为补偿，债务人即可对第三人行使同时履行抗辩权而拒绝给付。②债务人援引的债权人事由须是由合同所发生，即如果债务人可对抗债权人的事由不是由合同所发生的，则债务人不得以之对抗第三人。如债务人主张与债权人所负债务抵销或对第三人主张债权人已免除其债务，则不得对抗第三人。但是，如果是属于债务人对于第三人的抗辩，则无论其是否基于合同而发生，均可对抗第三人。

### 二、第三人负担合同

#### （一）第三人负担合同的概念

第三人负担合同又称为由第三人给付的合同、担保第三人给付合同，是指合同当事人约定由第三人向债权人履行债务的合同。第三人负担合同是债权人与债务人之间的合同，其当事人是债权人与债务人，第三人非合同当事人。债权人与债务人之间的使第三人负担义务的约定为第三人负担约款，即第三人负担合同实际上是附有第三人负担约款的债权人与债务人之间的合同。

---

〔1〕　参见尹章华："论契约权利义务与第三人之法理关系"，载《保险契约法专论》，文笙书局股份有限公司 1991 年版，第 455~456 页。

第三人负担合同的成立要件较为简单。一般认为，第三人负担合同的成立要件有二：一是债权人与债务人之间存在着合法有效的合同关系；二是该合同附有第三人负担约款，即当事人在合同中为第三人设定义务。

（二）第三人负担合同的效力

对于第三人负担合同的效力需要注意以下问题：

1. 在《民法典》合同编存在着一条重要的原则，即无论何人未得他人承诺不得以合同使其蒙受不利。为了防止合同当事人通过订立合同损害第三人的利益，法律严禁合同当事人在未取得他人同意的情况下随意为他人设定义务。因此，第三人负担合同成立后，第三人并非必然对债权人负担给付义务。第三人是否给付完全由其自主决定，即该第三人既可以作出同意给付的意思表示，也可以作出不同意给付的意思表示。

2. 债务人负有使第三人为给付的义务，若第三人不为给付，债务人即未完成其义务，从而应向债权人承担债务不履行的责任。对此，我国《民法典》第523条规定，"当事人约定由第三人向债权人履行债务，第三人不履行债务或者履行债务不符合约定的，债务人应当向债权人承担违约责任"。该规定说明，第三人负担合同并未违反合同相对性规则。当然，如果当事人约定债务人仅有义务促成第三人向债权人为给付，而债务人已尽合理努力的，则其不承担违约责任。

3. 债务人的责任为损害赔偿责任，而非代为履行责任。无论债务人是否有清偿能力，债权人均不得请求其代为履行。但是，如果所约定的第三人给付非属于专属性债务，债务人于第三人不为给付时代为履行以免除赔偿责任的，债权人不得拒绝受领。

## 第六节　合同履行中的抗辩权

抗辩权，又称异议权，是对抗对方的请求权或否认对方权利主张的权利。根据抗辩权的功能可将抗辩权分为消灭的抗辩权与延缓的抗辩权。消灭的抗辩权，是指使请求权归于消灭的抗辩权。由于使请求权归于消灭就是使请求权永久地不能行使，故消灭的抗辩权又称为永久的抗辩权。延缓的抗辩权，是指使请求权效力延期或使对方请求权于一定期限内不能行使的抗辩权。由于延缓的抗辩权仅使对方的请求权一时不能行使并不使对方的请求权归于消灭，故又称为一时的抗辩权。一般认为，合同履行中的抗辩权包括同时履行抗辩权、不安抗辩权以及后履行抗辩权三种类型。

### 一、同时履行抗辩权

（一）同时履行抗辩权的概念

同时履行抗辩权，是指双务合同中，未约定先后履行顺序的，一方在他方未履行对待给付义务前，得拒绝自己履行的权利。《民法典》第525条规定："当事人互负债务，没有先后履行顺序的，应当同时履行。一方在对方履行之前有权拒绝其履行请求。一方在对方履行债务不符合约定时，有权拒绝其相应的履行请求。"

同时履行抗辩权的建立以双务合同的牵连性为基础，是对"一手交钱，一手交货"的古老规则的发展，建立在"你与则我与"、"你不与则我不与"的规则之上。双务合同的特色表现为给付与对待给付之间的牵连关系或者说双务合同的牵连性。牵连关系分为发生上、功能上、回复原状关系上的牵连关系。

发生上的牵连性，如15岁的乙未经其法定代理人甲同意，将汽车出卖给丙，甲拒绝追认。乙在买卖合同中虽对丙表示愿意负担出卖人义务——交付汽车并移转所有权，但因甲不同意，乙并不因与丙意思表示一致而负担这一义务；丙虽对乙表示承担支付价金的义务，但基于双务合同发生上的牵连性，乙的义务不发生，处于牵连关系的对待给付义务也不发生。乙不得主张丙负担价金债务的意思表示属于纯获法律上利益的行为，无须法定代理人同意。

功能上的牵连性可分为履行上的牵连性与存续上的牵连性。履行上的牵连性是指双务合同在请求权的行使方面，给付与对待给付也具有牵连关系。其典型表现就是同时履行抗辩权。一方在他方未为对待给付前，得拒绝自己的履行。透过同时履行抗辩权，合同当事人既可确保自己债权得以实现，也能迫使他方履行债务。存续上的牵连性的典型表现为：因不可归责于债务人的事由导致给付不能，给付义务不再存续，但因给付与对待给付存续上的依存关系，对待给付也随同消灭。如甲将旧车出卖给乙，约定一星期后交车，同时付清价金，买卖合同成立后第二天，该车因丙纵火而烧毁。此种情形下，由于标的物毁损灭失的发生不可归责于甲，甲免给付义务，也不需要承担损害赔偿责任。乙的支付价金的义务也随同消灭。

回复原状关系上的牵连性。当事人基于其意思将双务合同关系回复到合同生效的原点，这种牵连性也延续到回复原状关系上。回复原状关系的牵连性主要表现在合同解除的回复原状关系、双务合同不当得利返还请求上。双务合同中，一方当事人愿意负担给付义务，是为了使对方当事人负担对待给付义务。一方的给付与对方的对待给付之间具有不可分离的关系。

（二）诚实信用原则与同时履行抗辩权

一般认为，同时履行抗辩权赖以产生的基础是诚实信用原则，或者说，同时履行抗辩权是诚实信用原则的具体体现。因为一方当事人在未作出履行前就要求对方履行的，并非一个诚实守信的商人之所为。不仅如此，诚实信用原则要求实现当事人之间的利益均衡，而根据同时履行抗辩权，一方只有在已经履行或者已经提出履行的情况下，才能要求对方当事人履行。因此，同时履行抗辩权能发挥实现当事人利益均衡的功能。

当事人应根据诚实信用原则行使同时履行抗辩权，不得滥用该权利。在双务合同中，一方违约，但在性质和后果上轻微，则另一方当事人不得行使同时履行抗辩权，拒绝履行自己的义务，否认将违反诚实信用原则。如一般认为，如果一方交付货物的数量不足，但不足部分甚少，或者交付的标的物瑕疵非常轻微，对对方无明显损害，则对方不得以此为依据拒绝接受履行并拒绝履行自己的义务。

（三）同时履行抗辩权的构成要件

1. 由同一双务合同互负债务，且此两债务之间具有对待给付关系。

（1）双方当事人根据同一双务合同相互承担了债务。这就说明，一方面，如果双方当事人的债务基于两个或者多个合同产生，即使双方在事实上具有密切联系，也不产生同时履行抗辩权。另一方面，单务合同与不完全双务合同，不能发生同时履行抗辩权。不完全双务合同，是指双方当事人虽各负有债务，但其债务并不具有给付与对待给付关系的合同，包括无偿委托、无偿保管、借用、不附利息的借贷等类型。如在无偿委托中，委托人具有预付必要费用的义务，但委托人的这一义务与受托人的处理事务的义务不具有给付与对待给付关系，而且，委托人的该义务在很多情况下可能根本就不发生，因此，受托人不得以委托人未预付必要费用为由行使同时履行抗辩权。再如，在附负担赠与中，受赠人未履行负担的，赠与人可以撤销赠与，故赠与人不能以受赠人未履行负担为由，行使同时履行抗辩权。

（2）双方的债务具有对待给付关系，是指一方的给付与他方的给付互为条件，具有牵连关系。即两个债务之间相互依存，互为因果。一般来说，主给付义务之间才具有对价关系，主给付义务与从给付义务、附随义务之间不具有对价关系，一方只能以对方主给付义务未履行为由行使同时履行抗辩权，而不能以对方从给付义务、附随义务未履行为由行使同时履行抗辩权。如在租赁合同中，承租人在租赁期届满后返还租赁物的义务与出租人应当向承租人偿还租赁物的修缮费用的义务，不具有对价关系。

当然，在一定情况下允许存在例外，如附随义务、从给付义务的履行与合同目的的实现具有密切关系,〔1〕或者当事人具有特别约定时，也例外承认主给付义务与从给付义务或者附随义务之间具有对待给付关系。

2. 双方当事人的债务不存在着履行上的先后顺序。从履行的时间来看，合同的履行可分为两种，一是同时履行，一是异时履行。同时履行就是双方当事人的债务不存在履行上的先后顺序。如果双方当事人的债务存在履行上的先后顺序，则属于异时履行的情形。针对异时履行的情况，我国《民法典》合同编规定了不安抗辩权与后履行抗辩权两种抗辩权类型。一般来说，如果合同未规定异时履行的，应认为双方当事人负有同时履行的义务。

3. 双方当事人的债务均已届清偿期。若当事人的债务未届清偿期，对方请求的，一方可以拒绝。不过，这不属于同时履行抗辩权，而属于履行期未届满的抗辩权。

4. 对方未履行债务或者未适当履行债务。所谓"对方未履行债务"，须是与被请求方的债务具有牵连关系的债务。若无对价关系，则被请求方不得行使同时履行抗辩权。一方虽未履行债务，但已提出履行，则因提出履行不等于实际作出履行，其完全有可能不履行债务，故对方可以行使同时履行抗辩权。

在一方未履行而要求对方履行时，对方可行使同时履行抗辩权。在一方的履行不符合约定时，对方可否行使同时履行抗辩权，则需具体判断：

(1) 权利瑕疵。根据《民法典》第614条的规定，买受人在付清价款前，有确切证据证明第三人就标的物主张权利，可以中止支付相应的价款。

(2) 瑕疵履行。在买卖合同中，如果出卖人交付货物有瑕疵，买受人有权拒绝受领，并要求出卖人修补、替换，出卖人不交付无瑕疵之物就要求买受人支付价款的，买受人可以拒绝履行义务。也就是说，在交付无瑕疵之物与价金的支付之间可成立同时履行抗辩权。如果仅为部分货物有瑕疵，买受人可以拒绝受领该部分履行，并拒付该部分的货款。当然，若部分货物具有瑕疵影响到合同目的实现的，则买受人可以拒绝接受全部标的物，并拒付全部货款。

(3) 部分履行。一般认为，一方当事人作出了部分履行，如果不足的数量很小，不影响合同目的的实现，则另一方不得行使同时履行抗辩权；若不足的数量很大，足以影响合同目的的实现，则另一方可以行使同时履行抗辩权。如果另一方已接受了部分履行，也须作出相当于对方已履行部分的对待给付，换言之，其仅可以就对方未履行部分拒绝履行自己的义务。

〔1〕参见林诚二："论附随义务之不履行与契约之解除"，载郑玉波主编：《民法债编论文选辑》(中)，五南图书出版公司1984年版，第866~867页；王泽鉴：《债法原理》(第一册)，中国政法大学出版社2001年版，第37页。

总之，在各种违约行为场合，当事人都可能行使同时履行抗辩权。大致说来，只有当一方的违约行为性质较为严重时，另一方才能行使同时履行抗辩权。如果对一方的违约行为在性质与后果上是轻微的，则另一方行使同时履行抗辩权，拒绝受领并拒绝履行自己的义务，是违反诚信原则的。

5. 对方的履行是可能的。如果对方不可能履行，则被请求方可以拒绝履行合同，此时，其行使的是消灭的抗辩权，使对方的请求权消灭。

（四）同时履行抗辩权的效力

权利人可以拒绝履行自己的义务，非使对方的请求权消灭，只是使对方的请求权在一定时间内不能实现；也非使自己的义务消灭，只是暂时停止履行。一旦对方履行，则权利人必须履行。

**二、不安抗辩权**

（一）不安抗辩权的概念

不安抗辩权，又称为先履行抗辩权，是指在双务合同中，先履行方有确切证据证明后履行方于合同成立后丧失或可能丧失履行能力时中止履行合同，并在后履行方于合理期限内未能恢复履行能力或提供担保时解除合同的权利。

（二）不安抗辩权的构成要件

1. 因同一双务合同互负债务，且此两项债务间具有对价关系。就这一适用条件而言，不安抗辩权与同时履行抗辩权完全相同，于此不再赘述。

2. 该合同必须属于异时履行。只有双务合同的履行属于异时履行时才能发生一方当事人的不安抗辩权，如果合同债务的履行属于同时履行，那么就只能适用同时履行抗辩权。异时履行是指双方履行存在时间上的顺序，即一方先履行，另一方后履行。异时履行在生活中较为普遍，双务合同有依约定异时履行的，有依习惯异时履行的，还有依法律规定异时履行的。

3. 先履行方的债务已届清偿期。如果先履行方的债务尚未届清偿期，则其履行义务尚未发生，该先履行方根本无须作出履行，不存在不获对方对待给付的危险，自无行使不安抗辩权的必要。

4. 先履行方有确切证据证明后履行方于合同成立后丧失或可能丧失履行能力。对该要件需从以下三方面理解：

（1）后履行方丧失或可能丧失履行能力。结合《民法典》合同编的规定，造成后履行方丧失或可能丧失履行能力的事由主要包括：①财产显形减少。《民法典》第 527 条第 1 项"经营状况严重恶化"及第 2 项"转移财产、抽逃资金，以逃避债务"属于财产显形减少的情况。②丧失商业信誉。③在提供劳务或完成工作的合同中，债务人丧失劳动能力。④给付特定物的债务中，该特定物丧失。⑤其他情形。我国《民法典》中不安抗辩权的适用条件与大陆法系各国关于不安抗辩权适用条件的规定形成鲜明的对比。在大陆法系各国，其民法往往将先履行方行使不安抗辩权的条件规定为：后履行方财产显形减少有难为对待给付之虞。此条件显然比我国规定的条件要狭窄。因为财产显形减少只适用于后履行方的义务为支付金钱的场合，在后履行方的义务为提供劳务、完成工作以及交付特定物时，由于丧失劳动能力、特定物灭失与财产显形减少并无直接关联，故无法适用不安抗辩权。可见，我国《民法典》合同编对不安抗辩权适用要件的规定较宽松。这可看作我国立法对不安抗辩权制度的重大发展。

（2）后履行方丧失或可能丧失履行能力发生于合同成立以后。对于后履行方的财产显形减少应发生于何时，大陆法系国家或地区存在两种立法例：一是订约后财产显形减少才发生不安抗辩权。法国、德国、瑞士、意大利以及我国台湾地区采此立法例。二是订约时财产已减少，当事人非因过失而不知，也可援引不安抗辩权。奥地利采此立法例。比较而言，第一种立法例较妥当，因为后履行方的财产于订约前或订约时已减少，如果先履行方已知或因过失而不知，表明其主观上为恶意或有过错，应使其承受不利，无必要特别加以保护；如果先履行方非因过失而不知，则可以重大误解或受欺诈为由主张救济。我国《民法典》合同编未规定后履行方丧失或者可能丧失履行能力应发生于何时，解释时采第一种立法例较妥当。

（3）先履行方对上述事实负有举证责任。先履行方的举证责任至关重要，其能否举证往往决定其是胜诉还是败诉，也往往决定其于履行时中止履行的行为是违约行为还是合法行为。《民法典》第 527 条规定，当事人没有确切证据中止履行合同的，应当承担违约责任。使先履行方承担举证责任，有利于防止先履行方滥用不安抗辩权。

（三）不安抗辩权的效力

先履行方行使不安抗辩权将对对方产生何种影响，此即不安抗辩权的效力问题。根据后履行方在合理期限内是否提供担保或者恢复履行能力，不安抗辩权的效力可分为两个层次：

1. 第一次效力。具体内容主要包括三个方面：①先履行方可以中止履行合同，但是应当通知对方并且给对方一个合理的期限，使其恢复履行能力或者提供适当的担保。第一，由于中止履行为行使权利的行为，属于合法行为，故先履行方于履行期届满不履行债务或者迟延履行并不构成违约。第二，中止履行，乃暂停履行或者延期履行，因此它不同于解除合同，其目的不在于使既存合同关系消灭，而是维持合同关系。如果先履行方解除合同，则其行为构成违约，后履行方可要求其承担债务不履行责任。先履行方中止履行，应当通知后履行方，通知方式可为口头形式，也可为书面形式。至于合理期限的确立，不能够一概而论，而应该斟酌个案具体情况予以确定。但有一点是可以肯定的，即应当兼顾双方当事人利益，不能太短使先履行方能轻易地解除合同，也不能太长使后履行方迟迟不提供担保。②合理期限内，后履行方未提供担保且未恢复履行能力而要求对方履行的，先履行方可以拒绝。③合理期限内，后履行方提供担保或者恢复履行，先履行方应当继续履行合同。后履行方提供担保或者恢复履行能力后，先履行方不获得对待履行的危险消失，因此，应当恢复履行合同。这充分体现了不安抗辩权的一时抗辩权的性质。先履行方恢复履行后，是按原定期限履行还是重新确定期限履行，《民法典》合同编无明文规定，一般而言，如果仍按原定期限履行，先履行方往往会迟延。因中止履行是合法行为，意味着默示允许先履行方得到一段延长时间，因此，应当排除提供担保或者恢复履行能力的时间确立新的履行期限。

2. 第二次效力。如果合理期限届满，后履行方未提供适当担保且未恢复履行能力，则发生第二次效力，即先履行方可以解除合同并要求对方承担违约责任。后履行方不在合理期限内提供担保或恢复履行能力，先履行方可采取何种补救措施？是继续中止履行、解除合同还是其他措施，大陆法系各国或地区仅瑞士债务法有规定。《瑞士债务法》第83条第2款规定，有先为给付义务的一方当事人在对方当事人未于合理期限内，依其请求提供担保者，得解除契约。可见，根据瑞士债务法，先给付方可以寻求解除合同的救济措施。《美国统一商法典》第2-609条第4款虽未明确规定一方未于最长不超过30日的合理时间内提供充分保证时，对方可以寻求何种救济措施，但该条将上述行为认定为毁约，从而使得对方可以寻求毁约的救济措施，不言而喻，这些救济措施即为解除合同并要求损害赔偿。可见，我国法上对不安抗辩权的第二次效力的规定继受了《瑞士债务法》以及《美国统一商法典》的结果。由于赋予了先履行方解除合同的权利，从而使得不安抗辩权的性质发生了重大变化，非纯粹的延缓抗辩权这一性质所能概括，并非仅为抗辩权，而且为形成权。我国《合同法》第69条曾明确赋予先履行方以解约权，这是对大陆法系各国或地区不安抗辩权制度的重大发展，从而使得该制度能够为先履行方提供更为充分的法律保护。《民法典》第528条是在该条的基础上的进一步完善，即中止履行方不仅可以解除合同，而且可以要求对方承担违约责任。这里的违约责任典型地表现为请求损害赔偿。该损害赔偿的范围应为后履行方违约时，即以自己的行为表明不履行合同主要义务时应当支付的损害赔偿额。

**三、后履行抗辩权**

（一）后履行抗辩权的概念

后履行抗辩权是指依照合同约定或者法律规定负先履行义务的一方当事人，

届期未履行义务或者履行义务严重不符合约定条件时，后履行方为保护自己的期限利益或者保证自己履行合同的条件而中止履行合同的权利。

后履行抗辩权与不安抗辩权一样，都是在双方当事人的债务有先后履行顺序的情况下适用的，从而与同时履行抗辩权不同，但后履行抗辩权与不安抗辩权是两个不同的制度，它们主要具有以下区别：①适用条件不同。不安抗辩权是异时履行的双务合同先履行方享有的权利；后履行抗辩权为异时履行的双务合同的后履行方享有的权利。②在不安抗辩权中，权利人的相对人的债务尚未届临履行期，只是存在不能对待给付的危险；在后履行抗辩权中，权利人之相对人的债务已经届临履行期，而不为给付或者虽为给付但不符合合同约定。③二者的性质不同。后履行抗辩权在性质上与同时履行抗辩权相同，其行使的目的仍在于维持既存的权利义务关系，而不是消灭合同关系，否则就应当诉诸合同解除制度。④在不安抗辩权中，权利人行使中止履行的权利负有通知义务；后履行抗辩权中，当负有先履行义务的一方当事人的履行有重大瑕疵时，或者只履行一部分时，另一方当事人行使抗辩权应当通知对方；当因负有先履行义务的一方当事人不履行合同义务而行使抗辩权时，可以不通知对方。

（二）后履行抗辩权的适用条件

1. 因同一双务合同互负债务，且此两项债务之间具有对价关系。对该要件的理解与前述同时履行抗辩权、不安抗辩权的相应要件相同，于此不赘述。

2. 该合同须属于异时履行。只有双务合同的履行属于异时履行才能发生一方当事人的后履行抗辩权，如果合同债务的履行属于同时履行，那么就只能适用同时履行抗辩权。这一要件与不安抗辩权的相应要件完全相同。

3. 先履行一方到期未履行债务或者未适当履行债务。在合同异时履行的情况下，负有先履行义务的一方应当先履行义务。如果先履行义务方的债务已届清偿期而其不履行债务，就构成违约，后履行方有权拒绝先履行方的履行要求。如果先履行方的履行不符合合同约定，则后履行方有权拒绝先履行方的相应的履行要求。

（三）后履行抗辩权的效力

与同时履行抗辩权一样，后履行抗辩权也属于延缓的抗辩权，不具有消灭对方请求权的效力，只是暂时阻止先履行方请求权的行使。如果先履行方完全履行了合同义务，则后履行抗辩权归于消灭，后履行方应当恢复履行。后履行方因行使后履行抗辩权致使合同履行迟延的，该方当事人不承担迟延履行责任。

■ **思考题**

1. 如何理解"履行"的涵义？

2. 什么是情势变更制度？

3. 同时履行抗辩权的行使应具备哪些要件？

4. 不安抗辩权的效力如何？

5. 后履行抗辩权与同时履行抗辩权、不安抗辩权有何差异？

6. 不安抗辩权与默示毁约有何联系与区别？

■**参考资料**

1. 黄建荣："第三人利益契约类型之探讨"，载《法律评论》第 55 卷 1989 年第 12 期。

2. 韩世远："情事变更若干问题研究"，载《中外法学》2014 年第 3 期。

3. 徐涤宇："合同效力正当性的解释模式及其重建"，载《法商研究》2005 年第 3 期。

4. 尹田："论涉他契约——兼评合同法第 64 条、第 65 条文规定"，载《法学研究》2001 年第 1 期。

5. 薛军："利他合同的基本理论问题"，载《法学研究》2006 年第 4 期。

6. 王利明："预期违约与不安抗辩权"，载《华东政法大学学报》2016 年第 6 期。

7. 易军、宁红丽："合同法分则制度研究"，人民法院出版社 2003 年版。

# 第六章　合同的担保

■ 学习目的和要求

　　通过本章的学习，了解合同的担保是合同权利实现的保障手段，是督促合同当事人履行义务的重要措施。《民法典》没有设置专编来规定合同担保制度，而是散见于《民法典》的物权编、合同编及相关司法解释。合同的担保既包括人的担保，也包括物的担保。根据《民法典》的规定，具体的担保形式有：保证、抵押、质押、留置和定金。学生需要掌握各种形式的担保的具体内容，并能分析具体担保的实践问题。为了帮助学生体系化地理解合同的担保制度，本章纳入了保证合同和定金的内容。

## 第一节　合同的担保概述

### 一、合同担保的概念

　　合同担保是依照法律规定或当事人约定而设立的确保合同义务履行和合同权利实现的一种法律措施。合同担保制度随合同法的产生而产生。合同目的的实现要以合同履行为条件，而合同履行主要是合同债务的履行，因此，合同担保首先是为了确保合同债务得到履行。在合同法律关系中，权利的实现有赖于义务的履行，而且一般都应先履行合同义务，以此来实现合同权利。当合同债务人履行自己承担的债务后，即使债权人不予配合，债务人也可以通过提存等制度完成履行。如果债务人不履行债务，则债权人的权利根本无法得到实现，此时即使债权人努力配合，依然于事无补。当然，由于合同关系的相对性，合同债务的履行体现为债务人履行债务和债权人接受履行两个过程。这两个过程都是为了实现合同债权，而两者的结合是合同债务履行完成的必要条件。因此，合同担保的目的也相应表现在两个方面：确保合同义务的履行和确保合同权利的实现。

　　合同是双方当事人设立、变更、终止民事法律关系的合意，一经依法成立，对合同当事人具有法律约束力。履行合同义务毕竟需要付出一定代价，合同中作为"经济人"的债务人，在没有任何压力时往往不会主动付出代价，从而可能影响合同目的的顺利实现，这一点在一次性的交易中尤为明显。如果合同当事人不履行自己的合同义务，则应当依法承担违约责任；当事人因受到承担违约责任的威慑，会履行自己的合同义务。可见，违约责任也具有促使当事人履行合同的作用。不过，仅有违约责任作为督促仍然不足，因为还存在当事人在履行之际"有心无力"的情形。有鉴于此，法律上设立了担保制度，以克服合同当事人不主动履行义务的倾向，并在合同义务未依照法律或当事人约定履行时提供一种现实的直接补救，以确保顺利实现合同债权。

## 二、合同担保的分类

### （一）一般担保和特别担保

以担保所确保履行的合同义务范围为标准，可把合同担保分为一般担保和特别担保。

1. 合同的一般担保是指以债务人的全部责任财产担保其全部债权人的债权得到实现的一种担保。因一般担保的设立目的是确保一般债权的安全实现，故债务人必须以其全部财产作为合同履行的总担保，如果债务人没有责任财产或责任财产不足，则债权人享有的债权便不能实现或不能全部实现。合同的一般担保包括债务人的无限责任、债权人的代位权和撤销权。

2. 特别担保是为确保特定的合同债务的履行而设立的担保。与一般担保不同，特别担保只对特定的债权人的债权实现具有法律效力，其有助于克服一般担保中债务人的责任财产不足以清偿全部债务的困境。在通常情形下，所说的合同担保是指特别担保。

### （二）人保、物保、金钱担保

按照设立担保的标的性质不同，合同担保可分为人的担保、物的担保和金钱担保。

1. 人的担保即人保，是指以人的信誉设立的担保。在我国担保制度中，人的担保主要指保证。人的担保同样是为了确保债权得到实现，当债务人不履行债务时，只能通过担保人来实现债权人的债权。在人的担保中，对于担保人来说，通常是以其责任财产来担保债权的实现。此时，担保人承担财产责任能力的大小决定了其信誉的好坏，只是人的担保针对的是担保人的全部责任财产，而不是其个别财产。可见，人的担保实质上是使履行合同的义务，扩张到担保人的一般财产之上，从而使债权人的债权受偿机会增多。

2. 物的担保是指以债务人或第三人的特定财产为标的设立的担保。在债务人不履行其债务时，债权人可以通过将作为担保标的的特定财产换价而从中优先受偿。物的担保与人的担保不同，其单纯以一定的财产为担保标的，设定后就具有物权效力。因此，物的担保就是通常所说的担保物权，物权法定原则在该担保制度中仍然适用，这就决定了物的担保方式只能是法律规定的方式。根据《民法典》物权编的规定，物的担保形式主要有抵押、质押和留置。

3. 金钱担保是指以金钱为标的设立的担保。这种担保是在债务以外交付一定数额的金钱，该特定数额的金钱的得丧与债务履行与否联系在一起，使当事人双方产生心理压力，以促其积极履行债务，从而保障债权实现的制度。[1] 从本质上说，金钱也是一种物，金钱担保完全可以归入物的担保范畴，但是，金钱担保与物的担保也存在着诸多区别，如在实现担保权时，作为担保物的金钱无须变价。在我国的担保制度中，定金是最重要的金钱担保形式。

（三）法定担保和约定担保

根据设立方式的不同，合同担保可以分为法定担保和约定担保。

1. 法定担保是指根据法律直接规定而设立的担保。这种担保不需要当事人设定，在符合法律规定的条件时即可成立。法定担保是法律为确保某些特殊债权实现而设立的担保。在我国《民法典》的担保物权制度中，仅指留置担保；特别法中的优先权制度——如《海商法》中的船舶优先权——也属于法定担保。

2. 约定担保是指根据当事人的约定而设立的担保。这种担保是担保制度中最为常见、最为普遍的担保方式。根据《民法典》的规定，约定担保主要有保证、抵押、质押和定金。

（四）原担保与反担保

1. 原担保是指为确保主合同之债权得到实现而设立的担保。在设立担保时，担保所确保实现的债权所在的合同是主合同，担保合同是从合同。为促使主合同中的债权得到实现而设立的担保，就是原担保。原担保与反担保是相对而言的，在只针对主合同中的债权之实现设立担保时，不存在原担保与反担保之分。

2. 反担保是指由债务人或第三人为担保人设立的担保。在商业贸易、工程承包和资金借贷等经济往来中，由于风险大，担保责任也大，很难有人愿意为之进行担保。而没有担保，主合同中的债权实现便没有保障。因此，为了换取担保人作出担保，就要解除其可能承担担保责任的后顾之忧，而以该担保责任为担保对象设立担保是一种较为理想的办法，这种形式的担保就是反担保。

《民法典》第387条规定："债权人在借贷、买卖等民事活动中，为保障实现其债权，需要担保的，可以依照本法和其他法律的规定设立担保物权。第三人为债务人向债权人提供担保的，可以要求债务人提供反担保。反担保适用本法和其

---

〔1〕 参见崔建远：《合同法》，北京大学出版社2016年版，第193页。

他法律的规定。"第 689 条规定:"保证人可以要求债务人提供反担保。"根据上述规定,提供反担保的人是债务人,债务人可以自己提供反担保,也可以委托第三人提供反担保。在我国《民法典》所确认的担保方式中,不是所有的担保方式都适合作为反担保方式:①留置担保是一种法定担保,不能作为反担保的方式,因为只有约定担保才能作为反担保的方式。②定金在理论上可以作为反担保方式,但因为定金的支付会削弱债务人的履行债务的能力,且定金的比例不能超过主合同标的额的 20%,故实践中设立反担保极少采用该种方式。在实践中,设立反担保时主要采用保证、抵押和质押等方式。当然,如果反担保的提供者是债务人,此时也不能以保证作为反担保的方式。

反担保亦为担保的一种,属于约定担保,其设立同原担保的设立一样,应当依照约定进行。根据《最高人民法院关于适用〈中华人民共和国民法典〉有关担保制度的解释》第 19 条的规定,担保合同无效,承担了赔偿责任的担保人按照反担保合同的约定,在其承担赔偿责任的范围内请求反担保人承担担保责任的,人民法院应予支持;当事人仅以担保合同无效为由主张反担保合同无效的,人民法院不予支持。

**三、合同担保的特征**

**(一)合同担保具有从属性**

合同担保的从属性是指合同担保从属于担保履行的债务所依存的主合同。合同担保一般是通过约定设立的,设立担保的合同为担保合同,担保合同以其所担保履行的债务所在的合同的存在为前提,两者之间是主从关系,其中担保合同是从合同。担保合同的从属性具体表现为:其一,效力上的从属性,即除法律另有规定外,主债权债务合同无效,担保合同无效(《民法典》第 388 条)。其二,移转上的从属性,即债权移转,则担保物权随之移转。其三,消灭上的从属性,即主债权消灭的,担保物权消灭(《民法典》第 393 条)。当然,这种从属性不排除为将来存在的主债设立担保,《民法典》中规定的最高额保证、最高额抵押就是为将来存在的主债而设立的担保。

**(二)合同担保具有补充性**

合同担保的补充性是指有效设立合同担保后,就在主债关系基础上补充了某种权利义务关系。由于这种补充的权利义务关系的存在,大大提升了债权人的权利实现可能性。当然,在主债消灭的情况下,以合同担保作出补充的义务并不需要实际履行。可见,担保合同不同于其他合同,其所规定的权利义务只有在债务人不履行债务且担保人无抗辩事由时才需要履行,从而使债权人的债权得以实现。

（三）合同担保具有保障性

合同担保的保障性是指以合同担保的方式保障主债权债务合同中的债务履行和债权实现。保障性是由合同担保制度的设立目的所决定的。

# 第二节　保　证

## 一、保证的概念和特征

### （一）保证的概念

保证是指为保障债权的实现，债务人以外的第三人在债务人不履行到期债务或发生当事人约定的情形时履行债务或承担责任的一种担保。保证是合同担保的一种方式。此前，保证被规定在《担保法》之中，《民法典》则新增保证合同为有名合同。在保证担保中，为债务人履行债务进行担保的第三人，称为保证人；被担保履行债务的债务人，称为被保证人。保证人在债务人不履行债务或发生当事人约定的情形时应当承担的责任，称为保证责任。保证人与债权人根据保证合同确定的法律关系称为保证关系，被保证人不是保证关系的主体，而只是保证关系的关系人。

保证的设立一般都要有被保证人的委托，此时在被保证人与保证人之间可能存在委托关系，但被保证人并不因此而成为保证合同的主体。保证人与被保证人之间的委托关系，与债权人无关，因此，保证关系与委托保证关系是两个各自独立、互不关联的法律关系。

### （二）保证的特征

保证是债权人与第三人以约定方式设立的担保，通常表现为保证合同。这种合同与其他合同相比，主要具有以下特征：

1. 从属性。保证的从属性是指保证从属于主合同，保证因主合同的存在或将来存在而存在，因主合同的消灭而消灭。设立保证的合同是从合同，保证合同中约定的保证债务是从债务，保证债务不能与主合同债务分离而独立存在。

根据《民法典》第682条的规定，保证合同的从属性，通常表现在以下方面：

（1）存续上的从属性。保证合同的存在以主合同的有效成立为前提，以主合同的存续为存续条件。主合同不成立，保证合同也不能成立，主合同无效，保证合同也无效，如果主合同不存在，则保证也不能存在。在特殊情况下，对将来产生的债权也可进行保证，这是一种附条件的保证，即以将来合同有效成立为条件，该种情形并没有改变保证合同的从属性。

（2）保证范围上的从属性。保证的范围原则上与主合同债务相同，不得超出主合同债务的范围。由于设立保证的目的在于担保主债务的履行，在范围上超出主合同债务的保证，将违反保证设立的本意，也欠缺必要性。因此，从保证的从属性看，对于约定超出主合同债务的范围的保证，效力以主合同债务的范围为限。保证范围一般是指债务人履行债务的范围，如金钱债务的金钱数额。当事人对担保责任的承担约定专门的违约责任，或者约定的担保责任范围超出债务人应当承担的责任范围，担保人仅在债务人应当承担的责任范围内承担责任。担保人承担的责任超出债务人应当承担的责任范围，担保人向债务人追偿，债务人应当仅在其应承担的责任范围内承担责任；而且，担保人有权请求债权人返还超出部分。

（3）移转上的从属性。从民法理论上来看，债权的移转没有增加债务人的负担，一般无需债务人同意。而作为从属性合同，保证人在决定是否为主合同的债权实现提供保证时，只取决于其与被保证人之间的信任关系，与债权的主体是谁无关，因此，在所确保实现的债权移转时，保证往往随之移转。当然，债权转让对保证债务也具有一定的影响，《民法典》第696条规定："债权人转让全部或者部分债权，未通知保证人的，该转让对保证人不发生效力。保证人与债权人约定禁止债权转让，债权人未经保证人书面同意转让债权的，保证人对受让人不再承担保证责任。"

（4）变更上的从属性。保证随主合同债务的变更而变更。不过，保证的变更只能缩小保证范围和减少保证责任的强度，否则将意味着设立了新的保证。要使保证合同随主合同的变更而变更，应当有保证人的书面同意，否则，主合同变更后，保证依然限于原有债务范围。《民法典》第695条第1款规定："债权人和债务人未经保证人书面同意，协商变更主债权债务合同内容，减轻债务的，保证人仍对变更后的债务承担保证责任；加重债务的，保证人对加重的部分不承担保证责任。"

（5）消灭上的从属性。保证随主合同债务的消灭而消灭。如主合同债务因履行而消灭的，保证也随之消灭。

2. 相对独立性。虽然保证债务从属于主合同债务，但其并未成为主合同债务的部分，在从属于主合同债务的范围内，保证债务具有自身的独立性。由于保证合同毕竟是从属于主合同的，因而，保证债务的独立性只能是相对的。这种相对独立性表现在保证范围、保证变更和消灭的原因、保证的效力、保证合同的内容等方面。

3. 补充性。根据保证合同，保证人将对主合同债务人的债务履行能力予以补充。主债务人具有完全的履行能力并履行债务的，则保证人不需要进行补充；

主债务人不履行债务的，保证人应当代为履行；主债务人仅履行部分债务的，保证人需要对未履行的部分代为履行。无论是在一般保证中，还是在连带责任保证中，保证都只是起补充作用。

保证是一种典型的人的担保。从直观上看，保证是直接以人的信誉为标的而设立的。但是，表现在交易上，人的信誉是由该个人的责任财产决定的，责任财产的多少决定了其信誉的好坏，因此，保证责任的承担最终指向的是保证人的一般财产。

**二、保证的设立**

保证是保证人与债权人通过合同设立的，是一种典型的约定担保。保证的设立实质上源自保证合同的订立。

（一）保证合同

1. 保证合同的概念和性质。保证合同，是指为保障债权的实现，保证人与债权人约定，当债务人不履行到期债务或发生当事人约定的情形时，保证人履行债务或承担债务的合同。

（1）保证合同是单务、无偿合同。在保证合同中，只有保证人承担保证债务，债权人不负担任何合同义务，因而保证合同是单务合同。同时，保证人对债权人承担保证债务，债权人对此不需付出相应的代价，故保证合同又是无偿合同。在现代社会中，出现了专门保证人如担保公司，它在担当保证人时往往会收取一定的费用，但这种费用是基于保证人与债务人之间的有偿委托关系，因而不能以此认定保证合同是有偿合同。

（2）保证合同是诺成合同。在保证人和债权人的意思表示一致时，保证合同即可成立。

（3）保证合同是要式合同。保证合同须以书面形式订立。保证合同可以是单独订立的书面合同，也可以是主债权债务合同中的保证条款。第三人单方以书面形式向债权人作出保证，债权人接收且未提出异议的，保证合同亦可成立。

（4）保证合同是一种附延缓条件的合同。当事人在保证合同中约定的权利义务，并非在保证合同成立时就能享有或承担，只有在担保事项出现时才享有或承担，此处所谓担保事项即为债务人不履行到期债务或发生当事人约定的情形。担保事项的出现可以看成是保证合同开始发生效力的条件，故保证合同是附延缓条件的合同。

（5）保证合同是从合同。保证合同从属于保证所担保的债务所在的主合同。

2. 保证合同的内容。订立保证合同，一般应包括以下主要条款：①被保证的主债权种类、数额；②债务人履行债务的期限；③保证的方式、范围和期间；④双方当事人认为需要约定的其他事项。

（二）保证人

保证人是指为债务人履行债务进行担保的人，其是保证合同中保证债务的承担者。

保证人必须是主合同的债权人、债务人以外的第三人，这是由保证担保的功能决定的。债权人不可能作为保证人，因为保证合同不是单方合同，而且债权人为自己的债权提供担保没有必要；债务人不能作为保证人，因为其本就应当以自己的全部责任财产来满足债权人的债权。然而，关于保证人资格问题，一直存在争议。一般认为，除法律特别规定之外，凡具有相应民事权利能力和民事行为能力的自然人、法人和非法人组织，都可作为保证人。不过，根据《民法典》第683 条的规定，下列法人或其他组织不得充当保证人：

1. 机关法人。机关法人主要承担行政职能，其经费来源于财政拨款。如果机关法人将其财产用于清偿所保证的债务，必然会影响到机关法人正常履行职责，因此法律规定其不得充当保证人。不过，经国务院批准为使用外国政府或者国际经济组织贷款进行转贷时，机关法人可以担任保证人，这是一种例外情形。《最高人民法院关于适用〈中华人民共和国民法典〉有关担保制度的解释》第 5 条规定："机关法人提供担保的，人民法院应当认定担保合同无效，但是经国务院批准为使用外国政府或者国际经济组织贷款进行转贷的除外。居民委员会、村民委员会提供担保的，人民法院应当认定担保合同无效，但是依法代行村集体经济组织职能的村民委员会，依照村民委员会组织法规定的讨论决定程序对外提供担保的除外。"

2. 以公益为目的的非营利法人、非法人组织。此类法人或组织，是指其成立乃以开展公益事业为目的或者非以营利为目的的组织，如非营利性学校、幼儿园、医疗机构、养老机构等。以公益为目的的非营利法人、非法人组织的财产或活动经费主要来自财政拨款或捐助，担任保证人与其从事公益活动的目的不符，故我国《民法典》规定其不得为保证人。

此外，企业法人的分支机构、职能部门能否担任保证人，也是一个较为特殊的问题。此类组织并不是独立的民事主体，原则上不能担任保证人。不过，如果获得法人授权的，企业法人的分支机构、职能部门可以在授权范围内提供保证。

以机关法人或者以公益为目的的非营利法人、非法人组织担任保证人的，担保合同无效。保证合同被确认无效后，债务人、保证人、债权人有过错的，应当根据其过错各自承担相应的民事责任。

对同一债务进行担保，可以由一人单独提供担保，也可以是数人提供担保。当数人对同一债务进行保证时，就是共同保证，也称为数人保证。共同保证的成立，必须是数人对同一债务人的同一债务的履行提供担保，如果数人是对同一债务人的不同债务作出保证，或者是数人对不同债务人的债务作出保证，都不是共同保证。根据保证人承担的保证责任不同，共同保证可分为按份共同保证和连带共同保证两种。在签订保证合同时，保证人可与债权人约定承担何种保证责任。《民法典》第699条的规定承认了按份共同保证和连带共同保证的存在。这里存在一个争议已久且备受关注的问题：即共同担保人内部追偿问题。同一债务存在两个以上第三人提供的担保时，尽管《民法典》并未明确规定担保人之间不能相互追偿，但通过与《担保法》及其司法解释进行比较，不难看出《民法典》删除担保人之间相互追偿的规定，表明立法机构未采纳担保人之间相互追偿的规则。

不过，担保人之间相互能否追偿的问题属于私法自治的范围，即使《民法典》未规定担保人之间相互追偿，但如果担保人之间约定可以相互追偿的，应尊重当事人的自由意愿，允许已经承担担保责任的担保人依据约定进行追偿。此外，即使担保人没有明确约定可以相互追偿，但如果各担保人在提供担保时约定相互之间构成连带共同担保，则已经承担担保责任的担保人也有权根据《民法典》第519条的规定，向其他担保人请求分担其应当承担的份额。[1]《最高人民法院关于适用〈中华人民共和国民法典〉有关担保制度的解释》第13条规定担保人可以相互追偿的情形包括：①如果担保人之间约定了相互追偿及分担份额，则已承担担保责任的担保人有权请求其他担保人按照约定分担相应份额；②如果担保人之间约定承担连带共同担保，或者约定相互追偿但未约定分担份额，则已承担担保责任的担保人有权请求其他担保人按照比例分担向债务人不能追偿的部分；③如果担保人之间既未约定相互追偿，也未约定承担连带共同担保，但各担保人在同一份合同书上签字、盖章或者按指印，则已承担担保责任的担保人有权请求其他担保人按照比例分担向债务人不能追偿的部分。本条同时规定，除上述情形之外，担保人之间不享有相互追偿的权利。

（三）保证范围

保证范围就是保证确保履行的主合同债务的范围，它同时也是保证人承担保证责任的范围。保证范围与债权人可能实现债权的多少和保证人承担责任的轻重具有直接关系，因此，保证范围通常是构成保证合同的主要条款，其应当由当事人自由约定。

当事人没有约定而由法律规定的保证范围，称为法定保证范围。根据《民法典》第691条的规定，法定保证范围具体包括：①主债权，即保证合同成立时债

---

〔1〕　林文学、杨永清、麻锦亮、吴光荣："《关于适用民法典有关担保制度的解释》的理解和适用"，载《人民司法》2021年第4期。

权人对债务人享有的债权；②利息，包括法定利息和约定利息；③违约金；④损害赔偿金；⑤实现债权的费用。

由当事人在保证合同中约定的保证范围，称为约定范围。当事人可以在不超过主债务的范围内自由约定保证范围，既可约定对全部主债务承担保证责任，也可约定仅对主债务的部分承担保证责任。

在一般情况下，当事人对保证范围的约定应当确定，否则就是约定不明，适用法定保证范围。但是，在最高额保证中，允许保证范围不确定。根据《民法典》第 690 条的规定，最高额保证是指保证人与债权人就一定期间内连续发生的债权约定一个最高债权额度，在最高债权额范围内由保证人对发生的债权提供担保的保证。最高额保证所担保的债权是不确定的，不仅在保证合同成立时不确定，而且在将来是否发生也不确定。从保证合同生效到被担保的债权确定，该债权具有变动性和代替性。同时，最高额保证中的债权的发生须是在一定期间内连续发生的，且有一个最高债权额的限制，这就要求连续发生的债权必须具有相同性质。

### 三、保证方式

保证方式是指保证人承担保证责任的方式。根据《民法典》第 686 条的规定，保证的基本方式有两种，即一般保证和连带责任保证。

#### （一）一般保证

一般保证，是指当事人在保证合同中约定，债务人不能履行债务时，由保证人承担保证责任的保证。根据《民法典》第 687 条的规定，在一般保证中，保证人承担保证责任须具备两个条件：①主合同纠纷已经审判或仲裁，即债权人须先通过诉讼或仲裁程序向主债务人追偿，然后才能要求保证人承担保证责任；②须先对主债务人的财产依法强制执行后仍不能履行债务。对于主债务人的财产被强制执行后仍未得到清偿的债务部分，债权人才能要求保证人承担保证责任。可见，一般保证的保证责任只能是补充责任，即对主债务人财产的不足部分进行补充。而且，这种补充责任的承担方式只能是代为赔偿，而不可能是代为履行。

在一般保证中，保证人享有先诉抗辩权。先诉抗辩权，又称检索抗辩权，是指保证人在主合同纠纷未经审判或仲裁，并且就主债务人财产强制执行仍不能履行债务之前，对债权人可以拒绝承担保证责任的权利。先诉抗辩权在本质上是一种延缓性的抗辩权。不过，根据《民法典》第 687 条第 2 款，在下列情形下保证人不得行使先诉抗辩权：①债务人下落不明，且无财产可供执行；②法院已经受理债务人破产案件；③债权人有证据证明债务人的财产不足以履行全部债务或者丧失履行债务能力；④保证人书面表示放弃先诉抗辩权。

（二）连带责任保证

连带责任保证，是指当事人在保证合同中约定保证人和债务人对债务承担连带责任的保证。连带责任保证的债务人不履行到期债务或者发生当事人约定的情形时，债权人可以请求债务人履行债务，也可以请求保证人在其保证范围内承担保证责任。连带责任保证人不享有先诉抗辩权，因此，连带责任保证中的保证人承担了较重的责任，该情形对保护债权人的债权实现极为有利。应当注意的是，连带保证与连带共同保证是不同的，一定要加以区分。

连带责任保证中的连带包含两个方面的内容：①主体连带，即保证人与主债务人连带承担责任；②责任方式的连带，即主债务履行与不履行主债务的责任的连带。债权人既可要求保证人履行主合同债务，也可直接要求保证人承担债务不履行的责任。

保证人不一般保证和连带责任保证中，其所处的地位是不同的。因此，订立保证合同时，应对保证方式作出明确约定。根据《民法典》第 686 条第 2 款的规定，"当事人在保证合同中对保证方式没有约定或者约定不明确的，按照一般保证承担保证责任。"

**四、保证期间**

（一）保证期间的含义

保证期间是指确定保证人承担保证责任的时间范围。只有在保证期间内，保证人才承担保证责任，超出保证期间，保证人将不承担保证责任。因此，从保证人的角度来说，保证期间是保证责任免除的时间条件；从债权人的角度来说，保证期间是要求保证人承担保证责任的请求权存在的时间范围。由于保证期间直接关系到保证人是否承担保证责任，因而也可将其称为保证责任期间。

作为一种从合同，在主合同的债务履行期限届满之前，保证人根据保证合同所担保的事项是否发生尚未可知，是否产生保证责任并不确定。此时，债权人享有的请求保证人承担保证责任的权利仅为一种期待权，保证责任还没有实际产生，从而也就不可能存在保证责任的时间限制问题。只有当主合同债务的履行期限届满，才开始出现保证人承担保证责任的可能性。因此，保证期间的存在以主合同债务的履行期届满为前提。由于不同的保证方式对于保证人的保证责任产生时间有着重大影响，因而在不同的保证方式中，保证期间也不相同。

保证是一种典型的约定担保，因保证期间是保证责任存在的时间限制，因而是保证合同的重要内容之一。当事人在订立保证合同时应约定保证期间，如果没有约定或约定不明，就应根据法律规定来确定保证期间。

保证期间不发生中止、中断和延长。在保证期间内，一般保证的债权人未对债务人提起诉讼或者申请仲裁、连带责任保证的债权人未请求保证人承担保证责任的，保证人不再承担保证责任。关于保证期间的性质，主要有三种观点：一是认为属于诉讼时效；二是认为属于除斥期间；三是认为其既不属于诉讼时效，亦不是除斥期间，属于特殊期间。目前特殊期间说为学界通说。

保证期间与主合同的履行期限密切相关，根据《民法典》第 695 条第 2 款的规定，债权人和债务人变更主债权债务合同的履行期限，未经保证人书面同意的，保证期间不受影响。

（二）保证期间的计算

保证期间是保证责任的存在期间，其与保证责任的存在与否密切相关。《民法典》根据不同方式的保证的特征，规定了两种不同的保证期间，即约定保证期间和法定保证期间。

约定保证期间是指由当事人在保证合同中约定保证责任存在的期间。约定保证期间的长短及起算点均由当事人基于自由意愿决定。当事人约定的保证期间既可长于法定保证期间，也可短于法定保证期间，但均须有明确的时间限制，并不得与保证责任的性质相违背。否则，就是没有约定或约定不明。保证合同约定保证人承担保证责任直至主债务本息还清时为止等类似内容的，视为约定不明。对于约定保证期间，当事人亦可约定该保证期间的起算点。《民法典》第 692 条第 2 款规定："债权人与保证人可以约定保证期间，但是约定的保证期间早于主债务履行期限或者与主债务履行期限同时届满的，视为没有约定；没有约定或者约定不明确的，保证期间为主债务履行期限届满之日起六个月。"

法定保证期间是指由法律直接规定的保证期间。由于保证期间允许当事人基于意思自治加以约定，故只有在没有约定、约定不明的情况下，才适用法定保证期间。根据《民法典》的规定，保证责任的法定保证期间为 6 个月，自主合同债务履行期限届满之日起计算；债权人与债务人对主债务履行期限没有约定或者约定不明确的，保证期间自债权人请求债务人履行债务的宽限期届满之日起计算。

由于最高额保证具有自身的特殊性，因而《最高人民法院关于适用〈中华人民共和国民法典〉有关担保制度的解释》第 30 条规定："最高额保证合同对保证期间的计算方式、起算时间等有约定的，按照其约定。最高额保证合同对保证期间的计算方式、起算时间等没有约定或者约定不明，被担保债权的履行期限均已届满的，保证期间自债权确定之日起开始计算；被担保债权的履行期限尚未届满的，保证期间自最后到期债权的履行期限届满之日起开始计算。"

（三）保证期间的法律效力

保证期间的法律效力，是指保证期间在法律上产生的后果。保证期间的法律效力可分为积极效力和消极效力。保证期间的积极效力，是指在保证期间内，债权人有请求保证人承担保证责任的权利。保证期间的消极效力，是指债权人在保证期间届满前不行使保证责任请求权的，保证人将被免除保证责任。

保证期间不是诉讼时效期间。《民法典》第694条对保证债务的诉讼时效起算作出了规定，即一般保证的债权人在保证期间届满前对债务人提起诉讼或者申请仲裁的，从保证人拒绝承担保证责任的权利消灭之日起，开始计算保证债务的诉讼时效；连带责任保证的债权人在保证期间届满前请求保证人承担保证责任的，从债权人请求保证人承担保证责任之日起，开始计算保证债务的诉讼时效。

### 五、保证的法律效力

保证的法律效力，是指保证所具有的法律约束力。保证的法律效力主要体现在以下两个方面：

（一）保证人与债权人之间的关系

保证人与债权人之间是保证合同关系。从债权人方面来说，债权人既是主合同中的债权人，又是保证合同中的债权人，因而其有权请求保证人承担保证责任，但该权利以主债务人不履行债务或发生当事人约定的情形为前提。当保证人破产时，债权人可将这一权利作为破产债权，加入到保证人的破产财团中，参加破产分配；当保证人或被保证人恶意削弱保证人的代偿能力，危及保证责任的承担时，债权人可以采取相应的法律保护措施。

对于保证人而言，当主债务人不履行自己的到期债务而产生保证责任时，保证人在事实上处于债权人的债务人地位。因此，主债务人享有的对债权人的抗辩权，保证人也可以单独行使。即便债务人放弃抗辩的，保证人仍然有权向债权人主张抗辩。此外，债务人对债权人享有抵销权或者撤销权的，保证人同样可以就此行使抗辩权，从而在相应范围内拒绝承担保证责任。

（二）保证人与主合同债务人的关系

保证人与主合同债务人即被保证人之间的关系不是由保证合同规定的。前文已述，保证人为被保证人履行债务作保证，一般是基于被保证人的委托，因而保证人与被保证人之间往往存在委托关系。在特殊情况下，保证人也可能基于被保证人以外的原因提供保证，此时保证人与被保证人之间的关系就是无因管理关系。无论基于上述何种关系，保证人在承担保证责任后对被保证人都享有求偿权和代位权等权利。

保证人的追偿权，是指保证人在承担保证责任后享有的向债务人进行追偿的权利。《民法典》第700条规定，"保证人承担保证责任后，除当事人另有约定外，有权在其承担保证责任的范围内向债务人追偿，享有债权人对债务人的权利，但是不得损害债权人的利益。"保证人承担保证责任，从保证人与债权人之间的关系来看，形式上属于清偿自己的债务，但从保证人与主债务人之间的关系来说，实质上是清偿主债务人的债务。[1] 因此，对于作为保证人承担保证责任之受益人的主债务人，保证人应有权向其进行追偿。保证人行使追偿权须满足两项条件：其一，保证人已经承担保证责任；其二，主债务人因保证人承担保证责任而免责。

保证人的代位权，是指保证人在承担保证责任后，取代债权人对于主债务人的地位，行使债权人之债权的权利。保证人的代位权在性质上属于债权的法定转移，即保证人通过承担保证责任清偿主债务人的债务后，依照法律规定当然受让了债权人的债权。《民法典》第700条同时使用保证人"向债务人追偿"和"享有债权人对债务人的权利"的表述，事实上构成代位权和追偿权的竞合，保证人可以择一行使。不过，保证人的追偿权和保证人的代位权的性质不同，两种权利不能相互取代。

**六、保证责任**

（一）保证责任的概念

保证责任，是指在主债务人不履行到期债务或发生当事人约定的情形时，保证人根据保证合同的约定应当承担的法律责任。保证是约定担保的一种形式，其设立目的是为了确保主债权债务合同得到完全履行，以使债权得以实现。如果主债务人不履行到期债务或发生当事人约定的情形，造成债权人的债权未能实现，则保证人应当承担相应的法律责任。就此而言，主债务人不履行到期债务和发生当事人约定的情形是保证的担保事项。作为一种法律后果，保证责任的承担并不是法律对保证人作出的一种制裁，这种法律后果是基于保证人与债权人的约定产生的，或说是其对债权人作出的许诺所包含的内容。因此，保证人承担保证责任的依据是保证合同，是保证人在保证合同中对债权人所负的债务。当然，这种债务的产生是附条件的，以主债务人不履行到期债务或发生当事人约定的情形为其成立的条件。

（二）保证责任的种类和承担方式

根据《民法典》第686条的规定，保证方式有一般保证和连带责任保证两种类型，由此决定了保证责任包括补充责任和连带责任两种形式。所谓补充责任，是指保证人对主债务人债务履行能力不足部分的承担补充义务。在补充责任形式中，只有在主债务人履行能力不足时，保证人才对不足部分进行补充，其不需独立取代主债务人。因此，担保事项出现时，债权人应当先请求债务人承担不履行责任，而不能先请求保证人承担保证责任，这是由补充责任的性质所决定的。补充责任只存在于一般保证之中。正因如此，《民法典》第698条规定："一般保证

---

〔1〕 参见崔建远：《合同法》，北京大学出版社2016年版，第213页。

的保证人在主债务履行期限届满后，向债权人提供债务人可供执行财产的真实情况，债权人放弃或者怠于行使权利致使该财产不能被执行的，保证人在其提供可供执行财产的价值范围内不再承担保证责任。"

所谓连带责任的保证责任，是指保证人和主债务人向债权人就债的不履行承担连带责任。在连带责任形式中，当主债务人不能履行到期债务时，就发生了债的不履行责任，保证人与主债务人应当对此连带承担责任，即只要担保事项发生，债权人就有权请求主债务人或保证人或两者同时承担债的不履行责任。连带责任只存在于连带责任保证之中。

保证责任的承担方式因债权人请求的不同而分为两种类型，即代为履行和代为赔偿。代为履行是指保证人按照主债的内容和标的，代替主债务人向债权人履行债务。代为赔偿是指保证人代替债务人向债权人承担债的不履行的损害赔偿责任。在一般保证方式中，当主债务人不履行到期债务时，债权人应先请求主债务人履行，若主债务人不履行债务，债权人应就主合同纠纷提起诉讼或仲裁，为强制执行主债务人的财产提供依据。只有在强制执行主债务人的财产仍不能实现自己的债权时，债权人才能请求保证人承担保证责任。此时主债务人不履行到期债务的责任已转化为一种损害赔偿责任，故保证人不可能按原主债务的内容来履行了。可见，一般保证方式中的保证责任的承担方式只有代为赔偿，而不能适用代为履行的责任承担方式。连带保证方式则不同，在主债务人不履行到期债务时，仍然可能需要继续履行债务，也有转化为损害赔偿责任的可能。此时，债权人既可以请求继续履行债务，也可以请求损害赔偿。也就是说，连带保证方式中的保证责任之承担方式，既可以为代为履行，也可以为代为赔偿。

（三）保证责任的免除

保证责任是根据保证合同而产生的，当保证合同出现一些违反保证担保的目的的变化时，就可能发生免除保证人的保证责任的后果。所谓保证责任的免除，是指在法律规定的事由出现时，免除保证人对保证责任的承担。根据《民法典》的规定，导致保证责任免除的法定事由主要包括：

1. 主债变更免责，包括债权转让、债务承担和主债权债务内容变化三种情况。债权转让而免除保证责任的，必须事先在保证合同中有约定，若未约定的，债权转让后保证人的保证责任不能免除。为主债务人履行债务提供保证，主要是基于保证人与主债务人之间存在信任关系，在债务移转即债务承担后，债务人发生变化，这违反了保证人对主债务人的信任，应当视为保证的基础已不存在，因而保证人免除保证责任。《民法典》第 697 条第 1 款规定，"债权人未经保证人书面同意，允许债务人转移全部或者部分债务，保证人对未经其同意转移的债务不再承担保证责任，但是债权人和保证人另有约定的除外。"一般来说，当主债权债务合同内容发生变化时，保证设立的基础随之发生变化，在未经保证人同意的情形下，应视为保证合同解除，保证人的保证责任亦免除。但是，《民法典》第695条有不同规定。该规定认为，如果主债权债务内容的变化是"减轻债务的"，保证人仍应对变更后的债务承担保证责任；如果是"加重债务的"，保证人仅对"加重的部分"不承担保证责任。

2. 抗辩权免责仅存在于一般保证中，即当债权人未对主债务人提起诉讼或仲裁并就主债务人财产依法强制执行仍不能履行债务前，保证人因行使其先诉抗辩权而免责。

3. 物的担保优先免责是指在同时存在物保和保证时，债权人应当优先适用物保来实现债权。对债权人来说，其对担保人享有的物的担保的权利属于物权，而保证责任请求权属于债权，根据物权优先原则，债务人自己提供物的担保的，债权人应先行使物的担保；如果物的担保是第三人提供的，则物保和保证处于同等地位，不适用物保优先于保证的规则。基于物权优先原则，法律推定债权人在物的担保范围内已受清偿，而受清偿的债权丧失向保证人请求其承担保证责任的依据，故在物的担保范围内免除保证人的责任。

保证责任免除，意味着保证合同消灭；保证责任部分免除，在免除的范围内该部分保证合同消灭。可见，保证责任免除制度的设立以维护保证人合法权益为目的。

## 第三节    抵    押

### 一、抵押的概念和特征

（一）抵押的概念

抵押是指债务人或第三人不移转财产的占有，将其财产作为履行债务之担保的行为。通过抵押行为，当事人之间形成抵押法律关系。由于抵押法律关系以抵押权为内容，因此，抵押法律关系也被称为抵押权法律关系。在抵押法律关系中，债权人享有的在债务人不履行到期债务或发生当事人约定情形时变卖抵押物并从所得价款中优先受偿的权利，则被称为抵押权；提供财产的债务人或第三人为抵押人；债权人为抵押权人；提供担保的财产为抵押财产或抵押物。抵押的目的是为了设定抵押权，而抵押权的行使可以使被担保的债权得到实现。由于抵押权人享有就抵押财产优先受偿的内容，故抵押人因具有担心抵押财产被变卖的心理顾虑，从而促使债务得到履行。抵押有广义和狭义之分，广义抵押包括普通抵押和特别抵押，狭义抵押仅指普通抵押即不动产抵押。在《民法典》确立的抵押制度中，既包括不动产抵押，又包括动产抵押和权利抵押。

在抵押担保中，抵押人不需要移转标的物的占有，抵押人仍可以对抵押物行使占有、使用、收益和有限的处分权。通过抵押担保，不仅可以达到实现担保债权的目的，而且不损害抵押财产的使用价值，也不会在抵押期间造成抵押财产的闲置。对于抵押权人来说，尽管其未直接占有抵押财产，但这并不影响其就抵押财产优先受偿；对于抵押人来说，其在设立抵押权后可以在抵押财产上继续使用、收益，不影响抵押财产应有效用的发挥。可见，设立抵押担保对于双方当事人均是有利的。在债务人依照约定履行到期债务或未发生当事人约定的实现抵押权的情况下，抵押财产如同未受到权利限制一样，可恢复原有的权利状态。就债权的实现而言，若债务人不履行到期债务或发生当事人约定的实现抵押权的情形，债权人可以直接拍卖、变卖抵押财产，并以所得价款优先偿付债权，而无须担心债务人和担保人因财产状况恶化丧失清偿能力。正因这些优势，抵押担保有时被称为"担保之王"。

（二）抵押权的特征

抵押权往往通过当事人约定设立，具有物权特性和担保特性。作为一种约定权利，抵押权具有以下特征：

1. 抵押权是一种担保物权。作为一种担保物权，物权性是抵押权的本质特征，是由抵押权的设立目的所决定的。设立抵押权的目的在于以抵押财产的价值对债务履行进行担保，这是一种价值担保，因而抵押权具有担保性。尽管抵押权人并不实际占有抵押财产，但其通过法律上的方法如登记等对抵押财产的交换价值具有排他的控制力。[1] 债权人有权就抵押财产优先受偿，是由抵押权的担保性决定的，抵押权的优先受偿性主要表现在两个方面：其一，相对于普通债权而言，抵押权人有权就抵押财产的拍卖、变卖价金优先受偿；其二，与其他抵押权人相比，依照法律规定的抵押权顺位不同，债权人受偿的先后顺序也存在区别。这些是抵押权作为物权体现出的排他性。对标的物具有支配性和排他性，正是物权所独有的特征。

2. 抵押权具有从属性。抵押权从属于被担保的债权。抵押权的从属性也是抵押权的担保性的具体表现。一般来说，抵押权的成立，须以债权的成立为前提，即使某些特殊情况下抵押权可以用来担保未来债权，即抵押权设定在先，被担保的债权成立在后，但因没有所担保的债权，设立抵押权将丧失意义，故该种抵押权的实现，最终仍须以债权存在为必备前提。《民法典》第407条规定："抵押权不得与债权分离而单独转让或者作为其他债权的担保。债权转让的，担保该

---

〔1〕　参见程啸：《担保物权研究》，中国人民大学出版社2017年版，第46~50页。

债权的抵押权一并转让，但是法律另有规定或者当事人另有约定的除外。"

3. 抵押权具有不可分性。抵押权的不可分性是指抵押权人在其债权完全受偿前，抵押担保债权的效力及于全部抵押财产。从抵押财产与债权的关系来说，全部抵押财产担保债权的各个部分，抵押财产的各个部分担保全部债权；从抵押权与抵押财产的关系来看，抵押权的全部存在于抵押财产的全部及其每一部分。一般来说，债权未受全部清偿时，抵押权人有权就抵押财产的全部行使抵押权；抵押财产被分割或者部分转让，抵押权人有权就分割或者转让后的抵押财产行使抵押权。债权被分割或者部分转让，各债权人有权基于其享有的债权份额行使抵押权。

4. 抵押权具有物上代位性。抵押权的物上代位性，是指抵押权的效力及于抵押财产的变形体或代替物。根据《民法典》第390条的规定，在担保期间，担保财产毁损、灭失或者被征收等，担保物权人可以就获得的保险金、赔偿金或者补偿金等优先受偿；被担保债权的履行期限未届满的，也可以提存该保险金、赔偿金或者补偿金等。这是关于担保物权的物上代位权的规定，同样适用于抵押权。因此，《最高人民法院关于适用〈中华人民共和国民法典〉有关担保制度的解释》第42条规定，抵押权依法设立后，抵押财产毁损、灭失或者被征收等，抵押权人有权请求按照原抵押权的顺位就保险金、赔偿金或者补偿金等优先受偿；给付义务人已经向抵押人给付了保险金、赔偿金或者补偿金，抵押权人不得请求给付义务人向其给付保险金、赔偿金或者补偿金，但是给付义务人接到抵押权人要求向其给付的通知后仍然向抵押人给付的除外；抵押权人请求给付义务人向其给付保险金、赔偿金或者补偿金的，人民法院可以通知抵押人作为第三人参加诉讼。

5. 抵押权具有追及性。抵押权的追及性，是指抵押财产无论辗转流入何人手里，抵押权人都可以追及抵押财产之所在而对其行使抵押权。《民法典》第406条规定："抵押期间，抵押人可以转让抵押财产。当事人另有约定的，按照其约定。抵押财产转让的，抵押权不受影响。抵押人转让抵押财产的，应当及时通知抵押权人。抵押权人能够证明抵押财产转让可能损害抵押权的，可以请求抵押人将转让所得的价款向抵押权人提前清偿债务或者提存。转让的价款超过债权数额的部分归抵押人所有，不足部分由债务人清偿。"该条是对《物权法》第191条的重要改变，其承认了抵押权的追及效力，具有重要的理论和实践价值。

二、抵押权的种类

在各国或地区法律中，抵押权有不同的种类，随着社会的不断发展，新的抵押权类型也不断出现。根据《民法典》的规定，我国抵押制度中的抵押权种类主要有：

1. 不动产抵押权，是指以不动产为抵押标的物而设立的抵押权。不动产抵押权是抵押权中最为普遍的一种类型，很多国家或地区甚至直接将抵押权等同于不动产抵押权。由于不动产的特殊性，即在没有占有抵押财产的情况下，抵押权人仍可以在一定条件下径直行使抵押权，故该种抵押权极受社会的欢迎，适用范围较为普遍。

2. 动产抵押权，是指以动产为抵押标的物而设立的抵押权。依照《民法典》的规定，可供抵押的动产原则上是生产设备、原材料、半成品、产品、交通运输工具以及正在建造的船舶、航空器等重要动产。设立动产抵押权同样不以移转占有为要件，其公示方式亦有特殊性。

3. 权利抵押权，是指以特定的财产权利作为抵押标的的抵押权。《民法典》规定可供抵押的财产权利主要包括建设用地使用权和土地经营权。

4. 最高额抵押权，是指为担保债务的履行，债务人或者第三人对一定期间内将要连续发生的债权提供担保财产，债务人不履行到期债务或者发生当事人约定的实现抵押权的情形，债权人有权在最高债权额限度内就该担保财产优先受偿的抵押权。最高额抵押权是一种特殊的新型抵押权，该制度具有便捷性和先进性等诸多优势，对我国社会主义市场经济发展有较多益处。

最高额抵押权的主要特征表现为：第一，最高额抵押权担保的是将来的债权，该抵押权设立时往往债权尚未发生。不过，最高额抵押权一般适用于在一定期限内连续发生交易的合同，在最高额抵押权设立前已经存在的债权，经当事人同意，可以转入最高额抵押担保的债权范围。第二，最高额抵押权所担保的债权额不确定，但存在最高债权额的限制，该债权在决算期届满时才能确定数额。根据《民法典》第421条的规定，除当事人有特别约定外，最高额抵押担保的债权确定前，部分债权转让的，最高额抵押权不得转让。第三，最高额抵押权已不具有普通抵押权中成立上的从属性、存续上的从属性和消灭上的从属性。即使最高额抵押权担保的债权消灭，最高额抵押权也不会消灭，而且其限额也不会减少，依然保持其效力。[1] 在最高额抵押权所担保的债权确定后，最高额抵押权便转为普通抵押权，此时在《民法典》对最高额抵押权未作出规定时，应当适用有关一般抵押权的相关规定。

作为一种约定担保，最高额抵押担保的债权确定前，抵押权人与抵押人可以通过协议变更债权确定的期间、债权范围以及最高债权额。但是，变更的内容不得对其他抵押权人产生不利影响。

---

〔1〕 参见［日］我妻荣：《我妻荣民法讲义Ⅲ新订担保物权法》，申政武等译，中国法制出版社2008年版，第423~424页。

最高额抵押权的实现需要以所担保的债权确定为条件,根据《民法典》第423条的规定,抵押权人的债权确定的情形主要有:①约定的债权确定期间届满;②没有约定债权确定期间或者约定不明确,抵押权人或者抵押人自最高额抵押权设立之日起满二年后请求确定债权;③新的债权不可能发生;④抵押权人知道或者应当知道抵押财产被查封、扣押;⑤债务人、抵押人被宣告破产或者解散;⑥法律规定债权确定的其他情形。

5. 最高额抵押权的效力,《民法典》未明确规定。一般认为,在最高额抵押权所担保的债权确定后,实际发生的债权超过最高额时,以最高额为限,超过部分为普通债权,不得以抵押财产优先受偿;实际发生的债权低于最高额时,抵押权人以实际发生的债权额为限对抵押财产享有优先受偿权。

动产浮动抵押权,是指经当事人书面协议,企业、个体工商户、农业生产经营者可以将现有的以及将有的生产设备、原材料、半成品、产品抵押,债务人不履行到期债务或者发生当事人约定的实现抵押权的情形,债权人有权就实现抵押权时的动产优先受偿的抵押权。动产浮动抵押权具有如下特点:①抵押人较为特殊,仅限于企业、个体工商户和农业生产经营者;②抵押权客体是特定的,为抵押人的流动资产;③用于抵押的动产是变动不居的。在动产浮动抵押权设定后,抵押人对抵押财产享有自由处分权,这样既能够使抵押人获得源于债权人的资金,又能够使抵押人的正常经营活动免受不当影响。动产浮动抵押权制度的确立可以缓和担保物权客体特定要求的刚性,提高担保财产的融资效率,并最大限度地满足工商企业的融资需求。

动产浮动抵押权的实现,须以抵押财产的确定为前提。根据《民法典》第411条的规定,动产浮动抵押权中抵押财产在下列情形发生时确定:①债务履行期届满,债权未实现;②抵押人被宣告破产或者解散;③当事人约定的实现抵押权的情形;④严重影响债权实现的其他情形。

### 三、抵押权的设定

#### (一) 形式

抵押权的设定是通过抵押行为完成的,抵押行为的成立以双方当事人的合意为条件,其通常表现为抵押合同的形式。抵押合同就是抵押人与抵押权人之间以抵押财产为标的设定抵押权的合同。根据《民法典》第400条第1款的规定,"设立抵押权,当事人应当采取书面形式订立抵押合同"。当然,该条所说的"书面合同",既可以是单独订立的抵押合同,也可是主合同中的抵押条款。

#### (二) 当事人

抵押合同的主体就是抵押当事人,即抵押人和抵押权人。

1. 抵押人是指提供抵押财产为债权人设立抵押权的人。抵押人既可以是主合同中的债务人，也可以是第三人。当由第三人作抵押人时，该第三人称为物上保证人。由于抵押权的设定是一种法律行为，且抵押人须以抵押财产承受一定的负担，因此抵押人必须是具有完全民事行为能力的人。同时，抵押权的实现以处分抵押财产为条件，抵押权设定后可能导致对抵押财产的处分，故抵押人必须对抵押物享有处分权。

2. 抵押权人是指在抵押合同中对抵押财产享有抵押权的当事人。设立抵押权是为了实现所担保的债权，因此，抵押权人必须是主合同中的债权人。

（三）抵押合同

抵押权是通过抵押合同设定的，抵押合同的内容对于抵押权的效力及其实现具有重要的意义。根据《民法典》第 400 条的规定，抵押合同应采用书面形式，且一般包括以下主要条款：①被担保债权的种类和数额；②债务人履行债务的期限；③抵押财产的名称、数量等情况；④担保的范围。此外，当事人双方可通过协商确定认为需要约定的其他情况。

（四）抵押财产

抵押财产是指抵押合同的标的，即抵押人提供用以担保债权实现的财产。抵押合同的标的与抵押权的标的是一致的。根据《民法典》的规定，抵押财产既可以是不动产，也可以是动产，还可以是权利。

根据《民法典》第 395 条第 1 款的规定，债务人或第三人可以用其有权处分的下列财产设定抵押权：建筑物和其他土地附着物；建设用地使用权；海域使用权；生产设备、原材料、半成品、产品；正在建造的建筑物、船舶、航空器；交通运输工具以及法律、行政法规未禁止抵押的其他财产。为了进一步明确抵押财产的范围，《民法典》第 399 条对不得抵押的财产作出了排除性规定，根据该条规定，不能抵押的财产包括：土地所有权；宅基地、自留地、自留山等集体所有土地的使用权，但是法律规定可以抵押的除外；学校、幼儿园、医疗机构等为公益为目的成立的非营利法人的教育设施、医疗卫生设施和其他公益设施；所有权、使用权不明或者有争议的财产；依法被查封、扣押、监管的财产；法律、行政法规规定不得抵押的其他财产。

（五）抵押权公示

抵押权公示是指将抵押权设立的情况向公众展示的制度。抵押权公示在性质上属于物权公示。在各国或地区，抵押权公示的方式一般为登记，我国亦是如此。由于我国的抵押财产既可以是不动产，也可以是动产和权利，因此，《民法典》关于抵押权登记的效力采登记要件主义为原则、登记对抗主义为例外的立法模式。

根据《民法典》的规定，以建筑物和其他土地附着物、建设用地使用权、海域使用权、正在建造的建筑物抵押的，应当办理抵押登记，该抵押权自登记时设立；以动产抵押的，抵押权自抵押合同生效时设立，此种抵押权未经登记，不得对抗善意第三人。应注意的是，对于动产抵押权未经登记时不得对抗的"善意第三人"的范围如何理解，各界存在较大争议。在司法适用中，一般认为，善意第三人是指自抵押人处受让抵押财产或设定质权并移转占有等时，不知道该财产上已设立有抵押权的受让人、质权人等。[1] 此外，以动产抵押的，不得对抗正常经营活动中已经支付合理价款并取得抵押财产的买受人。

关于抵押权登记的效力问题，《民法典》第 414 条规定："同一财产向两个以上债权人抵押的，拍卖、变卖抵押财产所得的价款依照下列规定清偿：（一）抵押权已经登记的，按照登记的时间先后确定清偿顺序；（二）抵押权已经登记的先于未登记的受偿；（三）抵押权未登记的，按照债权比例清偿。其他可以登记的担保物权，清偿顺序参照适用前款规定。"

**四、抵押权的效力**

抵押权的效力是指抵押权设立后所产生的法律约束力。概括来说，对于抵押权的效力，可以从以下几个方面来把握：

（一）抵押权的效力范围

抵押权的效力范围是指抵押权产生的法律后果的范围，体现在能够担保的债权范围和能够用以担保的财产的范围两个方面。

1. 抵押权能够担保的债权范围。抵押权担保的债权范围是抵押合同的主要条款，当事人一般应当明确约定；当事人未明确约定的，应按照法律的规定来确定。法律规定的抵押权担保范围就是抵押权的法定担保范围，根据《民法典》第 389 条的规定，抵押权的法定担保范围包括：主债权及其利息、违约金、损害赔偿金、保管抵押财产和实现抵押权的费用。

2. 抵押权效力所及的财产范围。它一般包括原抵押物、从物、从权利、孳息、添附物等。①抵押物，即抵押人在设立抵押权时所提供的财产。②从物，即抵押物的从物。在当事人对于从物的移转没有约定的情况下，主物移让的，从物随主物移让，因此，在实现抵押权时，从物也在变价范围之列。不过，根据《最高人民法院关于适用〈中华人民共和国民法典〉有关担保制度的解释》第 40 条的规定，从物产生于抵押权依法设立后，抵押权的效力不得及于从物，但在抵押权实现时可以将从物一并处分。③从权利，即以抵押财产的存在为前提或依靠抵押财产而存在的权利。④孳息。《民法典》第 412 条规定："债务人不履行到期

---

[1]    参见中国审判理论研究会民事审判理论专业委员会编著：《民法典物权编条文理解与司法适用》，法律出版社 2020 年版，第 450 页。

债务或者发生当事人约定的实现抵押权的情形，致使抵押财产被人民法院依法扣押的，自扣押之日起，抵押权人有权收取该抵押财产的天然孳息或者法定孳息，但是抵押权人未通知应当清偿法定孳息的义务人的除外。前款规定的孳息应当先充抵收取孳息的费用。"根据该规定，抵押人有依法收取抵押财产的孳息之权利。

⑤添附物。根据《最高人民法院关于适用〈中华人民共和国民法典〉有关担保制度的解释》第41条规定，抵押权依法设立后，抵押财产被添附，添附物归第三人所有，抵押权人有权主张抵押权效力及于补偿金；抵押权依法设立后，抵押财产被添附，抵押人对添附物享有所有权，抵押权人有权主张抵押权的效力及于添附物，但是添附导致抵押财产价值增加的，抵押权的效力不及于增加的价值部分；抵押权依法设立后，抵押人与第三人因添附成为添附物的共有人，抵押权人有权主张抵押权的效力及于抵押人对共有物享有的份额。

（二）抵押权对租赁权的影响

抵押关系成立后，抵押财产的所有权并不因此发生转移，抵押人仍然可以行使利用抵押财产的权利。抵押人既可以自己使用抵押财产，也可以是抵押人以外的人使用抵押财产。将抵押财产出租就是由他人使用的典型表现。抵押权设立后，抵押人将抵押财产出租的，就发生了抵押权与租赁权的竞合。《民法典》第405条规定："抵押权设立前，抵押财产已经出租并转移占有的，原租赁关系不受该抵押权的影响。"这一规定明确了抵押权与租赁权竞合时的处理规则。

（三）抵押权的优先效力

抵押权的优先效力主要表现为抵押权人的优先受偿权。抵押权人的优先受偿权，是指抵押权人在债务人不履行到期债务或发生当事人约定的实现抵押权的情形时，有优先从抵押财产的变价中受偿的权利。优先受偿权是抵押权效力的核心内容，也是抵押权的担保性的根本保障。在一般情况下，抵押权人就抵押财产优先于一般债权人受清偿。

在抵押财产被查封、执行时，抵押权人的抵押权优先于执行权，即当抵押财产被扣押或强制执行时，抵押权人可行使抵押权，并从其抵押财产的变价中优先受清偿。但根据《最高人民法院关于适用〈中华人民共和国民法典〉有关担保制度的解释》第54条的规定，未登记的动产抵押权，不得对抗已作出财产保全裁定或者采取执行措施的债权。

（四）抵押权的保全效力

抵押权的保全效力是指抵押权人有权采取必要措施保全抵押财产价值的法律效力。抵押权为价值权，当抵押财产的价值减少时，意味着抵押权人的抵押权受到侵害，使抵押权人因此享有采取必要措施来保全抵押财产价值的权利。《民法典》第408条规定："抵押人的行为足以使抵押财产价值减少的，抵押权人有权请求抵押人停止其行为；抵押财产价值减少的，抵押权人有权请求恢复抵押财产的价值，或者提供与减少的价值相应的担保。抵押人不恢复抵押财产的价值，也不提供担保的，抵押权人有权请求债务人提前清偿债务。"这一规定确立了抵押财产价值减少防止权、恢复抵押财产的价值请求权或补足担保请求权以及提前清偿债务请求权。

抵押权的保全以抵押财产价值的减少须基于抵押人或第三人的故意或过失行为为条件。如果抵押财产价值的减少不是抵押人或第三人的故意行为或过失行为所造成，也不能归责于任何人，则抵押权人与抵押人共同承担损失。其中，抵押人作为财产所有人承受财产价值减少的损失，而抵押权人的抵押权在抵押财产价值减少的部分范围内消灭，且不能请求抵押人就该部分另外提供担保。

**五、抵押权的实现**

抵押权的实现，是指抵押权人拍卖、变卖抵押财产，以抵押财产的变价优先实现其债权的行为。根据《民法典》第410条的规定，债务人不履行到期债务或者发生当事人约定的实现抵押权的情形，抵押权人可以与抵押人协议以抵押财产折价或者以拍卖、变卖该抵押财产所得的价款优先受偿；抵押权人与抵押人未就抵押权实现方式达成协议的，抵押权人可以请求人民法院拍卖、变卖抵押财产；抵押财产折价或者变卖的，应当参照市场价格。

*(一)　抵押权实现的条件*

在一般情况下，抵押权的实现应具备以下条件：①抵押权有效存在。抵押权的实现，必须以抵押权有效存在为前提。抵押权设立无效或未设立，则不存在抵押权，当然就不存在抵押权的实现可言。②须债权已届清偿期而未受清偿。如果债权未届清偿期，债务人没有履行债务的义务，债权人不能行使以抵押财产变价来实现债权的权利。如果债权已届清偿期，但债务人依法或依约定清偿了债务的，债权人不得再请求债务人清偿。③债务未受清偿须不可归责于债权人。如果是债权人原因导致债务人无法履行到期债务的，则债权人无权以债务人未清偿为由实现抵押权。

具备以上三个条件，抵押权人就可行使抵押权以实现债权。这是有关抵押权实现之一般情形的规定。如果当事人对抵押权的实现条件有约定，应当依照约定的条件实现抵押权。

*(二)　抵押权实现的方式*

抵押权的实现方式包括折价、拍卖、变卖三种方式。具体以何种方式实现抵押权，抵押权人与抵押人可以协商确定，如果双方当事人未就此达成协议的，抵押权人可以请求人民法院拍卖、变卖抵押财产来实现抵押权。其中，只有在抵押权人与抵押人达成协议时才能通过将抵押财产折价的方式来实现抵押权。如果双方同意以折价方式实现抵押权而未就抵押财产的价格达成协议的，应当参照市场价格对抵押财产进行评估。当然，双方关于对抵押财产折价的协议不得损害其他债权人的利益。

### 六、物上保证人的权利

物上保证人是指在抵押权设立时提供抵押财产的第三人。抵押权的担保功能的发挥主要取决于抵押物的价值，至于抵押人是债务人还是第三人对此并无影响。因此，在设定抵押权时，提供抵押财产的人既可以是债务人，也可以是债务人以外的第三人。当抵押人是第三人时，其所处的地位与保证人相当，只是保证是以保证人的信誉来担保，抵押人是以自己的财产来担保，故可被称为物上保证人。

在设定抵押权前，物上保证人与被担保的债务没有任何关系。抵押权设立后，物上保证人也不能通过抵押合同取得任何利益。抵押权的设立，意味着抵押财产可能会被处分。当抵押权人为实现抵押权而处分抵押财产时，作为物上保证人的抵押人将会受到财产上的损失。在第三人提供抵押财产时，为了避免抵押权的实现使其受到损失，法律往往赋予抵押人一定的权利，以保障其合法权益。这种权利主要包括反担保权和求偿权。

反担保权是指物上保证人请求债务人提供反担保的权利。抵押权设立时，物上保证人有权请求债务人对其承担抵押责任提供反担保。反担保权人是物上保证人，而反担保人既可以是债务人，也可以是债务人以外的第三人。反担保的方式可以是抵押、质押、保证等。

求偿权又叫追偿权，是指在抵押权人实现抵押权后，物上保证人享有的在以其提供的抵押财产承担的责任的范围内向受益的债务人进行追偿的权利。设立求偿权制度，是对物上保证人提供抵押财产设立抵押权作出的必要保障。

### 七、抵押权的消灭

抵押权的消灭是指因法定原因或约定原因使抵押权的效力终止。抵押权消灭，抵押关系随之消灭。根据《民法典》第393条，抵押权消灭的原因，主要有：①主债权消灭。抵押权所担保的主债权消灭，抵押权失去担保的对象，抵押权因此而消灭。②抵押财产灭失且不存在代位物。抵押财产是抵押权的标的，标的灭失，抵押权因无依存对象而归于消灭。但在抵押财产消灭时，抵押权人可就由此获得的保险金、赔偿金或补偿金等行使物上代位权，这是抵押权效力的表现。如果抵押财产灭失后具有物上代位的可能，抵押权就不消灭。③抵押权的实现。抵押权的实现，抵押财产将因被处分而消灭，故抵押权随之消灭。即使实现抵押权后仍有部分债务未受清偿，抵押权也归于消灭，而未受清偿的部分债务，将因抵押财产已被全部用于清偿债务而变成普通债权。④债权人放弃抵押权。抵押权是一种财产权，债权人作为抵押权人可以放弃该权利。

## 第四节    质    押

### 一、质押的概念和特征

（一）质押的概念

质权，是指债务人或第三人将动产或权利交于债权人占有或控制，在债务人不履行到期债务或发生当事人约定的情形时，债权人享有就该动产或权利的变价优先受偿的权利。在质押关系中，提供财产或权利的债务人或第三人为出质人；享有质权的债权人为质权人；提供的动产或权利为质押财产；债务人或第三人将财产交给债权人占有或控制，设立担保的行为，称为质押。

质权设立的目的在于担保债权的履行，其在性质上属于担保物权。根据设立质权的标的不同，我国《民法典》规定了两种质权，即动产质权与权利质权。此外，《民法典》第439条还确立了最高额质权。

（二）质押的特征

质权与抵押权均具有物权性和担保性，但质权具有独特的特点，其主要表现为：

1. 质押法律关系的客体仅限于动产和权利，且动产与权利均具有让与性。有国家承认不动产质权（如法国），但我国《民法典》第425条明确质权设定于动产之上；并在第440条至第446条规定了权利质权。由于质权是一种价值权，而债权人可能通过拍卖、变卖质押财产或以其他形式优先受偿来实现债权，故质押财产必须具有让与性。

2. 质权的设定，因质押财产移转由债权人占有或控制而生效。占有或控制的继续使质权得以维系，若质权人丧失对质押财产的占有或控制，则其质权随之消灭。以动产为标的设立质权，必须将标的物直接移转给质权人占有。以权利为标的设立质权，必须依法将权利凭证交付给质权人或办理出质登记。

3. 质权的实现主要以债务人不履行到期债务为条件。当债务人不履行到期债务时，债权人有权决定将质押财产进行处分以优先受偿，该决定无需取得债务人同意。比较而言，抵押权人不享有这种对标的的独立支配权。

质权是通过质押行为设定的，设定质权的质押行为通常表现为质押合同，故质押担保是一种约定担保。根据《民法典》第427条的规定，设立质权，当事人应当采取书面形式订立质权合同。质权合同一般包括下列条款：①被担保债权的种类和数额；②债务人履行债务的期限；③质押财产的名称、数量等情况；④担保的范围；⑤质押财产交付的时间、方式。

**二、动产质押**

动产质押是指债务人或第三人将动产作为标的而设定质权的行为。以动产为质押财产所设定的质权就是动产质权，其是指为担保债务的履行，债务人或第三人将其动产出质给债权人，债务人不履行到期债务和发生当事人约定的情形时，债权人享有的就该动产优先受偿的权利。

（一）动产质权的设定

《民法典》第 427 条第 1 款规定："设立质权，当事人应当采用书面形式订立质押合同。"第 429 条规定："质权自出质人交付质押财产时设立。"可见，质押合同不是诺成合同，除双方当事人就设立质权的意思表示达成一致外，出质人还必须将质押物移转于质权人占有，质权才设立。

动产质权以动产为标的物，其中动产的范围极其宽泛。由于质权的实现必须就质押物的变价优先受偿，因而质押物必须为可交易物，即法律上能够转让的动产。

动产质押在实践中所担保的债权主要是金钱债权，也可以是实物债权。质押担保的范围可以分为法定担保范围与约定担保范围。质押担保的法定范围包括主债权及其利息、违约金、损害赔偿金、保管担保财产和实现担保物权的费用。若当事人在质押合同中对担保范围有特别约定的，出质人在约定的担保范围内承担担保责任。不过，根据《民法典》第 428 条，质权人在债务履行期限届满前，与出质人约定债务人不履行到期债务时质押财产归债权人所有的，只能依法就质押财产优先受偿。

（二）动产质权的效力

动产质权的效力可分为对内效力和对外效力两个方面。《民法典》主要对动产质权的对内效力作出了规定。

1. 对标的物的效力。动产质权的效力首先及于质押物及其孳息。根据《民法典》第 430 条的规定，除质押合同另有约定外，质权人有权收取质押财产的孳息，只是收取的孳息应当先充抵收取孳息的费用。由于质权设立时质押物已经为质权人所合法占有，而孳息乃是由质押物所派生，因而确认质权人享有收取孳息的权利，可以充分发挥质权担保债权实现的作用。此外，收取孳息往往需要支付一定的费用，当质权人垫付了该费用后，应允许质权人以收取的孳息首先充抵付出的费用。当然，如果双方当事人约定质权人放弃收取孳息的权利，法律应当尊重当事人的自由意志。

2. 质权人的权利与义务。

（1）质权人主要享有以下权利：①质权人享有占有质押物的权利。②质权人享有收取孳息的权利。③质权人享有质押物保全的权利。因不可归责于质权人的事由可能使质押财产毁损或者价值明显减少，足以危害质权人权利的，质权人有权请求出质人提供相应的担保；出质人不提供的，质权人可以拍卖、变卖质押财产，并与出质人协议将拍卖、变卖所得的价款提前清偿债务或者提存。④质权人享有优先受偿权。债务人不履行到期债务或者发生当事人约定的实现质权的情形，质权人可以与出质人协议以质押财产折价，也可以就拍卖、变卖质押财产所得的价款优先受偿。质押财产折价或者变卖的，应当参照市场价格。⑤质权人享有处分权。质权人可以放弃质权。债务人以自己的财产出质，质权人放弃该质权的，其他担保人在质权人丧失优先受偿权益的范围内免除担保责任，但是其他担保人承诺仍然提供担保的除外。

（2）质权人的义务主要有：①妥善保管质押物的义务。质押物虽因设立质押而移交至质权人占有，但出质人并未丧失质押物所有权。为了保全质押物的价值，维护出质人与质权人双方利益的需要，《民法典》第432条的规定，质权人负有妥善保管质押财产的义务；因保管不善致使质押财产毁损、灭失的，应当承担赔偿责任；质权人的行为可能使质押财产毁损、灭失的，出质人可以请求质权人将质押财产提存，或者请求提前清偿债务并返还质押财产。②届期返还质押物的义务。债务人履行债务或者出质人提前清偿所担保的债权的，质权人应当返还质押财产。

3. 转质。所谓转质，是指在质押关系存续期间，质权人为担保自己的或他人的债务，将出质人提供的质押物移转给债权人占有，从而设定一个新的质权的行为。转质行为涉及两个债权债务关系，并在同一质押物之上产生两个质权并存的现象，从而形成出质人、质权人、转质权人三方主体的权利义务关系。

转质可以分为承诺转质和责任转质两种。承诺转质是指质权人经出质人同意，在其占有的质押物之上设定新质权的行为。这里的承诺是指取得出质人的同意。承诺转质以出质人让与质押物的部分处分权为基础，符合出质人的自由意愿，实践中应当承认承诺转质的效力。责任转质是指质权人未经出质人同意，自己将占有的质押物转移给债权人占有，从而设定新的质权的行为。我国《民法典》第434条规定了责任转质，即质权人在质权存续期间，未经出质人同意转质，造成质押财产毁损、灭失的，应当承担赔偿责任。

三、权利质押

权利质押是指债务人或第三人以所有权以外的可转让财产权为标的为债务履行提供担保的行为。权利质押所产生的权利就是权利质权。权利质押与动产质押都是质押的表现形式，两者的主要区别在于标的物的不同。由于在实践中动产质押比权利质押的适用更为普遍，具有质押的一般特征，故法律关于权利质押未作规定时，可以适用动产质押的有关规定。

（一）可以出质的权利范围

可以用于设定质权的权利具有一定的限制。一般来说，作为权利质押标的的权利必须具备三个条件：①须为财产权。只有财产权才能在质权实现时变价，非财产权不能直接变价，故不能以非财产权作质权标的来设立质权。②须具有可让与性。作为担保物权，质权在性质上属于价值权，应有变价的可能。禁止让与的权利不能变价，当然不能作为质权标的设立质权。③须为适于设质的权利。根据《民法典》第 440 条的规定，债务人或者第三人有权处分的下列权利可以出质：汇票、本票、支票；债券、存款单；仓单、提单；可以转让的基金份额、股权；可以转让的注册商标专用权、专利权、著作权等知识产权中的财产权；现有的以及将有的应收账款；法律、行政法规规定可以出质的其他财产权利。

由于可以出质的财产权利范围非常广泛，且法律、行政法规没有明文列举的财产权利，如商铺租赁权、出租车经营权、银行理财产品、企业银行账户、公用事业收费权、企业排污权等新类型权利能否纳入权利质押的客体范畴，学界存有不同意见。[1] 根据《最高人民法院关于适用〈中华人民共和国民法典〉有关担保制度的解释》第 63 条的规定，债权人与担保人订立担保合同，约定以法律、行政法规尚未规定可以担保的财产权利设立担保，当事人不得主张合同无效；当事人未在法定的登记机构依法进行登记，不得主张该担保具有物权效力。

（二）权利质权的设立方式

1. 债权质权的设立。债权质权是指出质人以其拥有的债权作为质押财产设立的质权。《民法典》第 441 条列举了七种可以作为质押标的的债权，其中汇票、支票、本票、债券属于金钱给付类债权，存款单、仓单、提单属于动产给付类债权。在法律没有特别规定的情况下，以汇票、支票、本票、债券、存款单、仓单、提单出质的，质权自权利凭证交付质权人时设立；没有权利凭证的，质权自办理出质登记时设立。《最高人民法院关于适用〈中华人民共和国民法典〉有关担保制度的解释》第 58 条规定："以汇票出质，当事人以背书记载'质押'字样并在汇票上签章，汇票已经交付质权人的，人民法院应当认定质权自汇票交付质权人时设立。"可见，以汇票为质押标的设立质权不是以背书为生效要件，其仍应以汇票的交付作为生效的要件。根据《民法典》第 442 条的规定，汇票、支票、本票、债券、存款单、仓单、提单的兑现日期或者提货日期先于主债权到期的，质权人可以兑现或者提货，并与出质人协议将兑现的价款或者提取的货物提前清偿债务或者提存。

---

〔1〕　参见胡康生主编：《中华人民共和国物权法释义》，法律出版社 2007 年版，第 497 页。

2. 股权质权的设立。股权质权是指出质人以其拥有的股权作为质押财产设立的质权。股权表现为股票和股份。根据《民法典》第 443 条的规定，以基金份额、股权出质的，质权自办理出质登记时设立；基金份额、股权出质后，不得转让，但是出质人与质权人协商同意的除外；出质人转让基金份额、股权所得的价款，应当向质权人提前清偿债务或者提存。由于股权质权的实现结果是发生股权转让，因而处分作为质押标的的股权必须符合《公司法》关于股权转让的规定。

3. 知识产权质权的设立。知识产权质权是指出质人以其拥有的知识产权中的财产权作为质押财产设立的质权。以注册商标专用权、专利权、著作权等知识产权中的财产权出质的，质权自办理出质登记时设立。当前，著作权质权登记由国家版权局委托的中国版权保护中心办理，专利权质权和注册商标专用权质权的登记由国家知识产权局办理。知识产权中的财产权出质后，除出质人与质权人协商同意外，出质人不得转让或者许可他人使用。出质人转让或者许可他人使用出质的知识产权中的财产权所得的价款，应当向质权人提前清偿债务或者提存。在知识产权质权设立后，出质人未经质权人同意而转让或许可他人使用已出质权利的，应当认定为无效，因此给质权人或第三人造成损失的，由出质人承担责任。[1]

4. 应收账款质权的设立。应收账款质权是指出质人以应收账款作为质押财产设立的质权。所谓应收账款，是指权利人因提供一定的货物、服务或设施所获得的要求义务人付款的权利以及依法享有的其他付款请求权。应收账款是一种金钱债权，这种债权既可以是现有的债权，也可以是未来的债权，但其不包括因票据或其他有价证券而产生的付款请求权以及法律、行政法规禁止转让的付款请求权。[2] 根据《民法典》第 445 条第 1 款的规定，以应收账款出质的，质权自办理出质登记时设立。《物权法》第 228 条第 1 款曾明确规定应收账款质权由信贷征信机构办理登记，但《民法典》删除了该规定。不过，《应收账款质押登记办法》第 4 条第 1 款规定，中国人民银行征信中心是应收账款质押的登记机构。应收账款出质后，不得转让，但是出质人与质权人协商同意的除外。出质人转让应收账款所得的价款，应当向质权人提前清偿债务或者提存。

---

〔1〕 参见王利明主编：《民法》（上册），中国人民大学出版社 2020 年版，第 529 页。
〔2〕 参见王利明主编：《民法》（上册），中国人民大学出版社 2020 年版，第 529 页。

## 第五节　留　置

### 一、留置的概念与特征

所谓留置，是指在债务人不履行到期债务时，债权人有权扣留其合法占有的债务人的动产，并就该动产优先受偿的一种担保方式。

作为一种担保方式，留置的核心在于债权人依法享有留置权，即债权人因一定债权关系占有债务人的动产，在基于该动产所发生的债权未得清偿前，得留置该动产以担保债权实现的一种权利。享有留置权的债权人为留置权人；被债权人占有的动产为留置财产。

### 二、留置权的性质

留置权具有两层效力，其第一层效力表现为债权人对债务人的占有物返还请求权享有拒绝权，第二层次的效力表现为债权人对逾期未得清偿的债权可由留置财产优先受偿。显然，留置权包含有条件地处分留置财产的权利。留置权作为一种担保物权，具有其他担保物权的共性，如从属性、不可分性、物上代位性等。同时，留置权也有自身的特殊性，这正是其成为一种独立类型的担保物权的原因。具体而言，留置权具有如下特征：

1. 留置权是法定担保物权。留置权是依法律规定而产生的担保物权。在具备《民法典》第447条、第448条规定的条件时，留置权当然产生。它不像抵押权和质权是由当事人之间的合意而产生，但在英、美、法等国，也有依合意成立留置权的情形。

2. 留置权与原始债权的牵连性。作为担保物权，留置权是从属于主债权的从权利，留置权的标的物与原始债权的标的物具有同一性。如果债权人的债权并非基于留置财产上的关系而产生，即若系基于另一法律关系而产生，则债权人不得留置该物。如汽修厂为甲修理小轿车，在修理费未受偿之前，可留置该小轿车；但甲另欠汽修厂一笔借款，则为另一法律关系，该法律关系的发生与小轿车的修理无牵连关系，故汽修厂不得以甲未偿还欠款为由而留置修理的小轿车。根据《民法典》第448条的规定，企业之间留置的，债权人留置的动产与债权可以不属于同一法律关系。不过，《最高人民法院关于适用〈中华人民共和国民法典〉有关担保制度的解释》第62条第2款对企业之间留置的财产范围作出了一定的限制，即企业之间留置的动产与债权并非同一法律关系，债务人有权以该债权不属于企业持续经营中发生的债权为由请求债权人返还留置财产。

3. 留置权的成立与存续均以占有留置财产为要件。无论是成立还是存续，留置权人均须占有被留置的动产，该占有不同于质权的占有，质权占有源于当事人约定，且占有物不是债的标的物，而留置权的占有依债的性质产生，债的标的物由债权人占有。留置权人非基于留置权而享有占有留置财产的权利，而是基于占有留置财产而成立留置权，故留置权因占有的丧失而消灭。

4. 留置权的效力具有双重性。留置权人在债权受清偿之前，可留置标的物并有继续占有的权利，该权利可对抗债务人转让该标的物的权利和债务人返还标的物的请求权。虽然质权有同样的效力，但质权不得对抗对自己有优先权的债权人。留置权系在法定条件下就留置财产享有的优先受偿权，其第一重效力为留置效力，即留置权人在其债权未受清偿前可以留置标的物，以给债务人造成心理压力，从而促使债务人履行债务；第二重效力为处分留置财产并优先受偿的效力，即债务人在宽限期届满后仍不履行债务时，留置权人有权将留置财产变价并就该价款优先受偿，从而实现自己的债权。

### 三、留置权的成立

留置权是基于法律规定而发生的一种担保物权，属于法定担保物权，故留置权不依当事人之间的合意而产生。留置权可分为一般留置权和特殊留置权。其中，一般留置权的成立须具备以下要件：

#### （一）积极要件

留置权成立的积极要件是指留置权成立必须具备的条件或应具备的法律事实。

1. 须债权人占有属于债务人的动产。此为留置权成立及存续的基本条件，因为留置权是基于债权人对标的物的占有而产生。留置权人对留置财产的占有，既可为直接占有，也可为间接占有，还可利用占有辅助人予以占有；既可为单独占有，也可为共同占有，而共同占有以债权人与第三人对标的物的占有为限。

留置权人占有的标的物必须是动产。根据《民法典》第447条的规定，留置权适用于债权人合法占有的债务人的动产；留置权的成立必须以债权人已合法占有债务人的动产为前提。所谓"合法"占有，是指债权人必须基于合法原因而占有债务人的动产，如基于保管合同的约定而取得动产的占有；如果债权人非基于合法原因而占有债务人的动产，则不得留置该动产，如债权人以侵权行为占有债务人的动产。[1] 作为留置财产的"债务人的动产"并非专指债务人享有所有权的动产，而是指债务人交付给债权人占有的动产。即便动产的所有权人是第三人，只要是由合法占有该动产的债务人将之交付给债权人，且债权人对该动产的占有亦属合法，同样可以成立留置权。对此，《最高人民法院关于适用〈中华人

---

[1] 参见胡康生主编：《中华人民共和国物权法释义》，法律出版社2007年版，第497页。

民共和国民法典〉有关担保制度的解释》第 62 条第 1 款明确规定："债务人不履行到期债务，债权人因同一法律关系留置合法占有的第三人的动产，并主张就该留置财产优先受偿的，人民法院应予支持。第三人以该留置财产并非债务人的财产为由请求返还的，人民法院不予支持。"

2. 须债权的发生与留置的动产属于同一法律关系。债权的发生与留置的动产属于同一法律关系，是指债权的发生和留置财产有牵连关系。至于如何确定两者之间有牵连关系，立法及学说存在分歧，大致有两种观点：①债权与债权牵连说。此说认为，留置权人对于相对人的债权，与相对人对于债权人请求交付该物的债权，须同出于一个法律关系。双务合同的对等给付，即为有牵连关系。此说承袭罗马法（诈欺）抗辩权，不认为留置权为物权，故此说与我国法律的规定不同，从而未被采用。②债权与物牵连说。此说认为，留置财产为债权发生原因，为有牵连关系，至于有无对等给付在所不问，此说分为一元论和二元论。一元论又称直接原因说，认为债权与标的物之间须有因果关系，便可认定占有物与债权有牵连关系。二元论又称间接原因说，认为债权与占有物之间，包含直接原因和间接原因两种情形。至于牵连关系发生原因，依上述学说，既可为合同，也可为侵权行为。为了适应社会经济发展的需要，《民法典》拓宽了留置权担保债权的范围，不再将受担保的债权限于合同之债，在无因管理、不当得利、侵权行为等债中，债权人也可以享有留置权。

3. 须债权已届清偿期。占有标的物的债权人的债权未届履行期，而占有物的返还义务先届履行期时，如债权人仍可留置该标的物，其结果则是，尽管债务人的债务尚未到清偿期，但该债务将因标的物被债权人留置而间接地被强制履行，从而发生有违公平的后果。因此，留置权的发生以债权已届清偿期为要件，而不以债务人的迟延履行为必要。《民法典》第 447 条第 1 款将此要件表述为："债务人不履行到期债务，债权人可以留置已经合法占有的债务人的动产"。债务人不履行到期债务，构成延迟履行，可见，债务人迟延履行是留置权成立的先决条件。

债务已届清偿期不仅是留置权的行使要件，也是其发生要件，此为留置权与其他担保物权的区别。债务已届清偿期是抵押权、质权的实行要件，但不是其成立要件。留置权人和债务人对于债务履行期限未约定或约定不明的，债权人可以催告债务人履行，但催告之时应给债务人必要的准备时间。当然，如果债权人受领迟延，则不得主张留置权。

（二）消极要件

留置权成立的消极要件是指对留置权成立的限制因素。如果仅具备前述的积极要件，却违反下列情形的，留置权不成立。

1. 留置债务人的动产须不违反公序良俗。若留置债务人的动产违反公共秩序或善良风俗，则不得为之。维护公共秩序和善良风俗比保护单个债权人利益更为重要，故留置权人留置债务人的动产如违反该原则当然无效。《民法典》第449条规定："法律规定或者当事人约定不得留置的动产，不得留置。"可见，基于特定的价值判断如公序良俗原则，法律可能在某些情况下禁止债权人留置其占有的动产，如遗体、骨灰、身份证、护照和残疾辅助用品等。此外，根据《民法典》第450条的规定，留置财产为可分物的，留置财产的价值应当相当于债务的金额。

2. 债权人留置债务人的动产不得与其所承担的义务相抵触。这里所说的债权人所承担的义务，包括债权人应先于自己债权受偿前返还标的物的义务，或依债务人的指示应由债权人将标的物交付给第三人的义务。如债权人应承担上述义务，则其将因先履行自身义务而丧失占有，当然不得留置标的物。而且，债权人也不得为了行使留置权而不履行其承担的其他义务，因为债权人往往只有履行了合同中约定的交付标的物的义务之外的其他义务后，才享有债权。如运送人不得为了留置标的物而不履行将标的物运抵目的地的义务，其只能在将标的物运抵目的地之后，于运费受偿之前留置标的物；代理商或行纪人受委托出卖某物品，其只有在履行了出卖该物品的义务以后，才能享有代理费受偿的权利。因此，留置权不得与债权人所承担的义务相抵触。

3. 对留置的动产之占有须非因侵权行为而取得。法律赋予留置权人扣留债务人的动产的权利，是为了保障其合法债权得以实现。因此，债权人占有留置财产应基于合法的原因。若债权人是基于侵权行为而占有债务人的动产，即便占有人取得了以该动产为标的物的债权，也将因对该动产的占有为不法占有，而不能成立留置权，相反其还应承担相应的侵权责任。

4. 须债权关系当事人无排除留置的特约。根据《民法典》第449条的规定，当事人可以约定不得留置的动产。债务人在将动产交付债权人占有时，如双方当事人约定该动产不得留置，那么，根据意思自治原则，可以排除债权人在该物上取得留置权。这是合同自由原则的体现，是法律对当事人权利的尊重。

（三）商事留置权

商事留置权是指在商人间因营业活动发生债权债务关系时，债权人在其到期债权未受清偿前，就其占有的债务人的物行使的留置权。商事留置权源于中世纪意大利商人团体习惯法。在商事实践中，商人之间的交易频繁，追求交易效率，讲究商业信用，如果严格要求留置财产与担保的债权之间必须具有同一法律关系，则与交易迅捷和交易安全原则相悖,[1] 故商事留置权成立的条件较一般（民事）留置权宽松。我国采用民商合一的立法例，没有制定独立的商法典，但《民法典》第448条规定企业与企业之间的留置不要求动产与债权属于同一法律关系，在实质上确立了商事留置权制度。

商事留置权在适用条件上排除了"留置的动产必须与债权属于同一法律关系"的要件，这是该种留置权的特殊性，在其他方面则与一般留置权相同。具体而言，企业之间的留置的成立要件包括：①必须合法占有债务人的动产；②必须是基于合法的营业关系而占有债务人的动产；③留置权人必须是企业。《最高人民法院关于适用〈中华人民共和国民法典〉有关担保制度的解释》第62条对商事留置权的成立进行了如下限制：①企业之间留置的动产与债权并非同一法律关系，债务人有权以该债权不属于企业持续经营中发生的债权为由请求债权人返还留置财产；②企业之间留置的动产与债权并非同一法律关系，债权人留置第三人的财产，第三人有权请求债权人返还留置财产。

**四、留置权的效力**

法律为贯彻设定留置权制度的宗旨，必然要赋予依法成立的留置权以法律效力。法律通过界定留置权的效力范围，设定留置权人和债务人权利义务来达成此目的。

**（一）留置权效力的范围**

1. 留置权所担保债权的范围。留置权所担保债权的范围，又称留置担保的范围。一般来说，只要是与留置财产有牵连关系的债权均属于留置权担保的范围，具体而言，包括主债权及利息、违约金、损害赔偿金、留置财产的保管费用和实现留置权的费用。

2. 留置权标的物的范围。《民法典》关于留置标的物的范围的规定仅抽象为动产，根据该法的立法体例，似乎排除了将有价证券作为留置财产的可能，但就实践来看，将有价证券纳入可以留置的动产较为合理。根据民法理论上对物的分类，留置标的物应为留置动产本身及其从物、孳息、代位物。从物从属于主物，留置财产若为主物，依担保物权的不可分性，从物应为留置权的效力所及。由于留置权以占有标的物为成立要件，故对从物享有留置权也应以占有该物为限。留置标的物应当及于孳息，《民法典》第452条对此持肯定态度。此外，留置权在性质上为物权，其效力应及于因留置财产毁损、灭失所得的保险金、赔偿金或补偿金，即代位物。

---

〔1〕 参见黄薇主编：《中华人民共和国民法典物权编释义》，法律出版社2020年版，第605页。

（二）留置权对留置权人的效力

1. 留置权人的权利。

（1）占有留置财产的权利。留置权人在债权未受偿之前，有留置标的物的权利。留置权人对标的物的留置为继续占有权利，如果债权未受清偿，债务人要求返还留置财产时，其有权拒绝。在留置权人占有留置财产期间，若发生留置财产被侵夺的情形，留置权人可基于占有而请求侵夺人返还。若对留置财产的占有因此而恢复，则视为占有未丧失，留置权得以继续。

（2）对留置财产孳息的收取权。留置权人基于对留置财产的留置权，而衍生收取标的物天然孳息和法定孳息的权利，但留置权人并不因此取得孳息的所有权，而仅取得就收取的孳息优先受偿的抵偿权。《民法典》第 452 条规定，"留置权人有权收取留置财产的孳息。前款规定的孳息应当先充抵收取孳息的费用。"一般认为，收取的孳息在先充抵收取孳息的费用后如有剩余，则可依次充抵原始债权利息和原始债权。

（3）对留置财产的保管使用权。在占有留置财产期间，留置权人有保管留置财产的义务，其原则上没有使用留置财产的权利，但为保管和维持留置财产的安全需要而使用留置财产，则为法律所允许。留置权人超过保管和维持的必要限度使用留置财产，如导致债务人损害的，应当承担赔偿责任；如因该使用获得利益的，应当将该利益返还给债务人。

（4）必要费用的求偿权。留置权人因保管留置财产，收取孳息所支出的必要费用，有请求债务人偿还的权利。所谓必要费用，是指为保存及管理上所不可缺少的费用，如将牛为留置财产时的饲养费。若留置权人支出的费用超出保管留置财产的必要，则不得求偿。

（5）对留置财产优先受偿的权利。这是留置权人依法实行留置权，以留置财产的价值优先满足其债权的权利。

2. 留置权人的义务。

（1）对留置财产的保管义务。留置权人应以善良保管人的注意义务保管留置财产，这是基于留置关系必然产生的义务。留置权人是否以善意的心态对待，或曰留置权人是否尽到一般保管人应尽的注意义务，从客观上看就是留置权人是否实施了必要的保管措施。例如，留置权人应适时收取留置财产的天然孳息，若怠于收取而致孳息灭失或贬值的，则视为未尽注意。《民法典》第 451 条规定："留置权人负有妥善保管留置财产的义务；因保管不善致使留置财产毁损、灭失的，应当承担赔偿责任。"

（2）不得擅自处分留置财产的义务。作为担保物权，留置权的主要功能是担保债权的实现。在一定条件下，留置权人有处分留置财产并就该价款优先受偿的权利，但这种处分权是不完整的。除满足上述条件下行使留置财产的变价受偿权外，留置权人未经债务人的同意不得擅自出租留置财产，也不得以之为其他债权提供担保。留置权人违反上述义务，债务人可以请求留置权人返还留置财产，如造成债务人损害的，其还可以请求留置权人承担损害赔偿责任。

（3）返还留置财产的义务。在留置权所担保的债权消灭时，无论债权是基于何种原因消灭，留置权人均负有将留置财产返还给债务人或其他有权受领人的义务。根据《民法典》第457条的规定，债务人有权为留置权人另行提供担保，如留置权人接受债务人另行提供的担保的，留置权消灭，其有义务返还留置财产。

（三）留置权对债务人的效力

1. 处分权。留置财产虽已脱离债务人的占有，但债务人并未丧失对留置财产的所有权，故债务人仍可自由处分标的物，但这种处分对留置权没有影响。该处分权具体表现为：留置财产的所有权因继承等法定事件而移转于承受人的，其承受人同时也承担被担保债务，故留置权关系续存于留置权人与新所有权人之间；留置财产的所有权因债务人赠与等单方面的法律行为移转于受让人的，其受让人同时也承担被担保债务，留置权关系继续存在于留置权人与新所有权人之间；留置财产所有权在让与时，如债务人与第三人合意而移转于第三人的，留置权关系继续存在于第三人取得所有权的留置财产之上。债务人转让留置财产所有权时，如受让人不承担债务的，留置权效力是否及于受让人？一般认为，如受让人为善意，不知标的物的权利瑕疵而受让所有权，依善意取得制度可取得留置财产所有权，但附随债务应一并承担，留置权关系得以在留置权人和新所有权人之间存续，当然，受让人履行债务后，其有权代位债权人向原债务人追偿。

2. 对留置财产另设抵押权。因债务人未丧失留置财产的所有权，故其有权以留置财产为另一债权设定抵押权。

**五、留置权的实行**

留置权的实行是指留置权成立后，经过合理期间，债务人不履行到期债务又不另行提供相当的担保，留置权人将留置财产折价或拍卖、变卖，并从所得价金中优先受偿的行为。留置权的实行是留置权制度赋予债权人实现债权的第二途径，是留置权第二重效力的体现。对于留置权的实行，《民法典》第453~455条有较为细致的规定。具体内容主要包括：①留置权人与债务人应当约定留置财产后的债务履行期限；没有约定或者约定不明确的，留置权人应当给债务人60日以上履行债务的期限，但是鲜活易腐等不易保管的动产除外。债务人逾期未履行的，留置权人可以与债务人协议以留置财产折价，也可以就拍卖、变卖留置财产所得的价款优先受偿。留置财产折价或者变卖的，应当参照市场价格。②债务人可以请求留置权人在债务履行期限届满后行使留置权；留置权人不行使的，债务人可以请求人民法院拍卖、变卖留置财产。③留置财产折价或者拍卖、变卖后，其价款超过债权数额的部分归债务人所有，不足部分由债务人清偿。

留置权实行的程序及实质要件有：债权已届清偿期而未受清偿。这是留置权实行的首要条件。债权的清偿期限一般都是源于当事人的约定，如未约定或约定期限不明，则债权人可以随时请求债务人履行债务，但是应给债务人必要的准备时间。已届清偿期而债权未受偿时，债权人应通知债务人并告知履行宽限期。关于宽限期的确定，《民法典》规定了两种方式：①双方当事人约定债务履行期限；②在没有约定或约定不明确时，留置权人应该给债务人不少于 60 日的宽限期，并通知债务人在此期限内履行债务。若债务人在宽限期内，未清偿债务，也未另行提供相当的担保，则债权人可实行留置权。

在留置权与其他担保物权竞存时如何实现留置权，对留置权人的债权能否得到满足影响甚大。根据《民法典》第 456 条的规定，"同一动产上已设立抵押权或者质权，该动产又被留置的，留置权人优先受偿。"

### 六、留置权的消灭

留置权是为促进债务履行以实现债权而依法为债权人设立的。若债权得以实现或债权以其他方式得到担保，则留置权将随之失去存在的基础或必要，当然应消灭。

留置权作为担保物权的一种，其将因物权及担保物权共同的消灭事由的发生而消灭，但其也有自身特殊的消灭原因。具体而言，留置权消灭的原因主要有：①留置权因标的物灭失、被征用、被抛弃等原因而消灭。②留置权因被担保的债权的消灭而消灭。③留置权因留置权人丧失对留置财产的占有而消灭。留置权因丧失留置财产的占有而消灭，并非是绝对的终局消灭，若留置权人在一定期间或一定条件下恢复对留置财产的占有的，仍可恢复对占有物的留置权。④留置权因债权清偿期延缓而消灭。留置权以债权已届清偿期为成立要件。当满足上述条件成立留置权后，当事人又合意延缓清偿期的，则原已成立的留置权将因丧失债权已届清偿期这一要件而消灭。但是，这种消灭是暂时的，若延缓的清偿期又届至，则留置权又会成立。⑤留置权因债务人另行提供担保而消灭。留置权的设立目的在于担保债权实现。若债务人为债权的清偿另行提供担保，债权因此得以巩固，留置权即告消灭。《民法典》第 457 条对此种情形提出了更严格的要求，即债务人另行提供的担保须为债权人所接受。可见，在债务人另行提供担保时，留置权人可以对留置权与债务人另行提供的担保的优劣进行比较，然后由留置权人选择是否接受债务人另行提供的担保。

## 第六节　定　金

### 一、定金的概念和种类

定金，是指合同当事人约定一方在合同订立时或在合同履行前预先给付对方一定数量的金钱，以保障合同债权实现的一种担保方式。

定金这种担保方式的内涵、外延以及功能直接受到现行法的影响。大陆法系不同国家或地区的民事立法对定金的类别及功能各有取舍，概括地说，主要涉及以下类型：

1. 立约定金。即在订立主合同之前交付的定金，目的在于担保将来正式订立主合同。

2. 证约定金。即以定金的交付作为合同成立的证明。《法国民法典》规定了该类定金。

3. 成约定金。即以定金的交付作为主合同成立的条件。实质上，成约定金只不过是附条件的合同所附的成立要件。

4. 违约定金。即以定金作为不履行合同的赔偿。

5. 解约定金。即以定金作为保留主合同解除权的代价，交付定金的当事人可以牺牲定金达到解除合同的目的。

原《最高人民法院关于适用〈中华人民共和国担保法〉若干问题的解释》对立约定金、成约定金、违约定金和解约定金均给予了认肯，但《最高人民法院关于适用〈中华人民共和国民法典〉有关担保制度的解释》对定金的种类未作具体规定。不过，基于合同自由原则，合同当事人约定定金的类型时，只要该约定不违反法律强制性规定，应从其约定。

### 二、定金的性质

定金作为一种担保方式，具有其他担保方式的共性，即从属性。定金合同的有效以主合同的有效为前提。主合同无效时，定金合同也无效；但定金合同无效的，主合同并不因此无效。

定金还具有实践性。定金合同的成立不仅要有当事人的合意，而且应有定金的现实交付方能成立。虽有设立定金担保的合意，而未实际交付定金的，不能产生定金的效力。因此，《民法典》第586条规定，"定金合同自实际交付定金时成立"。关于定金的交付时间，应当结合定金的类型作出判断，如系证约定金通常在主合同成立之时交付，以起到证明主合同成立的作用；违约定金则可在主合同成立之时交付，也可在主合同成立之后、履行之前交付。

### 三、定金的效力

定金的效力因定金的种类不同而不同。在我国现行法上，定金主要具有以下效力：

1. 证明主合同的存在。一般情况下，定金的给付说明定金合同的当事人之间存在主合同关系，否则，定金合同就无存在的必要。既然定金合同成立，说明其担保的主合同是存在的。定金的证明力一般情况下仅限于此，但不能从定金的给付推知主合同的全部内容。所以，证约定金在证明力上是有限的。

2. 订立主合同的担保。《民法典》第 586 条规定，"当事人可以约定一方向对方给付定金作为债权的担保"。

3. 定金罚则。定金对债权的保障功能主要体现为定金罚则。《民法典》第 587 条规定，"债务人履行债务的，定金应当抵作价款或者收回。给付定金的一方不履行债务或者履行债务不符合约定，致使不能实现合同目的的，无权请求返还定金；收受定金的一方不履行债务或者履行债务不符合约定，致使不能实现合同目的的，应当双倍返还定金。"这一规定是对定金罚则的确认。因此在实务中，应当区分"定金"与"订金"，后者是不适用定金罚则的。

此外，根据当事人双方的约定，定金还可以具有主合同的成立或生效要件、解除合同的条件等效力。

### 四、定金的限制

定金罚则的适用很可能导致对一方当事人重大不利，如定金过高则接受方双倍返还的负担过重，或使给付方重大获利。此情形有违公平原则，也违反民事责任以补偿为主的原则。因此，《民法典》第 586 条第 2 款规定，"定金的数额由当事人约定；但是，不得超过主合同标的额的百分之二十，超过部分不产生定金的效力。实际交付的定金数额多于或者少于约定数额的，视为变更约定的定金数额。"可见，法律对定金的数额作出了一定的限制。

因当事人一方迟延履行或者有其他违约行为，致使合同目的不能实现的，可以适用定金罚则。当事人一方不完全履行合同的，应当按照未履行部分所占合同约定标的额的比例，适用定金罚则。

### ■思考题

1. 什么是合同的担保？合同的担保有哪些具体的形式？
2. 合同的担保具有哪些特征？
3. 什么是保证？保证责任的内容是什么？
4. 什么是抵押权？抵押权的效力有哪些？
5. 什么是质权？质权有哪些种类？

6. 什么是留置权? 留置权的成立条件是什么?

7. 什么是定金? 定金责任的内容是什么?

8. 抵押权、质权与留置权竞存时,哪种权利优先? 为什么?

## ■参考资料

1. 程啸:《担保物权研究》,中国人民大学出版社 2017 年版。

2. 董学立:《担保法理论与实践——担保物权法编纂的理论基础》,中国法制出版社 2018 年版。

3. 黄薇主编:《中华人民共和国民法典物权编释义》,法律出版社 2020 年版。

4. 高圣平:《担保法前沿问题与判解研究(第五卷)》,人民法院出版社 2021 年版。

5. 最高人民法院民事审判第二庭:《最高人民法院民法典担保制度司法解释理解与适用》,人民法院出版社 2021 年版。

# 第七章　合同的保全

■ 学习目的和要求

　　通过本章的学习，掌握合同的保全概念，了解合同的保全是防止债权减少的一种手段。合同的保全通过赋予债权人以代位权和撤销权来实现。掌握债权人代位权和债权人撤销权的概念、特征、行使条件和效力。

## 第一节　合同保全概述

### 一、合同保全的概念与特征

　　合同的保全，是指法律为防止因债务人的不当行为导致责任财产减少而损害债权人的债权，为保护债权人的债权所采取的措施或手段。合同保全以合同义务的履行为前提，保全的目的是使合同债权能得到安全实现。合同的保全的主要特征为：

　　1. 合同保全突破了合同的相对性原则，对第三人具有一定的法律拘束力。根据合同相对性原则，合同权利、义务关系仅发生在当事人之间，其中一方为债权人，另一方为债务人。合同中债权人要实现自己的债权，只能向债务人请求依约履行。如果因债务人与第三人间非正当行为致使其责任财产减少，影响到债权的实现时，为了保护债权人的利益，法律需要设计一种制度来进行必要的干预。此种干预便是法律赋予债权人对合同进行保全的权利，从而构成合同的相对性的例外。

　　2. 合同保全的制度目的是为了确保实现债权价值。债权人债权需要债务的全面履行和适当履行才能实现，而债务的全面履行和适当履行的结果则取决于债务人的责任财产的多少。由于市场交易和生产经营等风险的存在，债务人的责任财产会出现正常或不当减少。倘若债务人为躲避债务而不当减少其责任财产，必将极大增加债权实现的风险。为此，债权人可以通过合同的保全，增加债权实现的可能性。

3. 合同保全发生在合同有效成立后至合同履行完毕前。合同保全不适用于合同根本没有成立、生效或已经被解除、被撤销等情形。合同保全制度只适用于合同存续期间，当债务人怠于行使其权利或实施不正当行为处分其财产，且对债权构成危害的情形。合同保全的方式包括债权人代位权和债权人撤销权两种类型。

## 二、合同保全的适用与性质

合同保全制度起源于罗马法上的撤销之诉，为《法国民法典》所继受，并因此创设了代位权制度，后来为西班牙、意大利及日本民法所效仿。德国、瑞士等国因有较为发达的强制执行制度，故仅仅规定了撤销权制度。我国台湾地区"民法典"承袭《法国民法典》，规定有债权人的代位权和撤销权。[1] 我国《民法典》对债权人代位权和债权人撤销权均作出了规定。在大陆法系国家或地区，合同保全制度的适用不限于合同债权，基于无因管理、不当得利、侵权行为等原因产生的债权同样可以适用。

合同保全制度的创设，是为了防止因债务人责任财产的不当减少致使债权人的债权实现受到危害。为保全债权，债权人享有的代位权和撤销权的行使使当事人之间权利义务关系发生了变更，这与程序法上的财产保全和先予执行制度完全不同，因为后者没有改变当事人之间的权利和义务关系，属于诉讼法上的制度。可见，作为合同保全的债权人代位权和债权人撤销权为实体法上的权利，而非程序法上的权利。

## 三、合同保全的功能定位

合同的保全系合同效力对外扩张的结果，属于债的对外效力。相较合同担保来说，合同保全制度的独特优势在于无需办理诸如登记、交付财产等手续，从而可以节省相关费用，也不用取得担保人的同意，还无需等待债务人违约等。债权需要债务的适当履行才能实现，债务人的履行多体现为从债务人的总财产中分离出一定的财产给债权人。而债权人代位权就是为保持债务人的财产而设，债权人撤销权则是为恢复债务人的财产而设。[2] 合同保全制度为合同责任的实行提供了物质基础，保全了作为承担合同责任基础的责任财产，为将来的强制执行做好了准备，否则，如果债务人任意处分责任财产而无限制，那么合同责任将无用武之地。[3] 可见，这一制度有效补充合同相对性的不足，使债权人的权利能够涉

---

〔1〕 参见王全弟主编：《债法》，复旦大学出版社 2010 年版，第 50 页。

〔2〕 参见张翼杰主编：《债权法理论与实训》，经济科学出版社 2012 年版，第 62 页。

〔3〕 参见申卫星："合同保全制度三论"，载《中国法学》2000 年第 2 期。

及第三人的行为或财产，从而完善了合同法律的规定。

## 第二节　债权人的代位权

### 一、债权人代位权的概念与特征

（一）债权人代位权的概念

债权人代位权是指当债务人怠于行使其对第三人（也称次债务人，即债务人的债务人）的权利而危及债权人的债权时，债权人为确保其债权得以受偿，可以自己的名义替代债务人行使对第三人财产权利的制度。债权人代位权起源于罗马法中的代位请求权或称间接诉权。债权人代位权制度的宗旨本在于维持和充实债务人的责任财产，以保证债权人最后能够通过民事强制执行手段从债务人的责任财产中使自己的金钱债权得到满足。[1] 大陆法系国家或地区的民法普遍规定了债权人的代位权。我国《民法典》也确立了债权人的代位权制度。《民法典》第535条第1款规定："因债务人怠于行使其债权或者与该债权有关的从权利，影响债权人的到期债权实现的，债权人可以向人民法院请求以自己的名义代位行使债务人对相对人的权利，但是该权利专属于债务人自身的除外。"

（二）债权人代位权的特征

债权人代位权源于法律的直接规定，它会随着债权的产生而产生，随着债权的转移而转移，随着债权的消灭而消灭。

根据我国《民法典》规定，债权人的代位权主要有如下特征：①代位权是债权人代替债务人向债务人的债务人主张权利。即债权人的债权的效力不仅及于债务人，而且及于与债务人发生债的关系的第三人（次债务人）。②债权人代位行使的范围应以保全债权的必要为标准。③债权人是以自己的名义行使代位权。债权人在行使代位权时不能随意处分债务人的权利，否则应对由此给债务人造成的损失承担赔偿责任。④债权人代位权必须通过诉讼方式行使。

### 二、债权人代位权的行使条件

债权人行使代位权既包括"请求履行"等实行行为，还包括"保存行为"，即虽非直接请求相对人履行义务，但通过中断时效、申报债权等行为防止债务人责任财产的减损。[2] 作为债权人的一种特别权利，任何债权人在债权产生时，都普遍享有债权人代位权，但这并不意味着债权人在任何时候都可以行使代位

---

〔1〕　参见韩世远、下森定主编：《履行障碍法研究》，法律出版社2006年版，第149页。

〔2〕　参见杨巍："《民法典》债权人的代位权解释论研究"，载《江西社会科学》2020年第12期。

权。我国《民法典》原则上坚持代位权人的债权具有优先受偿效力，但受到一定的限制。[1]通常认为，债权人代位权的行使，应符合以下条件：

1. 债权人对债务人享有合法债权。债务人对第三人的债权是债权人代位权的标的。债权人代位权涉及第三人的权利，若债务人享有的权利与第三人无关，则自然不得成为债权人代位权的行使对象。也就是说，债权人与债务人之间、债务人与次债务人之间必须同时有合法的债权债务的存在。关于债权人代位权中债务人对第三人的债权范围，《民法典》合同编没有作出明确规定，通常认为需要符合两个标准：其一，须为债务人的现有权利；其二，须非专属于债务人的权利。

2. 债务人怠于行使其债权或与该债权有关的从权利。所谓怠于行使其权利，是指债务人应行使并且能行使而不行使其权利。所谓应行使，是指若不及时行使，则权利将有消灭或丧失的可能。[2]可见，怠于行使权利是指债务人在客观上消极地不行使权利，至于其原因如何及债务人在主观上是否存在过错，则非所问。但是，因合同关系具有封闭性，让债权人去证明债务人存在未及时行使债权的事实并非易事。为达到保全债权的目的，对"怠于行使"应尽量作有利于债权人的解释。在债务人的债权已到期，且逾合理期限后，可推定债务人怠于行使其权利，债权人可向第三人行使代位权。[3]通常认为，如果债务人已行使权利，虽其方法有所不当或其在结果上并非有利，但此种情形表明债务人未怠于行使权利，则债权人不得行使代位权。

3. 影响债权人到期债权的实现。如果债务人的债权未到期，则次债务人可以此为由拒绝提前给付要求，债权人自然无从行使代位权。在债务人在未迟延履行前，债权人的债权尚未到受偿之时，债务人仍可自行从容行使各项权利或采取其他方法，确保债权在履行期限届满时受偿。因此，法律为防止债权人滥用代位权干预债务人行使权利，所以规定代位权应以债务人陷于迟延履行为成立要件。[4]但是，根据《民法典》第536条规定："债权人的债权到期前，债务人的债权或者与该债权有关的从权利存在诉讼时效期间即将届满或者未及时申报破产债权等情形，影响债权人的债权实现的，债权人可以代位向债务人的相对人请求其向债务人履行、向破产管理人申报或者作出其他必要的行为。"可见，我国《民法典》规定债权人对债务人享有的债权在履行期届满之前，并非一律不得行

---

〔1〕　参见崔建远："论中国《民法典》上的债权人代位权"，载《社会科学》2020年第11期。

〔2〕　参见崔建远：《合同法》，法律出版社2016年，第116页。

〔3〕　参见朱广新：《合同法总则》，中国人民大学出版社2012年版，第370页。

〔4〕　参见王全弟主编：《债法》，复旦大学出版社2010年版，第56页。

使债权人代位权，只是对行使条件作出了较为严格的限定。

4. 债务人的权利非专属于债务人的权利。所谓专属于债务人自身的权利，是指与债务人身份和特定生活需要（不可或缺的需要）密切相关的债权，这些权利都是自然人的权利，对于个人生活甚至幸福、自由具有特殊的重要性，法律给予特殊保护，使他们处于代位权的范围之外。[1] 《最高人民法院关于适用〈中华人民共和国合同法〉若干问题的解释（一）》第 12 条将专属于债务人自身的债权界定为，是指"基于扶养关系、抚养关系、赡养关系、继承关系产生的给付请求权和劳动报酬、退休金、养老金、抚恤金、安置费、人寿保险、人身伤害赔偿请求权等权利。"尽管该司法解释现已被废止，但对于实践中理解非专属于债务人自身的债权的范围仍然具有参考价值。

**三、债权人代位权的行使范围与方式**

（一）债权人代位权行使范围

从债权人代位权的性质来说，代位权属于债权固有的权能。除不能代位保全外，所有的债权人均享有代位权。债权人代位权与代理权不同，在代位权诉讼中，债权人享有原告的资格，必须要以自己的名义进行。债务人对次债务人所享有的同一债权，在一个债权人行使后，其他人不得再行使。各债权人既可以独立行使代位权，也可以共同行使代位权。根据我国《民法典》的规定，所有债权人在符合条件的情况下均可以行使代位权，但某一债权人行使代位权时，应以行使代位权的债权人的到期债权为限，即行使代位权的债权人不能代位行使全体债权人的债权，否则，将导致债权人行使权利的范围过大，对债务人构成过度干涉。

从代位权的客体来说，代位权的行使，以保全债权为必要。因此，世界各国或地区立法一般都将代位权的客体限制在债务人的现有财产权利范围之内。例如，《法国民法典》第 1166 条规定："但是，债权人得行使其债务人的一切权利和诉权，专属于人身的权利除外。"《日本民法典》第 423 条规定："债权人有必要保全自己的债权时，可以行使债务人的权利。但是，专属于债务人本身的权利及禁止扣押的权利，不在此限。"我国台湾地区"民法典"第 242 条规定："债务人怠于行使其权利时，债权人因保全权利，得以自己的名义，行使其权利。但专属于债务人本身者，不在此限"。我国《民法典》第 535 条将债权人代位的客体规定为债务人怠于行使的债权或者与该债权有关的从权利。

（二）债权人行使代位权的方式

在理论上，债权人代位权的行使可以分为直接行使和诉讼行使两种方式。其

---

[1] 参见隋彭生：《合同法要义》，中国人民大学出版社 2015 年版，第 176 页。

中，直接行使就是债权人直接向次债务人主张权利，诉讼行使则是债权人必须通过向法院起诉的方式行使。根据我国《民法典》的规定，债权人行使代位权必须通过法院进行，即应当采取诉讼方式行使。尽管允许债权人直接对次债务人提出请求，可以减少诉讼，增加效率，降低社会成本，但通过诉讼方式行使代位权能够保证行使结果的公平，也更容易避免滥用权利。债权人以诉讼的方式行使代位权时，必须以自己的名义进行，而不是以债务人的名义提起诉讼。

**四、债权人代位权行使的效力**

债权人代位权行使的效力，涉及债权人、债务人、第三人（或称为"次债务人"）。以下分述之。

（一）对债权人的效力

对于债权人而言，债权人代位权的效力的关键问题在于，债权人行使代位权所得应归属于何人，即代位权行使后，债权人可否直接受偿。传统民法理论认为，创设代位权制度是为了保全债务人的责任财产，因此，代位权行使的结果应归属于债务人，如债务人怠于受领，债权人可以代为受领，但债务人仍有权请求债权人交付代为受领的财产。根据债权平等原则，债权人行使代位权后，对于次债务人给付的财产利益不享有优先受偿的权利。在债务人尚未丧失清偿能力时，债权人可通过执行程序对代位权行使的结果进行受偿；在债务人不能清偿所有债权且未成为破产主体时，行使代位权的债权人应与其他债权人共同参与分配债务人的财产。然而，我国《民法典》第 537 条规定，人民法院认定代位权成立的，由债务人的相对人向债权人履行义务，债权人接受履行后，债权人与债务人、债务人与相对人之间相应的权利义务终止。

（二）对债务人的效力

在代位权诉讼中，由于债权人与次债务人之间并无任何法律上的联系，由其独立承担债务人对次债务人的诉讼请求太过艰辛，故依据诚信原则，在债权人主张代位权时，债务人负有协助的义务。若代位权行使的结果直接归属于债权人的，则债务人在该代位权行使的范围内，不得行使处分权。在代位权行使的范围外或超过债权人代位请求数额的债权部分，债务人依然有权加以处分。

（三）对第三人的效力

对于第三人而言，无论是债务人直接对其行使权利，还是由债权人代位行使权利，均对其原有法律地位和利益不构成影响。尽管债权人与第三人之间不存在直接的权利义务关系，但基于法律的规定，债权人可依据代位权请求第三人履行债务。因此，第三人不得以自己与债权人之间无合同关系为由，拒绝参与代位权诉讼或提出抗辩。在代位权诉讼中，第三人能够对抗债务人的抗辩权，均可用来对抗债权人。

## 第三节　债权人撤销权

### 一、债权人撤销权的概念与特征

（一）债权人撤销权的概念

债权人撤销权是指债权人对于债务人的害及债权的行为，得申请法院予以撤销的权利。该种权利是债权人对债务人请求为特定行为的权利，而不是直接支配债务人财产的权利。因此，一般情形下，债务人自由支配与处分其财产，致使不能履行债务，不能被认定为侵害了债权。但是，若债务人在债的关系成立后，使责任财产发生不当减少，或妨害责任财产的增加，影响到债权人之债权的实现时，债权人为使债务人的财产状况得以维持，从而确保自己的债权能够获得清偿，法律赋予债权人在一定条件下干涉债务人的权利，以防止债务人因自身的不当行为导致清偿能力降低。

债权人撤销权制度源于罗马法上基于债务人之诈害行为而产生的"废罢诉权"（actio révocatoire）或称为"保罗诉权"（actio Pauliana），是指债务人故意实施旨在减少其现有财产的行为，有害于债权人的债权时，债权人享有的请求撤销债务人处分财产行为的权利。[1] 此项诉权，以撤销债务人处分财产之行为为目的，故被称为"撤销权"。后为 1804 年《法国民法典》所继受，设立了债权人的撤销权，并为日本、德国等大陆法系国家所效仿。我国《合同法》规定了债权人撤销权制度，《民法典》第538条完善了该制度，即"债务人以放弃其债权、放弃债权担保、无偿转让财产等方式无偿处分财产权益，或者恶意延长其到期债权的履行期限，影响债权人的债权实现的，债权人可以请求人民法院撤销债务人的行为。"

（二）债权人撤销权的特征

债权人依法行使撤销权是保全债权的重要方式。债权人撤销权的行使，不是因双方在合同中的权利义务关系所直接引起，而是债权人为保全其债权而请求撤销债务人与第三人之间形成的法律关系，其行使依据不是合同，而是法律的直接规定。

根据我国《民法典》的规定，债权人撤销权具有如下特征：①债权人撤销权是一种兼具实体权利和程序权利的民事权利。在我国，债权人撤销权不能通过私力救济的方式实现，而必须通过公力救济即诉讼方式实现，债权人未在法律规

---

〔1〕　参见徐涤宇主编：《合同法学》，高等教育出版社 2020 年版，第 178 页。

定的期间行使撤销权便会发生实体权利消灭的效果。同时，债权人撤销权兼具程序权利的特点，若债权人未在法律规定的期间内行使撤销权，则丧失通过诉讼程序获得救济的诉权。②撤销权的行使范围以债权人的债权为限。债权人行使撤销权可撤销的债务人的行为均以财产或财产权利为标的，不具有财产性内容的行为，债权人不得撤销；债务人不当处分财产的行为超出债权保全必要的部分，债权人亦不得撤销。③撤销权是为防止债权人的利益受到侵害。只有在因债务人放弃债权、放弃债权担保、无偿转让财产等方式无偿处分财产权益，或者恶意延长其到期债权的履行期限，影响债权人的债权实现时，债权人为防止自身利益受到侵害才能行使撤销权。④撤销权必须在一定的期限内行使。我国《民法典》第541条规定，撤销权自债权人知道或者应当知道撤销事由之日起一年内行使。自债务人的行为发生之日起五年内没有行使撤销权的，该撤销权消灭。

**二、撤销权的成立要件**

债权人撤销权的成立，须符合客观要件和主观要件。

（一）客观要件

所谓客观要件，是指债务人在客观上实施了一定的危害债权人债权的行为。根据我国《民法典》的规定，债权人撤销权需要具备的客观条件有：

1. 债务人实施了一定的处分财产的行为。处分行为包括事实上的处分和法律上的处分，债权人只能撤销债务人对其财产实施的法律上的处分，该种处分行为包括：债务人放弃债权的行为、债务人放弃债权担保的行为、债务人无偿转让财产的行为或恶意延长到期债权的履行期限以及以明显不合理的低价转让财产、以明显不合理的高价受让他人财产或为他人的债务提供担保的行为。

2. 债务人处分财产行为须以财产为标的。所谓处分行为以财产为标的，是指债务人的行为直接产生减少债务人责任财产的效果。创设债权人撤销权的目的是为了通过恢复债务人的责任财产，保全债权人的债权。因此，只有在债务人的处分行为以财产为标的，减少了其责任财产，害及到债权人的利益，债权人才有权将其予以撤销。

3. 债务人处分财产的行为须危害到债权人的债权。这是债权人行使撤销权的目的所在。所谓危害债权，是指债务人的处分行为导致财产减少，致使债权人的债权不能得到充分实现。债务人处分财产致其财产减少包括减少积极财产和增加消极财产两种情况。

（二）主观要件

所谓主观要件，是指债务人和第三人在主观上具有恶意，即在债务人实施处分行为时明知该行为有害于债权而仍进行。

主观要件并不是适用于债务人所有处分财产的行为，而是因债务人处分行为是否有偿而存在差别。一般来说，在债权人的处分行为为无偿行为时，只要具备客观条件，债权人即可行使撤销权。根据我国《民法典》第538条的规定，债务人的无偿处分行为包括放弃债权、放弃债权担保、无偿转让财产或恶意延长其到期债权的履行期限等。

在债务人的处分行为为有偿行为时，则债权人行使撤销权须同时具备客观要件和主观要件。主观要件中恶意包括两个方面：①债务人的恶意。对债务人恶意的认定，存在观念主义与意思主义的不同认定标准。所谓观念主义，是指债务人在处分财产时对该行为可能造成有害于债权的后果具有一定的认识，但不必有诈害的意思。所谓意思主义，是指债务人在处分财产时主观上具有诈害债权的意思，也就是说要有损害债权人的债权的故意。我国《民法典》第539条采用的是观念主义的认定标准。②第三人的恶意。第三人就是基于债务人的处分行为而获得利益的人，通常为与债务人发生法律行为的相对人。在债务人以明显不合理的低价转让财产、以明显不合理的高价受让他人财产或为他人的债务提供担保时，第三人知道债务人的这些行为有害于债权的，则可认定该第三人为恶意。第三人的恶意的认定以受益时的主观状况为依据，受益后方为知情的，不能认为受益人为恶意。

### 三、债权人撤销权的行使范围与方式

#### （一）债权人撤销权的行使范围

从债权人撤销权的行使主体来说，债务人的所有债权人均可以以自己的名义主张撤销权。若数个债权人享有按份债权，则每一个债权人均有权就自己享有的债权份额行使撤销权；若数个债权人享有连带债权，则每一个债权人或全体债权人均有权就全部债权行使撤销权。

从债权人撤销权的客体来说，限于债务人处分其财产或权利而有害于债权人债权的行为。也就是说，债务人处分其财产的行为是否适当，应依该行为的后果是否损害债权人的债权来确定。只有在债务人的处分行为足以损害债权时，债权人才可依法行使撤销权。如果债务人处分自己的财产后，其剩余财产仍可满足债权人债权的，则债权人不得行使撤销权。另外，债权人应就保全债权的目的行使撤销权，超过保全范围的，不能作为撤销权的客体。[1]

#### （二）债权人撤销权的行使方式

根据我国《民法典》的规定，债权人撤销权的行使应由债权人以自己的名义，通过诉讼方式为之。若债权人不以自己的名义而是以债务人的名义行使撤销

---

〔1〕　参见叶知年、潘运华："债权人撤销权若干问题探讨"，载《重庆工商大学学报（社会科学版）》2013年第4期。

权，则与债务人自己行使无区别，且易与代理相混淆，也违反了撤销权的债权保全目的。同时，债权人行使撤销权对第三人具有最大利益关系，撤销与否由人民法院审查后确定更为妥适。[1]

**四、撤销权行使的效力**

关于债权人撤销权的效力，现行法未作出明确规定。从实践来看，通行的做法是采用"入库原则"，即在债权人行使撤销权之后，相关的财产归入债务人的责任财产，[2]这种后果对三方当事人的具体体现为：

（一）对债权人的效力

债权人行使撤销权而取回的财产或代替原来利益的损害赔偿，均属于债务人的责任财产，属于全体债权人的共同担保，由债权人按各自债权数额在总额中所占比例清偿。行使撤销权的债权人无优先受偿的权利，但债权人在行使撤销权时所产生的必要费用，由债务人负担。

（二）对债务人的效力

我国《民法典》第542条规定："债务人影响债权人的债权实现的行为被撤销的，自始没有法律约束力。"根据该规定，债务人的行为被撤销后自始无效，已经履行的应当返还、赔偿，没有履行的停止履行。

（三）对受益人的效力

在债务人不当处分财产的行为被撤销后，若债务人与受益人的交易行为尚未发生物权变动的效果的，则债权人撤销权仅发生形成权的效力；如债务人已经将财产交付给受益人，则受益人负有返还财产的义务，即债权人撤销权同时发生形成权和请求权的效力。如果受益人受领后不能返还原物的，应当折价赔偿。

■ **思考题**

1. 什么是合同的保全？合同保全的性质与功能是什么？

2. 什么是债权人的代位权？其成立要件和行使条件包括哪些？债权人行使代位权的法律后果是什么？

3. 什么是债权人的撤销权？其成立要件和行使条件包括哪些？债权人行使撤销权的效力是什么？

■ **参考资料**

1. 龙俊："民法典中的债之保全体系"，载《比较法研究》2020年第4期。

---

〔1〕 参见徐涤宇主编：《合同法学》，高等教育出版社2020年版，第180页。

〔2〕 参见王利明："民法典合同编通则中的重大疑难问题研究"，载《云南社会科学》2020年第1期。

2. 韩世远："债权人代位权的解释论问题"，载《法律适用》2021 年第 1 期。
3. 崔建远："论债权人撤销权的构成"，载《清华法学》2020 年第 3 期。
4. 李永军：《合同法》，中国人民大学出版社 2020 年版。
5. 徐涤宇主编：《合同法学》，高等教育出版社 2020 年版。

# 第八章　合同的变更和转让

■ 学习目的和要求

　　通过本章的学习，掌握合同内容变更的特征、方式和法律后果，了解合同主体变更的主要方式。学习重点在于了解债权转让制度的价值和相关概念的区别，以及《民法典》对债权转让的限制和一般效力条款的规定。熟悉债务移转的基本概念，以及与相关制度的区别，把握不同方式的债务移转所引起的法律后果；理解债权债务概括移转的不同方式及其相应法律效力。

　　广义的合同变更，包括合同内容变更和合同主体变更两种情形，故《民法典》将它们一同规定在合同编第一分编"通则"的第六章中。但这二者实则差异颇大，合同内容的变更指合同主体保持不变而改变合同的具体内容；合同主体变更又称为合同转让，指在不改变合同内容的情况下变动合同的债权人或债务人。为了使二者有所区别，本章将合同内容的变更称为合同的变更，即狭义的合同变更；将合同主体的变更称为合同的转让，包括债权转让、债务移转及债权债务的概括移转三种情形。

## 第一节　合同的变更

### 一、合同变更的概念和特征

（一）合同变更的概念

合同变更即狭义的合同变更，指有效成立的合同在尚未履行或未履行完毕之前，由于一定法律事实的出现而使合同内容发生改变，如增加或减少标的的数量、推迟原定的履行期限、变更交付地点或方式等。

按照《民法典》规定，"依法成立的合同，对当事人具有法律约束力"。当事人不得擅自对合同的内容加以改变。但是，这并不意味着在任何情况下法律都不允许变更合同。①根据合同自由原则，当事人如果协商一致自愿变更合同内容，法律一般对此不作硬性禁止。②在合同尚未履行或尚未全部履行之前，如果由于客观情况的变化，使得继续按照原合同约定履行会造成不公平的后果，那么，变动原合同条款，调整债权债务内容显然也有必要。

（二）合同变更的特征

1. 合同变更须以有效成立的合同关系为前提。合同变更制度设立的目的就在于改变正在发生法律效力的合同对当事人的拘束，如果当事人之间自始并未成立有效的合同关系或原合同关系已经终结，那么也就意味着当事人之间根本不存在任何约束，无须变更。

2. 合同变更的对象是合同内容。狭义的合同变更不包括合同主体的变更。合同内容的变更仅指非要素变更，而不包括所有合同要素的变更。所谓要素变更，是指构成合同内容的标的改变，它既包括标的种类的改变，如将钢材买卖改为水泥买卖；又包括合同性质的改变，如将借用改为租赁。涉及合同要素的条款一旦变更则成立合同更新。除此之外，合同其他内容的变更则属于非要素变更，包括履行期限、地点、交付方式、标的数量、价格、利息、担保、违约金及合同所附条件的变动等。非要素变动才为合同内容的变更，其仅就变更之部分发生原债权债务关系消灭的效力，而原附着于合同关系上之权利及瑕疵继续存在，并对债权之担保权及抗辩权等从权利亦不产生影响；反之，若为要素变更则发生截然不同之更新的效果，即附着于原债权之上的担保权、撤销权、违约金、利息债权及抗辩权均随原债消灭。可见，区分要素变更与非要素变更的实际意义很大。我国《民法典》在合同内容的变更是否仅指非要素变更的问题上缺乏具体规定。

3. 合同变更因一定的法律事实而发生。既存的合同关系因其有效成立而具有法律效力，欲对其加以变更也必须具有合法的根据，即具备符合法律规定的能够引起合同关系变更的客观事实。依照《民法典》的有关规定，这些客观事实包括：①当事人双方协商一致。当事人在任何情况下都可以协商一致修改原合同，此为合同自由原则的体现。任何国家的合同法都将当事人双方的合意作为引起合同变更的重要法定事实。②法定情况的出现引起合同的变更。引起合同变更的法定情况比较复杂，散见于《民法典》不同章节的一些条款规定之中，如《民法典》第533条、第816条和第820条、第829条等。需要说明的是，《民法典》第三编第六章只规定了当事人双方协商一致变更合同的情况，主要理由在于：其他原因引起的变更，在程序、效力等方面与协议变更存在许多差异，难以概括规定于同一章之中。

## 二、合同变更的方式

引起合同变更的法律事实不同，则合同变更所适用的方式也不同。根据法律的规定，合同变更的方式主要有以下两种：

### （一）合意

以这种方式变更合同实质上就是通过成立新合同以取代旧合同，故合意变更合同的程序，应该遵循合同订立时的要约承诺规则，而且变更后的合同内容欲发生法律效力，也应符合合同的生效要件。此外，《民法典》第544条规定："当事人对合同变更的内容约定不明确的，推定为未变更。"由此可知，协议变更合同应特别注意把握如下两点：

1. 当事人对合同变更的内容约定不明确，推定为未变更。换言之，如果变更合同的意思表示没有达成一致，则原合同继续有效，当事人仍应按原协议执行。

2. 当事人就变更合同内容协商一致后，如果法律、行政法规规定变更合同应当办理批准、登记等手续的，必须依照规定办理相关手续才能发生变更的效力。

### （二）法院或仲裁机关的裁决

根据《民法典》规定，通过这种方式变更合同主要是在合同履行过程中出现情势变更的情况。因情势变更的出现，当事人一方可提出延期履行或部分履行的变更要求，但他并不享有单方变更合同的权利。因为情势变更的情况比较复杂，其对合同履行的影响可能是全部的或永久的，也可能是局部的或暂时的，为避免出现债务人以此为借口逃避合同拘束的情况，应由法院或仲裁机关从维护双方当事人利益的角度出发，根据一方当事人的请求并结合情势变更对合同履行影响的程度，作出相应的变更裁决。

## 三、合同变更的效力

1. 就合同变更部分发生债权债务关系消灭的后果，同时，原合同未变更部分仍保持原有的状态。

2. 合同变更仅对未履行部分发生法律效力，对已履行部分没有溯及力，当事人不得主张对已履行完毕的债权债务关系按变更后的内容重新履行。

3. 合同变更给当事人造成损失的，责任人应该按照当事人的协议或者法律的规定承担后果，并不因为合同发生了变更而免除责任人的责任。

4. 主合同变更对担保责任产生相应的影响。例如，根据《民法典》第695条的规定，主合同的债权人和债务人未经保证人书面同意，协商变更主债权债务合同内容，对保证人的保证责任之承担产生一定的影响。

## 第二节　债权转让

### 一、债权转让的概念

（一）债权转让的含义

债权转让又称为债权让与，是指不改变合同的内容，债权人通过与第三人订立合同的方式将债权移转于第三人。其中债权人称为让与人，第三人称为受让人。

债权转让制度的形成经历了一个漫长的演变过程。在早期的罗马法中，因为其特别强调债的人身特性，视债权为连接特定的债权人与债务人之间的"法锁"，故绝对禁止债权人出让债权。到了查士丁尼时代，这种僵硬的规则已不能适应迅速发展的贸易的需要，罗马法逐渐开始允许债权人委托受让人，为自己的利益向债务人行使诉权，这样间接地达到债权转让的目的。但这种权宜之计仍不能真正实现债权移转：一方面，债务人可能在提起诉讼之前已向债权人为清偿，从而使受让人得到债权的愿望落空；另一方面，在债权人死亡的情况下，由于委托随死亡而消灭，受让人亦不能以债权人的名义向债务人主张权利，来促使债权得到实现。为了消除这些弊端，罗马法完全破除旧的原则，承认独立的债权转让制度。可见，债权转让是应债权资本化和自由流通的要求而产生的。近代各国的民事立法对这一制度几乎都予以了承认。我国《民法典》第545条至第550条规定了债权转让制度。

（二）债权转让和相关概念的区别

1. 债权转让和清偿代位。债权除了基于债权人与债务人的合意而发生移转外，还可以根据法律的直接规定发生移转的后果，此为法定的债之移转，又称为清偿代位。例如，根据《民法典》第519条规定，实际承担债务超过自己份额的连带债务人，有权就超出部分向其他未履行自己债务份额的连带债务人追偿。《民法典》第700条规定，保证人承担保证责任后，除当事人另有约定外，在其承担保证责任的范围内取得向主债务人的求偿权。

债权转让和清偿代位虽都发生债权移转的后果，但二者的区别很大：①设立目的不同。设立债权转让制度的目的主要在于满足债权人自由处分债权的愿望；而设立清偿代位的目的主要在于保证特定的第三人在替债务人清偿完债务后获得追偿权。②产生根据不同。债权转让根据债权人与第三人间作出的自愿的意思表示而发生；清偿代位根据法律的直接规定而发生，与当事人的意思无关。③债权转让中的受让人可以是合同以外的任意第三人；而清偿代位人限于就原债履行有利害关系的第三人，即原债务得到履行，代位人由此可以获得法律上的利益，如连带债务人、合伙人、保证人、物上担保人。④在债权转让中，受让人依照其与让与人之间的约定取得债权的一部或全部；但在法定的债权移转中，代位人按照法律规定的限额取得相应数额的债权，即代位人以其清偿部分为限获得债权。⑤在债权转让中，让与人对债权的存在负瑕疵担保责任；在清偿代位中，原债权人对代位人不负此担保责任。⑥在债权为部分让与时，作为从权利的担保权应按债权之移转部分移转于受让人，此时原债权人与受让人对于此担保权应按各自享有的比例平等分享；在代位人仅为部分清偿时，虽然代位人亦取得部分之担保权，但此担保权之行使次序应在原债权人之后，即原债权人可优先行使担保权。这是代位不得有害于债权人利益的原则使然。[1] 基于这些原因，大陆法系国家或地区一般将依合同原因发生的债之转让与依法律原因发生的债之移转区分开来，分别在不同章节予以规定。我国《民法典》遵循了这一做法。

2. 债权转让与债权人交替之更新。在大陆法系中，广义的合同变更与大陆法系一些国家的民法所规定的债的更新制度相类似。所谓债的更新或称更改，是指当事人消灭原债权债务关系而成立新的债权债务关系的合意。一般包括三种情况，即债权人交替而更新、债务人交替而更新、债务内容之要素发生变更而更新。更新发生原合同关系完全消灭，同时产生新合同关系的后果。比较而言，合同变更仅改变部分债权债务关系或变更合同之债权人或债务人，原债继续存在并保持同一性。因此，更新为债消灭的原因。我国现行法未设更新制度，但从合同自由原则出发，应该承认更新制度的价值及它与合同变更在一定意义上的区别。

就债权人交替之更新而言，它与债权转让颇相类似，都会发生债权人变更的后果。但是，债权人交替之更新，是指债权人变更的同时债务内容也发生变更的情形，两者的差别显著：①债权转让是在不改变债的内容的前提下变更债权人，所以原债权的性质、内容、所附着的瑕疵以及从权利等原有状态均保持不变，连同原债权一并移转至新债权人；债权人交替之更新不仅是债权人发生了改变，而且原债权亦已消灭，新债权人享有的债权与原债权是不具有同一性的另一个债权。②债权转让只需让与人与受让人达成一致协议，不须征得债务人的同意；债权人交替更新则除需要新旧债权人的合意外，还以征得债务人同意为必要。例如，甲建材公司与乙公司签订钢材买卖合同一份。后来，乙公司将合同转卖给丙，通知甲建材公司按原合同规定向丙交付钢材，此即为债权转让。假设丙并不需要钢材，而是需要水泥，经三方当事人协议，改由甲建材公司向丙交付水泥，以此替代其对乙公司的钢材交付，此时就成立债权人交替之更新。

---

〔1〕　参见裴丽萍："论债权让与的若干基本问题"，载《中国法学》1995 年第 6 期。

### 二、债权转让的限制

在现代交易社会，债权本身即具有财货之功能，因此它有自由流通的要求。设立债权转让的目的，就在于尊重债权人对债权的自由处分权，增强债权的利用价值。但债权在本质上是特定债权人对债务人请求一定给付的请求权，故在债权转让过程中，不能置债务人的利益于不顾。因此，各国法律从保护债务人的目的出发，对债权转让予以一定的限制。我国《民法典》第 545 条也明文规定了债权转让的限制，具体内容如下：

1. 根据合同性质不得转让的债权。此类不得转让的债权包括：①基于特定的身份关系发生的债权，如抚养费、赡养费之请求权。②基于信赖关系而发生的债权，如委托人对于受托人之债权、接受特定医疗服务之债权、定作人对于承揽人之债权等，但这类债权在经过债务人明确同意后，也可以转让。

2. 按照当事人约定不得转让的债权。一些债权虽然根据合同性质允许转让，但如果债权人与债务人在合同中特别约定不得转让该侵权，那么，债权人不得将该债权让与他人。大陆法系一些国家的法律规定了当事人之间的这种特约不得对抗善意第三人，即受让人如果不知或不应该知道不得让与的约定而接受债权转让的，该转让对受让人有效，而债务人由此造成的损失仅能要求原债权人负违约责任。我国《合同法》对当事人不得转让的特约不得对抗第三人没有作出规定，为此《民法典》第 545 条增加了第 2 款规定，即"当事人约定非金钱债权不得转让的，不得对抗善意第三人。当事人约定金钱债权不得转让的，不得对抗第三人。"该条规定区分了不得转让的债权是否为金钱债权，对第三人不同的对抗效力做出了更为细致合理的安排，以平衡保护债权让与法律关系中所涉及的各方不同当事人利益的需要。

3. 依照法律规定不得转让的债权。某些债权关系到国家及社会的公共利益，因而法律禁止其转让或规定其转让须经有关部门批准。

当事人若违反上述规定，以法律禁止的债权作为让与标的，一般会导致债权转让无效的后果。

### 三、债权转让的形式

债权转让是以让与人和受让人签订转让合同的形式进行的。就转让合同而言，除法律另有规定或者当事人另有约定外，一般只需让与人和受让人意思表示一致即可成立。但是，由于转让合同仅为让与人和受让人之间的意思表示，缺乏公示性，难为债务人及债务人以外的第三人知晓，故不利于保护受让人、债务人利益以及交易安全。为克服这一弊端，当事人对债权转让合同的形式应特别予以注意，最好采用书面形式，若原债权有相关证明文书，应将让与事实记载于其中，以防止发生不必要的纷争。

**四、债权转让的法律效力**

债权转让使让与人和受让人之间产生法律关系，并由此牵涉到债务人对谁履行的问题。所以，债权转让的法律效力应涉及让与人、受让人以及债务人三方面。

（一）债权转让的对外效力

债权转让对于债务人的效力，理论上称其为债权转让的对外效力。《民法典》第 546 条规定："债权人转让债权，未通知债务人的，该转让对债务人不发生效力。债权转让的通知不得撤销，但是经受让人同意的除外。"由此规定得知：

1. 债权转让以通知债务人为对其生效的要件。因为债权经让与人和受让人达成一致协议后即移转于受让人，此时债权虽然发生变动，但由于转让合同没有公示性，债务人无从知晓，因而其可能仍然对让与人履行合同。若债权转让的效力于转让合同成立时也对债务人发生，则意味着债务人因不知债权已移转的事实而对让与人为履行的行为无效。此结果对债务人而言，无疑有失公平。因此，从保护债务人利益出发，世界各国或地区民法均另行规定债权转让对债务人的生效要件。

从大陆法系主要国家的民法规定来看，关于债权转让对债务人的生效要件的规定各有不同。第一种为让与通知生效，即债权转让须经让与人或受让人通知债务人，始对债务人发生债权转让的效力，《法国民法典》第 1690 条、《日本民法典》第 467 条即作此规定。第二种为债务人同意生效，即债权转让须经债务人同意，方对其发生法律效力。我国《民法通则》第 91 条采用这种规定，明令债权转让须经债务人同意并不得牟利，该规定遭到民法理论界的一致反对，在民事审判中，海南省高级人民法院亦通过对第 91 条进行限缩解释的方式突破了这一限制。[1] 主要原因如下：①禁止债权人通过让与债权牟利，不符合债权转让制度的本质。债权既然是一种无形财产，理应允许债权人通过转让而获取其交换价值。②债权转让尽管使债权人发生变更，但由于债的内容不变，所以一般对债务人利益影响并不大，无须取得债务人的同意。③如果债权转让必须取得债务人同意才生效，则此制度可能会因为债务人任意不同意而形同虚设，难以保障债权的自由流通性。因此，《合同法》第 80 条摒弃了《民法通则》第 91 条的规定，转采通知生效规则，《民法典》保留了《合同法》的规定。

2. 债权转让的通知既可由让与人作出，也可由受让人作出，均以通知到达债务人的时间为生效时间。从保护债务人的履行安全出发，受让人为让与通知

---

〔1〕 参见"镜威公司诉梁金福船舶抵押债权转让合同纠纷案"，载《最高人民法院公报》1999 年第 35 期。

时，应提出取得债权的证据，如转让合同、转让公证书等，否则，债务人可拒绝对受让人履行。相反，如果由让与人为转让通知，则可不拘任何形式。但是，在债权转让的通知到达债务人后，债务人则对此产生信赖，故《民法典》第546条第2款特别规定，除非经过受让人同意，债权转让的通知不得撤销。作此规定的目的在于加强对受让人及债务人利益的保护。

同时，根据《票据法》的有关规定，证券化债权的转让不以通知债务人作为对其生效的要件，并且票据债务人不能以自己与发票人之间存在的抗辩事由对抗持票人。其理由主要在于：与民法上的指名债权相比较，票据具有高度的商业流通性，票据转让中的受让人难以就票据形式知晓其复杂的关系，若不将票据债务人对于前手的抗辩权予以切断，使其不能对抗后手，则票据难以迅速流通。所以，对于票据债权的转让优先适用《票据法》的规定，符合特别法优于普通法的一般适用原则。

3. 债权转让对于债务人的效力。其效力内容主要包括：

（1）债务人应对受让人承担履行义务，同时根据《民法典》第548条的规定，债务人在收到债权转让通知后，对让与人所享有的抗辩权仍可对受让人主张。这些抗辩权包括债权不成立、无效抗辩，同时履行抗辩或不安抗辩，债权已消灭之抗辩、诉讼时效已过之抗辩等。债务人抗辩权的规定体现了法律对债务人利益的着重保护。因为债权转让在原则上不需经债务人同意，如果法律不规定债务人对受让人继续享有抗辩权，债务人则会因为债权转让而恶化其地位。另外，债权转让仅改变债权主体，不改变债权内容，若原债权含有瑕疵，那么，这种瑕疵必定会随同债权移转于受让人，因此，债务人仍得以对让与人提出的抗辩向受让人提出。但是，债务人向受让人提出的抗辩事由以其接到债权转让通知时为限，否则，有损受让人的利益。

（2）债务人在收到债权转让通知时，对让与人享有到期债权的，仍可依照有关抵销的规则向受让人主张抵销。此为《民法典》第549条所规定。债务人对受让人的此项抵销权在以下两种情形下可以行使：其一，债务人收到债权转让通知时，债务人对让与人享有债权，且债务人的债权先于转让的债权到期或者同时到期；其二，债务人的债权与转让的债权是基于同一合同产生。当然，债务人主张抵销的两个债权应当属于同种类债权；如果债权种类不同，则应经与受让人合意才能够发生抵销效果。

反之，债务人在未收到转让通知前，对让与人所为的法律行为均有效，意即债务人若仍以让与人为债权人，对其为履行、抵销等法律行为时，其行为后果受让人应同样予以承受。受让人不得以债权已经移转给自己为由，向债务人要求履行，而只能以不当得利为由，要求让与人返还。

（二）债权转让的对内效力

债权转让发生于让与人及受让人双方当事人之间的效力，为债权转让的对内效力。《民法典》第547条规定："债权人转让债权的，受让人取得与债权有关的从权利，但是该从权利专属于债权人自身的除外。受让人取得从权利不因该从权利未办理转移登记手续或者未转移占有而受到影响。"结合学理上的有关见解，对该规定可作如下理解：

1. 债权及其从权利从让与人移转至受让人。债权转让合同一经成立，受让人便取得受让的债权。[1] 同时，由于从权利一般为行使和实现债权的不可缺少的条件，根据"从随主"的原则，附着于债权的从权利一并移转于受让人，且该转让不因该从权利未办理转移登记手续或者未转移占有而受到影响。这些从权利包括担保权、利息债权、违约金债权、损害赔偿请求权、选择权等。但是，与让与人有不可分离关系的权利不在此限，如解除权、撤销权等形成权。

2. 让与人须对受让人承担相关的义务。《民法典》第550条规定，因债权转让增加的债务履行费用应由让与人承担。此外，根据诚信原则，让与人有义务提供受让人行使债权所需要的一切必要的合作，包括：告知受让人关于主张债权所必要的一切情况，特别是合同书中记载不明的有关事项，如债务人的住所、履行方法等。让与人还应将债权的证明文件、占有的质物交付受让人。

3. 让与人对出让的债权负有权利瑕疵担保责任，即保证债权有效存在并不会受到追索。若因为债权存在瑕疵而使受让人受到损失时，让与人要承担相应的赔偿责任。但是，如果受让人在接受转让时，明知权利有瑕疵的，则让与人可免于承担此责任。

4. 除非让与人和受让人有明确约定，否则，让与人对债务人的履行能力不负担保责任。

债权转让的对外效力和对内效力的发生条件不同，这是在司法审判中应予特别注意的问题。最高人民法院有关"佛山市顺德区太保投资管理公司与广东中鼎集团有限公司债权转让合同纠纷案"的民事判决书[（2004）民二终字第212号]中的裁判摘要认为："债权人转让权利的，应当通知债务人。未经通知的，该转让对债务人不发生效力，债务人享有对抗受让人的抗辩权，但不影响债权转让人与受让人之间的债权转让协议的效力。"

---

[1] 参见裴丽萍："论债权让与的若干基本问题"，载《中国法学》1995年第6期。

## 第三节　债务移转

### 一、债务移转的概念

债务移转又称债务承担，是指在不改变债的内容的前提下，债务人将合同债务全部或者部分移转给第三人。包括免责的债务承担和并存的债务承担两种形式。《民法典》第551~554条即为我国立法对债务承担制度的基本规定。

债务承担不同于《民法典》第523条规定的由第三人履行的合同以及《民法典》第524条规定的第三人代为履行的合同。虽然三者在表征上颇为相似，但却存在着显著的区别，主要表现为：

1. 在债务承担中，债务承担人具有合同当事人的地位，其因此成为合同的主体。由第三人履行的合同中的第三人只是债务人的履行辅助人，并不是合同的当事人。第三人代为履行的合同中的第三人的范围限于对履行该债务具有合法利益的法定范围内的第三人。

2. 在债务承担的情况下，债务承担人已成为合同关系的当事人，与债权人产生直接的权利义务关系。当债务承担人不履行合同义务时，债权人可以直接请求其履行或承担违约责任。如果债务被全部移转至第三人，原债务人已从合同关系中退出，此时债务承担人不履行债务的，债权人也不能要求原债务人履行或承担违约责任。在由第三人履行的合同中，第三人不履行或不完全履行合同的行为，均由债务人承担责任，债权人只能向债务人而不能向第三人请求承担责任。在第三人代为履行的情况下，债权人只能直接接受第三人的履行，并在其后将对债务人的债权依法转让给第三人。

3. 设立方式不同。债务承担需要经过债权人、债务人和债务承担人三方协商一致，否则，不发生债务承担的效力。由第三人履行的合同，从债权人方面而言，其只需和债务人形成一致约定即可，无需和第三人达成协议。换言之，第三人代替债务人负担履行义务，是基于其和债务人之间的合同，与债权人并无直接的关系。第三人代为履行是依据法律规定的条件直接发生的，不需要债权人的同意，甚至债权人不得拒绝。

总之，由于这三种制度存在着本质的不同，所以在适用中要特别注意对三者加以区分，不可混淆。

### 二、免责的债务承担

免责的债务承担，是指第三人代替原债务人负担全部或者部分债务，原债务人完全脱离相应的债务关系。此为狭义的债务承担，规定于《民法典》第551条中。在免责的债务承担法律关系中，接受移转债务的第三人成为新债务人，又称为承担人，其可以依据约定代替原债务人承担全部或者部分债务。

（一）免责的债务承担方式

1. 债权人与第三人订立债务承担合同。按照这种方式移转债务的，其债务于承担合同成立时移转于新债务人，原债务人即被免除相应部分的债务。可见，这种方式实际上包含了债权人对原债务人免除债务的行为，所以，采用这种方式时应遵循债务免除的一般规则，通知债务人即发生债务承担的效力，这是各国合同法确立的一般规则。但是，在学理上另有一种观点认为，采用这种方式移转债务应当在征得债务人的同意时才能发生效力。[1] 我国《合同法》以及《民法典》均没有明确规定债权人与第三人通过订立债务承担合同来移转债务的形式，依照法理在司法实践中应予以认可。

2. 债务人与第三人订立债务承担合同。《民法典》第551条规定，第三人与债务人订立合同移转全部或者部分债务，必须经过债权人的明确同意才发生债务移转的效力。由于对债权人来说，债务人的资信状况是债权实现的重要条件，如果不经债权人同意即移转债务，就可能损及债权人的利益，故在未取得债权人明示同意的情况下，债权人有权拒绝第三人的履行，同时有权追究债务人相应的违约责任。有学者认为，在债权人不同意的情况下，债务承担合同自动转变为由第三人履行的合同。[2] 若在债权人与债务人的原合同中并无由第三人履行的约定，采纳此种观点，显然有强加债权人接受第三人履行之嫌，故难言妥当。《民法典》第551条第2款规定："债务人或者第三人可以催告债权人在合理期限内予以同意，债权人未作表示的，视为不同意。"可见，在债权人明确表示同意前，债务人与第三人订立的债务承担合同为效力待定合同。

免责的债务承担合同一经债权人同意，即发生债务移转的法律效力，承担人取代原债务人成为新债务人。但是，依据法律、行政法规的规定，债务移转应当办理批准、登记手续的，办理批准、登记手续后，债务移转才能生效。

（二）免责债务承担的效力

根据《民法典》的规定，免责债务承担发生债务全部或者部分移转的法律效力，内容具体包括：

1. 新债务人可以享有原债务人对债权人的抗辩权。《民法典》第553条规定："债务人转移债务的，新债务人可以主张原债务人对债权人的抗辩；原债务人对债权人享有债权的，新债务人不得向债权人主张抵销。"根据该规定，抗辩

---

〔1〕　参见王利明：《违约责任论》，中国政法大学出版社1996年版，第437~438页。

〔2〕　参见史尚宽：《债法总论》，中国政法大学出版社2000年版，第708页。

权必须发生在债务承担前，而且，专属于原债务人的抗辩权，新债务人不得享有。例如，新债务人不得以属于原债务人的债权对债权人主张抵销；不得以合同的解除权、撤销权对抗债权人。

2. 债务移转时尚未产生的从债务，随主债务移转于新债务人。《民法典》第554条规定："债务人转移债务的，新债务人应当承担与主债务有关的从债务，但是该从债务专属于原债务人自身的除外。"此条所称的"从债务"包括利息债务、损害赔偿之债等。但是，在债务移转前已经产生的从债务，除当事人有特别约定外，不随同主债务移转于新债务人。此外，专属于原债务人的债务也不得随同主债务移转。例如，甲向乙借款2万元，同时甲允诺还钱时替乙作画一幅以表感谢。后来，甲将归还欠款的义务移转于丙，但该作画之义务显然具有人身属性不能随同移转。

3. 新债务人不得以对抗原债务人的事由对抗债权人，否则，债权人的利益会因为债务移转过程中的不确定因素而受到损害。例如，甲欠乙5万元货款，后来甲与丙约定，由丙用欠甲的5万元借款归还甲对乙所欠的货款，乙对此表示同意，由此甲的债务移转于丙。但是，甲与丙之间的借款合同后来被判定无效，于此情况下，丙同样要对乙履行债务。因为债权人的利益不得因债务移转以外的原因而受到影响。我国法律没有对此进行规定。《德国民法典》第417条第2款规定，"承担人不得依据构成债务承担的基础的承担人与原债务人之间的法律关系，向债权人提出抗辩"，该立法例可资借鉴。

4. 由第三人为债权设定的担保，除担保人继续同意担保外，因债务移转而消灭。但是，附着于债务之上的留置权以及新债务人自己为债务设定的担保物权理应继续存在。

### 三、并存的债务承担

并存的债务承担，是指第三人加入债务关系与原债务人共同负担同一内容的债务，而原债务人并不脱离债务关系，与第三人一起对债务承担连带责任。并存的债务承担规定于《民法典》第552条中。

#### （一）并存的债务承担方式

根据《民法典》第552条的规定，并存的债务承担方式既可以由承担人与债务人约定加入债务而发生，也可以由承担人向债权人表示愿意加入债务而发生，无论采用哪种形式均不需要经过债权人明确同意。因为并存的债务承担通过增加债务人的方式扩大了债务履行的责任财产，一般情形下将给债权人的债权实现带来利益，故除非债权人认为自己的利益遭受损害而在合理期限内明确表示拒绝，当承担人与债务人约定加入债务或承担人向债权人表示愿意加入债务，均能够产生并存的财务承担之效果。

（二）并存债务承担的效力

并存债务承担的最大特点是：由第三人加入债务人一方成为新债务人，使原来的单数主体之债转变为债务人为多数的复数主体之债。因此，在并存的债务承担中，债权人与债务人之间的关系，以及各债务人之间的关系，还应符合多数主体之债的一般处理规则，具体如下：

1. 在承担人加入债的关系后，其作为新债务人在其同意承担责任的范围内与原债务人共同对债务承担连带责任。

2. 债权人与各债务人之间、连带债务人之间的关系根据具体情况，可适用《民法典》第518~520条有关连带债务履行的一般规则予以调整。

## 第四节　债权债务的概括移转

### 一、债权债务的概括移转的概念

债权债务的概括移转又称为概括承受，是指合同当事人一方将自己的权利义务概括地移转给第三人。例如，经济生活中的企业整体变卖即发生概括承受的法律后果。

总体而言，债权债务的概括承受包括根据当事人合意而发生的合同承受，以及根据法律规定而发生的企业合并、财产继承两类。基于不同的原因发生的概括承受，差别在于：①合同承受中的承受人为任意第三人；而在法定的概括承受中，其承受人为法定第三人。②合同承受须取得承受人及合同另一方当事人的同意；而法定的概括承受不须征得承受人同意，并且对合同另一方当事人为通知或公告即产生效力。基于这些不同点，世界各国或地区民法都将二者分开加以规定，我国立法亦同。《民法典》第555条规定的是合同承受，另以第67条专门规定当事人合并、分立后权利义务的移转，以示区别。

### 二、合同承受

合同承受又称为合同转让，是指合同当事人一方经他方当事人同意，通过与第三人订立合同，将其合同当事人地位转让给第三人。

《民法典》第555条规定："当事人一方经对方同意，可以将自己在合同中的权利和义务一并转让给第三人。"据此规定，合同承受的法律要件包括：

1. 合同承受必须经合同当事人一方与第三人达成一致协议，并取得合同另一方的同意。因为概括承受包含了债务的移转，所以，若合同承受未经过合同另一方的同意，转让无效。

2. 被转让的合同应为双务合同。单务合同的一方不存在概括的债权债务，故不发生概括移转。

3. 依照法律、行政法规必须采取特定形式的，合同转让时应遵循法律的规定。

合同承受实为债权转让和债务移转同时发生，因此，《民法典》第556条规定，合同承受的法律效力适用有关债权转让和债务移转效力的规定。但须注意的是，合同承受并非是债权转让和债务移转的简单相加。在合同承受中，第三人完全取代了合同一方并成为新的合同当事人，所以，第三人的地位优于单纯之合同债权受让人或债务承担人。由此决定了与合同命运相关的形成权，如解除权、撤销权全部都移转于合同承受人，原合同当事人一方完全退出合同关系。

### 三、法定的概括移转

《民法典》第67条的规定包括了由当事人合并、分立所引起的债权债务的概括移转。分述如下：

1. 当事人订立合同后发生合并的，由合并后的法人或者其他主体行使合同权利，履行合同义务。当事人不得以合并为由，请求变更或解除合同。

2. 当事人订立合同后分立的，如果债权人和债务人就债权债务的分配已有约定，则按当事人的约定来处理债权债务关系；如果当事人之间没有约定，则分立后的法人或者其他主体对合同的权利和义务享有连带债权，承担连带债务。分立后的当事人不得以其名称、组织机构或经营范围的变更为由，拒绝接受合同权利或履行合同义务。

法律规定在当事人合并、分立后，原有的债权债务一并概括移转于新的当事人，作此规定的目的在于避免与当事人有合同关系的第三人的利益因此受到损害，保护交易安全。

根据域外民事立法的规定及学理上的共识，法定的债权债务转让和概括移转准用关于债权转让、债务承担以及合同承受的效力规定，在适用中可资参考。

### ■思考题

1. 根据《民法典》规定，分析合同合意变更方式及其相应的法律后果。
2. 我国《民法典》规定的合同主体变更的形式有哪些？
3. 我国《民法典》规定的债权转让的限制有哪些？
4. 试比较合同债权转让与债务承担间的区别与联系。

### ■参考资料

1. 郑玉波：《民法债编各论（下册）》，三民书局1981年版。
2. 史尚宽：《债法总论》，中国政法大学出版社2000年版。
3. 王利明主编：《民法（下册）》，中国人民大学出版社2022年版。
4. 林诚二：《民法债编总论——体系化解说》，中国人民大学出版社2003年版。

# 第九章　合同权利义务的终止

■ 学习目的和要求

　　通过本章的学习，把握《民法典》规定的合同权利义务终止的含义和终止原因；全面理解合同解除的概念、方式和效力，特别是法定解除权的内容；掌握抵销、提存、免除和混同的概念、特征和《民法典》对此作出的相关规定。

## 第一节　合同权利义务的终止概述

　　合同终止，即由于一定的法律事实的发生，使合同所设定的权利义务在客观上已不再存在。质言之，合同关系归于消灭。

　　从整个合同法制度上概括合同终止的原因，大致可分为三类：①根据当事人的意思所致，如债权人单方免除债务人的债务，当事人协商一致解除合同。②基于合同的目的已经达到，如清偿。③基于法律的直接规定，如合同无效、被撤销。《民法典》第557条将这些原因细分为：

　　1. 债务已经按照约定履行。这是合同终止的最主要、最正常的原因，在当事人双方均严格按照合同约定和法律规定履行了债务的情况下，债权债务得到清偿，合同绝对消灭，不会由此产生新的债权债务。大陆法系称此为"清偿"，清偿即能达到消灭债权效果的给付。"清偿"与"履行"系同义语，二者的区别仅在于，履行是从合同效力的角度而言的，清偿是从合同消灭的角度出发所作的描述。因此，履行规则和清偿规则是相同的。因为《民法典》已在第三编第四章中对履行规则作了较为详细的规定，所以，在《民法典》第三编第七章"合同的权利义务终止"中，仅仅增加了第560条、第561条关于抵充顺序的规定，以使法律简约。

　　2. 合同解除。大陆法系将合同解除作为对违约的一种补救方法，视为一种特殊的合同责任。[1] 所以，合同解除制度仅限于一方行使解除权的解除，在性质上有别于引起合同消灭的正常原因，故此合同解除不属于合同消灭制度的范畴。但我国以往的合同法理论以及立法实践，从来都以解除权解除和协议解除为合同解除制度的必要组成部分，并且认为合同解除是一项独立的法律制度。在起草《合同法》的数稿中，曾有建议草案一稿对大陆法的解除制度予以了全盘接受，但这种做法遭到了理论界及司法界的反对，认为协议解除合同已为民众所接受，不应轻易废止。因此，《合同法》在解除制度的设计上，一是遵循了中国合同法的习惯做法，坚持将协议解除纳入解除的规定中；二是对两大法系已日臻成熟的有关解除权制度予以了吸收，使解除权的法条规定得以完善。进一步地，将解除制度作为合同终止的原因予以定位，使协议解除和解除权解除统一于引起合同消灭的结果之上，二者在性质上的差异由此得到调和。这种立法体例安排可谓是最佳选择。[2]《民法典》在合同解除制度的定位上与《合同法》继续保持了一致。

3. 债务相互抵销。

4. 债务人依法将标的物提存。

5. 债权人免除债务。

6. 债权债务同归于一人。

7. 法律规定或者当事人约定的其他情形。

在大陆法系的民事立法和理论中，债的终止与消灭是具有不同含义的两个概念。终止一般是指继续性合同的当事人一方所作的合同效力向将来消灭的意思表示，又称为告知或终止权，与合同解除权的性质基本相似。合同消灭主要指导致合同关系必然消灭的五种情况，即清偿、抵消、提存、免除和混同，不包括合同的解除和终止。在英美法系，似乎既无表示合同终止又无表示合同消灭的术语，而是将合同解除作为合同消灭的同义语使用，而且合同解除包括了合同因履行而解除、因当事人的协议而解除、因当事人一方通知对方而解除、因债权人认可对方违约而解除、因意外事件不能履行而解除五种原因。[3] 暂且撇开称谓上的区别不论，仅从实质内容来看，英美法合同消灭制度的规范范围比大陆法所规范的范围更为宽泛。我国 1985 年施行的《涉外经济合同法》第 31 条对合同终止作出了规定，此条已将"终止"一词作为消灭的替代语，并且所列举的合同消灭原

---

〔1〕 参见周林彬主编：《比较合同法》，兰州大学出版社 1989 年版，第 322 页。

〔2〕 梁慧星先生持批评的观点，认为《合同法》用终止来表示消灭，将终止与狭义的解除两种情况合在一起叫做解除，从而因概念上的不清楚造成了法律条文在逻辑上的混乱。参见梁慧星："合同法的成功与不足（上）"，载《中外法学》1999 年第 6 期。

〔3〕 参见董安生等编译：《英国商法》，法律出版社 1991 年版，第 148~163 页。

因比大陆法规定要多，说明我国在此问题上的立场已开始倾向于英美法系。

虽然在《合同法》起草过程中，对此问题的处理曾一度回归到大陆法的做法，[1] 但最终《合同法》还是放弃了采用单一模式的打算，吸收了两大法系的精华，构建出从内容到形式都别有新意的合同终止制度。其主要特征为：①在名称上，启用了与两大法系全然不同的"终止"一语来指代合同的消灭，使这一制度与两大法系的区别从名称上便可一望而知。②终止意味着最广泛意义上的合同消灭。其既包括基于法定原因而发生的合同消灭，又包括当事人约定的原因而发生的合同消灭；既包括正常履行所致的合同消灭，又包括违约解除所引起的合同消灭等。③规定了合同终止的一般效力，特别对合同终止后的后契约义务进行了明文的规定。[2]《民法典》对合同权利义务终止的制度安排延续了《合同法》的做法。

## 第二节　合同的解除

### 一、合同解除的概念

（一）合同解除的含义

1. 广义的合同解除，是指在合同有效成立后，没有履行或履行完毕之前，当事人双方通过协议或者一方行使解除权的方式，使合同关系提前消灭。它包括双方协议和单方行使解除权解除两种情况。《民法典》规定的合同解除即为广义的合同解除。

2. 狭义的合同解除，仅指单方行使解除权的解除，即当事人一方行使法定的或约定的解除权，使合同效力归于消灭。从大陆法系国家对合同解除制度的规定来看，系采狭义概念，即将合同解除仅仅视为一方行使解除权的单方行为，合同的协议解除被排除于解除制度之外，理由在于：协议解除合同是合同自由原则的应有之义，无需再另设条款予以规定。英美法上的合同解除有两种含义，在广义上与合同消灭是同义语，就其狭义而言，则相当于大陆法系的合同解除。[3]《民法典》关于合同解除的含义及立法体例均与两大法系有一些不同，具有中国特色。

---

〔1〕　参见《中华人民共和国合同法（建议草案）》，载梁慧星主编：《民商法论丛（第4卷）》，法律出版社1996年版，第439页。

〔2〕　参见《民法典》第558条。

〔3〕　参见周林彬主编：《比较合同法》，兰州大学出版社1989年版，第323页。

（二）合同解除的特征

1. 合同解除的对象是已经有效成立的合同。设立合同解除制度的目的，在于提前消灭已生效的合同关系。若当事人之间的合同关系并未成立或者已正常履行完毕，则无须解除；合同成立后，若欠缺有效条件而导致合同绝对无效，或具备可撤销的原因，则应分别适用无效合同和可撤销合同的有关规定，也不得适用合同解除的规定。换言之，合同解除制度与合同无效制度、可撤销制度在适用对象、程序以及法律后果方面都存在着重大的差别，不可混淆。

2. 合同解除必须要通过当事人的解除行为。所谓解除行为，就是合同当事人使合同关系消灭的法律行为。根据《民法典》的规定，解除行为包括协商一致解除合同的双方行为和行使解除权解除合同的单方行为两种。据此，附解除条件的合同解除在严格意义上不属于解除制度的范畴。因为附解除条件的合同，当其解除条件成就时，合同效力当然且自动消灭，不再需要借助当事人的任何行为。因此，附解除条件的合同不应纳入解除制度中规定。

（三）相关概念辨析

在把握合同解除制度时，应对《民法典》规定的不同的解除概念进行辨析，否则，在适用上难免造成混乱。

1. 协议解除与约定解除。《民法典》第 562 条第 1 款规定："当事人协商一致，可以解除合同。"第 2 款规定："当事人可以约定一方解除合同的事由。解除合同的事由发生时，解除权人可以解除合同。"这一条前款规定的是合同的协议解除，后一款规定的是合同的约定解除。从表面上看，协议解除与约定解除都要通过当事人的协商来达到解除合同的目的，但二者在实质上迥然有别。协议解除是当事人双方以一个新合同来解除原合同，解除合同的协议成立，则立即发生合同解除的效力；约定解除是当事人双方约定，赋予合同一方或双方以解除权。约定解除权发生后，并不必然发生合同解除的结果，因为享有解除权的当事人可以根据自己的意愿不行使解除权或明确表示抛弃解除权，从而继续维持合同的效力。概言之，协议解除是通过协议直接使合同解除，而约定解除仅凭借协议约定在一定条件下发生解除权。

2. 附解除条件的合同解除与约定解除。附解除条件的合同解除不包含在合同解除制度的范畴内，但它与约定解除有相似之处，即解除条件均由当事人约定，故不可不对二者进行区分。二者的不同表现在：附解除条件的合同，在所附条件成就后，发生合同自然失效的后果；约定解除，即在合同中约定一定的解除条件，解除条件成就后，则解除权发生，但合同并不当然失效，故约定解除又称为解除权保留。

3. 法定解除与约定解除。法定解除与约定解除合称为有解除权之解除。二者的主要区别在于：①法定解除的发生条件是由法律直接规定的。《民法典》第563条规定的法定解除条件为：因不可抗力致使不能实现合同目的；在履行期限届满之前，当事人一方明确表示或者以自己的行为表明不履行主要债务的；当事人一方迟延履行主要债务，经催告后在合理期限内仍未履行的；当事人一方迟延履行债务或者有其他违约行为致使不能实现合同目的等。约定解除权的发生条件是双方当事人商定的，如甲雇请乙开车，同时约定，若甲日后自己拿到驾驶执照，则有权解雇乙。此即为约定解除权。②法定解除权的行使、效力和消灭均由法律详加规定；约定解除权的行使、效力和消灭都依当事人的约定，只在当事人对此无约定或约定不明时，才适用法定解除权的有关规定。

**二、合同解除的方式**

根据《民法典》的规定，合同解除的方式包括双方协议解除和单方行使解除权解除两种。

（一）双方协议解除合同

协议解除合同，一般是在合同有效成立后，由于新情况的出现，当事人双方都希望解除合同；或者虽没有出现什么变故，但当事人对履行原合同都失去了兴趣，双方自愿解除合同。无论出于什么原因，这些都纯属当事人之间的事情，根据合同自由原则，法律应予以允许，并且对协议解除合同不多加干预，由当事人自己商定解除的程序、时间、方式以及后果。在当事人没有约定或约定不明时，可参照合同的成立及生效规则进行认定。

（二）单方行使解除权

此种方式包括法定解除权和约定解除权两种情形。其中，约定解除权的发生原因、行使方式及存在的期限都由当事人商定，只有在当事人没有约定时，才适用法律规定予以调整。因此，法律规范的重点在于法定解除权。此处以《民法典》规定为据，仅着重说明法定解除权的要点。

1. 法定解除权的发生原因。即由法律直接规定的解除权的行使条件。根据《民法典》第563条的规定，具体包括：

（1）因不可抗力致使不能实现合同目的。所谓不可抗力，是指不能预见、不能避免并且不能克服的客观情况。根据法律的规定，发生不可抗力时，受不可抗力影响的一方当事人可以免去履行的义务及损害赔偿责任。但是，免责并不影响另一方当事人解除合同的权利。换言之，在发生不可抗力的情况下，受损方虽不能要求对方履行和赔偿损失，却可以要求解除合同。应当强调的是，并非一旦存在不可抗力而导致合同不能履行的情况就可以解除合同，解除合同的权利最终取决于不可抗力对履行合同的影响程度。只有在不可抗力已使债务人不能履行主债务，或者合同虽然还能够继续履行，但履行已使债权人失去订立合同的预期目的，此时，债权人方才有权单方解除合同。

（2）债务人预期违约。合同有效成立后至合同约定履行期限届满前，一方当事人明确肯定地向另一方当事人明示其将不按约定履行合同义务，或者一方当事人的自身行为表明其将不能依照约定履行合同义务，此即为预期违约。这一制度源于英美法系，《联合国国际货物销售合同公约》第72条承认了这一制度。鉴于我国已是该公约的成员国，更因为这一制度规定的合理性，所以《合同法》第94条首次明确接受了预期违约制度，并为《民法典》第563条第1款第2项保留。

根据《民法典》第563条的规定，在履行期限届满之前，当事人一方明确表示或者以自己的行为表明不履行主要债务的，另一方有权解除合同。债权人凭借此条规定所赋予的权利，就可以在对方明显地将会违反合同主要义务时，立即采取措施，提前解除合同，而不必非要等到履行期到来后再亡羊补牢，这样对债权人利益的保护会更充分。

（3）债务人迟延履行。在构成债务人迟延履行的情况下，《民法典》第563条第1款第3项和第4项区分了经催告的解除和无催告的解除两种不同的解除方式。依照第3项，即使债务人构成迟延，债权人应该先催告债务人履行并给予其合理的宽限期，待合理期限经过，债务人仍然未为履行，债权人才能行使解除权。依照第4项，债务人只要构成迟延，债权人即可以行使解除权，无需经过催告。适用第3项行使解除权的要件为：①债务人迟延履行主要债务。对此处的"主要债务"的内涵宜结合个案具体情况予以判断，可以将其从宽解释为包括附随义务和从义务，否则，对债权人解除权的限制则显得过于严苛。②债权人已催告债务人并给予宽限期。③宽限期过后，债务人仍然未履行债务。若债权人未明定宽限期，法官可以依据客观情况确定一个合理期限作为债务人履行债务的期间。适用第4项行使解除权的要件为：①债务人的行为已经构成了迟延。②债务人的迟延致使债权人订立合同的目的落空。即债务人的迟延履行产生了实质上使债权人订立合同所期望得到的主要利益丧失的严重后果，这种情况大多发生在以定期行为[1]作为合同内容的合同履行之中。所谓定期行为，指根据合同性质或者当事人的意思表示，债务必须于特定期间内履行，否则其合同目的无法达成。例如，某歌唱家的演出、翻译的现场口译等行为即属此类。对于定期行为以外的债务，在当事人一方发生迟延履行义务时，法律并不允许对方立即解除合同，因为对于债务人而言，解除合同往往会使其因为准备履行的费用和已经完成的给付得不到补偿而造成严重的损失。因此，从权衡双方当事人利益的角度考虑，在一

---

[1]　参见黄立：《民法债编总论》，中国政法大学出版社2002年版，第523页。

方发生履行迟延时，另一方应该给对方一定的宽限期，催促对方在宽限期内完成履行。宽限期内，受损方不得解除合同，对于违约方延期履行所造成的损失则可以请求赔偿。待宽限期结束后，违约方仍未履行合同时，受损方就可以行使解除合同的权利。

（4）当事人其他的根本不履行行为。此为不完全履行发生的合同解除权的规定。所谓不完全履行，即债务人虽然以适当履行的意思进行了履行，但履行不符合法律的规定或合同的约定。依此规定，债务人违反合同规定的质量、数量、履行地点等条款，致使债权人订立合同的目的不能实现，则债权人有权单方主张解除合同。

（5）法律规定的其他解除合同的情形。此种情形既包括《民法典》在典型合同中所规定的一些具体合同的法定解除权，如委托合同当事人的任意解除权，也包括其他法律、行政法规中所规定的合同法定解除权。

（6）不定期继续性合同的任意解除权。《民法典》第563条第2款："以持续履行的债务为内容的不定期合同，当事人可以随时解除合同，但是应当在合理期限之前通知对方。"该条确定了不定期继续性合同的任意解除权。所谓继续性合同，在大陆法系是指债务不能一次履行完毕，必须持续履行方能完成的合同，如租赁合同、保管合同、委托合同以及大部分以提供劳务为标的的合同。继续性合同一般包括固有继续性合同与重复性供给合同两种类型。固有的继续性合同是指已由法律针对特定合同类型加以规范的合同，如借款合同、租赁合同、保管合同、委托合同、保险合同、合伙合同等；重复性供给合同是指在约定期间内重复地向他方供给相关物品，由他方支付价款的合同，如供应报纸、牛奶的合同。根据有期限和无期限之差别，继续性合同又可以分为定期继续性合同和不定期继续性合同。法律规定不定期继续性合同当事人享有任意解除权，使任何一方均可以通过解除合同来确定给付义务的时限和范围，以满足自己的需要，但同时要求行使任意解除权一方应当在合理期限前通知对方，给对方以必要的准备时间。这一新的规定至为合理。从《民法典》对上述法定解除权的规定中不难发现，我国法定解除权的发生大多以"不履行主要债务"或"不能实现合同目的"为前提条件。可见，英美法上的"根本违约"观念已被引入中国民事立法，应予以特别关注。

据学者考证，根本违约是从英美法系国家的合同判例中产生的一种特殊违约形态。以根本违约作为解除合同的限制条件的原因在于，解除合同致使交易不能实现，对不履行方而言，是一种非常严厉的制裁措施。一桩交易的流产，不仅会给合同当事人带来损害，同时也会造成社会资源的极大浪费。换言之，轻易解除合同的行为有违公平和效益的观念，应借助根本违约制度予以合理的限制。正是基于这一制度存在的基本价值,《联合国国际货物销售合同公约》第 25 条对此予以接受,并将根本违约作为一项基本的法律术语。[1]《国际商事合同通则》第 7.3.1 条也采用"根本不履行"来表述这一概念。

根据《联合国国际货物销售合同公约》第 25 条的规定,"根本违约"的含义为:如一方当事人违反合同的结果,使另一方当事人蒙受损害,以致于实际上剥夺了他根据合同规定有权期待得到的东西,即为根本违反合同。根本违反合同的判断标准有两条:①以一方的违约行为对另一方所造成的损害结果为准,如果违约严重影响债权人订立合同所期待的利益,即可认定为根本违约。②以违约方对此违约结果的预知这一主观状态为构成条件。若违约方预先并不知道其违约行为的严重结果,则也不构成根本违约。能否预知应以一个同等资格、通情达理的人处于相同情况作为参照予以认定。鉴于这两条标准仍然具有很大的弹性,《国际商事合同通则》第 7.3.1 条第 2 款进一步列举了五种根本不履行的具体情况,包括不履行实质性地剥夺了另一方期待的利益;不履行的是合同的实质内容;不履行是出于违约方的故意等。《国际商事合同通则》与《联合国国际货物销售合同公约》的不同之处在于,前者在判定该不履行是否构成根本违约时,既考虑违约人所违反的合同义务的性质,即不履行的是否为合同的实质内容,同时又考虑违约的后果,要求不履行已剥夺了另一方期待的利益。[2]

从《合同法》第 94 条的条文表述可明显看出,在制定根本违约的判断标准时,主要参考了《国际商事合同通则》第 7.3.1 条第 2 款的有关内容,并在此基础上进行了改进,去掉了判定根本违约的主观标准。作出这一修改的原因在于,违约方是否预见到其行为的严重后果这一事实,难以为债权人所证明,故不足为凭。这一根本违约的判断标准为《民法典》第 563 条所采纳。

根据《民法典》的规定,"根本违约"的含义可概括为:一方当事人的行为违反了合同的主要义务,或使另一方当事人订立合同的目的难以实现,即为根本违约。据此,根本违约的判定标准为:

(1)违约方的违约行为违反了合同的主要义务。无论是预期违约还是实际违约,只要违反合同的主要义务,即为根本违约,可导致合同的解除。例如,买卖合同的卖方拒绝交货或者交付的货物严重不符合质量要求,即为违反主要义务的行为,买方可主张解除合同。对于违反合同从义务和附随义务是否导致解除权发生,不能一概否定,而应结合这些义务的违反是否影响合同目的实现予以判

---

〔1〕 参见叶林:《违约责任及其比较研究》,中国人民大学出版社 1997 年版,第 203~204 页。

〔2〕 参见对外贸易经济合作部条约法律司编译:《国际统一私法协会国际商事合同通则》,法律出版社 1996 年版,第 156~160 页。

断。如果债务人违反的虽然是合同的从义务和附随义务，但仍发生致使债权人不能实现合同目的的后果，则债权人也可以享有合同解除权。

（2）违约行为致使另一方订立合同的目的不能实现。实际生活中，违约行为的形态多种多样，或完全拒绝履行，或违反履行期限、质量要求等，但不论是违反合同哪一条款，不论是重大违约还是轻微违约，甚至也不论该不履行是否由不可抗力的原因所致，只要不履行造成受损方订立合同时所预期的目的落空，则受损方有权解除合同。

上述两项标准相辅相成，违反主要义务是根本违约的表现形式，使另一方订立合同的目的不能实现是根本违约的必然结果。双重标准的采用，使对根本违约行为的判断较为容易。

我国法律在法定解除条件中引进根本违约制度，意义在于限制解除权的滥用，避免发生因轻易解除合同给不履行方造成重大损害的情形，以此达到平衡双方当事人利益并鼓励交易的目的。

2. 法定解除权的行使方法。解除权依照权利人单方的意思表示就可以发生解除合同的效力，所以，解除权在性质上属于形成权。但是，依照《民法典》第 565 条规定，当事人在行使解除权时，应遵循一定的程序和方法，具体内容为：

（1）一方行使解除权解除合同，应当通知另一方当事人，自通知到达对方时合同解除。若解除通知载明债务人在一定期限内不履行债务则合同自动解除，债务人在该期限内未履行债务的，合同自通知载明的期限届满时解除。

（2）一方直接以提起诉讼或者申请仲裁的方式主张解除合同，人民法院或者仲裁机构确认该主张的，合同自起诉状副本或者仲裁申请书副本送达对方时解除。

法律、行政法规规定解除合同应当遵循特别程序的，应当依照规定办理批准、登记等特别手续，否则，不发生合同解除的效力。另外，学理上认为，根据解除权行使不可分原则，如果解除权人为数人时，解除的意思表示一般应由全体解除权人作出。

3. 解除权的消灭。解除权的行使会导致合同关系消灭的结果，因此与相对人的利益息息相关，若使解除权在法律上永久存在，必然会给相对人带来不利后果，故《民法典》从保护相对人利益出发，规定解除权应于一定情况发生时归于消灭。根据《民法典》第 564 条的规定，解除权消灭原因有：

（1）法律规定或当事人约定的解除权行使期限届满。

（2）解除权期限未确定的，自解除权人知道或者应当知道解除事由起一年内不行使即消灭，或者在相对人催告解除权人后，解除权人在合理期限内未行使解除权的，解除权消灭。

既然解除权为权利人享有的形成权，解除权人明确表示抛弃解除权的，当然引起解除权消灭的结果。但是，当解除权人为数人时，抛弃的意思表示应由全体解除权人共同作出才有效。

**三、合同解除的效力**

根据《民法典》第 566 条、第 567 条的规定，合同解除产生合同关系消灭的一般法律后果，具体表现为：

1. 解除合同双方当事人将来履行和接受履行的义务。此效力后果在《民法典》第 566 条中表述为：合同解除后，尚未履行的，终止履行。

2. 合同已经履行的，根据履行情况和合同性质，当事人可以要求恢复原状。对于合同解除前已经履行的部分是适用维持现状还是适用恢复原状，根据合同性质及履行情况而定。某些合同在解除后不产生恢复原状的效力，这些合同具体包括继续性合同以及履行已持续一段时间的合同。此两类合同解除之所以难使它发生恢复原状的后果，原因在于：合同债务人向受领人履行后，其给付即为受领人所消费或被物化，其难以恢复原状或者恢复原状会使善意第三人的利益受到损害，故不可适用恢复原状的处理方法。但是，按照法律规定，仍允许当事人以其他补救措施和赔偿来代替恢复原状的适用。除根据合同性质及履行情况不可适用恢复原状的情况外，合同解除后，当事人互负恢复原状的义务。所谓恢复原状，即当事人互相返还已受领的给付。其在适用中应注意把握三点：①返还的范围包括原物、同种类物，以及占有使用期间所获得的利益，如利息、孳息。②在所受领给付为劳务或者消耗物时，则应负担折价返还义务。③当事人互负返还义务的应同时履行，并可准用同时履行抗辩权的规定。

3. 合同解除不影响当事人请求赔偿损失的权利。关于合同解除后能否请求赔偿损失，大陆法系主要国家的民事立法传统上有两种不同的做法：①排斥主义，即规定当事人在解除合同时不能同时请求损害赔偿；若请求损害赔偿则不能解除合同。解除合同和损害赔偿二者是互相排斥的，不能并存。原因在于：选择合同解除则使合同关系溯及至成立时消灭，因不履行合同而产生的损害赔偿随之失去存在的基础，所以二者只能择一而行，如《德国民法典》原第 325、326 条的规定持这种观点。但是，2002 年德国债法于修订后改变了原规定，即明确解除合同与损害赔偿并不相互排斥。这样，排斥主义的做法成为屈指可数的立法例。②并存主义，规定当事人可以同时请求解除合同和赔偿损失。但采取此种做法的国家在损害赔偿范围上又有区别。根据《法国民法典》第 1184 条以及《日本民法典》第 545 条规定，赔偿范围仅包括债务不履行所造成的损失，因为此种损失在合同解除前就已经存在，不因合同解除而丧失。然而，《瑞士债务法》第

109 条规定，赔偿范围仅包括信赖利益损失，不包括债务不履行的损失。其认为既然合同因解除而消灭，则已无不履行责任的存在基础。我国法律一直坚持第二种做法，承认解除合同与损害赔偿的请求可以并存，但对于损害赔偿的范围，立法却未予以明确，从而有待在法律适用的过程中进一步加以明确。

4. 合同解除不影响合同中有关结算和清理条款的效力。此为《民法典》第 567 条的规定。学者认为合同中约定的违约金条款、定金条款、预定的损害赔偿金计算方法条款即属于此结算和清理条款，不因解除而归于消灭，这些条款继续有效，仍可以作为处理善后事宜的依据。[1]

5. 合同因违约解除的，违约方应承担违约责任。在《民法典》出台前的司法实践中，对于合同解除的后果是否包括违约金责任曾出现不一致甚至完全相左的判决，[2] 表明在此问题上司法实践中曾存在争议。《民法典》第 566 条第 2 款规定："合同因违约解除的，解除权人可以请求违约方承担违约责任，但是当事人另有约定的除外。"由此表明，合同解除的后果还包括了违约责任的适用，但法律有特别规定或者当事人有特别约定的除外。

6. 主合同解除后，担保人对债务人应当承担的民事责任仍应当承担担保责任，但是担保合同另有约定的除外。主合同解除后，债务人应当承担的民事责任仍然是担保人应当承担担保责任的范围，除非担保合同另有约定。

对于合同解除的上述诸种效力后果，在德国和日本合同法理论上存在不同解释，其代表学说主要有：直接效果说、间接效果说和折中说。直接效果说认为，合同因解除而溯及既往地消灭，合同解除如同合同自始不存在，从而尚未履行的债务归于消灭，已经履行的部分发生返还请求权。间接效果说认为，合同解除并不消灭债的关系，只不过是阻止合同已经发生的效力，从而对于尚未履行的债务发生拒绝履行的抗辩权，对于已经履行的债务发生新的返还请求权。折中说认为，对于尚未履行的债务自合同解除时归于消灭，对于已经履行的债务并不消灭，而是发生新的返还请求权。直接效果说曾为我国合同法理论所主张，随着德国债法对合同解除的损害赔偿的承认和其理论对直接效果说的冷淡态度，该学说

---

〔1〕 参见韩世远：《合同法学》，高等教育出版社 2010 年版，第 280 页。

〔2〕 参见最高人民法院法发〔2009〕40 号《关于当前形势下审理民商事合同纠纷案件若干问题的指导意见》第 8 条："合同解除后，当事人主张违约金条款继续有效的，人民法院可以根据合同法第九十八条的规定进行处理。""桂冠电力与泳臣房产房屋买卖合同纠纷案"，载《最高人民法院公报》2010 年第 5 期。其裁判摘要为：《中华人民共和国合同法》第 97 条规定，"合同解除后，尚未履行的，终止履行，已经履行的，根据履行情况和合同性质，当事人可以请求恢复原状、采取其他补救措施，并有权要求赔偿损失。"合同解除导致合同关系归于消灭，故合同解除的法律后果不表现为违约责任，而是返还不当得利、赔偿损失等形式的民事责任。

在我国也受到质疑，折中说和间接效果说从而得到学者的支持，[1] 为我国合同解除的效力规范提供了更契合法律规定的解释论基础。

### 四、解除权异议

解除权依照权利人单方的意思表示，向对方直接要求解除合同时，相对人就解除权的成立、行使或者效力后果提出不同意见的，为解除权异议。《民法典》第 565 条第 1 款后半段规定："对方对解除合同有异议的，任何一方当事人均可以请求人民法院或者仲裁机构确认解除行为的效力。"但是，相对人对解除合同提出异议一般要求在约定的或者合理的异议期限提出。

## 第三节　抵　销

### 一、抵销的概念

所谓抵销，是指两人互负给付种类相同的债务时，双方各以其债权充当债务之清偿，而使自己的债务与对方的债务在对等数额内相互消灭。

抵销有广义与狭义之分。广义的抵销包括依照法律规定产生以及依照当事人合意产生两类，前者为法定抵销，后者为合意抵销。根据合同自由原则，合意抵销的构成要件、效力等方面的内容均由当事人商定，法律无须多加过问。因此，法定抵销才是法律规范的重点。

世界各国或地区的民法大多以抵销作为债的一种消灭原因，主要理由在于：①抵销可以免去双方相互给付之费用和麻烦，使债的清偿更为便捷；②抵销可使债权人更为迅速地获得债权满足。尤其在债务人破产时，债权人可主张抵销，直接免去自己的对待给付，从而使自己处于优先受清偿的地位，故各国或地区破产法均承认债权人在破产申请受理前对债务人负有债务的，可以向管理人主张抵销。基于同一理由，《民法典》第 568 条、第 569 条分别规定了法定抵销和合意抵销。

### 二、法定抵销

（一）法定抵销的含义

法定抵销是指两人互负给付种类相同的债务，且债务均已届清偿期，一方主张以自己的债权与对方的债权按对等数额消灭的单方意思表示。其中，用作抵销的债权称为主动债权或自动债权，被抵销的债权称为被动债权。

---

[1] 参见韩世远：《合同法学》，高等教育出版社 2010 年版，第 274 页；马俊驹、余延满：《民法原论》，法律出版社 2007 年版，第 606~607 页。

（二）法定抵销的构成要件

《民法典》第 568 条规定："当事人互负债务，该债务的标的物种类、品质相同的，任何一方可以将自己的债务与对方的到期债务抵销；但是，根据债务性质、按照当事人约定或者依照法律规定不得抵销的除外。当事人主张抵销的，应当通知对方。通知自到达对方时生效。抵销不得附条件或者附期限。"据此，法定抵销的构成要件为：

1. 须两人互负债务。即债权人和债务人之间相互存在对待之债，可供抵销之用，并且主动债权和被动债权均为合法有效。因此，无效债权、已撤销之债权、所附条件未成就之债权等，均不得为抵销。

2. 须双方债务种类相同。抵销通常适用于货币以及同种类之债的消灭。以特定物为标的的合同债务，一般不适用抵销。因为以标的种类相同的债务为抵销时，债务人的需要均可获得满足；如果双方债务标的之种类不同，表明双方需求各异，抵销将使一方或双方当事人的特定需要难以获得满足。

3. 须双方债务均届清偿期。抵销实际上就是相互履行，如果以已届清偿期的主动债权与未届清偿期的被动债权互为抵销，无异于强求对方提前履行债务。因为债务人自己可以主动放弃期限利益，所以，在期限利益专为债务人所设时，债务人可以未届清偿期的主动债权与对方已届清偿期的被动债权互为抵销。但是，依照《破产法》的有关规定，破产债权人所享有的债权，无论其是否已届清偿期，均可抵销，此为特别法规定的适用抵销的例外情况。

4. 须债务之性质可以抵销。学理上称此为抵销的消极要件，即为抵销的禁止性规定。根据《民法典》第 568 条的规定，禁止抵销的债务具体为：

（1）合同性质决定不得抵销的债务。某些合同债务的性质决定其必须实际履行，否则，就不能实现当事人订立合同的目的。不作为债务、约定应向第三人为给付的债务即为此类性质的债务。例如，甲与乙在所订立的货运合同中约定，由乙向丙交货。那么，乙不得以甲欠自己的货款为据，向丙主张抵销，并拒绝向丙交付货物。因为若允许乙以所负的向第三人为给付的债务为抵销，必定会使第三人的利益遭受损害。

（2）法律规定不得抵销的债务。主要包括：①禁止强制执行的债务。例如，《民事诉讼法》第 243 条、第 244 条规定，被执行人及其所负担家属的生活必需费用不得强制执行。所以，列入该范围内的债务，如工资、抚恤金、抚养费等，不得用于抵销。此为保证债务人及其亲属生存之必需。②由故意侵权行为所引起的债务，债务人不得主张抵销。例如，甲欠乙 1 万元借款，意欲赖账。乙为逼迫甲还债，将甲打伤，为此乙应支付甲 6 千元医疗费，但乙不得以此向甲主张抵销所欠借款。因为若允许乙主张抵销，无异于纵容其故意侵权行为，有悖于公序良俗。

（3）当事人特别约定不得抵销的债务。对于依照《民法典》第 568 条的规定可以抵销的到期债权，当事人约定不得抵销的，人民法院可以认定该约定有效。根据合同自由原则，若当事人特别约定排除适用抵销的方式消灭债权，那么即使到期债权符合法定抵销的构成要件也不得予以抵销。

（三）抵销权的行使方法

当具备抵销要件时，当事人双方都享有抵销权，但如果当事人不行使抵销权，也不当然发生抵销的后果。抵销权在性质上属于形成权，由自动债权人一方向对方作出抵销的意思表示即可发生法律效力，无须经对方同意。

法律予以特别强调的是抵销权的行使方式。根据《民法典》第 568 条规定，自动债权人一方应当通知被动债权人一方；自通知到达对方时，发生抵销的效力；抵销的通知不得附条件或期限。因为当允许通知附条件或期限，会使抵销的效力难以确定，从而因此害及他人利益。

依据学理上的看法，抵销属于以意思表示为要素的单方法律行为，因此适用民法关于法律行为以及意思表示的规定。据此，抵销权行使时还要求抵销人具有行为能力。[1]

（四）抵销的效力

抵销使双方所享有的对等数额的债权因抵销而消灭。尚未抵销的部分，债务人仍继续对此负有履行义务。按照理论上的一致见解，抵销具有溯及力，溯及至抵销权成立之时。因此，抵销权成立时所产生的债务（包括利息、违约金、损害赔偿金）均可一并抵销消灭。

对于抵销的性质，学界存在不同的看法。[2] 有观点认为抵销为清偿或特别清偿；有观点认为抵销与留置权、质权的性质相同；还有观点认为抵销是为法律所许可的债权人自助方法。其实，抵销是具有独特功能的债的消灭原因。

**三、合意抵销**

合意抵销即根据当事人之间的协议来消灭相互间所负的债务。《民法典》第 569 条规定："当事人互负债务，标的物种类、品质不相同的，经协商一致，也可以抵销。"此即为合意抵销的明文规定。

合意抵销是合同自由原则的应有之义，法律不应对其加以禁止。合意抵销的发生条件、法律后果都应该遵从当事人的意思表示。当事人可以以协议排除法定抵销要件、效力以及其他限制条件的适用。所以，虽然债务种类、品质及履行期

---

〔1〕 参见王利明、崔建远：《合同法新论·总则》，中国人民大学出版社 1996 年版，第 650 页。

〔2〕 参见王家福主编：《中国民法学·民法债权》，法律出版社 1991 年版，第 202 页。

限不同，只要当事人愿意，也可以予以抵销。

合意抵销是以抵销合同的形式进行的，抵销合同的成立及效力应该符合法律有关合同成立以及生效的一般规则。

## 第四节　提　存

### 一、提存的概念

提存是指债务人将无法清偿的标的物交给提存机关保存，由此消灭债的行为。在提存关系中，将标的物交付提存的债务人称为提存人；提存之债的受领人为提存受领人；由国家设立的接受并保管提存物的机关为提存机关；交付保管的物为提存物。

设立提存制度的目的主要在于保护债务人的利益。在实际生活中，时有债权人无正当理由拒绝受领或迟延受领，当出现这种情况时，债务人的债务就无法履行，合同关系也难以消灭，并且债务人仍要继续受债务拘束，随时处于准备履行的状态，这对债务人来说非常不利。为此，世界各国或地区民法均设立提存制度，以提存作为债的消灭原因，使无辜的债务人通过提存，从债务约束中解脱出来。在我国，司法部于1995年6月2日专门发布了《提存公证规则》。《民法典》第570～574条在《合同法》的基础上规定了较为完整的提存制度。

对于提存的性质，学理上存在不同的看法，其中代表性观点有两种：第一种观点认为，提存为公法上的关系，因为提存机关是国家的行政司法机关，它依法负有的接受、保管以及发还提存物的义务为公法上的义务；第二种观点认为，提存是民事合同关系，如同铁路运输合同的承运人对他人亦负有订立合同的义务，但运输合同不失为私法上关系一样，提存机关虽然负有保管提存物的法定义务，但这并不影响他与提存人之间关系的性质。[1] 第二种观点颇为合理，原因在于：①提存所产生的保管关系，完全是私法上的保管关系。②提存产生私法意义上清偿的效果。因此，今后提存制度的发展不应该强调管理，而应该强化提存机关的服务色彩。

### 二、提存的要件

债务提存须满足的法定条件即为提存的要件，一般应包括：

（一）须有合法的提存人

《民法典》对此未作明文规定，而根据《提存公证规则》的有关规定，提存

---

〔1〕　参见史尚宽：《债法总论》，中国政法大学出版社2000年版，第792页。

人是对提存受领人负有履行义务的人，包括债务人本人及其合法的代理人、作为合同履行人的第三人。

（二）提存之债真实、合法，并且提存的标的物与债的标的物相符

提存要求所提存的债在性质上是真实、合法的，否则，提存有损国家、社会以及第三人利益。为了防止提存损及债权人利益，交付提存的物必须是原债的标的物，而非替代物。

（三）须有合法的提存原因

根据《民法典》第 570 条的规定，具体包括：

1. 债权人无正当理由拒绝受领。主要指债权人客观上能够接受却不予接受履行。债权人无正当理由拒绝受领应包含迟延受领的情况，债权人迟延受领，经债务人催告后仍不接受的，债务人也可以将标的物提存。

2. 债权人下落不明。主要指债权人不能确定、地址不详、失踪后未确定财产代管人等情况。

3. 债权人死亡或丧失民事行为能力而未确定继承人、遗产管理人或监护人。

4. 法律规定的其他情形。此为引致条款，是为了使其他法律、行政法规规定的提存规则取得适用的依据。

（四）提存的标的物符合要求

《民法典》第 570 条第 2 款规定："标的物不适于提存或者提存费用过高的，债务人依法可以拍卖或者变卖标的物，提存所得的价款。"可见，提存的标的物必须是适于提存的物。依此规定，交付提存的物可以是动产，也可以是不动产，一般有货币、各种有价证券、贵重物品等。对于不适于提存的鲜活物品及不宜长期保存的物品，提存人可以拍卖或变卖标的物，提存其价款。司法实践中，对于提存费用过高的标的物，也可依此办法加以办理。

符合以上提存要件的，提存人应按法定提存程序办理提存手续，包括填写申请表，向提存公证机关提交有关材料。提存公证机关对申请材料进行审查后，作出是否予以提存的决定。

**三、提存的效力**

提存涉及三方当事人，即提存人（债务人）、提存机关和提存受领人（债权人），因而提存的法律后果涉及三方面，分述如下：

（一）在提存人与提存机关之间

根据《提存公证规则》的规定，我国的债务提存机关为公证处。提存人按照法定条件申请提存并经提存机关审查接受后，在提存人与提存机关之间产生如下法律效力：

1. 在提存人与提存机关之间产生向第三人履行的保管合同关系，[1] 除当事人另有约定外，在提存性质许可范围内适用有关保管合同的法律规定。例如，提存机关应妥善保管提存标的物，对于不宜长期保管和已超期保管的物品，提存机关有权拍卖，保存其价款。

2. 提存物交付提存后，原则上提存人不得取回提存物，但根据《民法典》第 574 条第 2 款及《提存公证规则》第 26 条的规定，当出现以下情况时，提存人可以行使对提存物的取回权：①债权人未履行对债务人的到期债务。在这种情况下，提存机关根据债务人的要求有权拒绝债权人的领取请求；同时，作为债务人的提存人也可以选择行使取回权，由自己取回提存物。②债权人以书面形式向提存机关表示放弃领取提存物权利。在此情况下，提存人可以取回提存物。③提存人凭法院生效的判决、裁定或者提存之债已经履行的公证证明，可以取回提存物。在提存人取回提存物的情况下，视为未提存。提存物的孳息归提存人所有，由此产生的费用由提存人承担。在提存人未支付提存费用前，提存机关有权留置价值相当的提存物。

（二）在提存人与提存受领人之间

根据《民法典》第 572 条、第 573 条的规定，在债权人与债务人之间产生的提存法律后果主要为三点：①自提存成立之日起，债权人与债务人在提存范围内的债权债务关系视为消灭，债权人不得再向债务人请求履行义务。此为提存的主要法律效力之所在。②标的物提存后，债务人应当及时通知债权人或者债权人的继承人、遗产管理人、监护人、财产代管人，但债权人下落不明的除外。③标的物提存后，提存物上所附着的利益以及意外灭失的风险由债权人承担。此规定表明，提存受领人已成为提存物的所有人及风险负担人。因此，标的物的孳息由债权人所有。

（三）在提存受领人与提存机关之间

提存于债权人和提存机关之间所产生的法律效果表现为：

1. 提存机关取得占有提存物的权利，同时负有妥善保管提存物并及时通知债权人领取的义务。

2. 提存机关应按法定或约定的条件给付提存物。未按法定或约定条件给付提存物给当事人造成损失的，提存机关负有赔偿责任。提存机关不得挪用提存物，否则，应承担相应的法律责任。

3. 在法定的领取期限内，债权人有权随时领取提存物及其孳息。但是，债

---

[1]《民法典》第 571 条规定："债务人将标的物或者将标的物依法拍卖、变卖所得价款交付提存部门时，提存成立。提存成立的，视为债务人在其提存范围内已经交付标的物。"

权人对债务人负有到期债务的，在债权人未履行债务或提供担保前，提存机关有权根据债务人的要求拒绝债权人的领取请求。

4. 债权人领取提存物时，应当向提存机关支付提存费用。

5. 债权人从提存之日起，5 年内不领取提存物的，其失去提存物的所有权。提存机关在扣除提存费用后，将提存物或相应价值上交国家所有。

## 第五节　免　除

### 一、免除的概念

免除是指债权人以消灭债权为目的而抛弃债权的单方法律行为。

因为债权人抛弃债权而使债务人的合同义务无须履行，故免除为合同的消灭原因。《民法典》第 575 条规定："债权人免除债务人部分或者全部债务的，债权债务部分或者全部终止，但是债务人在合理期限内拒绝的除外。"据此可知，免除具有如下法律特征：

1. 免除为单方法律行为。债权作为一种无形财产，可由债权人本人任意抛弃，无需经债务人同意，所以，免除可根据债权人单方的意思表示而发生效力。免除作为单方法律行为，适用法律行为成立、生效等规则，如债权人须具备相应的民事行为能力，意思表示真实，可以附条件和期限，可以进行代理等。

虽然大陆法系各国或地区均以免除为债的消灭原因，但不同国家或地区的立法对免除行为的性质有不同的规定。以《德国民法典》和《瑞士债务法》为代表的法律规定免除为契约，须经债务人的同意，作如此规定的理由主要在于尊重债务人的意思，以防债权人滥用权利。但日本民法以及我国台湾地区"民法"却规定免除为单方行为，因为债务人因免除可得到利益而非受有损害，故没有征得其同意的必要。况且，免除若以征得债务人的同意为必要，在债务人不同意时，就会发生债权人不得抛弃债权的结果，这一结论显然有悖常理。有鉴于此，《民法典》第 575 条主要采用了第二种立法例，既照顾到债务人利益不因债权人免除而受损害，同时赋予了债务人在合理期限内拒绝的权利。

2. 免除为无偿行为。债权人抛弃债权，不须债务人支付相应的对价。虽然免除的原因或为有偿或为无偿，如以债权赠予对方而为免除，以债权作为对待给付而为免除等。但无论原因的性质如何，不影响免除本身的无偿性。而且，学理上认为，免除为无因行为，其不因原因行为的撤销或无效而受到影响。

3. 免除的意思应当向债务人明确表示或通知债务人，但此意思表示不需采用特定形式，采用口头或书面方式均可。应予注意的是，免除的意思表示一旦做出，即不得撤回。

## 二、免除的效力

合同关系依债权人免除的意思发生全部或部分消灭的后果，附属于主债权的从债权也随同消灭。

# 第六节  混  同

### 一、混同的概念

混同，即发生债权与债务同归于一人的事实，致使合同关系消灭。例如，企业合并、第三人同时继承债权人的债权和债务人的债务，均为混同。

因为合同必须要有双方当事人的参加才能成立，所以当债权与债务归并于一人时，则必然导致合同关系的消灭。此为混同作为合同消灭原因的理由。《民法典》第576条规定了混同。

### 二、混同的效力

混同发生合同债权债务关系绝对消灭的法律效力，但《民法典》第576条强调规定"损害第三人利益的除外"。理论上一般认为，损害第三人利益的除外情况包括：①合同债权为第三人权利的标的，从保护第三人权益出发，混同不发生债权消灭的结果。例如，甲以对乙所享有的债权交付丙为质押。若日后甲与乙合并，为保护质权人丙的利益，则此已交付质押的债权不得消灭。②合同债权的实现与第三人有利害关系，债权亦不得因混同而消灭。例如，甲和乙对丙享有连带债权，甲与丙后来发生合并，但因此连带债权的实现关系到乙的利益，所以，该债权不得因混同而消灭。

此外，还存在法律特别规定了混同不产生债的消灭效力的例外情况。例如，依照相关法律规定，对于商业汇票，在票据未到期前依背书的方式转让的，票据上所记载的债权债务即使归于一人，票据仍然可以继续流通，即票据所载的债权债务不因混同而消灭，这是为保证票据流通性的需要所作的特别规定。

### ■思考题

1. 我国《民法典》中有关合同的权利义务终止的制度特征有哪些？
2. 我国《民法典》规定的合同终止原因有哪些？
3. 整理我国《民法典》中有关合同解除的具体规定，并对它们予以理解和比较。
4. 我国《民法典》规定的法定解除条件有哪些？
5. 根据我国《民法典》规定，合同解除后会产生哪些法律后果？

■**参考资料**

1. 郑玉波：《民法债编各论（下册）》，三民书局 1981 年版。
2. 史尚宽：《债法总论》，中国政法大学出版社 2000 年版。
3. 李永军：《合同法》，中国人民大学出版社 2020 年版。
4. 李晓钰：《合同解除制度研究》，中国法制出版社 2018 年版。

# 第十章　违约责任

■ 学习目的和要求

　　通过对本章的学习，了解违约责任的概念、特征，理解违约责任的归责原则；掌握违约行为的各种形态、违约责任的构成要件及免责事由的具体内容；熟悉违约责任的体系及其相互关系；掌握责任竞合问题。

## 第一节　违约责任的概念和特征

### 一、违约责任的概念

　　违约责任就是当事人违反合同约定所应承担的民事责任，具体是指合同当事人不履行合同义务或者履行合同义务不符合约定时所承担的民事法律后果。违约责任，又被称为违反合同的民事责任。在 1986 年的《民法通则》中，违约责任被表述为"违反合同的民事责任"，其在 1999 年的《合同法》中得以规范表述，《民法典》通过总结司法实践经验、吸收理论成果，作了更加全面科学的增补修订。违约责任遍存于两大法系，英美法系通常侧重强调违约责任对违约的补救，而大陆法系则把违约责任纳入债务不履行的责任之中，将其视为债的效力的范畴。

　　意思自治原则意味着民事主体意志自由、自主决定、自负其责，对自由自主所为的行为承担法律后果。在合同领域，意思自治原则表现为民事主体依法缔结的合同在当事人之间具有法律的效力。因此，民事主体对依法订立的合同自应恪守，自觉履行合同约定的义务，否则即应承担不履行合同义务或者履行合同义务不符合约定的后果。然而，在订立合同后，因客观情势或主观心理的变化，实践中总是会出现合同当事人一方甚至双方都违反合同义务的情况。当事人违反合同义务，意味着双方当事人的"合意"因被违反而无法实现，由合意产生的法律约束力同样被否定。因此，为了保证双方当事人的合意得到实现，由合意产生的法律约束力发挥作用，从而要求合同当事人违反合意的违约行为必须被课加法律责任。也就是说，在债务人不履行或者履行合同义务不符合约定时，则该义务将在性质上转化为一种法律强制的责任，促使由合同所产生的债权实现。这就是民法上的违约责任制度。

可见，合同当事人之间的合意要产生法律约束力必须以法律的强制力为保障，这种保障措施主要为违约责任制度。正是通过强制性的违约责任才将合同当事人之间的合意作为一把"法锁"，用来有效约束当事人，保障合同得以正确履行，从而弥补因违约给对方造成的损失，进而有效实现合同的目的，维护正常的经济社会秩序。违约责任是《民法典》合同编的核心内容，是我国民事责任制度的重要组成部分。

**二、违约责任的特征**

作为民事责任的一种，违约责任具有民事责任的一般特征，又与其他民事责任存在区别。概言之，违约责任主要具有如下特征：

（一）违约责任的产生以合同有效成立为前提

违约责任产生的法律基础在于双方当事人之间存在有效成立的合同关系。违约责任只存在于合法有效的合同当事人之间，对于不存在有效合同关系的当事人自无违约责任可言。

虽然违约责任以合同有效成立为前提，但并不意味着合同的有效成立只能产生违约责任。事实上，合同义务也以合同有效成立为前提。违约责任与合同义务既有联系又有区别：合同义务是由合同产生的债务人的应为，包括作为和不作为，是合同约束力的体现；而违约责任则是债务人对应为的违反所要承担的法律后果，是合同强制力的体现。可见，违约责任是违反合同义务所产生的必然后果，是当事人违反合同义务的行为所应承担的法律后果。

（二）违约责任的承担具有相对性

违约责任的相对性，是指违约责任只能在特定的当事人之间即债权人和债务人之间发生，只有合同关系的当事人一方才有权向对方主张违约责任，没有参加合同关系的当事人以外的第三人不承担违约责任，合同当事人也不对第三人承担违约责任。这体现了合同的相对性原理。

违约责任的相对性是由合同义务的相对性决定的。合同关系只存在于特定主体之间，合同义务主要对合同当事人产生约束力，合同当事人无权为他人设定合同义务，他人也无权为合同当事人设定合同义务。因此，违约责任只能由合同中的债务人向债权人承担，不得将责任转嫁给他人。即使债务人因第三人的行为造成债务不能履行或履行不符合约定的，债务人仍应向债权人承担违约责任，而不能据此拒绝承担违约责任；债务人在承担违约责任后可向第三人追偿。《民法典》第593条规定："当事人一方因第三人的原因造成违约的，应当依法向对方承担违约责任。当事人一方和第三人之间的纠纷，依照法律规定或者按照约定处理。"

当然，承担违约责任的债务人并不局限于债务人本人，还包括与债务人处于同一法律地位的相关主体。债务人对其代理人或其他债务履行辅助人实施的违约行为，同样应承担违约责任。因为代理人或其他债务履行辅助人在该种合同关系中不具有独立的主体地位，其完全是依债务人的指示行事的，故法律后果自然不归于自己，而应归于债务人。

（三）违约责任的确定具有相对的任意性

合同法规范主要是任意性规范、倡导性规范，这是由合同自由原则和民事责任的"私人性"决定的。因此，违约责任的确定，除法律强制规定外，当事人可以在法律规范的指导下，通过合同加以确定，从而有别于确定方式和范围一般由法律直接规定的侵权责任。违约责任的确定是合同内容的重要组成部分，法律允许合同当事人约定各自的权利义务，同时也允许当事人通过合同预先约定违约形态、违约金的数额幅度、损失赔偿数额的计算方法，甚至在不违反法律强制性规定的前提下约定限制乃至免除责任的事由。

确定违约责任的任意性具有相对性。当事人一旦就违约责任的确定达成合意，即产生法律效力，从而具有强制力；同时这种约定不能否定和减弱违约责任的强制性，且在当事人订立的违约责任条款有失公平时，法律还是会加以适当的干预。如果违约责任失去强制性，则债务就不会对当事人产生真正的约束力，当事人约定的各种条款，包括违约责任条款，也相应失去了应有的约束力，从而导致合同的目的落空，故违约责任之确定的任意性是相对的。

（四）违约责任的性质具有补偿性

合同关系中的债务人因其违约行为应承担相应的民事责任，此种民事责任具体表现为违约责任。违约责任主要是一种财产责任，一方当事人违反合同义务会给另一方造成财产损失。追究违约方的违约责任，主要是为了弥补或补偿因违约行为给合同债权人所造成的财产损失。从《民法典》所确认的违约责任方式来看，无论是强制履行，还是支付违约金或者赔偿损失，抑或采用其他补救措施，均体现出违约责任的补偿性质。这是合同法平等原则的具体体现。一旦一方当事人违反合同义务，使合同关系受到破坏，双方当事人的利益失去平衡，法律将通过违约责任的方式，要求违约方对受害人所遭受的损失给予充分补偿，从而以填补损害的方式来平衡双方当事人的利益关系。

此外，为了更加周全严密地保护包括合同当事人在内的各类民事主体的人格尊严，《民法典》除独立设置人格权编外，其在第186条明确违约行为可产生侵权责任后，还通过第 996 条明确了违约行为在损害对方人格权并造成严重精神损害时，受损害方享有精神损害赔偿请求权。也就是说，违约行为除了产生违约责任外，还可能产生侵害人格权的精神损害赔偿责任。

## 第二节　违约责任的归责原则

### 一、归责原则的概念

民事责任的归责原则是确定行为人承担民事责任的根据和准则，其贯穿于整个民事责任制度，并对民事责任规范起着统率作用。

民事责任的认定必须遵循一定的归责原则。违约责任作为民事责任的一种，自然应当依其归责原则确定构成条件、举证责任、免责事由、损害赔偿范围等内容。因此，对违约责任的归责原则进行科学界定，在违约责任制度的构建中起着决定性作用。

### 二、关于违约责任归责原则的争论

在我国，对于违约责任的归责原则，法学界历来存在争议，这与我国统一合同立法之前的合同立法中的"三足鼎立"局面是分不开的。

在 1999 年《合同法》颁布生效前，学界主要存在以下观点：①我国违约责任的归责原则是过错责任原则，其依据是已经废止的《经济合同法》第 32 条。根据《经济合同法》第 32 条第 1 款的规定，"由于当事人一方的过错，造成经济合同不能履行或者不能完全履行，由有过错的一方承担违约责任；如属双方的过错，根据实际情况，由双方分别承担各自应负的违约责任。"由此可知，违反经济合同一方或双方承担违约责任要求违约方在主观上存在过错，"无过错则无责任"，即过错是成立违约责任的要件。②我国违约责任的归责原则应为无过错责任（或称严格责任）原则，即合同当事人只要有违约行为便应承担违约责任，至于违约方在主观上是否存在过错则不予考虑，其依据是《涉外经济合同法》第 18 条。根据《涉外经济合同法》第 18 条的规定，"当事人一方不履行合同或者履行合同义务不符合约定条件，即违反合同的，另一方有权要求赔偿损失或者采取其他合理的补救措施。采取其他补救措施后，尚不能完全弥补另一方受到的损失的，另一方仍然有权要求赔偿损失。"后来制定的《技术合同法》第 17 条与《涉外经济合同法》第 18 条的规定相同，《民法通则》第 106 条、第 111 条亦同样没有强调违约方承担违约责任是以过错为条件。③根据当时法律规定及其司法解释的有关内容，违约责任的归责原则应以过错责任原则为主，以无过错责任原则为补充。这是一种折中观点。

在 1999 年《合同法》颁布实施后，一般认为，我国违约责任的归责原则属于无过错责任原则，即严格责任原则。《民法典》合同编沿袭了《合同法》的规定。

### 三、无过错责任原则

无过错责任，又称严格责任，是指违约发生以后，在确定违约当事人的责任时，应当主要考虑违约结果是否由违约方的行为造成，而不考虑违约方在主观上是否存在故意和过失。虽然违约责任不以违约方具有过错为前提，但却仍然以合同义务的违反为基础和要件。

无过错责任以违约方的违约行为与违约后果之间的因果关系为要件。从举证责任来看，只要能够证明某一违约后果系违约方不履行合同或者不完全履行合同的行为所引起的，即可要求违约方承担违约责任。过错责任中的过错，是指违约方实施违约行为时的心理状态，局外人对此种心理状态是难以考查的。可见，过错责任原则不利于受害方举证，当然也就不利于追究违约方的责任。相反，对于无过错责任，受害方只要就违约行为与违约结果间的因果关系加以举证即可完成违约责任的认定。由于因果关系是客观的，对其进行举证较为容易，因此，对于受损害的合同当事人一方而言，无过错责任原则在举证方面比过错责任原则更为优越。

不过，可能有学者坚持违约责任的归责原则为过错责任原则，只是此处强调的过错责任为过错推定责任，即将违约方是否有过错的举证责任转嫁给违约方，其如不能证明自己没有过错就推定为其有过错，从而要求其承担违约责任。虽然对这种心理状态的过错的举证及质证比较困难，但也并非完全不能证明，故只要违约方能够证明自己主观上无过错，就可以免责，无须承担责任，即使其损害了受害方的利益也是如此。反之，无过错责任原则不以过错为责任构成要件，是否有过错在所不问，即使违约方没有过错也不影响违约责任的承担，因此与过错推定责任原则也明显有别。

实际上，即使实行无过错责任原则，也不是说债务人只要不履行合同债务就必然承担违约责任，在特定情形下可能因为出现法定情形而减免债务人的责任，即需结合违约责任的免责事由予以综合考量。如果具备相应的免责事由，违约方的违约责任仍可部分或全部免除。

总之，对违约责任来说，无论采取无过错责任原则还是过错责任原则，最终目的都是在当事人之间合理分配风险，两者之间的差别并没有想象得那么大，主要还是论证的出发点和侧重点有所不同而已。[1]

---

〔1〕　参见黄薇主编：《中华人民共和国民法典合同编释义》，法律出版社 2020 年版，第 265 页。

**四、《民法典》合同编有关过错的规定**

在《民法典》合同编中，至少有 10 余条规定使用"故意""重大过失""过错"等属于过错范畴的概念来表达当事人的主观心理状态，并规定当事人因此应自己承担民事责任或对方不承担民事责任。一般认为，违约责任的归责原则为无过错责任；同时，《民法典》合同编中又存在大量关于过错引致责任的规定。我们该如何认识这一看似冲突的现象呢？要回答这一问题，需要结合《民法典》合同编中的具体条款作具体分析。纵观《民法典》合同编，涉及当事人过错的条款主要有以下几类：

**（一）合同编"通则"中的过失相抵规则**

《民法典》第 592 条第 2 款规定："当事人一方违约造成对方损失，对方对损失的发生有过错的，可以减少相应的损失赔偿额。"这是关于过失相抵规则的规定，属于新增条款，是对司法实践经验的吸收。过失相抵，又称为与有过失、与有过错，适用于各类合同。而且，根据《民法典》第 984 条的规定，无因管理中的管理人管理事务经受益人事后追认的，从管理事务开始时起，适用委托合同的有关规定，从而使过失相抵规则也可适用于无因管理。

此外，法律上还有其他涉及过错的规定。例如，根据《民法典》第 506 条的规定，合同当事人关于非因故意或者重大过失造成对方财产损失的约定，在特定情形下是有效的。

**（二）违约方因严重过错造成对方损害的才承担损害赔偿责任**

这种情形可分为两类：①只有因故意或重大过失造成对方损害的，违约方才承担损害赔偿责任。此类情形主要存在于赠与合同、无偿保管合同、无偿委托合同等无偿合同中。在这些合同中，由于赠与人、保管人、受托人只承担义务，而不享有权利，故从公平原则考虑，为了平衡当事人之间的利益，他们违约时一般不应该承担责任。只有在这些当事人主观上有故意或重大过失时，才承担因违约行为给对方造成的损失。法律要求违约方因故意和重大过失行为而承担责任，表明当事人在主观上存在一定的恶意或过于轻率，超出了这类合同对义务人予以优待的限度，当事人严重违反合同义务，从而理应受到法律的惩戒。②因过错造成对方损害的，违约方应承担损害赔偿责任。这类损害往往是对对方固有利益的损害，与违约责任一般所指向的履行利益有别。例如，根据《民法典》第 824 条的规定，在旅客运输合同中，对旅客随身携带物品的损失，承运人只在有过错的条件下才承担损害赔偿责任；根据《民法典》第 841 条的规定，因托运人托运货物时的过错造成多式联运经营人损失的，托运人应承担损害赔偿责任；根据《民法典》第 929 条第 1 款第 1 句规定，因受托人的过错造成委托人损失的，委托人可以请求赔偿损失。

对于上述两种情形，要求违约方在有过错时才承担民事责任，并非对我国法律所确认的无过错责任原则的否定，而可以将其理解为法律对于特定合同当事人的权利义务及其民事责任的特殊规定，这既是无过错责任原则的一种例外，又是对无过错责任原则的一种补充。

（三）因对方过错造成的损失，违约方不承担责任

《民法典》第 823 条第 1 款后半句规定，承运人证明伤亡是旅客故意、重大过失造成的，不承担赔偿责任。《民法典》第 832 条第 2 句规定，承运人证明货物的毁损、灭失是因托运人、收货人的过错造成的，不承担赔偿责任。《民法典》第 962 条第 2 款规定，中介人故意隐瞒与订立合同有关的重要事实或者提供虚假情况，损害委托人利益的，无权请求支付报酬并应当承担赔偿责任。从上述条文可以看出，因对方过错而造成的损失，违约方不用承担赔偿责任。因第三人原因造成违约时，违约方应根据《民法典》第 593 条的规定先行承担违约责任，后再依照法律规定或约定处理其与第三人之间的纠纷。可见，违约方即使能够证明该违约后果并非由自己的违约行为造成，而是由对方或第三方过错行为所致，也不能因此免责。不过，此处违约方不承担赔偿责任的原因，并非因为违约责任构成要件包括违约方的过错而自己没有过错，而在于自己责任这一私法自治理念。在这种情形下，违约方不承担赔偿责任，意味着违约方享有抗辩权，遭受损失的对方当事人主张赔偿责任时，违约方可据此抗辩，且该种抗辩为终局性、永久性抗辩。

## 第三节　违约行为及其具体表现

违约责任的归责原则，决定着违约责任的构成条件。在我国，违约责任的归责原则为无过错责任原则，只要违约方违反合同义务且不具备法定或约定的免责事由，不管其在主观上是否存有过错，违约方均应承担违约责任。因此，对违约责任的构成条件的认定，无须认定违约方主观上存在过错，只要认定存在违约行为即可。

### 一、违约行为的概念和特征

（一）违约行为的概念

违约行为是指合同当事人违反合同义务的行为。违约行为的实质在于违反当事人之合同约定从而侵害合同约定产生的债权。依法成立的合同，对当事人具有法律约束力。因此，违约行为具有违法性的特点。

（二）违约行为的特征

违约行为与侵权行为等民事违法行为相比，具有以下特征：

1. 违约行为以成立且生效的合同为前提。与侵权行为相比，违约人和受害人双方在行为前均处于同一合同关系之中，违约人是合同关系的债务人，受害人是债权人。只有在当事人之间存在合同关系时，才可能产生违约行为。如果当事人之间不存在合同关系，就不存在合同义务，也就不会产生违反合同义务的违约行为。如果当事人之间存在的合同关系无效，那么该合同不产生法律约束力，从而即使当事人有违反所谓合同中"义务"的行为，亦不构成违约行为，而应直接依照法律关于无效合同的规定进行处理。

2. 违约行为所侵犯对象的特定性。违约行为所侵犯的对象，只能是对方当事人依据合同而享有的债权，即当事人违反合同义务，使对方享有的债权无法完整实现。仅存在合同义务并不当然产生违约行为，如当事人依合同约定履行其义务，则双方合同关系消灭，没有违约问题可言。只有当事人违反其应承担的合同义务时才产生违约行为。因此，违约行为并非直接表现为对法律强制或禁止性规定的违反，而是表现为违反由法律所认可并予以保护的、由当事人约定而产生的合同义务。

**二、违约行为的具体表现**

违约行为因违反合同义务情形的不同而表现为不同的形态。根据不同的标准，违约行为可以分为根本违约与非根本违约、不履行与不适当履行、预期违约与届期违约、一般瑕疵履行与加害给付。根据《民法典》第577条的规定，不履行合同义务或者履行合同义务不符合约定是两类基本的违约形态，也可以说是法定的两类违约形态。这两类违约形态在理论上又有广义和狭义之分。从广义上看，不履行合同义务包括拒不履行、不能履行、预期违约等；履行合同义务不符合约定则包括履行不适当与履行时间上不符合合同约定的履行迟延。

（一）拒绝履行

拒绝履行是指债务人对债权人表示不履行合同从而使合同目的落空，是根本没有履行行为的违约行为。作出表示的主体应为债务人，也包括其代理人；对接受表示的主体也应作相同理解。

构成拒绝履行需要具备以下要件：①存在有效的债务，且该种债务符合履行的要求，如条件已成就、履行期限届至。②债务人具备履行的能力，一般以社会普通观念的认知为标准。③债务人作出明确的拒绝履行的意思表示，且须具备意思表示的成立要件并及时到达债权人处；意思表示一般以明示为主，也包括以行为表明其不再履行的默示情形。④该种拒绝履行之行为为违法行为。债务人因行使同时履行抗辩权、先诉抗辩权、不安抗辩权、时效完成抗辩权等而拒绝履行的，不构成拒绝履行。也就是说，由拒绝履行所产生的违约责任以其行为违法为要件，因行使权利而拒绝履行的行为没有违法性，故而不产生违约责任。

（二）不能履行

不能履行是指合同债务人事实上已经不可能实际履行债务。从广义上说，不能履行的原因很多，既可能是债务人或者债权人的原因，也可能是双方当事人以外的原因，在理论上分别被称为主观不能与客观不能；不能履行合同义务，可以是在合同成立之时，也可以是合同成立之后，在理论上被称为自始不能与嗣后不能。根据传统理论和立法，自始客观不能往往导致合同无效，不过随着理论更新和立法发展，国际商事合同立法及德国债法现代化法已经放弃这一主张。因此，从法律后果来看，区分自始客观不能履行与其他类型的不能履行已经失去意义，只要债务人不能履行债务，债权人就可以解除合同并追究债务人的违约责任。

需要指出的是，不能履行有别于拒绝履行。不能履行是指无能力履行，而拒绝履行是指能够履行却表示不予履行。

（三）预期违约

预期违约是指在合同履行期限到来之前，当事人一方明确表示或者以自己的行为表明不履行合同的行为。预期违约最早来源于英国王座法院的判例，即1853年霍克斯特诉德·拉·图尔案，[1] 后在英美法系国家被广为采纳，其中以美国《统一商法典》的规定最为典型和完善。通过借鉴英美法上的预期违约制度，《合同法》第108条对此专门作出规定，丰富了违约形态。《民法典》第578条沿袭了《合同法》第108条的规定。

作为一种独特的违约行为形态，预期违约具有如下特征：①违约行为发生在履行期限到来前，因此违约方并非是实际违约，而是一种违约的危险，属于不履行合同义务的一种特殊表现形式。②预期违约包括明确表示和以自己行为表明两种情形。明确表示即明示毁约，是指债务人在合同履行期到来之前，明确向对方作出不履行合同义务的意思表示的行为。以自己行为表明不履行合同即为默示毁约，是指债务人在合同履行期到来之前，通过自己有目的意义的行为，可以推导出其根本无履行合同义务的意愿，如一物多卖行为。③对于预期违约，守约方享有选择权：一是请求对方提供能够全面履行合同的充分保证；二是中止履行与其尚未得到约定给付相应的那部分合同义务。在默示预期违约的情况下，违约方拒绝提供履约担保即转为明示预期违约。[2] 依据《民法典》第578条的规定，守约方可以采取积极措施，在履行期限届满之前要求违约方承担违约责任，而违约

---

〔1〕 参见［美］E. 艾伦·范斯沃思：《美国合同法》，葛云松、丁春艳译，中国政法大学出版社2004年版，第597~604页。

〔2〕 参见最高人民法院民法典贯彻实施工作领导小组主编：《中华人民共和国民法典合同编理解与适用（二）》，人民法院出版社2020年版，第723~724页。

方无权以履行期限尚未到来为由进行抗辩。守约方也可采取消极等待的方式，待履行期限届满，追究违约方实际违约的违约责任。[1]

预期违约作为一种期前违约形态，与不安抗辩权在发生时间和客观效果上有一定的重合，再者分别从主观和客观两个层面对守约方予以周全保护，因此，应注意两者的适用条件和衔接。

**（四）不完全履行**

不完全履行，又称为不适当履行或不完全给付，是指债务人虽然履行了债务，但该履行并不符合债务的本旨，从形式上看是债务人履行不符合合同约定或法律规定，未按合同约定或法律规定的标的、数量、履行方式和地点等而履行债务的行为。不完全履行属于有履行行为的违约行为，只是履行行为不完全而已。

不完全履行在实践中有多种具体表现，主要包括：①部分履行行为，如交付标的物的数量不足；②履行瑕疵，主要是履行的标的质量不符合合同约定；③履行方式不适当，如依约应一次性履行却分期履行；④履行地点不适当，即未在合同规定的履行地点履行；⑤其他违反附随义务的行为，如违反告知义务。

瑕疵履行是指债务人履行的标的不符合合同约定的质量标准，可分为违约瑕疵和损害瑕疵。所谓违约瑕疵，即债务人履行的标的物仅在品种、规格、技术要求等方面不符合合同的约定，尚未由于其质量瑕疵造成他人人身或财产损失。对于违约瑕疵，债权人可依《民法典》第 582 条的规定，受损害方根据标的的性质以及损失的大小，合理选择请求对方承担修理、重作、更换、退货、减少价款或者报酬等违约责任。所谓损害瑕疵，又称为加害履行、加害给付或瑕疵结果损害，是指债务人因所交付的标的物的缺陷而造成他人人身、财产损害的行为。根据《民法典》第 583 条的规定，在履行义务或者采取补救措施后，因债务人的给付而给债权人造成人身或合同标的物以外的其他财产损害时，债务人还应承担损害赔偿责任。

对不完全履行的认定应以履行期限届满仍未消除缺陷或另行给付时为准。履行期限除了当时的合同约定外，还包括债权人事后给予债务人的宽限期，在该宽限期届满时仍未消除缺陷或另行给付的，也属于不完全履行。

**（五）迟延履行**

迟延履行是指债务人在合同履行期限届满后未履行债务的违约行为。构成迟延履行的要件有：①存在成立且生效的合同，即存在有效的债务；②债务人能够履行，如其不能够履行，则构成不能履行的违约行为类型；③债务履行期限已过

---

[1]　参见最高人民法院民法典贯彻实施工作领导小组主编：《中华人民共和国民法典合同编理解与适用（二）》，人民法院出版社 2020 年版，第 723 页。

而债务人未履行，这是迟延履行的核心要件；④债务人未履行债务无正当理由，即迟延履行行为构成违约行为进而要求债务人承担违约责任，须以债务人无免责事由为前提。

债务人迟延履行是指合同规定的履行期限届满，或者在合同未定履行期限时由债权人指定的合理期限届满，债务人未履行债务。债务人迟延履行的，应承担迟延履行的违约责任；承担对迟延后因不可抗力造成的损害的赔偿责任。若迟延后的履行，对于合同债权人无利益的，债权人可拒绝接受履行，并由债务人承担不履行的违约责任。

迟延履行与拒绝履行都属于届期违约，前者是在履行期届满时仍未履行，后者是在履行期限届至时作出表示。届期违约与预期违约相较而言，主要在于违约的时间节点不同。

迟延履行与其他违约行为可以互相转化。拒绝履行可转化为迟延履行，即如果拒绝履行一直持续到履行期限届满，则转化为迟延履行。迟延履行与不完全履行也可以发生转化。不完全履行发生时，守约方一般会定合理期限以要求违约方采取消除缺陷或另行给付等补救方法。违约方未在该期限内消除缺陷或另行给付的，则构成迟延履行。

（六）受领迟延

受领迟延，又被称为债权人迟延，是指债权人没有及时接受债务人的履行，或没有为债务人履行债务提供必要的协助。债务的履行有时无须债权人配合即可实现，如不作为债务。但是，债务的履行需要债权人的配合才能实现债权的情形更为常见。债权人受领迟延可表现为拒绝受领或受领不能。拒绝受领，是指对于债务人已为的给付，债权人无正当理由拒绝受领，类似于拒绝履行；受领不能，是指债权人客观上不能为对方给付完成提供所必要的协助，造成债权人客观不能的原因不限于债权人自身，其类似于履行不能。

对于债权人迟延受领的性质，学界存在争议。一般认为，受领给付是一种不真正义务，而受领迟延是债权人对受领给付这种不真正义务的违反，不属于合同履行期限届满而未履行债务的违约行为。根据《民法典》第589条的规定，"债务人按照约定履行债务，债权人无正当理由拒绝受领的，债务人可以请求债权人赔偿增加的费用。在债权人受领迟延期间，债务人无须支付利息。"该规定情形既包括拒绝受领，也包括应当配合而不配合的情况，[1] 即适用于有条件受领而囿于自身主观原因却未受领的情形。

---

〔1〕 参见朱广新、谢鸿飞主编：《民法典评注：合同编·通则（2）》，中国法制出版社2020年版，第452页。

## 第四节　违约责任的免责事由

根据《民法典》的规定，违约责任的免责事由可分为两类，即法定事由和免责条款。

### 一、法定事由

法定事由直接来自法律的强制性规定，无须当事人以合同条款作出约定，当事人在合同条款中对法定事由的约定也不影响其法律效力。根据适用对象的不同，法定事由可分为以下两类：

（一）不可抗力

1. 不可抗力的概念和范围。不可抗力是免除违约责任的法定事由。所谓不可抗力，是指不能预见、不能避免且不能克服的客观情况。不可抗力作为免责事由，既适用于合同责任领域，也适用于侵权责任领域。作为免除违约责任的法定事由，不可抗力必须发生于合同订立后，是当事人在订立合同时不能预见且不能避免和不能克服的导致合同不能履行或不适当履行的客观情况。一般地说，不可抗力表现为以下三类客观情况：

（1）自然灾害。自然灾害是典型的不可抗力。地震、台风、海啸等自然灾害给人们的生产生活带来严重影响、给人们的生命财产带来巨大危害，对市场活动也带来巨大冲击，阻碍合同的正常履行。虽然随着科学技术的进步，人类对自然灾害的预见能力逐步提高，但人类仍无法抗拒它。法律是衡平利益、分配风险的基本工具。因此，自然灾害是典型的不可抗力。

（2）政府行为。合同当事人往往很难预见政府的政策、法律或行政措施的变化。若在合同签订之后，政府颁布新的政策、法律和行政措施，导致合同不能履行的，应免除债务人不履行合同的责任。是否应将政府行为认定为不可抗力，在法学界存在争议。从国内和国际交易情况来看，因政府行为导致合同不能履行，一般均按不可抗力处理，从而免除债务人的违约责任。在有些合同中，应将政府行为认定为不可抗力还是情势变更存有争议，对此可以根据政府行为的不可预见、不可避免程度进行区分，其程度越高，则越接近于不可抗力，反之则属于情势变更。[1]

（3）社会异常事件。即阻碍合同履行的一些偶发事件，如战争、罢工、骚乱以及公共安全事件、公共卫生事件等。尽管有些事件仍属于社会中人类的行为，但合同当事人在签订合同时无法预见该事件，而事件发生后又无法对其予以

---

〔1〕　参见王利明：《合同法研究（第二卷）》，中国人民大学出版社 2015 年第 3 版，第 538 页。

避免和克服，故也应属于不可抗力。需要指出的是，上述情况并不当然构成不可抗力，只有在符合不能预见、不能避免和不能克服等要求时才构成不可抗力。例如，政府出台法令草案、公告将要采取的行政措施以及爆发疫情后即将采取的管制措施，都可能因不满足不能预见要件而不构成不可抗力。

2. 不可抗力的法律效果。不可抗力的法律后果要依据其影响程度和给合同债务人造成的困难程度作具体分析。《民法典》第 590 条第 1 款第 1 句规定："当事人一方因不可抗力不能履行合同的，根据不可抗力的影响，部分或者全部免除责任，但是法律另有规定的除外。"如果不可抗力已使合同债务人的履行成为不可能，则应解除双方当事人的合同关系，并免除违约方的违约责任；如果不可抗力只使合同债务人的履行成为部分不能，则产生对合同关系的法定变更，免除违约方的部分违约责任；如果不可抗力仅造成债务人履行债务的暂时困难，则可要求债务人在合理期限内推迟履行，但免除其迟延履行的违约责任。

不可抗力出现后，只有债务人及时履行告知义务时才产生免除违约责任的法律效果。《民法典》第 590 条第 1 款第 2 句规定："因不可抗力不能履行合同的，应当及时通知对方，以减轻可能给对方造成的损失，并应当在合理期限内提供证明。"可见，如果当事人怠于实施通知行为，造成对方当事人的损失的，其仍应承担违约责任。

只有当不可抗力发生在合同成立后、履行期限届满前，才能产生免除违约责任的法律效果。合同成立前发生不可抗力的，因此时当事人已经知晓或应当知晓，其不符合"不能预见"的要件，所以不成立不可抗力，自然也就没有免除违约责任的法律效果了。同时，债务人迟延履行后发生不可抗力的，其应为自己迟延履行所带来的后果负责，故债务人仍应承担违约责任。需强调的是，债务人的金钱债务一般不能因不可抗力而免责，因为金钱债务的标的即货币不会发生不能替代的灭失，也不存在履行在经济上不合理的情况。

（二）法律的特别规定

法律除了对不可抗力这一免责事由作出一般规定外，还特别规定了针对特定情形的免责事由。一旦发生违约又具备该特定免责事由时，债务人的违约责任即可免除。《民法典》第 832 条后句规定："但是，承运人证明货物的毁损、灭失是因不可抗力、货物本身的自然性质或者合理损耗以及托运人、收货人的过错造成的，不承担赔偿责任。"该条就是法律特别规定的免责事由。

二、免责条款

（一）免责条款的概念

免责条款是指双方当事人在合同中约定，当违约符合一定的事由或条件，即免除违约方的违约责任的条款。免责条款并非产生于法律的直接规定，而是由双方当事人通过事先协商在合同中设定的，是意思自治原则在合同法上的体现。

合同是双方当事人自主、自愿订立的。法律既然允许双方当事人在合同中为自己设定权利和义务，那么允许双方当事人对违约责任的免责条件进行约定也是理所当然。但是，当事人约定的免责条款不得违反法律、行政法规的强制性规定，也不得违背公序良俗。

(二) 免责条款的法律规定

免责条款要发挥免责功能，必须将其订入合同，作为合同的组成部分，以表明双方当事人已对此达成合意。认定免责条款是否已订入合同，主要的判断方法有签名、提请注意和系列交易。

在我国，一般认为，在个别商议合同中，只要根据要约和承诺的一般理论，考查当事人对免责条款是否达成合意即可。但是，在大量使用免责条款的格式合同中，如何认定免责条款是否已被订入合同则比较困难。根据《民法典》第496条第2款的规定可知，我国法律采用了提请注意的方式。

提请注意须在合同订立前进行，所采用的方式应依交易的具体环境，以个别提请注意为原则，公开张贴公告为例外。不管采用何种方式，提请注意所使用的语言文字均须清晰明白，足以令相对人注意到免责条款。提请注意的合理程度应以普通民众的注意程度为标准。一般来说，免责条款越特别，越不同寻常或出人意料，提请注意的程度则更高。若相对人对提请注意的事项不理解，格式条款的提供者还应耐心细致、简单明了地作出解释，以便相对人完全理解。

在现代社会，格式条款的使用者往往是处于垄断地位的企业或公共事业单位等经济强者，条款的接受者则往往是消费者。为了保护消费者权益，维护合同正义，法律应当对免责条款进行控制。对免责条款进行控制的方式主要有两种：①实体控制。其主要表现为对免责条款的效力进行规制。《民法典》第497条、第498条和第506条采用了实体控制方式，分别对免责条款的效力作出了规定。②程序控制。其主要表现为对免责条款进入合同、作为合同条款的路径进行规制。《民法典》第496条便是程序控制的主要条款。

此外，对免责条款还应进行社会控制，即综合采用各种手段，利用各方力量，如设立第三方机构、社会组织集中定期对免责条款进行审查，充分发挥消费者保护组织对格式条款的监督作用，甚至发挥检察机关的法律监督职能，通过公益诉讼等方式对格式条款进行控制。

## 第五节　违约责任的承担方式

### 一、损害赔偿

（一）损害赔偿的概念

损害赔偿是指因合同一方当事人的违约行为而给对方当事人造成财产损失时，违约方向对方当事人支付一定数额金钱的责任方式。

损害赔偿责任方式具有典型的补偿性，以违约行为给对方造成财产损失为基础。没有损害事实就没有损害赔偿。这是损害赔偿不同于违约金的根本区别。从《民法典》第585条的规定来看，约定的违约金的调增和调减都是以违约造成的损失为基准的，故损害赔偿责任与违约金责任在适用上呈现出竞合的特点，一般不可并用。

（二）损害赔偿的范围

当事人可在合同中事先约定损害赔偿范围。若当事人在签订合同时事先约定了损害赔偿金数额或者损害赔偿额的计算方法，则应依其约定支付赔偿金。当事人在约定损害赔偿金或损害赔偿额的计算方法时，应充分考虑签订合同的客观情况，并充分估计违反合同将带来的损失。

如果合同当事人对损害赔偿金或损害赔偿额的计算方法未进行约定，赔偿损害的范围一般应包括违约行为给对方当事人财产所造成的直接损失和间接损失。其中，直接损失是指因违约行为而造成对方当事人现有物质财富的减损，如造成财物毁损、灭失和费用支出等；间接损失是指因违约行为而造成对方当事人未来可得利益的丧失，如利润损失等。间接损失所丧失的利益只具有可能性，当事人能否取得取决于一定的条件，对于在正常情况下如果没有违约行为干扰便能合法取得的利益，可以将其认定为间接损失。损害赔偿的范围包括直接损失和间接损失，这已经成为共识，并规定于各国或地区立法和国际条约之中。我国《民法典》第584条也对此作出了规定。

值得注意的是，在特定情形下，损害赔偿不限于财产损失，还包括非财产损失，即精神损害。此时，违约行为同时构成侵权行为。根据《民法典》第996条的规定，在当事人一方的违约行为损害对方人格权并造成严重精神损害时，受损害方在选择请求其承担违约责任后不影响其请求精神损害赔偿，受损害方可以继续依据侵权责任编的规定要求违约方承担违约行为造成的精神损害赔偿责任。

（三）损害赔偿的确定规则

违约方因违约行为给对方当事人造成财产损失时，应赔偿对方当事人的全部损失，这被称为全部赔偿原则，是损害赔偿责任的基本要求。违约形态多样，具体违约行为十分复杂，导致损失往往难以精确估量，要实现全部赔偿，必然需要设计确定和计算损害赔偿的具体规则。

违约行为造成的财产损失既可能是当事人现存固有利益的灭失或损害，也可能是未来可以获得的利益的丧失或减损。对于从事交易的合同当事人来说，通过合同交易获得的预期利益最重要，其是订立合同的主要目的甚至是唯一追求。根据《民法典》第 584 条的规定，损失赔偿额应当相当于因违约所造成的损失，包括合同履行后可以获得的利益，即可得利益。综合交易的性质、合同的类型、合同的目的等因素，可以将可得利益损失分为生产利润损失、经营利润损失和转售利润损失等类型，并适用相应的计算标准。

由于可得利益是将来才能获得的利益，而非现实利益，故在认定和计算可得利益损失时需要综合适用减损规则、损益相抵规则及过失相抵规则，同时还要适用独特的可预见规则。

1. 减损规则。这是指在一方违约后，对方因未尽防止损失扩大的义务，从而其对于扩大的损失不享有赔偿请求权。《民法典》第 591 条第 1 款规定："当事人一方违约后，对方应当采取适当措施防止损失的扩大；没有采取适当措施致使损失扩大的，不得就扩大的损失请求赔偿。"

根据诚实信用原则，减轻损失是受害方的义务，这是一种不真正义务，违反该义务产生不得向对方请求赔偿损失的法律后果。减损规则最早产生于英国，后来被两大法系广泛采用。减损规则可以维护债务人的利益，也能够避免社会财富的减少，从而维护社会整体利益。

减损规则的适用须有两个条件：①存在损失扩大的事实。损失扩大是指违约损失后果的延续或扩大，从性质上来看也是违约的结果。因此，损失扩大不是由受害方的行为造成的，自然不属于自负责任的范畴，只是其未阻止这些损失扩大而已。②受害方未采取适当措施。这可以从三个方面理解：一是要求受害方在违约行为发生后采取措施以避免损失扩大；二是受害方具备采取措施的客观条件；三是采取的措施须适当。"适当措施"的含义十分抽象，需要根据理性人的标准，结合个案的具体情况作出具体分析。"适当措施"意味着法律不要求受害方为了防止损失扩大而采取可能危害自身财产、人身、商誉的措施，也不要求其花费巨额费用来采取措施，即受害方所采取的措施具有经济合理性，如停止履行、替代交易等。当然，当事人因防止损失扩大而支出的合理费用，由违约方负担。

2. 损益相抵规则。这是指受害人基于损失发生的同一原因而获得某种利益时，在其应得的损害赔偿数额中，应当扣除其所获得的利益部分。也就是说，违约方仅赔偿因其违约行为给受害方造成的"净损失"或"真实损失"。

损益相抵规则的源流可追溯至罗马法，后世大陆法系国家如德国、日本的民法立法对此作出了规定。在我国，《民法典》未明确规定损益相抵规则。损益相抵规则是诚信原则和公平原则在损害赔偿领域的贯彻，是民事责任补偿性的体现，且与民法反对不当得利的思想相合，具有正当性。值得肯定的是，《最高人民法院关于审理买卖合同纠纷案件适用法律问题的解释》确立了损益相抵规则，根据该解释第 23 条的规定，买卖合同当事人一方因对方违约而获有利益，违约方有权主张从损失赔偿额中扣除该部分利益。

适用损益相抵规则需要具备因果关系要件，即违约行为既给受害方造成了损失又给受害方带来了收益，损害和收益均是由同一违约行为造成的结果。这种利益既包括因违约而避免支出的费用，也包括因违约而避免的损失。

3. 过失相抵规则。该规则又称比较过失，是指非违约方对损害的发生或扩大也存在过错，从而应减轻违约方的赔偿责任。从广义上来看，非违约方的过错包括其未尽到减轻损害的义务，即减损规则所指向的情形。

"过失相抵"只不过是一种形象的说法，并非是双方当事人的过错相互抵销，也非指责任的相互抵销，而是根据其过错的大小、轻重相应地减轻违约方所承担的损害赔偿责任。所以，《民法典》第 592 条第 1 款规定："当事人都违反合同的，应当各自承担相应的责任。"

4. 可预见规则。这是指损害赔偿额不得超过违约方在订立合同时依当时知道或应当知道的事实和情况，预见到或者应当预见到的因违约可能造成的损失。

可预见规则的理论依据为意思自治原则。合同的签订以当事人的主观意思为基础，当事人只能受其订立合同的意思范围所约束，承担责任同样不能超越其意思表示范围，否则就不符合合同的本旨。如果违约造成的损失超出了当事人依据订立合同时的情况和事实所能够作出的预见，让其承担该损失就违背了意思自治原则。可预见规则的作用就在于降低交易风险，维护公平。在现代这样一个风险社会，市场交易不可避免地会遭遇各种风险，如果风险出乎当事人的意料而让当事人承担由此产生的损失后果，则不利于鼓励当事人从事交易活动，也违背公平原则，不利于衡平当事人之间的利益关系，从而阻碍经济社会发展。

在判断当事人是否预见到或者应当预见到时，所谓已经知道是指确实知道或实际知道，如债权人明确告知违约可能造成的损失后果；而应当知道则是一种推定。例如，对于一般人都会知道的事实，根据违约方的身份、职业而应该知道的事实，则推定其知道。由于是否知道，关涉当事人的心理状态，而对于该心理，局外人无法知晓，若要作出判断就须结合日常生活常识、交易习惯和职业要求等客观标准来衡量。

需要说明的是，上述损害赔偿的确定规则主要适用于财产损失，出现《民法典》第 585 条第 1 款规定的当事人约定损害赔偿的计算方法以及因违约导致人身伤亡、精神损害等情形时，就不再适用可得利益损失赔偿规则。

对于可得利益损失认定的举证责任分配，违约方一般应当承担非违约方没有采取合理减损措施而导致损失扩大、非违约方因违约而获得利益以及非违约方亦有过失的举证责任；非违约方则应当承担对其遭受的可得利益损失总额、必要的交易成本的举证责任。

（四）赔偿损失与定金

《民法典》第 587 条规定，在给付定金或接收定金一方"不履行债务或者履行债务不符合约定"构成违约时，适用定金罚则。结合上述损害赔偿的确定规则，根据《民法典》第 588 条第 2 款的规定，定金显然不能与赔偿损失并用，但债权人可在定金和赔偿损失之间作出选择，且在定金不足以弥补对方违约造成的损失时，债权人可以请求赔偿超过定金数额的损失。

**二、支付违约金**

（一）违约金的概念

违约金是指合同当事人在合同中约定的，在合同债务人不履行或不适当履行合同义务时，向对方当事人支付的一定数额的金钱。违约金作为违约责任的方式，直接源于双方当事人在合同中的约定，若当事人在合同中未约定违约金条款的，则不产生违约金责任。

《民法典》第 585 条第 1 款明确规定："当事人可以约定一方违约时应当根据违约情况向对方支付一定数额的违约金"。该条中的"违约情况"既包括违约行为的类型，也包括违约行为的严重程度。

（二）违约金的效力

违约金的效力由违约金的性质所决定。违约金一般可分为赔偿性违约金和惩罚性违约金。

1. 赔偿性违约金。这是指合同双方当事人预先估计的损失赔偿总额。违约方在承担违约金后，不再承担强制履行合同或赔偿损失的违约责任。英美法系国家一般只承认赔偿性违约金，而否认惩罚性违约金。法国、德国等国的民法典也多采用赔偿性违约金。

我国学界对违约金的性质和效力的认定一直存在分歧。由于我国早期受苏联民法的影响较大，所以多数学者认为违约金兼有惩罚性和赔偿性。在统一合同法制定时期，一般认为，因惩罚性违约金与民事责任的补偿性相悖，加之社会主义市场经济的建立和发展、国际贸易快速发展，我国合同法确立的是赔偿性违约金。随着立法、司法实践的发展和理论研究的深入，不少学者在肯认违约金赔偿性的同时也承认惩罚性及其担保功能的存在。[1] 我国《民法典》确认了惩罚性违约金制度。

2. 惩罚性违约金。这是指由合同约定或法律规定，由违约方支付一笔金钱，作为对违约行为的惩戒。由于惩罚性违约金意在惩戒违约人而不在于填补债权人的损失，因此在合同债务人违约后，债权人除请求支付违约金外，其还可请求违约方继续履行合同或赔偿损失。概言之，惩罚性违约金与其他违约责任方式可以并用。

3. 违约金与定金的关系。由于违约金与定金都是合同当事人约定的产物，各类定金特别是违约定金，无论当事人是否执行定金罚则，都会产生预定赔偿损失的客观效果，从而与违约金出现重合。为了避免加重违约方的责任负担、使得守约方获得过分高于实际损失的不合理赔偿，在违约金与定金并存时，只有允许守约方择一行使才符合公平原则。对此，《民法典》第 588 条第 1 款规定，当事人既约定违约金又约定定金的，一方违约时，对方可以选择适用违约金或者定金条款。

（三）违约金的数额及其调整

由于支付违约金并不以存在损害事实为前提条件，因此违约金的数额应由双方在合同中加以约定。从实践来看，合同当事人既可以对将来可能出现的违约情形约定一个固定的违约金总额，也可以参考合同未履行或不适当履行部分的价值额与整个合同价值总额的比值来约定一个违约金比率。无论采取哪种方式，违约金的约定都应合法、合理，符合公平原则；否则，在约定的违约金低于或过分高于违约行为所造成的损害时，合同当事人应有权请求对其进行相应的调整。[2]

人民法院在调整违约金时应当根据案件的具体情形，以违约所造成的实际损失为基准，再结合合同的履行程度、当事人的过错程度、预期利益、当事人缔约地位强弱、是否适用格式条款等影响因素，基于公平原则和诚信原则作出裁量，以保持双方当事人之间的利益平衡。

在违约方以合同不成立、合同未生效、合同无效或者不构成违约等进行免责抗辩而未提出违约金调整请求时，人民法院可以就当事人是否需要因违约金过高而主张予以调减事项进行释明。在解决纠纷过程中，违约方对于违约金约定过高的主张承担举证责任；非违约方主张违约金约定合理的，亦应提供相应的证据。

---

〔1〕 参见王利明：《合同法研究（第二卷）》，中国人民大学出版社 2015 年版，第 705 页。

〔2〕《民法典》第 585 条第 2 款规定："约定的违约金低于造成的损失的，人民法院或者仲裁机构可以根据当事人的请求予以增加；约定的违约金过分高于造成的损失的，人民法院或者仲裁机构可以根据当事人的请求予以适当减少。"

合同解除后，当事人主张违约金条款继续有效的，人民法院可以根据《民法典》第 567 条的规定进行处理，认定合同中的结算和清理条款有效。

### 三、继续履行

继续履行，又称为实际履行、强制履行，是指由法院或仲裁机关作出要求债务人在指定期限内实际履行合同债务的责任方式。继续履行虽未增加债务人的负担，但它是通过法律规定的强制手段，迫使债务人履行其债务，对于债务人来说其具有惩戒的性质，因而也是一种违约责任的承担方式。

继续履行需要具备如下条件：①须由合同债权人在合理期限内提出请求，只有当合同债权人提出申请，法院或仲裁机关才能作出继续履行的裁决。②债务履行仍有可能，即合同债务人具有实际履行合同的能力。若债务人不具有实际履行的能力，则不应作出继续履行的裁决。③有继续履行的必要，即实际履行更符合债权人的利益，且不损害社会公共利益和公序良俗。④须法院或仲裁机构认为可以适用继续履行。因为继续履行具有采取强制手段的特点，是利用公权力对债务人实行强制，会对债务人造成限制，必须由法院或仲裁机构慎重作出裁决。

无论是金钱债务还是非金钱债务，都可适用继续履行，且金钱债务原则上都能适用继续履行。货币是商品的一般等价物，其不具有任何个性，具有高度的流通性，不可能发生不可替代的灭失，也不存在履行在经济上不合理的情况，债务人可能暂时遇到经济困难而不能交付，但这只会导致履行迟延，而不会导致履行不能。货币还可以通过损害赔偿的方式作为其他标的物的代替手段，而货币之债本身不可能也没有必要转化成其他债务。[1]

非金钱债务在适用继续履行时，其在适用范围和领域上会有特定限制。根据《民法典》第 580 条的规定，当事人一方不履行非金钱债务或者履行非金钱债务不符合约定的，不适用继续履行的情形有三：①法律上或者事实上不能履行；②债务的标的不适于强制履行或者履行费用过高；③债权人在合理期限内未请求履行。在这三种情形下，合同目的不能实现的，人民法院或者仲裁机构可以根据当事人的请求终止合同权利义务关系，但是不影响违约责任的承担。

### 四、替代履行

替代履行是指当事人一方不履行债务或者履行债务不符合约定，根据债务的性质又不得强制履行时，对方可以请求其负担由第三人替代履行的费用的责任方式，又称为代履行。替代履行是《民法典》第 581 条新增的违约责任承担方式，此前，仅《合同法》在租赁合同中对替代履行作了规定，一直没有一般性的实体法规定。我国民事诉讼法上有替代履行制度的规定，让违约方承担替代履行费

---

〔1〕　参见王利明：《合同法研究（第二卷）》，中国人民大学出版社 2015 年版，第 579 页。

用不但有利于督促当事人主动履行合同义务以实现合同目的，而且还有利于减轻执行负担等讼累。

替代履行应具备两个条件：一是当事人一方违约，包括各种违约行为；二是该债务根据其性质不得强制履行，如以提供服务为内容的涉及人身的债务。债权人可以直接请求债务人负担由第三人替代履行的费用，不以第三人先行替代履行为先置条件。

对债权人来说，在替代履行的情形下，自己的债权虽不是通过债务人直接履行实现的，但在客观效果上却类似于继续履行；对债务人来说，虽自己没有直接履行，但毕竟其为此承担了履行费用，因此又类似于赔偿损失。这在比较法上各有体现，既有将替代履行纳入继续履行范畴的做法，如大陆法系国家的法国和日本；也有从损害赔偿角度对其进行规定的做法，并称其为修复费用，如英国和美国。[1] 由于在替代履行后债权人就其他损失仍有权请求债务人赔偿，[2] 故从这个角度看，其与继续履行更为接近。继续履行所产生的费用主要是债权人与第三人达成交易的费用以及因替代履行而付出的对价，[3] 虽其与赔偿损失类似，但在构成上显然有所不同。

依据人民法院的判决、裁定、其他法律文书以及仲裁机构的仲裁裁决，债务人应当履行而不履行的，债权人可以依法请求强制执行，既包括涉及金钱债务或者以交付财产为标的的债务的直接强制措施，也包括以服务、劳务等行为为标的的债务的替代执行措施。在替代履行中，债权人享有支付费用请求权，而且并不以债权人诉请至申请强制执行为限，因此其有别于《民事诉讼法》规定的执行措施。

**五、其他补救措施**

关于其他补救措施，主要是指除上述违约责任承担方式以外的各种责任方式，属于兜底规定。根据《民法典》第582条第2款的规定，根据标的的性质以及损失的大小，可供受损害方选择的其他补救措施包括请求对方承担修理、重作、更换、退货、减少价款或者报酬等。

其他补救措施在违约行为形态上适用于债务人履行债务的标的不符合合同约定的情形，此处主要是指瑕疵履行，不包括不履行的各种情形；适用条件主要是当事人对违约责任事先未约定或约定不明确，事后又未达成补充协议，而且依据

---

〔1〕　参见最高人民法院民法典贯彻实施工作领导小组主编：《中华人民共和国民法典合同编理解与适用（二）》，人民法院出版社2020年版，第746页。

〔2〕　参见黄薇主编：《中华人民共和国民法典合同编释义》，法律出版社2020年版，第275页。

〔3〕　朱广新、谢鸿飞主编：《民法典评注：合同编·通则（2）》，中国法制出版社2020年版，第365页。

合同有关条款或者交易习惯仍然不能确定的情形。

修理、更换、重作、退货、减少价款或报酬等补救措施在适用时一般没有先后顺序，受损害方有权进行选择，但应以诚信的方式作出合理选择。

其他补救措施与其他违约责任承担方式的重要区别在于，受损害方在要求违约方采取合理的补救措施后仍有其他损失的，有权要求违约方赔偿损失。

**六、承担违约责任方式的并用**

继续履行、采取补救措施或者赔偿损失、支付违约金等违约责任为不同的承担违约责任的方式，各有其适用范围，但为保障债权得到完整实现，上述违约责任方式往往可以并用。

对于合同而言，一般只有履行才符合债权之本旨，方能实现当事人订立合同的预期。因此，继续履行是承担违约责任的基本方式，适用于各种违约行为。虽然继续履行符合债权之本旨，但是违约行为使得债权本旨的实现不够圆满。在违约行为造成损失时，违约方在继续履行的同时还应承担损失赔偿责任；合同约定违约金的，违约方同样有义务支付相应的违约金。继续履行主要是针对未履行、迟延履行和部分履行等情形，而采取补救措施则主要是针对不适当履行的情形，因而两者难以并存并用。此外，采取补救措施，可与赔偿损失和支付违约金并用。

赔偿损失与支付违约金都是对合同履行的替代，是对债权本旨实现的拟制，两者都属于对违约行为造成对方损失、打破对方预期的填补或补偿，因此一般不能并用。

# 第六节　责任竞合

**一、责任竞合的概念和特征**

（一）责任竞合的概念

社会生活的纷繁复杂与法律规范的抽象、一体适用，使同一生活事实被多重法律规范予以调整的现象不可避免。这种现象被称为法律竞合或规范竞合。责任竞合就是法律竞合中的一类，是指行为人的行为违反不同的法律规定，同时符合多种法律责任构成要件，由此出现多种责任形式并存和相互冲突的现象。同一行为因同时符合两种法律责任构成要件而成立两种法律责任，既可能因目的、作用的不同而互不排斥，也可能因功能、目的或后果的相似性而出现互斥现象。责任竞合既可发生在同一法律领域，如民事领域的违约责任和侵权责任的竞合；也可发生在不同的法律领域，如侵权责任与刑事责任、行政责任的竞合。民事责任源起于行为人的行为对法定或约定义务的违反。在民法上，由于某种违反义务的行为常常会出现符合多种民事责任的构成条件，受害人均可以向行为人请求的情形，此被称为民事责任聚合；而受害人只可以择一向行为人请求的情形，被称为民事责任竞合。[1] 本节所讨论的责任竞合，是指民事责任的竞合，且主要是指侵权责任和违约责任的竞合问题。

责任竞合不同于责任聚合。责任聚合是指不法行为人实施某一种违法行为，将依法承担多种责任，受害人亦将实现多项请求权，如某人的行为构成对他人名誉权的侵害，行为人应承担消除影响、恢复名誉、赔礼道歉、赔偿损失等多种责任形式。在责任聚合的情况下，行为人承担多种法律责任形式，乃是法律为保护受害人的利益、制裁不法行为而特别作出的规定。所承担的多种责任形式，都是行为人的不法行为之结果。当然，如果不同的责任形式之间相互排斥、不能并存，就可能形成责任竞合现象。

（二）责任竞合的特征

1. 责任竞合因某一个违反义务的行为而引起。在民法上，有义务才有责任，责任乃是违反义务的结果，行为人虽有义务，但如果他正确履行义务就不会产生责任后果，更不会产生责任竞合现象。责任竞合的产生是因一个违反义务的行为所致。即使数人共同实施同一不法行为，也被视为一个行为。一个不法行为产生数个法律责任，是责任竞合构成的前提，若行为人实施数个不法行为，分别触犯不同的法律规定并符合不同的责任构成要件，则不属于责任竞合，行为人当然应承担不同的法律责任。

2. 某个违反义务的行为符合两个以上的责任构成要件。行为人虽仅实施了一种行为，但该行为同时触犯了数个法律规范，并符合法律关于数个责任构成要件的规定，由此需要在法律上确定使行为人承担一种责任还是数种责任。从司法实践上看，一种行为符合数个责任构成要件，既可能是因为行为本身的复杂性所致，亦可能是由法律规定本身的交叉所引起的。不论出于何种原因，此种现象完全不同于行为人实施数个行为而造成不同损害的情况。

3. 数个责任之间相互冲突。相互冲突主要表现为：①行为人承担不同的法律责任，产生的后果不同；②数个责任既不能相互吸收，也不应同时并存。所谓相互吸收，是指一种责任可以包容另一种责任，在某些情况下，运用赔偿性违约金可以包含损害赔偿责任。所谓同时并存，是指行为人依法应承担数种责任形式，如返还原物后不足以弥补受害人的损失的，还应要求不法行为人承担损害赔偿责任。若数种责任可以相互包容和同时并存，则行为人所应承担的责任已经确

---

〔1〕 参见崔建远主编：《合同法》，法律出版社 2016 年版，第 248~249 页。

定，不发生责任竞合的问题。数个责任之间相互冲突，意味着受害人只能择一提出请求，而不能进行双重请求，以防出现有违公平原则的现象。

讨论责任竞合的原因和理由在于竞合的违约责任与侵权责任之间具有诸多不同，有加以区分的实益。[1] 具体而言，违约责任与侵权责任的区别主要有：①责任构成要件及其举证责任不同。前者主要以无过错责任为归责原则，而后者的归责原则以过错责任为主，以无过错责任为例外。此外，损害在两者的构成要件中的地位也有所不同。②赔偿范围不同。在通常情况下，违约责任不包括非财产损害赔偿责任，此与侵权责任有别；虽然两者都包含惩罚性赔偿，但两者在适用条件与适用领域并不完全相同。③诉讼时效的适用不同。虽然《民法典》统一规定了3年的诉讼时效期间，但两者有诸多不同的特别规定。④责任方式和免责条款不同。在责任方式上，前者为财产责任，后者还常常包含非财产的精神损害赔偿责任；相比于后者，当事人在前者的免责条款上具有更大的意思自治空间。

**二、责任竞合的原因**

侵权责任与违约责任是基本的民事责任类型，既有共性，又有个性。两者产生责任竞合的主要原因大致可以概括为以下四个方面：

1. 合同当事人的违约行为同时侵犯了法律规定的强行性义务，如保护、照顾、通知、忠实等附随义务或其他法定的不作为义务。在某些情况下，一方当事人在违反法定义务的同时也违反了合同义务，如出售有瑕疵的产品致人损害。

2. 在某些情况下，侵权行为直接构成违约的原因，即所谓的"侵权性的违约行为"，如保管人依保管合同占有对方的财产以后，非法使用对方的财产，造成财产毁损灭失。同时，违约行为也可能造成侵权的后果，即所谓的"违约性的侵权行为"，如供电部门因违约中止供电，致对方当事人的财产和人身遭受损害。

3. 不法行为人实施故意侵犯他人权利并对他人造成损害的侵权行为时，在加害人和受害人之间事先存在着一种合同关系。这种合同关系的存在，使加害人的损害行为不仅可以作为侵权行为，也可以作为当事人违反约定义务的违约行为，如《民法典》第996条规定的行为。

4. 一种违法行为虽然只符合一种责任要件，但法律从保护受害人的利益出发，要求合同当事人根据侵权行为制度提出请求和提起诉讼，或者将侵权行为责任纳入合同责任的运用范围。根据德国法上关于"附保护第三人作用的契约"

---

〔1〕 参见崔建远主编：《合同法》，法律出版社2016年版，第249~251页。

的判例和学说,[1] 合同当事人以外的第三人在因产品瑕疵受害以后,也能主张合同的权利。《民法典》第1203条就允许因产品存在缺陷造成损害的受害人向与其没有合同关系的产品生产者或销售者请求赔偿。

### 三、责任竞合的处理原则

在责任竞合的情况下,不法行为人的违法行为的双重性必然导致存在双重请求权,即受害人既可以基于侵权行为提起侵权之诉,也可以基于违约行为提起违约之诉。只要承认双重请求权的存在,就必须承认受害人可以在两种请求权中作出选择,若一项请求权的行使受到阻碍,受害人就可以行使另一项请求权。当然,受害人虽能选择请求权,却不能在法律上同时实现两项请求权,因为实现两项请求权意味着受害人将获得双重赔偿,这对于不法行为人而言,将使其负有双重赔偿责任,显然有失公平;而对于受害人来说,其获得双重赔偿将构成不当得利。因此,各国或地区法律都否认受害人可以实现两项请求权的主张。

从我国以往的司法实践来看,在多重违法行为产生后,受害人只能按照既定的方式提起诉讼和请求,人民法院在审理民事案件时,对于"侵权性的违约行为"和"违约性的侵权行为",一般都按违约行为处理,而对于一些已经发生责任竞合的案件(如交通事故和产品责任案件等)都是按侵权行为处理,基本否定了责任竞合。这种措施的优点在于减少了法院在援引法律、确认责任等方面的麻烦。但是,这种严格限制当事人选择请求权的做法,往往不利于对受害人利益的保护。因此,《民法典》第186条规定,因当事人一方的违约行为,损害对方人身权益、财产权益的,受损害方有权选择请求其承担违约责任或者侵权责任。而且,《民法典》第996条还进一步承认了违约行为造成严重精神损害的,违约方应承担赔偿责任。

责任竞合虽然允许受害人选择请求权,但并没有使民法关于民事责任的规定完全变成任意性规范。允许合同当事人提起侵权之诉,即使认为基于一方要求解决合同问题,也很难说此种做法就不符合双方的意愿。因为允许受害人选择请求权,虽然强调并保护了一方的意愿,但并没有造成不利的结果。尽管民法关于民事责任的规定,特别是关于侵权责任的规定大都是强制性规定,即都是不允许当事人协议排除适用的,但无论受害人如何选择请求权,都不会免除加害人应负的法律责任,即法律后果并没有什么不同。允许合同当事人提起侵权之诉,是因为不法行为人所实施的违约具有损害他人的故意并产生了损害后果,因此当然可以借助侵权责任对其课加制裁,这完全与民法保护主体权利和制裁不法行为人的目

---

〔1〕 参见 〔德〕迪特尔·梅迪库斯:《德国债法总论》,杜景林、卢谌译,法律出版社2004年版,第590~596页。

的相吻合。法律责任作为制裁措施，在责任竞合的情况下，由受害人选择对其更为有利而对加害人相对不利的方式提起诉讼和请求，既充分尊重了受害人意愿和权利，也没有让不法行为人承担额外的责任，故而是一种合理的制度安排。

### ■思考题

1. 什么是违约责任？其特点有哪些？
2. 试述违约责任的归责原则。
3. 试述违约行为的各种形态。
4. 试述违约责任的构成要件。
5. 试述违约责任的责任体系。
6. 试述违约金、定金、损害赔偿金的适用关系。

### ■参考资料

1. 黄薇主编：《中华人民共和国民法典合同编释义》，法律出版社 2020 年版。
2. 王利明：《合同法研究（第二卷）》，中国人民大学出版社 2015 年版。
3. 崔建远主编：《合同法》，法律出版社 2015 年版。
4. 朱广新、谢鸿飞主编：《民法典评注：合同编·通则（2）》，中国法制出版社 2020 年版。

# 典 型 合 同

## 第十一章 买卖合同

■ **学习目的和要求**

通过本章的学习，了解买卖合同的概念、种类、特征及其内容，掌握有关买卖合同的效力、风险负担与利益承受等知识点；分清分期付款买卖、凭样品买卖、试用买卖、招标投标买卖和拍卖等特种买卖的内容及其特殊性；明晰买卖合同与互易合同的区别，熟悉互易合同的特征与法律效力。

### 第一节 买卖合同概述

**一、买卖合同的概念与种类**

（一）买卖合同的含义

买卖合同是指出卖人转移标的物的所有权于买受人，由买受人支付价款的合同。其中，交付标的物并转移标的物所有权的一方，称为出卖人。支付价款的一方，称为买受人。买卖合同是市场经济商品交换中最典型、最普遍、最基本的交易形式，是现代经济活动的动力，各国或地区民法对买卖合同均设有相当完备的规定。[1] 我国《民法典》将买卖合同置于典型合同之首，设置 53 个（第 595 条~第 647 条）法律条文予以规范，其重要性不言而喻。

在广义的买卖合同中，其涉及的标的物不限于有体物，还包括债权、知识产

---

[1] 林诚二：《民法债编各论（上）》，中国人民大学出版社 2007 年版，第 58 页。

权以及其他财产权。[1] 在狭义的买卖合同中，其涉及的标的物仅限于有体物，不包括权利。鉴于权利买卖有其特殊规则，我国《民法典》第595条规定出卖人移转的仅为"标的物的所有权"，因此，我国的买卖合同仅指狭义的买卖合同，不包括权利的买卖。

（二）买卖合同的种类

1. 一般买卖与特种买卖

依据订立程序、成立要件的不同，可以将买卖合同分为一般买卖与特种买卖。

一般买卖，是指当事人双方意思表示达成一致即可成立的买卖合同，其适用我国《民法典》第595条~第633条有关买卖合同的一般规定。特种买卖，是指在成立方式、法律效力上遵循特殊规则的买卖合同，主要包括分期付款买卖、凭样品买卖、试用买卖、招标投标买卖以及拍卖等类型，其适用我国《民法典》第634条~第645条有关买卖合同的特别规定。

2. 即时清结的买卖与非即时清结的买卖

依据给付时间的不同，可以将买卖合同分为即时清结的买卖与非即时清结的买卖。

即时清结的买卖，是指合同成立与合同履行同时完成，如一手交钱一手交货的买卖等。非即时清结的买卖，是指合同成立与合同履行存在时间差的买卖合同，如期货买卖、分期付款买卖等。

3. 现货买卖与期货买卖

依据合同成立时标的物是否现实存在，可以将买卖合同分为现货买卖与期货买卖。

现货买卖，是指合同成立时标的物已经现实存在的买卖合同，如通过自动售货机完成的买卖等。期货买卖，是指合同成立时标的物尚未存在，而以未来物作为合同标的物的买卖合同，如期房买卖等。

4. 自由买卖与竞争买卖

依据合同订立是否通过竞争方式，可以将买卖合同分为自由买卖与竞争买卖。

自由买卖，是指当事人双方依自由意思而无第三人参与竞争所订立的买卖合

---

〔1〕 在传统大陆法系民法中，买卖合同的标的物除有体物外，还包括债权、知识产权等具有经济利益而得为让与的财产权。参见《德国民法典》第433条、《日本民法典》第555条、《法国民法典》第1582条、《意大利民法典》第1470条、《葡萄牙民法典》第874条、《俄罗斯联邦民法典》第454条、我国台湾地区"民法"第345条等。

同，此为买卖合同的典型形式。竞争买卖，是指出卖人向多人为要约邀请，应买人竞价，与报价最高者或条件最优者成交的买卖合同，招标投标买卖与拍卖为竞争买卖的典型形式。

**二、买卖合同的特征**

买卖合同主要具有以下特征：

（一）买卖合同是出卖人移转标的物所有权的合同

买卖合同双方订立合同的目的在于移转标的物的所有权，这一特征使买卖合同区别于租赁、借用等移转标的物使用权的合同。

（二）买卖合同是双务合同、有偿合同

在买卖合同中，出卖人负有移转标的物所有权于买受人的义务，买受人负有支付价款于出卖人的义务，两者构成对待给付关系，故为双务合同；同时，出卖人取得价款须以移转标的物的所有权为代价，买受人取得标的物的所有权须以支付价款为代价，故为有偿合同。

由于买卖合同是有偿合同的典型，《民法典》对其作出了详细规范，于第646条强调："法律对其他有偿合同有规定的，依照其规定；没有规定的，参照适用买卖合同的有关规定。"

（三）买卖合同是诺成合同

只要买卖双方达成合意，买卖合同即可成立，即买卖合同不以标的物的交付作为合同的成立要件，故买卖合同为诺成合同。

（四）买卖合同一般为不要式合同

除当事人另有约定或者法律另有规定外，买卖合同无须采用特殊形式，因而买卖合同原则上为不要式合同。但是，当事人另有约定或者法律另有规定的，依其约定或规定。例如，我国《城市房地产管理法》第41条规定，"房地产转让，应当签订书面转让合同，合同中应当载明土地使用权取得的方式。"可见，房地产买卖合同为要式合同。

**三、买卖合同的内容**

（一）买卖合同的标的物

买卖合同的标的物通常具有以下特征：

1. 标的物须为法律允许流通的物。禁止流通物不能成为买卖合同的标的物，否则买卖合同会因违反法律、行政法规的强制性规定而无效。限制流通物可以成为买卖合同的标的物，但其流通范围须符合法律的相关规定。

2. 同一标的物上可以设定多重买卖。债权遵循平等原则，出卖人就同一标的物订立多重买卖合同，数个买卖合同均可生效。但基于特定标的物在时空存在上的唯一性，数个买受人中只有一个买受人能够受领给付，从而取得标的物的所有权。不能按照合同约定取得标的物所有权的其他买受人，有权向出卖人主张违约责任。

3. 标的物无须为出卖人有权处分的物。买卖合同的出卖人一般为标的物的所有权人。但是，在当事人另有约定或者法律另有规定时，享有处分权的非所有权人也可以出卖标的物，如担保物权人、委托代理人、人民法院等。

若出卖人出卖无权处分的标的物，其处分权的欠缺并不影响买卖合同的法律效力。出卖人未取得处分权致使标的物的所有权不能移转，致使买卖合同的目的无法实现的，买受人可以解除合同并请求出卖人承担违约责任。[1]

4. 标的物无须现实存在。买卖合同的标的物既可以是合同订立时现实存在的物，又可以是将来产生的物，如将来收获的果实、将来竣工的房屋等。如果当事人约定的交付期限届满，该标的物仍未存在的，则构成合同的履行不能。

5. 标的物无须为特定物。买卖合同的标的物既可以是特定物，又可以是种类物。比如，当事人买卖世界上独一无二的某古董，该标的物即为特定物。标的物为种类物的，出卖人的给付内容依据法律规定或者当事人意思加以确定。比如，买受人向某商场订购某品牌彩色电视机一台，商场销售人员从数个该品牌的彩色电视机中任意取出一台交付给买受人，种类物买卖即因当事人意思而特定。

6. 标的物不得是特意为对方当事人加工制造的物。标的物如果是为了满足对方当事人的特殊需求，特意为对方加工制造的物，则为加工承揽等完成工作的合同，并非是买卖合同。

（二）买卖合同的条款

买卖合同的条款由当事人约定。我国《民法典》第 596 条规定："买卖合同的内容一般包括标的物的名称、数量、质量、价款、履行期限、履行地点和方式、包装方式、检验标准和方法、结算方式、合同使用的文字及其效力等条款。"从"一般包括"的表述可知，该条仅为提示性、倡导性规定，并非是强制性规定，其中所列举的合同条款是买卖合同通常应当具备的条款，而非均为买卖合同的必要条款。

---

〔1〕 出卖人出卖无权处分的标的物，该买卖合同的法律效力存在"无效"模式、"一般无效，例外有效"模式、"效力未定"模式和"有效"模式等立法例。参见谢鸿飞、朱广新主编：《民法典评注：合同编·典型合同与准合同（1）》，中国法制出版社 2020 年版，第 15~16 页。我国《合同法》采用"效力待定"模式，该法第 51 条、第 132 条将出卖人享有标的物的处分权作为买卖合同的有效要件，认为出卖人出卖无权处分的标的物，买卖合同效力待定。然而，《最高人民法院关于审理买卖合同纠纷案件适用法律问题的解释》（法释〔2012〕8 号）第 3 条改采"有效"模式，认为出卖人出卖无权处分的标的物的，买卖合同确定有效。《民法典》第 597 条第 1 款沿袭了《最高人民法院关于审理买卖合同纠纷案件适用法律问题的解释》第 3 条的精神内核，继续采行"有效"模式，而未采纳《合同法》第 51 条、第 132 条的规定。

　　在买卖合同中，出卖人要将标的物的所有权转移给买受人，买受人则须向出卖人支付价款，如果当事人的姓名或者名称、标的物及其数量不明确，那么，买卖合同的目的将无法实现。因此，当事人的姓名或者名称、标的物及其数量是买卖合同的必要条款。[1]

　　除此以外，当事人可以参照各类具体买卖合同的示范文本来订立买卖合同。例如，我国住房城乡建设部、国家工商行政管理总局就联合制定了《商品房买卖合同示范文本》，借以引导规范当事人从事商品房交易，维护公平公正的商品房交易秩序。

## 第二节　买卖合同的效力

### 一、出卖人的义务

　　一般而言，出卖人负有以下义务：

　　（一）交付标的物并移转标的物的所有权

　　交付标的物并移转标的物的所有权，是出卖人的主给付义务，其包括交付标的物及移转标的物的所有权两个方面。我国《民法典》第 598 条即规定："出卖人应当履行向买受人交付标的物或者交付提取标的物的单证，并转移标的物所有权的义务。"

　　1. 交付标的物。即出卖人将标的物交付给买受人或其指定的第三人。交付，通常表现为现实交付，也可以是观念交付和拟制交付。现实交付，是指出卖人将其对于标的物的直接管领力现实地移转给买受人，即占有的现实移转。观念交付，则是占有在观念上的移转，包括简易交付、占有改定和指示交付。拟制交付，是指交付提取标的物的单证，以代替标的物现实交付的交付方式，如出卖人向买受人交付仓单、提单等。

　　出卖人交付标的物应当遵循以下规则：

　　（1）交付期限。出卖人应当按照约定的时间交付标的物。约定交付期限的，出卖人可以在该交付期限内的任何时间交付。当事人没有约定标的物的交付期限

────────────

　　[1]　关于价款、质量条款是否为买卖合同的必要条款，学界对此素有争议。笔者认为，若买卖合同的当事人对标的物的价款、质量未作约定的，可适用《民法典》第 510 条协议补充，或适用第 511 条进行填补，这不影响买卖合同的成立。因此，价款、质量条款并非是买卖合同的必要条款。有学者认为，标的物及其质量、数量条款应合而为一作为一个要件，共同构成合同成立的必要条款。参见崔建远："买卖合同的成立及其认定"，载《法学杂志》2018 年第 3 期；王洪亮："论合同的必要之点"，载《清华法学》2019 年第 6 期。

或者约定不明确的，可以协议补充。不能达成补充协议，且不能按照合同相关条款或者交易习惯确定的，债务人可以随时履行，债权人也可以随时请求履行，但是应当给对方以必要的准备时间。

（2）交付地点。交付地点在买卖合同中具有重大意义，直接影响到履行费用的承担、风险负担的移转、违约责任的认定以及诉讼管辖等问题。当事人约定交付地点的，出卖人应当按照约定的地点交付标的物。当事人没有约定交付地点或者约定不明确的，可以协议补充。不能达成补充协议，且不能按照合同相关条款或者交易习惯确定的，适用下列规定：①标的物需要运输的，出卖人应当将标的物交付给第一承运人以运交给买受人。无论运输方式是铁路运输、公路运输、水路运输、航空运输还是多式联运，也无论运输过程涉及几个承运人，只要出卖人将标的物交付给第一承运人，即构成交付。②标的物不需要运输，出卖人和买受人订立合同时知道标的物在某一地点的，出卖人应当在该地点交付标的物；不知道标的物在某一地点的，应当在出卖人订立合同时的营业地交付标的物。

（3）交付标的物的质量。出卖人应当按照约定的质量要求交付标的物。出卖人提供有关标的物的质量说明的，交付的标的物应当符合该说明的质量要求。当事人对标的物的质量要求没有约定或者约定不明确的，可以协议补充。不能达成补充协议，且不能按照合同相关条款或者交易习惯确定的，按照强制性国家标准履行；没有强制性国家标准的，按照推荐性国家标准履行；没有推荐性国家标准的，按照行业标准履行；没有国家标准、行业标准的，按照通常标准或者符合合同目的的特定标准履行。

（4）交付标的物的数量。出卖人应当按照约定的数量交付标的物。出卖人多交付标的物的，属于违反适当履行原则，法律赋予买受人接收或者拒绝接收多交付的标的物的选择权。买受人接收多交部分的，应当按照约定的价格支付价款。买受人拒绝接收多交部分的，应当及时通知出卖人。买受人拒绝接收多交部分标的物的，可以对多交部分代为保管，并有权向出卖人主张代为保管期间的合理费用。买受人在代为保管期间，应当妥善保管多交付的标的物，因其故意或者重大过失造成损失的，买受人应当承担赔偿责任。

（5）交付标的物的包装方式。标的物的包装方式，主要包括包装材料的具体要求和包装的具体操作方式，一般根据标的物的性质和运输方式加以确定。对于易燃、易爆、易腐、易碎、易潮、有毒、有腐蚀性、有放射性等物品，妥善的包装方式有利于保护标的物的品质及当事人的正当利益。在买卖合同中，出卖人应当按照约定的包装方式来交付标的物。对包装方式没有约定或者约定不明确的，可以协议补充。不能达成补充协议，且不能按照合同相关条款或者交易习惯确定的，应当按照通用的方式包装；没有通用方式的，应当采取足以保护标的物且有利于节约资源、保护生态环境的包装方式。

（6）交付从物。依据从随主原则，买卖合同的标的物有从物的，除当事人另有约定外，应当一并交付。

（7）电子信息产品的特殊交付规则。随着网络信息技术的发展，以电子信息产品作为标的物的买卖日益增加，如电子书、歌曲、视频和影视作品的买卖等。电子信息产品被数字化编码，无需有形载体，能够以电子化方式传送，具有不同于一般物的交付方式。[1] 一般来说，出卖人应当按照约定的交付方式交付标的物。当事人对交付方式没有约定或者约定不明确的，可以协议补充。不能达成补充协议，且不能按照合同相关条款或者交易习惯确定的，买受人收到约定的电子信息产品或者权利凭证即为交付。[2] 需要注意的是，买受人通过电子信息产品买卖合同取得的仅是该电子信息产品的使用权，而非该电子信息产品的著作权、网络传播权及其他信息财产权。

2. 移转标的物的所有权。标的物不同，标的物所有权的移转规则也不尽相同。一般而言，动产所有权自交付时移转，不动产所有权自登记时移转。

（1）动产所有权的移转规则。动产所有权的移转，自交付时发生效力，但是法律另有规定的除外。动产交付不仅包括现实交付，还包括简易交付、占有改定和指示交付等观念交付。

（2）不动产所有权的移转规则。不动产物权的设立、变更、转让和消灭，应当依照法律规定进行登记。不动产物权的设立、变更、转让和消灭，经依法登记，发生效力；未经登记，不发生效力，但是法律另有规定的除外。因此，在不动产买卖中，出卖人除应当向买受人交付不动产外，还应当协助买受人办理不动产变更登记手续。

（3）所有权移转的特殊规则。在特殊情况下，标的物所有权的移转还应当遵循如下特殊规则：①所有权保留。当事人可以在买卖合同中约定买受人未履行支付价款或者其他义务的，出卖人即使向买受人交付了标的物，但其仍然有权保留标的物的所有权。②标的物上的知识产权不随同所有权一并移转。出卖具有知识产权的标的物，除法律另有规定或者当事人另有约定外，该标的物的知识产权不属于买受人。这是因为，知识产权的客体不同于知识产权的物质载体，如著作权的客体为情节构思等智力成果，物质载体常表现为印刷成册的书籍。对具有知

---

[1]　电子信息产品作为买卖合同的标的物，其在一定程度上突破了《民法典》第595条买卖合同标的物限于有体物的限制，拓宽了买卖合同的适用范围。

[2]　出卖人一旦交付权利凭证，如访问或使用特定信息产品的密码等，买受人即可自由支配该电子信息产品，因此，买受人收到权利凭证即构成交付。

识产权的标的物进行买卖时，当事人交易的只是知识产权的物质载体，而非知识产权本身。因此，出卖人将知识产权的物质载体移转给买受人时，知识产权并不随同移转。

3. 多重买卖中的交付规则。在现实交易中，出卖人将同一标的物先后或者同时出卖给数个买受人的情形屡见不鲜。传统民法基于债权平等原则和债务人处分自由理念，认为在多重买卖中，各个买卖合同都可以有效成立。出卖人究竟向哪个买受人交付标的物并移转标的物的所有权，完全取决于出卖人的自由意愿。但是，最高人民法院为了维护先缔约者的正当利益，警示并惩罚背信的出卖人和恶意的后缔约者，其出台的《最高人民法院关于审理买卖合同纠纷案件适用法律问题的解释》基于诚实信用原则，修正了债权平等原则，在一定程度上否定了出卖人的自主选择权，对多重买卖中出卖人的交付规则作了如下规范：

（1）出卖人就同一普通动产订立多重买卖合同，在买卖合同均有效的情况下，买受人均要求实际履行合同的，应当按照以下情形分别处理：①先行受领交付的买受人请求确认所有权已经转移的，人民法院应予支持；②均未受领交付，先行支付价款的买受人请求出卖人履行交付标的物等合同义务的，人民法院应予支持；③均未受领交付，也未支付价款，依法成立在先合同的买受人请求出卖人履行交付标的物等合同义务的，人民法院应予支持。

（2）出卖人就同一船舶、航空器、机动车等特殊动产订立多重买卖合同，在买卖合同均有效的情况下，买受人均要求实际履行合同的，应当按照以下情形分别处理：①先行受领交付的买受人请求出卖人履行办理所有权转移登记手续等合同义务的，人民法院应予支持；②均未受领交付，先行办理所有权转移登记手续的买受人请求出卖人履行交付标的物等合同义务的，人民法院应予支持；③均未受领交付，也未办理所有权转移登记手续，依法成立在先合同的买受人请求出卖人履行交付标的物和办理所有权转移登记手续等合同义务的，人民法院应予支持；④出卖人将标的物交付给买受人之一，又为其他买受人办理所有权转移登记，已受领交付的买受人请求将标的物所有权登记在自己名下的，人民法院应予支持。

（二）瑕疵担保义务

买卖合同为双务合同、有偿合同，买受人既然支付对价，就理应取得无权利瑕疵和品质瑕疵的标的物。为了确保当事人双方利益均衡，并保障交易安全，各国或地区民法一般规定，出卖人须承担保证其交付的标的物不具有权利瑕疵和物的瑕疵的义务，即瑕疵担保义务，此属于出卖人给付义务的范畴。出卖人违反瑕疵担保义务的，应当承担违约责任。

1. 权利瑕疵担保义务。即出卖人就其交付的标的物负有保证第三人对该标的物不享有任何权利的义务。因为权利一般都不具有可外在彰显的物理形态，所以买受人只能消极信赖出卖人的允诺。为了实现对买受人的特别保护，法律特别规定了出卖人应当承担权利瑕疵担保的法定义务，即使当事人未作约定，出卖人仍须承担此义务。

权利瑕疵，是指出卖人交付的标的物上负担着第三人的权利。第三人的权利主要表现有三：其一，所有权、用益物权、担保物权等权利。例如，非所有权人处分他人之物，共有人未经其他共有人同意擅自处分共有物，出卖人出卖的房屋上已为第三人设定了抵押权等。其二，知识产权、人格权等其他绝对权，如出卖盗版软件、出卖侵害他人肖像权或者姓名权的运动衫等。其三，租赁权等债权，如出卖人出卖有租赁权负担的房屋等。对于标的物所受到的不动产相邻关系等私法上的限制，由于出卖人无法消除上述负担，故该类限制不在出卖人担保范围之列，不构成权利瑕疵。[1]

（1）权利瑕疵担保责任的构成要件。出卖人承担权利瑕疵担保责任，应当满足以下要件：①存在权利瑕疵。关于权利瑕疵存在的时间点，学界尚存分歧，有的以买卖合同订立的时间点为准；[2] 有的以权利移转的时间点为准。[3] 从我国《民法典》第612条的表述看，出卖人仅就其"交付的标的物"负有保证第三人不得向买受人主张任何权利的义务，表明《民法典》采用"权利移转时"而非"合同订立时"的立场。②权利瑕疵在买卖合同履行时仍未消除。权利瑕疵如果在合同履行时已经消除，则出卖人的履行并无不当，无须承担权利瑕疵担保责任。③买受人在订立合同时不知道且不应知道存在权利瑕疵。若买受人在订立合同时知道或者应当知道存在权利瑕疵的，属于放弃权利或自担风险行为，出卖人无须承担权利瑕疵担保责任。④不存在约定排除或法定排除的情形。权利瑕疵担保虽为法定义务，但其并非是强制性规定，当事人可以通过约定加以限制或排除。不过，当事人即使约定减轻或者免除出卖人对标的物权利瑕疵承担责任，但当出卖人出于故意或重大过失不告知买受人标的物的瑕疵时，出卖人无权主张减轻或者免除责任。

（2）权利瑕疵担保责任的法律效力。权利瑕疵担保责任主要包括如下效力：①买受人有权中止支付价款。买受人有确切证据证明第三人对标的物享有权利的，可以中止支付相应的价款，但是出卖人提供适当担保的除外。②出卖人承担

---

〔1〕　参见黄立主编：《民法债编各论（上）》，中国政法大学出版社2003年版，第26页；史尚宽：《债法各论》，中国政法大学出版社2000年版，第16页。

〔2〕　参见林诚二：《民法债编各论（上）》，中国人民大学出版社2007年版，第90~91页；史尚宽：《债法各论》，中国政法大学出版社2000年版，第19页。

〔3〕　参见黄立主编：《民法债编各论（上）》，中国政法大学出版社2003年版，第27页。

违约责任。出卖人违反权利瑕疵担保义务的，可以发生违约的一般后果，买受人有权解除合同，并主张出卖人承担违约金、损害赔偿金等违约责任。

2. 物的瑕疵担保义务。即出卖人就其交付的标的物担保其具有约定或者法定品质的义务。依照当事人约定或者交易习惯，标的物应当具备的价值、效用和品质却并不具备的，构成物的瑕疵。我国《民法典》第615条规定："出卖人应当按照约定的质量要求交付标的物。出卖人提供有关标的物质量说明的，交付的标的物应当符合该说明的质量要求。"可见，我国《民法典》所称物的瑕疵主要指质量瑕疵。

（1）物的瑕疵担保责任的构成要件。出卖人承担物的瑕疵担保责任，应当满足以下要件：①物的瑕疵于风险负担移转时已存在。买卖标的物的利益与不利益，自交付时起由买受人承担，故出卖人的物的瑕疵担保责任，应以风险负担移转前已发生且尚存在为限。若物的瑕疵发生在风险负担移转之后，自然应由买受人承担。②买受人在订立合同时不知道且不应知道存在物的瑕疵。若买受人在订立合同时知道或者应当知道物的瑕疵存在的，属于放弃权利或自担风险行为，出卖人无须承担物的瑕疵担保责任，但买受人在缔约时不知道该瑕疵会导致标的物的基本效用显著降低的除外。③买受人履行了检查、通知义务。买受人应当在检验期限内将标的物质量不符合约定的情形通知出卖人。买受人怠于通知的，视为标的物的质量符合约定，出卖人无须承担物的瑕疵担保责任。④不存在约定排除或法定排除的情形。存在约定排除或法定排除情形时，出卖人可依此免责。不过，当事人即使约定减轻或者免除出卖人的物的瑕疵担保责任，但是出卖人出于故意或者重大过失不告知买受人标的物的瑕疵时，出卖人无权主张减轻或者免除责任。

（2）物的瑕疵担保责任的法律效力。根据我国《民法典》第617条的规定，出卖人违反物的瑕疵担保义务，可以发生违约的一般后果，出卖人应当向买受人承担违约责任。

（三）从给付义务

出卖人应当按照约定或者交易习惯向买受人交付提取标的物单证以外的有关单证和资料。在现实生活中，出卖人除交付仓单、提单等用于提取标的物的单证外，往往还需要交付保修单、发票、质量鉴定书等其他单证和资料。交付提取标的物的单证为拟制交付，属于出卖人的主给付义务。交付提取标的物单证以外的有关单证和资料则属于从给付义务。提取标的物单证以外的有关单证和资料主要包括保险单、保修单、普通发票、增值税专用发票、产品合格证、质量保证书、质量鉴定书、品质检验证书、产品进出口检疫书、原产地证明书、使用说明书、装箱单等。

值得注意的是，我国《民法典》第 625 条新增了出卖人的回收义务："依照法律、行政法规的规定或者按照当事人的约定，标的物在有效使用年限届满后应予回收的，出卖人负有自行或者委托第三人对标的物予以回收的义务。"出卖人的回收义务是《民法典》"绿色原则"在合同编的具体体现，借此引导出卖人承担节约资源、保护生态环境的社会责任。

**二、买受人的义务**

一般而言，买受人负有以下义务：

（一）支付价款义务

支付价款，是买受人的主给付义务，与出卖人交付标的物并移转标的物的所有权构成对待给付关系。买受人向出卖人支付价款，应当遵循如下规则：

1. 按照约定的数额和支付方式作出给付。买受人应当按照约定的数额支付价款。对价款的数额没有约定或者约定不明确的，可以协议补充。不能达成补充协议，且不能按照合同相关条款或者交易习惯确定的，按照订立合同时履行地的市场价格履行；依法应当执行政府定价或者政府指导价的，依照规定履行。按照订立合同时履行地的市场价格确定价款数额，能够准确、合理地反映当事人订立合同的利益状况和心理预期。

支付方式，是指买受人履行支付价款义务的具体方法。买受人支付价款，常表现为交付现金，若当事人另有约定的，可以通过支票、汇款、信用卡转账等方式为之。买受人应当按照约定的支付方式支付价款。对支付方式没有约定或者约定不明确的，可以协议补充。不能达成补充协议，且不能按照合同相关条款或者交易习惯确定的，为了保障合同顺利履行，实现当事人利益的最大化，应当按照有利于实现合同目的的方式履行。

2. 按照约定的地点给付。买受人应当按照约定的地点支付价款。对支付地点没有约定或者约定不明确的，可以协议补充。不能达成补充协议，且不能按照合同相关条款或者交易习惯确定的，买受人应当在出卖人的营业地支付价款。但是，约定支付价款以交付标的物或者交付提取标的物单证为条件的，在交付标的物或者交付提取标的物单证的所在地支付价款。

3. 按照约定的时间给付。买受人应当按照约定的时间支付价款。对支付时间没有约定或者约定不明确的，可以协议补充。不能达成补充协议，且不能按照合同相关条款或者交易习惯确定的，买受人应当在收到标的物或者提取标的物单证的同时支付价款。

（二）及时检验及通知义务

买受人收到标的物时，应当对标的物进行及时检验。买受人违反该义务，虽然无须承担违约责任，但须承担利益减损的风险，及时检验及通知义务为不真正义务。

1. 及时检验义务。买受人收到标的物时应当在约定的检验期限内检验。没有约定检验期限的，应当及时检验。

一般而言，标的物的数量、包装、花色、品种等外观瑕疵与标的物的内在品质等隐蔽瑕疵应适用不同的检验方式和检验期限。当事人对检验期限未作约定的，当买受人签收的送货单、确认单等载明了标的物数量、型号、规格时，若一概推定买受人已对隐蔽瑕疵进行了检验，则对买受人过于严苛，有失公允，因此仅可推定买受人已经对数量和外观瑕疵进行了检验，但是有相关证据足以推翻的除外。

2. 检验期限的确定。当事人可以约定检验期限。当事人约定检验期限的，买受人应当在检验期限内将标的物的数量或者质量不符合约定的情形通知出卖人。

当事人约定的检验期限应当符合交易习惯与法律规定。但若当事人约定的检验期限过短，根据标的物的性质和交易习惯，买受人在检验期限内难以完成全面检验的，该期限仅视为买受人对标的物的外观瑕疵提出异议的期限。若当事人约定的检验期限或者质量保证期短于法律、行政法规规定期限的，应当以法律、行政法规规定的期限为准。

当事人没有约定检验期限的，买受人应当在发现或者应当发现标的物的数量或者质量不符合约定的合理期限内通知出卖人。合理期限的认定，应当依据诚实信用原则，综合当事人之间的交易性质、交易目的、交易方式、交易习惯、标的物的种类、数量、性质、安装和使用情况、瑕疵的性质、买受人应尽的合理注意义务、检验方法和难易程度、买受人或者检验人所处的具体环境、自身技能以及其他合理因素进行判断。买受人在合理期限内未通知或者自收到标的物之日起 2 年内未通知出卖人的，视为标的物的数量或者质量符合约定。但是，对标的物有质量保证期的，适用标的物的质量保证期，不适用该 2 年的规定。该"2 年"期间是最长的合理期限，为不变期间，不适用诉讼时效中止、中断或者延长的规定。

此外，出卖人知道或者应当知道提供的标的物不符合约定的，为了保护买受人并惩戒背信的出卖人，检验期限不受上述期限的限制。

3. 通知义务与视为合格。当事人约定检验期限的，买受人应当在检验期限内将标的物的数量或者质量不符合约定的情形通知出卖人。买受人怠于通知的，视为标的物的数量或者质量符合约定。

一般认为，买受人异议通知与其履约行为之间不构成非此即彼的关系，不能因买受人实施了支付价款、确认欠款数额、使用标的物等履约行为而当然认定买受人已实际认可标的物符合合同约定。

《民法典》第 621 条规定的检验期限、合理期限、2 年期限经过后，买受人不得主张标的物的数量或者质量不符合约定；而且，出卖人在自愿承担违约责任后，不得以上述期限已过为由反悔。这是因为，异议期间届满，买受人异议权消灭，出卖人无须承担违约责任。但是，出卖人若自愿承担了违约责任，基于诚信原则，就不得出尔反尔，肆意翻悔。

（三）依约及时受领标的物的义务

当出卖人交付的标的物没有瑕疵，符合合同约定时，买受人应当依约及时受领标的物，以防造成出卖人陷于给付迟延，不当增加保管费用。依约及时受领标的物，不仅是买受人的权利，也是买受人的义务。[1] 买受人无故迟延受领标的物的，应当向出卖人承担受领迟延的违约责任。

买受人发现出卖人交付的标的物不符合约定的，有权拒收，并应当及时通知出卖人。

### 三、风险负担与利益承受

（一）风险负担

1. 风险负担的含义。风险负担，又称价金风险，是指买卖合同成立后，因不可归责于双方当事人的事由致使标的物毁损、灭失时，买卖价款是否仍须支付的情况。所谓不可归责于双方当事人的事由，是指当事人不能预见的不可抗力、意外事件等情况。若当事人对标的物的毁损、灭失具有过错，则不适用风险负担规则，而应当适用违约责任或者侵权责任的相关规定。风险负担制度是买卖双方对标的物毁损、灭失的不幸损害进行合理分配的制度，是买卖合同的核心内容。

2. 风险负担规则。风险负担规则，属于任意性规范。当事人有约定的，依照约定；当事人没有约定的，适用如下规则：

（1）基本规则：交付主义。对于风险负担的基本规则，各国或地区民事立法并不相同，主要存在两种模式：其一，所有人主义。该模式依据"利之所在，损之所归"原则，认为标的物的所有权人既然享有所有权，就应当承担相应风险。法国、英国和我国香港地区等采此说。其二，交付主义。该模式基于风险控制理论，认为风险应当由最易管理风险的人承担。标的物的所有与占有经常分离，与所有权人相比，实际占有人直接管领控制标的物，更容易防控风险。德

---

〔1〕 参见［德］迪特尔·梅迪库斯：《德国债法分论》，杜景林、卢谌译，法律出版社 2007 年版，第 26 页。

国、美国、奥地利、希腊、瑞典、俄罗斯、日本和我国台湾地区等采此说。[1]

我国《民法典》第 604 条规定："标的物毁损、灭失的风险，在标的物交付之前由出卖人承担，交付之后由买受人承担，但是法律另有规定或者当事人另有约定的除外。"可见，我国采用的是交付主义，在标的物交付之前，风险负担由出卖人承担。在交付之后，则由买受人承担。不仅如此，我国《民法典》还强调，只要出卖人向买受人交付了标的物，风险负担就发生移转，即使出卖人未按照约定交付有关标的物的单证和资料，亦不影响标的物毁损、灭失风险的转移。

动产买卖如此，不动产买卖也是一样。在房屋买卖中，只要出卖人向买受人交付了房屋，即使双方未办理房屋过户登记手续，风险负担也随着交付的完成发生移转。《最高人民法院关于审理商品房买卖合同纠纷案件适用法律若干问题的解释》第 8 条对此明确规定："对房屋的转移占有，视为房屋的交付使用，但当事人另有约定的除外。房屋毁损、灭失的风险，在交付使用前由出卖人承担，交付使用后由买受人承担"。

（2）交付主义的特殊情形。在我国，买卖合同的风险负担在一般规则外，还规定了三种特殊规则：

第一，在途货物规则。出卖人出卖交由承运人运输的在途标的物，除当事人另有约定外，毁损、灭失的风险自合同成立时起由买受人承担。在途货物买卖，又称路货买卖，是指标的物已在运输途中，出卖人将在途的标的物予以出卖的买卖合同。由于此时双方当事人均未实际管领控制标的物，不宜适用交付主义，以合同成立时作为风险负担移转的时间点，较为妥当。但是，出卖人在合同成立时知道或者应当知道标的物已经毁损、灭失却未告知买受人时，仍然由出卖人承担标的物毁损、灭失的风险。

第二，第一承运人规则。在现代社会中，异地买卖成为常态。异地买卖往往涉及货物运输，我国《民法典》针对货物运输过程中的风险负担作了明确规定。标的物需要运输的，若当事人约定了交付地点，则出卖人按照约定将标的物运送至买受人指定地点，并交付给承运人后，标的物毁损、灭失的风险由买受人承担。若当事人没有约定交付地点或者约定不明确的，出卖人将标的物交付给第一承运人后，标的物毁损、灭失的风险由买受人承担。所谓"标的物需要运输的"，是指标的物由出卖人负责办理托运，承运人系独立于买卖合同当事人之外的运输业者的情形。若承运人并非是独立于买卖合同的当事人，而为出卖人的履

---

〔1〕 参见《德国民法典》第 446 条、《奥地利民法典》第 1064 条和第 1051 条、《日本民法典》第 567 条、《美国统一商法典》第 2-509 条、《联合国国际货物销售合同公约》第 69 条、我国台湾地区"民法"第 373 条等。

行辅助人或者买受人的履行辅助人，则排除第一承运人规则的适用，仍然通过适用交付主义的基本规则来确定风险负担。

第三，标的物尚未特定时的风险负担规则。当事人对风险负担没有约定，标的物为种类物的，出卖人未以装运单据、加盖标记、通知买受人等可识别的方式清楚地将标的物特定于买卖合同时，由出卖人承担标的物毁损、灭失的风险。因为在种类物买卖中，常有出卖人一次性托运一批货物以履行数份合同，或者超量托运货物以履行一个合同的情形，因标的物并未特定，将无法确定具体哪个合同发生货损后果，也容易诱发出卖人谎称买受人所购货物发生货损的背信行为。为了督促出卖人妥善履行给付义务，尚未特定的标的物毁损、灭失的风险应由出卖人承担。

（3）违约时的风险负担规则。若出卖人或者买受人存在违约行为时，原则上由违约一方当事人承担风险负担。

第一，出卖人违约时的风险负担。因标的物不符合质量要求，致使不能实现合同目的的，买受人可以拒绝接受标的物或者解除合同。买受人拒绝接受标的物或者解除合同的，标的物毁损、灭失的风险由出卖人承担。

第二，买受人违约时的风险负担。主要包括以下两种情形：①因买受人的原因致使标的物不能按期交付的。在这种情形下，买受人应当自违反约定时起承担标的物毁损、灭失的风险。②出卖人交付后，买受人未依约收取标的物的。出卖人按照约定或者依照法律规定将标的物置于交付地点，买受人违反约定没有收取的，标的物毁损、灭失的风险自违反约定时起由买受人承担。需注意的是，标的物毁损、灭失的风险由买受人承担，并不意味着出卖人的给付就一定符合法律规定或者当事人约定。如果出卖人的给付不符合法律规定或者当事人约定，即使标的物毁损、灭失的风险由买受人承担，买受人仍然有权要求出卖人承担违约责任。

（二）利益承受

利益承受，是指买卖合同订立后，标的物所生孳息的归属。所生孳息，既包括天然孳息又包括法定孳息。

买卖合同订立后，标的物所生孳息与风险负担紧密相关，应当适用相同规则。我国《民法典》第630条规定："标的物在交付之前产生的孳息，归出卖人所有；交付之后产生的孳息，归买受人所有。但是，当事人另有约定的除外。"可见，同风险负担规则一致，我国《民法典》对于利益承受同样采用的是交付主义。不过，这一规定为任意性规范，当事人可以通过约定来确定标的物孳息的归属。

#### 四、买卖合同的解除

除适用合同的一般解除规则外，买卖合同还遵循如下特殊解除规则：

（一）主从物与买卖合同的解除

基于从随主原则，因标的物的主物不符合约定而解除买卖合同的，解除合同的效力及于从物。但因标的物的从物不符合约定被解除的，解除的效力并不及于主物。

（二）从给付义务与买卖合同的解除

从给付义务虽然旨在辅助主给付义务的顺利履行，但有时其对于合同目的能否实现有重大影响，甚至不可或缺。当出卖人没有履行或者不当履行从给付义务，致使买受人不能实现合同目的时，买受人有权解除买卖合同。

（三）标的物为数物与买卖合同的解除

标的物为数物时，若其中一物不符合约定的，买受人仅可以就该物解除合同。但是，若该物与他物分离会使标的物的价值显受损害的，买受人可以就数物解除合同。

（四）分批交付与买卖合同的解除

出卖人分批交付标的物的，若出卖人对其中一批标的物不交付或者交付不符合约定，致使该批标的物不能实现合同目的的，买受人仅可以就该批标的物解除合同。若出卖人不交付其中一批标的物或者交付不符合约定，致使之后其他各批标的物的交付不能实现合同目的的，买受人可以就该批以及之后其他各批标的物解除。若买受人就其中一批标的物解除合同，而该批标的物与其他各批标的物相互依存的，可以就已经交付和未交付的各批标的物解除合同。

## 第三节　特种买卖

除一般买卖外，我国《民法典》还规定了分期付款买卖、凭样品买卖、试用买卖、招标投标买卖和拍卖等特种买卖。

#### 一、分期付款买卖

（一）分期付款买卖的概念

分期付款买卖，是指买受人将其应付的总价款按照一定的期限分批向出卖人支付的买卖。此次买卖形式常见于价金较高的消费品及不动产买卖。

分期付款买卖的特殊性在于价款支付方式，买受人应付的总价款并非一次性支付，而是在一定期限内分批支付。支付所分的期数和每期支付的具体金额，取决于当事人的约定，但买受人应当将应付的总价款在一定期限内至少分三次向出卖人支付。

　　在分期付款买卖中，买受人无须一次性支付总价款而承受过重的经济负担，仅须分批支付价款就可获得对标的物的占有和使用，具有刺激消费、促进生产、繁荣社会的功能。[1]

　　(二) 分期付款买卖的法律效力

　　分期付款买卖是一种信用买卖，买受人只须支付部分价款而无须支付全款，即可取得对标的物的占有和使用，出卖人则面临交付标的物但收不到全部价款的风险。为了防止出卖人的利益受损，实现出卖人与买受人之间的利益均衡，除适用一般买卖的相关规定外，分期付款买卖通常涉及如下特殊规则：

　　1. 所有权保留约款。分期付款买卖的双方当事人可以在买卖合同中约定买受人未履行支付价款或者其他义务的，标的物的所有权属于出卖人。在条件成就前，出卖人仍然保留标的物的所有权。条件成就后，标的物的所有权才移转给买受人。但在所有权移转给买受人前，买受人很可能将所有权保留的标的物转让给第三人，为了防止所有权人利益受损并保障交易安全，《民法典》第 641 条第 2 款规定："出卖人对标的物保留的所有权，未经登记，不得对抗善意第三人。"即出卖人只有对其保留的所有权办理了登记，才能产生对抗善意第三人的法律效力；未办理登记时，善意第三人可基于善意取得制度取得标的物的所有权。

　　需要注意的是，在我国不动产买卖不适用所有权保留。因为依据物权法定原则，不动产物权变动须经登记始生效力，此为强制性规定，不允许当事人通过约定加以变更或排除适用。不动产买卖完成变更登记之前，所有权并不移转，不存在所有权保留的必要。不动产买卖完成变更登记之后，所有权随即发生移转，此时若允许当事人通过约定保留所有权，将明显违反法律的强制性规定。

　　在分期付款期限内，出卖人交付了标的物而未收到全部价款，当买受人的行为损害出卖人的价款债权时，应当允许出卖人取回标的物以防其利益受损。为此，《民法典》第 642 条赋予出卖人以取回权，并明确了出卖人行使取回权的条件。出于对买受人利益的兼顾以及对交易安全的保护，发生以下情形的，出卖人丧失取回权：①买受人已经支付标的物总价款 75% 以上的；②第三人已依法善意取得标的物所有权或者其他物权的。

　　分期付款的买受人对标的物的占有使用已形成一定的利益关系，其对标的物所有权的转移也具有一定的合理期待，这种利益关系及合理期待应予以保护。因此，《民法典》第 643 条第 1 款赋予买受人以回赎权，即出卖人依据法律规定取回标的物后，买受人在双方约定或者出卖人指定的合理回赎期限内，消除出卖人取回标的物的事由的，可以请求回赎标的物。当然，买受人在回赎期限内没有回

---

〔1〕　参见郑玉波：《民法债编各论（上册）》，三民书局 1981 年版，第 102 页。

赎标的物的，出卖人可以另行出卖标的物。出卖人以合理价格另行出卖标的物时，出卖所得价款扣除买受人未支付的价款以及必要费用后仍有剩余的，应当返还买受人；不足部分由买受人清偿。

2. 合同解除约款。虽然分期付款买卖是信用买卖，需要加强对出卖人的利益保护，但倘若买受人一旦未支付价款，出卖人就享有合同解除权，对买受人而言未免过于苛刻，《民法典》第 634 条第 1 款对出卖人的合同解除权设置了合理限制，即"分期付款的买受人未支付到期价款的数额达到全部价款的五分之一，经催告后在合理期限内仍未支付到期价款的，出卖人可以请求买受人支付全部价款或者解除合同。"需要注意的是，该条为强制性规定，若当事人的约定违反该规定，损害买受人利益的，买受人有权主张约定无效。

3. 解约扣价约款。合同解除在原则上发生恢复原状的后果，买受人有权取回已支付的价金，而出卖人有权取回已交付的标的物。不仅如此，出卖人解除合同的，可以向买受人请求支付该标的物的使用费。因可归责于买受人的事由造成标的物毁损、灭失的，出卖人还有权向买受人主张损害赔偿。

由于出卖人为维护其使用费收取权及损害赔偿请求权，常常通过解约扣价约款不当限制买受人的价金取回权，因此，为了实现当事人之间的利益平衡，《最高人民法院关于审理买卖合同纠纷案件适用法律问题的解释》第 28 条规定："分期付款买卖合同约定出卖人在解除合同时可以扣留已受领价金，出卖人扣留的金额超过标的物使用费以及标的物受损赔偿额，买受人请求返还超过部分的，人民法院应予支持。当事人对标的物的使用费没有约定的，人民法院可以参照当地同类标的物的租金标准确定。"

## 二、凭样品买卖

### (一) 凭样品买卖的概念

凭样品买卖，是指由当事人双方约定一定的样品，出卖人交付的标的物应当与样品具有相同品质的买卖。凭样品买卖的特殊性在于当事人完全通过样品确定标的物的品质和属性。出卖人负有保证其交付的标的物与样品具有同一品质的担保责任。

样品是当事人选定的用以确定标的物的品质的物品，通常为货物。图样或者模型等如果能够显示标的物的品质和属性，也可以作为样品。样品既可以由出卖人提供，也可以由买受人提供。

凭样品买卖是当事人约定凭样品决定标的物的买卖，与当事人在合同成立前通过展示样品进行的要约邀请，并不相同。

### (二) 凭样品买卖的法律效力

除适用一般买卖的相关规定外，凭样品买卖还应当遵循如下特殊规则：

1. 瑕疵担保责任与隐蔽瑕疵规则。出卖人交付的标的物应当与样品及其说明的质量相同。否则，出卖人应当承担瑕疵担保责任。

为了公平起见，若样品存在依通常方法无法发现的瑕疵，买受人对此并不知情的，即使出卖人交付的标的物与样品相同，出卖人仍然不得免除瑕疵担保责任。根据《民法典》第636条就规定："凭样品买卖的买受人不知道样品有隐蔽瑕疵的，即使交付的标的物与样品相同，出卖人交付的标的物的质量仍然应当符合同种物的通常标准。"

2. 样品品质确定规则。样品品质决定了当事人双方的权利义务与责任承担，为了防止纠纷的发生，凭样品买卖的当事人应当封存样品，并可以对样品质量予以说明。一般情况下，当事人所封存的样品与质量说明应当保持一致。

合同约定的样品质量与文字说明不一致，且发生纠纷时当事人不能达成合意，样品封存后外观和内在品质没有发生变化的，应当以样品为准。样品的外观和内在品质发生变化，或者当事人对是否发生变化有争议而又无法查明的，应当以其文字说明为准。

### 三、试用买卖

#### （一）试用买卖的概念

试用买卖，是指当事人双方约定，于合同成立时，出卖人将标的物交付给买受人试用，并以买受人在约定期限内对标的物的认可作为生效要件的买卖合同。买受人的认可又称买受人的承认，即买受人向出卖人作出的愿意购买该标的物的意思表示。试用买卖作为商品促销手段在现代社会非常常见，如天猫推出的"试用7天，满意再付款"的"信用购"服务等。

试用买卖合同是否生效完全取决于买受人的任意行为，买受人并无认可的义务。即使买受人不予认可，也无须说明理由。买受人一旦选择购买标的物，买卖合同即可发生效力；买受人如果拒绝购买标的物，买卖合同确定不生效力。因此，试用买卖为附停止条件的买卖合同，所附条件为纯粹的随意条件。依此，买卖合同存在下列约定内容之一的，不属于试用买卖：①约定标的物经过试用或者检验符合一定要求时，买受人应当购买标的物；②约定第三人经试验对标的物认可时，买受人应当购买标的物；③约定买受人在一定期限内可以调换标的物；④约定买受人在一定期限内可以退还标的物。因为在试用标准买卖、第三人试用买卖中，买卖合同的效力并非取决于买受人的任意行为；在保留换货买卖、保留退货买卖中，买卖合同已经生效，只是买受人根据合同约定保留了换货和退货的权利，故而二者均不构成试用买卖。

#### （二）试用买卖的法律效力

除适用一般买卖的相关规定外，试用买卖还应当遵循如下特殊规则：

1. 试用期限的确定。试用买卖的当事人可以约定标的物的试用期限。对试用期限没有约定或者约定不明确的，可以协议补充。不能达成补充协议，且不能按照合同相关条款或者交易习惯确定的，由出卖人确定。由于试用买卖是否生效完全取决于买受人的任意行为，为了实现出卖人与买受人之间的利益衡平，试用期限由出卖人确定较为妥当。

2. 买受人的认可。试用期限届满，买受人可以作出购买的意思表示，也可以作出拒绝购买的意思表示。

买受人购买的意思表示，采用明示、默示形式均无不可。买受人在试用期内已经支付部分价款或者对标的物实施出卖、出租、设立担保物权等行为的，视为同意购买。

在试用期内，标的物已经交付给买受人占有、使用，试用期限届满即使买受人保持沉默，对是否购买未作表示，为了尽快确定法律关系，法律可径直拟制买受人认可。因此，《民法典》第 638 条第 1 款规定："试用期限届满，买受人对是否购买标的物未作表示的，视为购买。"

3. 买受人的拒绝。试用期限届满，买受人表示拒绝购买的，买卖合同确定不生效力。买受人应当将标的物返还给出卖人。因卖方负有容许买方试用的义务，故试用买卖的当事人对标的物使用费没有约定或者约定不明确的，买受人有权无偿使用。

4. 标的物的风险负担。一般认为，由于试用期内标的物的所有权并未发生移转，买受人并非所有权人，自然不应当承担标的物毁损、灭失的风险。而且，试用买卖为附条件合同，其风险负担亦应随之附有条件，直至买受人认可时，标的物的利益承受与风险负担方可移转给买受人。[1] 因此，我国《民法典》第 640 条规定："标的物在试用期内毁损、灭失的风险由出卖人承担。"

当然，在试用期内试用买卖虽未生效，但基于诚信原则，买受人对于出卖人所交付的标的物应尽妥善保管义务。因买受人保管不当造成标的物毁损、灭失的，仍应承担损害赔偿责任。

**四、招标投标买卖**

（一）招标投标买卖的概念

招标投标买卖，是指由招标人向数人或者公众发出招标通知或招标公告，在众多投标人中选择自己最满意的投标人，并与之订立合同的买卖方式。

---

〔1〕 参见黄立主编：《民法债编各论（上）》，中国政法大学出版社 2003 年版，第 122 页；最高人民法院民法典贯彻实施工作领导小组编：《中华人民共和国民法典合同编理解与适用（二）》，人民法院出版社 2020 年版，第 1084 页。

（二）招标投标买卖的程序

《民法典》第 644 条规定："招标投标买卖的当事人的权利和义务以及招标投标程序等，依照有关法律、行政法规的规定。"依据我国现行立法，招标投标买卖应当遵循公开、公平、公正和诚实信用的原则，一般分为以下几个阶段：

1. 招标。所谓招标，是指招标人通过招标通知或者招标公告的形式，向数人或者公众发出的投标邀请。包括公开招标和邀请招标两种形式。公开招标，是指招标人以招标公告的方式邀请不特定的法人或者其他组织投标。邀请招标，是指招标人以投标邀请书的方式邀请特定的法人或者其他组织投标。一般认为，招标在法律性质上属于要约邀请。

2. 投标。所谓投标，是指投标人按照招标文件的要求编制投标文件，在规定期间内向招标人提出报价的行为。一般认为，投标在法律性质上属于要约。投标文件应当对招标文件提出的实质性要求和条件作出响应。在招标文件要求提交投标文件的截止时间到来前，投标人需要将投标文件送达投标地点。招标人在收到投标文件后，应当对其予以签收保存，不得开启。投标人少于 3 个的，招标人应当重新招标。在招标文件要求提交投标文件的截止时间后送达的投标文件，招标人应当拒收。

3. 开标。所谓开标，是指招标人在召开的投标人会议上，当众拆封标书，宣读投标文件的行为。开标由招标人主持，并邀请所有投标人参加。开标时，由投标人或者其推选的代表检查投标文件的密封情况，也可以由招标人委托的公证机构进行检查并公证；经确认无误后，由工作人员当众拆封，宣读投标人名称、投标价格和投标文件的其他主要内容。招标人在招标文件要求提交投标文件的截止时间前收到的所有投标文件，于开标时都应当当众予以拆封、宣读。开标过程应当做好记录，并存档备查。

4. 评标。所谓评标，是指招标人对有效标书进行评审的行为。评标由招标人依法组建的评标委员会负责。与投标人有利害关系的人不得进入相关项目的评标委员会，已经进入的应当予以更换。评标委员会成员的名单在中标结果确定前应当保密。招标人应当采取必要的措施，保证评标在严格保密的情况下进行。任何单位和个人不得非法干预、影响评标的过程和结果。

5. 定标。所谓定标，是指投标人在众多投标书中，选择自己满意的投标人，确定其中标的行为。定标在法律性质上属于承诺。中标人的投标应当符合下列条件之一：①能够最大限度地满足招标文件中规定的各项综合评价标准；②能够满足招标文件的实质性要求，并且经评审的投标价格最低；但是投标价格低于成本的除外。确定中标人后，招标人应当向中标人发出中标通知书，并同时将中标结果通知所有未中标的投标人。

6. 签订书面合同。因招标投标买卖法律关系较为复杂，为了防止日后产生纠纷，当事人双方通常须于定标后签订书面合同。招标人和中标人应当自中标通知书发出之日起 30 日内，按照招标文件和中标人的投标文件订立书面合同。招标人和中标人不得再行订立背离合同实质性内容的其他协议。

**五、拍卖**

**(一) 拍卖的概念**

拍卖，是指以公开竞价的形式，将特定物品或者财产权利转让给最高应价者的买卖方式。拍卖的当事人包括拍卖人、委托人、竞买人和买受人。拍卖人，是指依照《拍卖法》和《公司法》设立的从事拍卖活动的企业法人。委托人，是指委托拍卖人拍卖物品的人。竞买人，是指参加竞购拍卖标的的人。买受人，是指以最高应价购得拍卖标的的竞买人。

**(二) 拍卖程序**

《民法典》第 645 条规定："拍卖的当事人的权利和义务以及拍卖程序等，依照有关法律、行政法规的规定。"依据我国现行立法，拍卖一般分为以下几个阶段：

1. 委托拍卖。委托人与拍卖人签订书面委托拍卖合同。委托拍卖合同应当载明以下事项：①委托人、拍卖人的姓名或者名称、住所；②拍卖标的的名称、规格、数量、质量；③委托人提出的保留价；④拍卖的时间、地点；⑤拍卖标的的交付或者转移的时间、方式；⑥佣金及其支付的方式、期限；⑦价款的支付方式、期限；⑧违约责任；⑨双方约定的其他事项。

2. 拍卖公告与展示。拍卖人应当于拍卖日 7 日前发布拍卖公告。一般认为，拍卖公告在法律性质上属于要约邀请。拍卖公告应当载明下列事项：①拍卖的时间、地点；②拍卖标的；③拍卖标的的展示时间、地点；④参与竞买应当办理的手续；⑤需要公告的其他事项。

拍卖人应当在拍卖前展示拍卖标的，并提供查看拍卖标的的条件及有关资料。拍卖标的的展示时间不得少于 2 日。

3. 实施拍卖。竞买者以应价的方式向拍卖人作出应买的意思表示，在法律性质上属于要约。竞买人的最高应价经拍卖师落槌或者以其他公开表示买定的方式确认后，拍卖成交。该确认行为在法律性质上属于承诺。拍卖成交后，买受人和拍卖人应当签署成交确认书。

4. 支付佣金。委托人、买受人可以与拍卖人约定佣金的比例。委托人、买受人与拍卖人对佣金比例未作约定，拍卖成交的，拍卖人可以向委托人、买受人各收取不超过拍卖成交价 5%的佣金。收取佣金的比例按照同拍卖成交价成反比的原则加以确定。拍卖未成交的，拍卖人可以向委托人收取约定的费用；未作约定的，可以向委托人收取为拍卖支出的合理费用。

## 第四节　互易合同

### 一、互易合同的概念与种类

（一）互易合同的含义

互易合同，是指当事人约定以货币以外的物进行交换的合同，即以物换物。互易合同是商品交易的早期形式，随着货币的出现，互易合同日趋衰落，买卖合同成为商品交易的典型。在现代社会，互易合同仍未完全消亡，各国立法常为互易合同留有一席之地。

互易合同与买卖合同一样，均为移转标的物所有权的合同。与买卖合同不同的是，互易合同是以物换物，买卖合同则是以钱换物。

（二）互易合同的种类

互易合同可以分为单纯互易合同及补足金互易合同。单纯互易合同，是指当事人以一物换另一物，不考虑两物的价值是否对等，此为互易合同的典型形式。补足金互易合同，是指当事人达成以物换物的合意时，一方须向另一方再支付两物差价的合同，如以旧换新。[1]

### 二、互易合同的特征

互易合同具有以下法律特征：

（一）标的物的限定性

在互易合同中，双方当事人给付的标的物均须为货币以外的物。如果当事人给付的标的物是货币或者劳务，该合同应属于买卖合同或者提供服务的合同，并不构成互易合同。

（二）互易合同是双务合同、有偿合同

在互易合同中，双方当事人均负有移转标的物所有权于对方的义务，两者构成对待给付关系，因此互易合同为双务合同。

在互易合同中，一方取得标的物的所有权须以移转自己标的物的所有权为代价，因此互易合同为有偿合同。

（三）互易合同是诺成合同

只要双方当事人达成合意，互易合同即可成立，不以标的物的交付作为合同

---

〔1〕　对于补足金互易合同，原则上应将其归类为买卖与互易相结合的合同；若补足金的给付或财产权的移转，对于合同而言微不足道时，才能够归类为互易或买卖。具体内容参见 Vgl. Staudinger/Mader, §515, Rn. 11. 转引自黄立主编：《民法债编各论（上）》，中国政法大学出版社 2003 年版，第 150 页。

的成立要件，因此互易合同为诺成合同。

（四）互易合同一般为不要式合同

一般而言，互易合同无须采用特殊形式即可成立，故其为不要式合同。但是，不动产互易合同须采用书面形式订立，为要式合同。

### 三、互易合同的法律效力

互易合同的本质为以物易物，是一种特殊的买卖合同，可以参照适用买卖合同的相关规则。《民法典》第647条明确规定："当事人约定易货交易，转移标的物的所有权的，参照适用买卖合同的有关规定。"

### ■思考题

1. 什么是买卖合同？其具有哪些特征？
2. 买卖合同有哪些种类？
3. 出卖人与买受人在买卖合同中各应承担哪些义务？
4. 如何理解买卖合同中标的物的风险负担与利益承受规则？
5. 试述分期付款买卖。
6. 试述凭样品买卖的含义和法律效力。
7. 试述试用买卖的含义和法律效力。
8. 试述招标投标买卖的含义及其程序。
9. 试述拍卖的含义及其程序。
10. 试述买卖合同与互易合同的关系。

### ■参考资料

1. 黄茂荣：《买卖法》，中国政法大学出版社2002年版。
2. 黄立主编：《民法债编各论（上）》，中国政法大学出版社2003年版。
3. 林诚二：《民法债编各论（上）》，中国人民大学出版社2007年版。
4. 王利明：《合同法研究（第三卷）》，中国人民大学出版社2015年版。
5. 李永军：《合同法》，中国人民大学出版社2020年版。
6. 《最高人民法院关于审理买卖合同纠纷案件适用法律问题的解释》。

# 第十二章　供用电、水、气、热力合同

■ 学习目的和要求

　　在现代生活中，供用电、水、气、热力合同与社会大众的基本生活需求密切相关。通过本章的学习，熟悉供用电、水、气、热力合同的概念、特征，理解其特殊效力；掌握供用电合同的基本特征、订立程序及其内容。

　　供用电、水、气、热力合同属于继续性合同，在传统民法上其被归入买卖合同的范畴，属于一种特殊的买卖合同。《民法典》将供用电、水、气、热力合同作为独立于买卖合同的有名合同加以规范。本章以供用电合同为代表对此类合同的共性内容进行具体规定，而供用水、供用气、供用热力合同，则参照适用供用电合同的有关规定。

## 第一节　供用电、水、气、热力合同概述

　　供用电、水、气、热力合同之所以能够成为一类独立的有名合同，主要原因在于其具有不同于普通买卖合同的特殊性，具体表现在标的物以及合同效力及合同的终止等方面。

### 一、供用电、水、气、热力合同的特征

　　供用电、水、气、热力合同，主要具有以下特征：

　　1. 债务总量的不确定性。在该类合同中，需用人的需要是随时间的经过而不断产生和变化的，故债务总量及每次的供给量均难以在合同中加以确定，给付量的确定只能取决于时间的经过。

　　2. 债务履行的持续性。该类合同中的供货人按合同连续地供货给需用人，需用人连续地就每一次供货支付价款，债务不能一次性清偿完毕。

3. 标的物的特殊性。因为电、水、气、热力均为生产和生活的必需品，加之我国对电、水、气、热力等物资实行垄断经营，所以供用电、水、气、热力合同才采用格式条款签订，由国家对其价格实行严格的管控。在供用电、水、气、热力合同中，标的物的供给一般需要使用特定的设施，只有通过这些设施，才能将电、水、气、热力传送到用户处，以满足他们的需要。由此产生出谁负有维护该设施的义务和责任，及因该设施之原因供货人无法履行供货义务时应否承担违约责任的问题。

4. 合同目的的公用性和公益性。因为供用电、水、气、热力合同关乎国民经济的发展和人民群众的生产生活，故该类合同带有公用性。同时，供用电、水、气、热力的企业并非纯粹以营利为目的，其是以公共利益为其目的，因而该类合同又带有公益性。

**二、供用电、水、气、热力合同的特殊效力**

在供用电、水、气、热力合同中，供给方负有先行给付的义务；当负有先行给付义务的供给方给付后，若需用方迟延给付价金时，供给方有权拒绝次期给付，并有权要求偿还已给付标的物的价金。

**三、供用电、水、气、热力合同的变更和终止**

在供用电、水、气、热力合同的履行过程中，当事人可变更或终止合同。用户一方需要增加供应量或供给方需要减少供应量时，均应当征得对方的同意，而对方如无正当理由应当同意。未经对方同意，任何一方擅自变更供应量或需求量的，应当赔偿因此给对方造成的损失。

在供用电、水、气、热力合同的供应者给付后，用户不按约定的时间给付价金，经催告在一定期限内仍不履行的，供应者有权中止履行合同义务；当对方履行了给付价金的义务后，供应方有继续供应的义务。《民法典》第654条规定："用电人逾期不支付电费的，应当按照约定支付违约金。经催告用电人在合理期限内仍不支付电费和违约金的，供电人可以按照国家规定的程序中止供电。供电人依据前款规定中止供电的，应当事先通知用电人。"由此可见，只有在极其特殊的情况下，当事人才享有终止权。

# 第二节    供用电合同

**一、供用电合同的含义及特征**

（一）供用电合同的含义

供用电合同，是指供电人向用电人供电，用电人对此支付电费的合同。其中，提供电力者称为供电人或供电方，使用电力者称为用电人或用电方。

（二）供用电合同的特征

供用电合同除具有持续性合同的特性外，还具有如下特征：

1. 供用电合同标的具有特殊性。供用电合同的标的物为电力，而电力是一种无形物，无法大量储存，其生产、供应与消费具有同时性，故在供用电合同中明确供用电时间极为重要。

2. 供电方必须是有经营资格的供电企业。由于电力的特殊性，且电力对工农业生产和生活十分重要，加之目前我国对电力实行垄断经营，并将其作为公用事业来经营，因而供电方必须是经审查批准被颁发了《电力业务许可证》的供电企业。供电企业必须在批准的供电营业区内向用户供电，一个供电营业区内只设立一个供电营业机构；供电营业区的设立、变更，由供电企业提出申请，电力管理部门依据职责和管理权限，会同同级有关部门审查批准后，发给《电力业务许可证》。

3. 供用电合同是强制缔约的合同。《电力法》第26条第1款规定："供电营业区内的供电营业机构，对本营业区内的用户有按照国家规定供电的义务；不得违反国家规定对其营业区内申请用电的单位和个人拒绝供电。"《民法典》第648条第2款规定："向社会公众供电的供电人，不得拒绝用电人合理的订立合同要求。"可见，供电营业机构对用电方的要约必须作出承诺，因而对于供电方而言，供用电合同为强制缔约的合同。

4. 供用电合同具有计划性。电力是发展国民经济的重要能源，为了保障国民经济持续、高速、稳定发展，我国对电力供应和使用仍实行计划管理原则，对电网运行实行统一调度、分级管理的制度，强调任何单位和个人不得干预电网调度，以期保证重点、择优供应、统筹安排、协调各地区经济的发展。

**二、供用电合同的种类**

目前，我国主要根据用电目的的不同，将供用电合同分为居民生活供用电合同、农业生产供用电合同、工商业及其他供用电合同。作出这种划分的主要原因有三：一是不同类型的供用电合同的电价不同；二是用电方对电的质量和供应时间要求不同；三是合同的有效期不同。例如，生产性用电的供用电合同，由当事人在合同中确定有效期；生活性用电的供用电合同一般为不定期。

**三、供用电合同的订立**

（一）供用电合同订立的程序

1. 用电方向所在地的供电营业机构提出用电申请，如果是生产性用电，则申请书应包括根据生产规模确定的需用电量、最高电力负荷、生产班次、用电高峰时间、节电措施等内容。

2. 供电企业在接到用电方的申请后，根据国家计划及用电方的需要和电网的供电能力，编制供电方案，下达用电指标。

3. 供用电合同的双方当事人根据用电指标就合同的具体内容达成合意并签署合同。由于在供用电合同中，用电方的范围是一般的社会公众，其数量庞大，供电企业不便与每一个用户单独进行协商，且分别订立合同，故供用电合同多采用格式条款的方式缔约。

（二）供用电合同的条款

根据《民法典》第 649 条的规定，供用电合同的内容一般包括供电的方式、质量、时间，用电容量、地址、性质，计量方式，电价、电费的结算方式，供用电设施的维护责任等条款。

1. 供电方式。供电方式是指供电人以何种方式向用电方供电。供电企业提供供电方式时，应从供用电的安全、经济、合理和便于管理，国家的有关规定、电网的规划，用电需求以及当地供地条件等方面，进行技术经济比较，并与用电方协商确定。

2. 供电质量。供电企业应当保证供给用户的供电质量符合国家标准。对于由公用供电设施引起的供电质量问题，应当及时处理。用户对供电质量有特殊要求的，供电企业应当根据其必要性和电网的可能，为其提供相应的电力。

3. 供电时间。供电时间是指用电方有权使用电力的起止时间。供电时间由双方当事人在合同中确定。供电时间的确定应当有利于供电部门进行统筹安排，以避免形成用电高峰和用电低谷，造成断电和电能浪费。

4. 用电容量、地址、性质。用电容量是指供电人所认定的用电方受电设备的总容量。用电地址是指用电方使用电力的地址。用电性质是指用电方行业分类和用电分类。

5. 计量方式，电价、电费的结算方式。计量方式是指供电人如何计算用电方使用电量的方式。供电企业应在用户每一个受电点内按不同电价类别，分别安装用电计量装置。每个受电点作为用户的一个计费单位。电价是指供电企业向用电人供应电力的价格，国家对电价实行统一定价制。

6. 供用电设施维护责任的划分。供电设施的运行维护管理范围，按产权归属确定。在电气上的具体分界点，由供用双方协商确定。

7. 供用电合同的履行地点。供用电合同的履行地点，按照当事人约定；当事人没有约定或者约定不明确的，供电设施的产权分界处为履行地点。

四、供用电合同当事人的权利义务及其违约责任

（一）供电方的义务及违约责任

1. 按照合同约定或国家规定连续、安全地供电的义务。供电方应当按照国

家规定的供电质量标准和约定安全供电。供电方未按照国家规定的供电质量标准和约定安全供电，造成用电方损失的，应当承担赔偿责任。具体而言，供电方负有安全供电义务，未按约定向用户供电时，事后应补还少供的电力、电量，并支付违约金或赔偿金。因供电方运行、操作责任事故造成用户停电时，供电方应按国家规定的标准给予赔偿。供电的电压超出规定的变动幅度或供电周率超出规定的允许偏差值时，供电方应按规定标准给予赔偿。供电方因施工错误或由于供电方的责任导致高压供电线路断落连接到低压供电线路，造成用户用电设备烧毁的，其应当负责对该设备进行修复或根据实际情况给予合理赔偿。

2. 正当理由的限电、停电时事先通知或公告的义务。供电方因供电设施计划检修、临时检修、依法限电或者用电方违法用电等原因，需要中断供电时，应当按照国家有关规定事先通知用电方；未事先通知用电方中断供电，造成用电方损失的，应当承担赔偿责任。

3. 供电人的抢修义务。因自然灾害等原因断电的，供电方应当按照国家有关规定及时抢修；未及时抢修，造成用电方损失的，应当承担赔偿责任。

（二）用电方的义务及违约责任

1. 按时交纳电费的义务。供电方须按照国家核准的电价和用电计量装置的记录，向用电方计收电费。用电方应当按照国家有关规定和当事人的约定及时支付电费。用电方逾期不支付电费的，应当按照约定支付违约金。经催告，用电方在合理期限内仍不支付电费和违约金的，供电方可以按照国家规定的程序中止供电。供电方依据前款规定中止供电的，应当事先通知用电方。

2. 用电方按照合同约定安全用电的义务。用电方应当按照国家有关规定和当事人的约定，安全、节约和计划用电。用电方未按照国家有关规定和当事人的约定用电，造成供电方损失的，应当承担赔偿责任。用电方用电不得危害供电、用电安全和扰乱供电、用电秩序。

3. 不得违章用电的义务。根据《电力供应与使用条例》第30条的规定，属于违章用电的行为有：擅自改变用电类别；擅自超过合同约定的容量用电；擅自超过计划分配的用电指标；擅自使用已经在供电企业办理暂停使用手续的电力设备，或者擅自启用已经被供电企业查封的电力设备；擅自迁移、更动或者擅自操作供电企业的用电计量装置、电力负荷控制装置、供电设施以及约定由供电企业调度的用户受电设备；未经供电企业许可，擅自引入，供出电源或者将自备电源擅自并网。

**五、供用电合同的变更和终止**

在供用电合同的有效期内，当事人可变更或解除合同。用电方需增加供应量或供给方需减少供应量时均应征得对方的同意，对方如无正当理由应当同意。用电方需变更用电时，应事先提出申请，并携带有关证明文件，到供电企业用电营业场所办理手续，变更供用电合同。

供用电合同的变更或者解除，必须依法进行。根据《供电营业规则》第 94 条的规定，允许变更或解除供用电合同的情形有：①当事人双方经过协商同意，并且不因此损害国家利益和扰乱供用电秩序；②由于供电能力的变化或国家对电力供应与使用管理的政策调整，使订立供用电合同时的依据被修改或取消；③当事人一方依照法律程序确定确实无法履行合同；④由于不可抗力或一方当事人虽无过失，但无法防止的外因，致使合同无法履行。

根据《电力供应与使用条例》的规定，供用电合同因终止权的行使而停止供电的情况主要包括：①违反《电力供应与使用条例》规定，用电方逾期未交付电费，自逾期之日起计算超过 30 日，经催交仍未交付电费的，供电方可以按照国家规定的程序停止供电。②违反《电力供应与使用条例》规定，用电方违章用电，情节严重的，可以按照国家规定的程序停止供电。

### ■思考题

1. 什么是供用电合同？当事人双方各有什么权利义务？
2. 供用电合同的变更与终止应该注意哪些问题？
3. 试述供用电、水、气、热力合同的法律适用。

### ■参考资料

1. 王轶等：《中国民法典释评·合同编·典型合同（上卷）》，中国人民大学出版社 2020 年版。
2. 谢鸿飞、朱广新主编：《民法典评注：合同编·典型合同与准合同（1）》，中国法制出版社 2020 年版。
3. 《中华人民共和国电力法》。
4. 《中华人民共和国电力供应与使用条例》。

# 第十三章　赠与合同

■ **学习目的和要求**

　　通过本章的学习，理解赠与合同的概念、特征、种类；掌握赠与合同的法律效力、赠与的撤销与履行拒绝等内容；了解附义务的赠与、附条件的赠与、捐助、定期给付赠与和死因赠与等特种赠与。

## 第一节　赠与合同概述

### 一、赠与合同的概念和特征

（一）赠与合同的含义

赠与合同，是指双方当事人约定一方将自己的财产无偿转移给对方，对方表示接受的合同。在赠与合同中，转移财产的一方为赠与人，接受财产的一方为受赠人。

由于在赠与合同中，受赠人是纯获利益的当事人，因此，赠与人应当具有民事行为能力，而受赠人则既可以是有民事行为能力的人，也可以是无民事行为能力的人。无民事行为能力人订立赠与合同的，必须由其法定代理人代理。

（二）赠与合同的特征

我国《民法典》第 657 条规定："赠与合同是赠与人将自己的财产无偿给予受赠人，受赠人表示接受赠与的合同。"根据该规定，赠与合同的特征主要有：

1. 赠与合同是无偿合同。赠与是当事人一方无偿给予另一方一定财产的行为。赠与合同中的赠与人履行给付义务，但其并未从另一方当事人处获得对价。

2. 赠与合同是单务合同。赠与合同中只有赠与人一方负有赠与义务，而受赠人则不需要承担对待给付义务。即使是附义务的赠与，受赠人所承担的义务也不是赠与人履行义务的对价，受赠人所承担的义务往往小于赠与人的义务。受赠人接受赠与，属于合同履行的问题，这并不会对合同性质产生影响，倘若受赠人事后不接受赠与，其构成权利的放弃，无须承担违约责任。

3. 赠与合同是双方法律行为。赠与合同虽然是无偿、单务合同，但仍需要有双方当事人的意思表示一致方可成立。如果一方有赠与的意思，另一方没有接受赠与的意思，则赠与合同不能成立。

4. 赠与合同是诺成性的非要式合同。赠与合同是诺成性合同，只要当事人就赠与达成意思表示一致，合同即告成立，而不需要以赠与物的交付为成立要件。赠与合同也是一种非要式合同，只要双方当事人就赠与事项达成一致即可，赠与合同的订立不要求必须以书面形式或其它特定的形式作出。赠与合同的订立既可采用口头形式，也可采用书面形式或者在合同订立后办理公证。

5. 赠与合同的标的物是财产。赠与合同是以赠与人将自己的财产转移给受赠人为内容的合同，赠与人应当对其赠与的财产享有所有权或处分权。对赠与合同之标的物"财产"应当作广义理解，其不仅包括各类不动产和动产等有形财产，还包括股权、债权、知识产权等无形财产。

**二、赠与合同与买卖合同的区分**

赠与合同与买卖合同具有相似性，具体表现在：①均以由双方当事人约定一方将自己的财产转移给另一方为合同内容；②均为双方法律行为；③均为诺成性的非要式合同。

但是，赠与合同与买卖合同的差异更为显著，主要表现在以下方面：①合同是否有偿不同。赠与合同是无偿合同，买卖合同是有偿合同。②合同是否具有双务性不同。赠与合同是单务合同，除了附义务的赠与，受赠人不需要履行一定的义务；买卖合同是双务合同，出卖人须转移标的物的所有权于买受人，买受人须履行支付对价的义务。③合同是否可以任意撤销不同。赠与合同成立后，除公益性赠与、公证赠与之外，当事人在赠与财产的权利转移之前可以撤销赠与；而买卖合同成立之后，当事人必须履行。④合同当事人是否承担瑕疵担保责任不同。买卖合同中，出卖人对出卖的商品负有瑕疵担保责任；赠与合同中，赠与财产有瑕疵的，赠与人不承担责任，只有在附义务的赠与中，赠与人才在附义务的限度内承担与出卖人相同的瑕疵担保责任。

**三、赠与合同的种类**

（一）一般赠与和特种赠与

这是以赠与是否具有特殊情形为标准所作的划分。一般赠与，又称单纯赠与，是指不具有特殊情形的赠与，是单纯以赠与人对受赠人无偿转移财产为内容，在合同的成立和生效方面，不存在附义务、附条件等特殊情形的赠与合同。特种赠与，又称非单纯赠与，是指有特殊情形的赠与，在合同的成立和生效方面负有特殊条件的赠与合同。特种赠与又可以分为附义务赠与、附条件赠与、定期给付赠与、捐赠、死因赠与等类型。这种划分的意义在于：一般赠与为赠与的典型或常态，而特种赠与有其独有的特殊性。

（二）附义务的赠与和不附义务的赠与

这是以受赠人是否需要履行某种义务为标准所作的划分。附义务的赠与，又称附负担的赠与，是指赠与合同中特别约定，赠与财产以受赠人履行某种义务为条件。《民法典》第 661 条第 1 款规定："赠与可以附义务。"如果受赠人未履行所设定的义务，则赠与人可撤销赠与。附义务赠与中的义务，并非赠与合同的对价。不附义务的赠与，则是指一般的赠与，即受赠人在接受赠与时不附带任何义务。二者的区别在于：

1. 受赠人是否承担义务不同。在附义务的赠与中，受赠人在接受赠与的同时，还需承担赠与人设定的特定义务。《民法典》第 661 条第 2 款规定："赠与附义务的，受赠人应当按照约定履行义务。"除当事人另有约定，通常而言，赠与人履行赠与义务在先，受赠人履行所附义务在后。在不附义务的赠与中，受赠人仅享有获得赠与财产的权利，不需要履行任何义务。

2. 赠与人是否承担瑕疵担保责任不同。在附义务的赠与中，赠与财产有瑕疵的，赠与人须在附义务的限度内承担与出卖人相同的责任。在不附义务的赠与中，赠与人对赠与财产的瑕疵不承担瑕疵担保责任。

3. 赠与人在赠与财产权利转移之后是否享有撤销权不同。在一般赠与中，赠与人在赠与财产的权利转移之后一般不再享有撤销权；在附义务的赠与中，赠与人在受赠人不履行赠与合同约定义务的情形下，可以行使撤销赠与合同的权利。

（三）非公益性、道德性赠与和公益性、道德性赠与

这是以赠与是否具有公益性、道德性为标准所作的划分。非公益性、道德性赠与，是指不具有公益、道德义务性质，单纯以赠与人对受赠人无偿转移财产为内容的赠与合同。公益性、道德性的赠与，即指《民法典》第 658 条第 2 款中所规定的具有救灾、扶贫、助残等公益、道德义务性质的赠与合同。二者的区别在于：

1. 赠与人是否享有任意撤销权不同。非公益性、道德性赠与的赠与人不仅享有法定撤销权，而且享有任意撤销权。公益性、道德性的赠与人仅享有法定撤销权。

2. 能否强制赠与人履行交付义务不同。非公益性、道德性赠与的赠与人不履行交付赠与物的义务时，受赠人不能强制履行；在公益性、道德性的赠与中，赠与人不交付赠与财产的，受赠人可以请求交付。

（四）现实赠与和非现实赠与

根据赠与合同的成立与履行是否同时，可以将赠与合同区分为现实赠与与非现实赠与。现实赠与，是指合同成立时合同义务已履行完毕的赠与合同，即赠与人以赠与财产现实交付给受赠人为成立条件的赠与合同。非现实赠与，是指合同成立后，赠与人始按照合同约定履行其义务的赠与合同。须强调的是，赠与合同一成立，赠与人即进行给付，仍为非现实赠与。

# 第二节    赠与合同的效力

在赠与合同中，受赠人除了受领赠与财产，以及在附义务赠与中应当履行所附的义务之外，不承担其他义务；而赠与人需要承担一定的义务。赠与人的义务主要包括：

## 一、给付义务

给付义务，是指赠与人依照合同约定的方式、期限、地点将财产无偿转移给受赠人的义务。

赠与财产的性质不同，赠与人给付义务的表现也不同。《民法典》第659条规定："赠与的财产依法需要办理登记或者其他手续的，应当办理有关手续。"赠与财产的移转适用基于法律行为的物权变动规则。据此，赠与财产为不动产的，应当办理转移登记；赠与财产为一般动产的，应当交付赠与财产。赠与财产为船舶、航空器和机动车等特殊动产的，除了交付赠与财产之外，还应当办理转移登记，未经登记的，不得对抗善意第三人。赠与财产是股权、知识产权等无形财产的，应当按照该类无形财产移转的一般规则办理相应手续。

赠与合同是诺成合同，只要当事人意思表示一致，符合合同生效要件，赠与合同即生效，未履行给付义务不影响赠与合同效力。

## 二、不履行给付义务的责任

赠与人不按照约定移转赠与财产是否需要承担违约责任，应当依照赠与合同的性质来区分。对于一般赠与而言，依据《民法典》第658条第1款，赠与人在赠与财产的权利转移之前可以撤销赠与，即赠与人享有任意撤销权，在此种情形下，赠与人不履行给付义务不构成违约，受赠人也不能请求赠与人给付赠与财产。对于经过公证的赠与合同或者依法不得撤销的具有救灾、扶贫、助残等公益、道德义务性质的赠与合同，依据《民法典》第658条第2款，赠与人不享有任意撤销权，若该种赠与合同中的赠与人迟延履行给付义务，则需承担违约责任，受赠人可以请求交付。此时，赠与人仅承担继续履行的责任，而不需要承担利息等其他违约责任，原因在于赠与合同为无偿合同，相较于有偿合同而言，赠与人的违约责任程度较轻。

不过，对于经过公证的赠与合同，以及具有救灾、扶贫、助残等公益、道德义务性质的赠与合同，在赠与财产移转给受赠人之前，由于赠与人的故意或者重大过失致使赠与财产发生毁损、灭失，无法交付赠与财产的，赠与人应当向受赠人赔偿其因此所遭受的损失。

**三、瑕疵担保责任**

《民法典》第662条规定："赠与的财产有瑕疵的，赠与人不承担责任。附义务的赠与，赠与的财产有瑕疵的，赠与人在附义务的限度内承担与出卖人相同的责任。赠与人故意不告知瑕疵或者保证无瑕疵，造成受赠人损失的，应当承担赔偿责任。"据此，赠与人对赠与财产的瑕疵担保责任包含三个方面：

1. 一般赠与中的赠与人不承担瑕疵担保责任。赠与合同是单务、无偿合同，属于施惠行为。在一般赠与中，受赠人是纯获利益的，无需支付对价，因此，在一般赠与中，赠与财产有瑕疵的，赠与人不承担责任。所谓的瑕疵，是指赠与财产不符合法定或约定的质量标准，或者不具备赠与财产通常应有的功能。《民法典》第662条第1款只规定了赠与财产的瑕疵担保责任，并不包括因赠与财产的缺陷而对受赠人或第三人人身、财产利益造成的损害，也不包括赠与人的权利瑕疵担保责任，根据《民法典》第657条的规定，赠与人只能将自己的财产无偿给予受赠人，如果赠与人将不属于自己的财产赠与的，仍应承担给受赠人造成损害的责任。

2. 附义务赠与的赠与人在附义务的限度内承担与出卖人相同的责任。在附义务的赠与中，赠与人的行为并非为纯粹的施惠行为，受赠人不仅要履行特定的义务，还可能因此蒙受不利益。所以，赠与人应当对赠与财产承担瑕疵担保责任。由于在附义务赠与中，受赠人如同买卖合同中的买受人，故要求赠与人在附义务的限度内承担与出卖人相同的瑕疵担保责任更为合理。

3. 赠与人故意不告知瑕疵或者保证无瑕疵的赔偿责任。这种责任的构成要件包括：①赠与人有故意不告知瑕疵或者保证无瑕疵的情形。在这两种情形下，赠与人具有主观恶意，其有可能构成欺诈，违反诚信原则。②受赠人遭受了损失。如果赠与人故意不告知瑕疵或者保证无瑕疵，但没有给受赠人造成损失的，则不承担赔偿责任。③受赠人遭受损失是因赠与人故意不告知瑕疵或者保证无瑕疵所造成的。即行为与损害之间具有因果关系，如果赠与人能够证明其行为与损害后果之间没有因果关系，则不需要承担赔偿责任。

## 第三节　赠与的撤销及履行拒绝

根据诚信原则，赠与合同一经成立即有效，不应允许赠与人随意撤销。但为了维护赠与人的利益，《民法典》设置了赠与合同的撤销制度以及赠与人履行拒绝制度，以减轻赠与人的责任，平衡赠与人与受赠人之间的利益关系。

### 一、赠与的撤销

#### （一）赠与的任意撤销

1. 含义。赠与的任意撤销，是指在赠与合同成立之后，赠与财产的权利转移之前，赠与人可以根据自己的意思不再为赠与行为。赠与人行使任意撤销权的时间点是在赠与财产的权利转移之前，而非交付之前。此处的交付指的是实物转移给受赠人占有，但赠与财产的权利并不一定随之发生转移；而权利转移指的则是赠与财产的所有权已经转移给受赠人，受赠人对赠与财产享有处分权。赠与人行使任意撤销权无需任何理由，只要撤销赠与的意思表示到达受赠人即告生效。

2. 限制。如果不对赠与人的任意撤销权予以限制，则赠与合同相当于对赠与人无任何约束力，有违诚信原则与公序良俗原则。根据《民法典》第658条第1款，如果赠与财产的权利已经转移，则赠与人不得任意撤销赠与；如果赠与财产中的一部分财产的权利已经转移，则任意撤销权仅适用于权利未转移部分。同时，《民法典》第658条第2款专门对赠与的任意撤销权作了如下限制：①赠与合同订立后经公证证明的，赠与人不得任意撤销。经过公证证明的赠与合同，表明赠与人的赠与意愿已确定，因此不得任意撤销。②对于具有救灾、扶贫、助残等公益、道德义务性质的赠与合同，赠与人不得任意撤销。如果允许赠与人可以任意撤销这种赠与合同，无疑与这种赠与合同所具有的属性不符。

此外，我国《慈善法》第41条第1款还规定："捐赠人应当按照捐赠协议履行捐赠义务。捐赠人违反捐赠协议逾期未交付捐赠财产，有下列情形之一的，慈善组织或者其他接受捐赠的人可以要求交付；捐赠人拒不交付的，慈善组织和其他接受捐赠的人可以依法向人民法院申请支付令或者提起诉讼：（一）捐赠人通过广播、电视、报刊、互联网等媒体公开承诺捐赠的；（二）捐赠财产用于本法第三条第一项至第三项规定的慈善活动，并签订书面捐赠协议的。"《慈善法》第3条第1项至第3项规定的慈善活动包括：扶贫、济困；扶老、救孤、恤病、助残、优抚；救助自然灾害、事故灾难和公共卫生事件等突发事件造成的损害，实际上即为《民法典》第658条第2款中所规定的具有救灾、扶贫、助残等公益、道德义务性质的赠与合同。

（二）赠与的法定撤销

赠与的法定撤销，是指赠与合同成立之后，在具备法律规定的情形时，赠与人或者其他撤销权人享有依法撤销赠与的权利。赠与的法定撤销与赠与的任意撤销的根本区别在于：①适用范围不同。赠与的任意撤销只适用于一般赠与，经过公证证明的以及具有救灾、扶贫、助残等公益、道德义务性质的赠与合同则不予适用；赠与的法定撤销则不受此种限制，只要符合法定事由，即可撤销赠与。②适用条件不同。赠与的任意撤销在赠与财产权利转移之前均可行使，无需任何条件；赠与的法定撤销则需满足法律规定的条件。③适用后果不同。赠与任意撤销的后果是免除赠与人的给付义务；赠与法定撤销的后果除了免除赠与人的给付义务，在已经交付赠与财产的情形中，还产生返还赠与物的后果。

1. 赠与人的法定撤销权。我国《民法典》对赠与人行使法定撤销权的事由及行使期间作出了规定，以下分述之。

（1）赠与人法定撤销的事由。根据《民法典》第 663 条第 1 款的规定，赠与人可以行使法定撤销权的情形包括：①受赠人严重侵害赠与人或者赠与人近亲属的合法权益。受赠人实施的是严重侵害行为，而非轻微、一般的侵害行为。这里主要以赠与人侵害行为的结果为判断标准，至于受赠人是否具备主观故意，则不予考虑。近亲属的范围适用《民法典》第 1045 条第 2 款的规定，即"配偶、父母、子女、兄弟姐妹、祖父母、外祖父母、孙子女、外孙子女为近亲属"。②受赠人对赠与人有扶养义务而不履行。其适用条件有二：一是受赠人对赠与人有扶养义务；二是受赠人有扶养能力而不履行。如果受赠人没有扶养义务或者丧失扶养能力，则不适用赠与的法定撤销。对于扶养的理解，应不局限于同辈之间的相互扶养，还应包括对长辈的赡养以及对晚辈的抚养。③受赠人不履行赠与合同约定的义务。这一情形主要针对附义务的赠与合同。在附义务的赠与合同中，受赠人接受赠与的，应当履行约定的义务，如果受赠人不履行约定的义务，则构成违约，赠与人可以撤销该赠与合同。

（2）赠与人法定撤销权的行使期间。赠与人的法定撤销权属于形成权，赠与人的单方意思表示即可使赠与合同的效力归于消灭。为了维护社会关系的稳定，督促当事人尽快行使权利，法律规定赠与人应当及时行使其撤销权。《民法典》第 663 条第 2 款规定："赠与人的撤销权，自知道或者应当知道撤销事由之日起一年内行使。"该一年期间为除斥期间，不存在中止、中断和延长的情形。赠与人如果不在此期间内行使撤销权，则其撤销权消灭。赠与人行使法定撤销权，应当将其撤销赠与的意思表示通过一定的方式通知受赠人，可以采用明示方式，也可以采用要求返还赠与财产等默示方式。如果赠与人没有将其撤销赠与的意思表示通知受赠人，则不发生撤销赠与的法律效力。

2. 赠与人的继承人或法定代理人的法定撤销权。法定撤销权人通常是赠与人，但在特定情形下，又不限于赠与人。根据《民法典》第664条的规定，赠与人的继承人或者法定代理人可以行使法定撤销权，其适用条件包括：①受赠人实施了违法行为。②受赠人的违法行为导致赠与人死亡或者丧失民事行为能力。在这种情形下，赠与人于事实上无法行使撤销权。在赠与人死亡时，由其继承人行使法定撤销权；如果继承人有多人的，只要其中有一人行使撤销权即可发生法律效力；在赠与人丧失民事行为能力时，由其法定代理人行使法定撤销权。③赠与人的继承人或者法定代理人在法定期限内行使撤销权。赠与人的继承人或者法定代理人应当自知道或者应当知道撤销事由之日起6个月内行使。该6个月期间为除斥期间，不可中止、中断或延长。

3. 撤销的效力。赠与的法定撤销权属于形成权，一经行使，发生赠与合同关系消灭的法律后果。法定撤销权的行使，具有溯及既往的效力。《民法典》第665条规定："撤销权人撤销赠与的，可以向受赠人请求返还赠与的财产。"据此，法定撤销权的行使，在当事人之间发生恢复原状的效力。如果赠与财产已经交付，由于此时受赠人接受赠与已无合法依据，无论赠与财产的权利是否转移，撤销权人均可请求返还赠与财产。如果赠与财产已经毁损、灭失的，赠与人还有权要求受赠人赔偿相应的损失。

**二、赠与的履行拒绝**

（一）赠与的履行拒绝的含义

《民法典》第666条规定："赠与人的经济状况显著恶化，严重影响其生产经营或者家庭生活的，可以不再履行赠与义务。"这一条是对赠与人可以不再履行赠与义务的法定情形的规定，即赠与的履行拒绝，赠与人据此享有的权利被称为"穷困抗辩权"。赠与的履行拒绝，是情势变更原则在赠与合同中的具体体现，无论是在一般赠与中，还是在经过公证的赠与与依法不得撤销的具有公益性质和道德义务性质的赠与中，赠与人均可以依据法律规定行使穷困抗辩权。

法律规定赠与的履行拒绝制度，原因在于：赠与合同是无偿、单务合同，在赠与人经济状况显著恶化的情形下，强迫其履行赠与将严重影响其自身的正常生活，使其陷入贫困；同时，受赠人在赠与关系中是纯获利益，允许赠与人不再履行赠与义务，通常不会给受赠人造成损害。

（二）构成要件

对于赠与的履行拒绝，其成立有严格的法定要件：①赠与合同已经成立，但赠与财产的权利尚未完全移转。《民法典》第666条中"可以不再履行赠与义务"表明赠与人已经开始履行给付义务，只是没有全部履行。如果赠与财产的权利已经完全移转，则赠与合同已经履行完毕，赠与人无从行使抗辩权，否则不利于社会财产关系的稳定。②赠与人的经济状况显著恶化。经济状况显著恶化须发生在赠与合同成立之后。③赠与人的经济状况显著恶化达到严重影响其生产经营或者家庭生活的程度。如果赠与人的经济状况虽然显著恶化，但对其生产或生活的影响程度有限，则不能主张穷困抗辩权。

（三）行使及效力

1. 赠与人的穷困抗辩权的行使方式。当符合《民法典》第 666 条规定的构成要件时，受赠人要求履行赠与义务的，赠与人可以依据该条对抗受赠人的请求权。该权利既可在诉讼外行使，亦可在诉讼中行使，但均须以意思表示为之。

2. 赠与人行使穷困抗辩权的效力。赠与人在行使穷困抗辩权后，主要法律效力有两个方面：其一，赠与人可以不再履行赠与义务。而且，赠与人对于不履行给付赠与物的义务的行为也不用承担民事责任，但对于已经履行的部分，赠与人不得请求返还。其二，穷困抗辩权的行使并不意味着赠与合同的终止。如果赠与人经济状况于事后好转并恢复了经济能力，则其应当继续履行其赠与义务。

## 第四节　特种赠与

### 一、附条件赠与

附条件赠与，是指赠与财产权利的转移或赠与合同的终止取决于当事人约定的条件是否成就的赠与。

附条件赠与不同于附义务赠与，附条件赠与是对合同效力设定条件。附生效条件的赠与，自条件成就时生效；附解除条件的赠与，自条件成就时终止。附义务赠与并不对合同效力设定条件，仅仅是为受赠人设定了负担。

### 二、捐助

（一）捐助的含义

捐助，又称捐赠，是指基于公共目的或公共事业，赠与人自愿、无偿赠与财产的民事法律行为。捐助的主体一般没有限制，其可以是自然人、法人或者非法人组织。捐赠财产应当是赠与人有权处分的合法财产，包括实物、现金、无形财产或一定的劳务。捐助的受赠人，包括公益性社会团体和公益性非营利的事业单位。在发生自然灾害时或者境外捐赠人要求县级以上人民政府及其部门作为受赠人时，县级以上人民政府及其部门可以接受捐赠，并依法对捐赠财产进行管理。捐赠财产的使用应当尊重捐赠人的意愿，符合公益目的，不得将捐赠财产挪作他用。

（二）捐助的分类

1. 一般目的的捐助和特定目的的捐助。一般目的的捐助，是指捐助人捐赠时，没有提出具体明确的捐赠目的。特定目的的捐助，是指捐助人限定了捐赠财产的使用目的，只能将捐赠财产用于捐助人指定的公益目的。

2. 直接捐助和间接捐助。直接捐助，是指捐助人将捐助物直接捐赠给受益人，该受益人和受赠人相同。间接捐赠，是指捐助人先将捐助物捐赠给公益组织，该组织机构按照公益目的再将捐助物分给各受益人。

3. 募集捐助。募集捐助，是指为了慈善目的，由一定的组织或多个人发起的，公开募集捐赠物的捐助。募集捐助包括面向社会公众的公开募捐和面向特定对象的定向募捐。募集捐助属于间接捐助的一种类型，即捐赠财产是由赠与人交付于募集人，再由募集人转交受赠人。募集人负有将赠与财产用于特定慈善目的或者交于受赠人的义务。如果募集人不履行其义务，赠与人有权请求其履行给付义务或者撤销赠与。

### 三、定期给付赠与

定期给付赠与，是指赠与人按一定时期连续给付的赠与，即赠与人应每隔一段时间无偿地给予他人财产。我国《民法典》中未明确规定这种赠与。从比较法角度看，定期给付赠与通常具有严格的人身属性，该种赠与中的权利义务不得继承、转让。例如，在《德国民法典》中，定期给付赠与只适用于赠与人对受赠人履行扶养义务的情形。

以当事人是否约定存续期限为标准，定期给付赠与可以分为有期赠与和无期赠与，但无论是否约定期限，只要当事人无相反意思表示，在赠与人或受赠人中有一方死亡时，赠与即归于终止。

### 四、死因赠与

死因赠与，是指赠与人生前与受赠人订立的，以赠与人先于受赠人死亡为生效条件的赠与。死因赠与使赠与人在生前享有赠与财产的权利的同时，还能够完成对死后财产的处分。

死因赠与与遗赠具有相同之处，二者均为无偿赠与财产的行为，均在赠与人或遗赠人死亡且受赠人或受遗赠人尚生存的条件下开始发生效力。二者的不同之处有两点：一是死因赠与是双方法律行为，而遗赠为单方法律行为；二是死因赠与是不要式行为，而遗赠以遗嘱为之，属于要式行为。

死因赠与与遗赠扶养协议虽然具有相似之处，但遗赠抚养协议为有偿、双务合同，扶养人需对遗赠人承担生养死葬义务，如《民法典》第 1158 条规定："自然人可以与继承人以外的组织或者个人签订遗赠扶养协议。按照协议，该组织或者个人承担该自然人生养死葬的义务，享有受遗赠的权利。"与之不同的是，死因赠与为无偿、单务合同。

## ■思考题

1. 什么是赠与? 其特征是什么?
2. 赠与可以分为哪些类型?
3. 赠与合同的效力有哪些?
4. 如何理解赠与人的任意撤销权?
5. 如何理解赠与人的法定撤销权?
6. 如何理解赠与人的穷困抗辩权?
7. 如何理解赠与人的瑕疵担保责任?
8. 什么是附义务赠与?
9. 什么是附条件赠与?
10. 什么是死因赠与?

## ■参考资料

1. 兰美海:《无偿性对赠与合同规则的影响》,人民法院出版社 2016 年版。
2. 张新宝、龚赛红编著:《买卖合同·赠与合同》,法律出版社 1999 年版。
3. 刘天铎主编:《赠与合同·保管合同·仓储合同》,中国民主法制出版社 2003 年版。
4. 王轶等:《中国民法典释评·合同编·典型合同（上卷）》,中国人民大学出版社 2020 年版。

# 第十四章   借款合同

## 第一节   借款合同概述

### 一、借款合同的概念及特征

（一）借款合同的含义

借款合同，是指借款人向贷款人借款，到期返还借款并支付利息的合同。其中，向对方借款的一方称为借款人，出借钱款的一方称为贷款人。

借款合同和传统民法中的借贷合同的概念存在区别。所谓借贷合同，是指当事人双方约定，一方将物品或金钱移转于他方，他方于一定的期限内返还的合同。其中，接受物品的一方于一定期限内应返还原物的，被称为使用借贷合同；不要求接受物品的一方返还原物而是要求返还同种类、同品质、同数量的物的，则被称为消费借贷合同。由于使用借贷合同只移转标的物的使用权，而不移转其所有权，故其以不可消耗物为对象；而消费借贷合同的受贷人在使用贷与物时，将消费掉该贷与物，故其须移转标的物的所有权，这就决定了其只能以消耗物和货币作为标的物。由于使用借贷合同与消费借贷合同所移转的标的物的权利不同，一些国家和地区将它们作为两种独立的合同类型加以规定，如日本、德国等，也有极少数立法例将两者作为一类合同予以规范，如我国台湾地区。我国《民法典》中规定的借款合同，仅指消费借贷合同中的金钱借贷。

（二）借款合同的特征

1. 借款合同的标的物是金钱。在我国，借款合同的实质为金钱借贷，故借款合同的标的物限于金钱。此处的金钱，又称货币，一般指现行通用的货币。已经退出流通领域的货币，不得作为借款合同的标的物。

2. 借款合同是移转标的物所有权的合同。我国的借款合同在性质上属于传统民法中的消费借贷合同。在借款合同关系中，贷款人将货币交付给借款人占有，而借款人在占有该货币时，便取得了该货币的所有权。即使当事人双方在合同中约定借款人不得随意处分借款，只能将该借款用于特定目的，也不能否定借款人对所借货币享有所有权。[1]

3. 借款合同一般为诺成合同、要式合同、有偿合同。在我国，根据《民法典》的规定，除自然人之间的借款当事人另有约定或法律另有规定外，借款合同自借款人与贷款人意思表示一致时成立，且合同的订立应当采用书面形式；此外，借款人往往需要支付一定利息。因此，我国的借款合同通常属于诺成合同、要式合同、有偿合同。

**二、借款合同的种类**

在理论和实务中，对借款合同的分类方式主要有：

1. 以贷款人为标准，可将借款合同分为金融机构借款合同和自然人之间的借款合同。金融机构借款合同是指金融机构作为贷款人将金钱出借给自然人、法人、非法人组织而缔结的借款合同。自然人之间的借款合同是指自然人作为贷款人将金钱出借给法人、非法人组织或自然人而缔结的借款合同。金融机构借款合同是我国借款合同的主要类型，故成为我国法律中对借款合同进行规制的重点。自然人之间的借款合同在实践中具有调剂余缺、相互扶助的作用，因而为我国法律所肯定，但我国法律对此类借款合同的规制与对金融机构借款合同的规制具有诸多差别。

2. 以有无担保为标准，可将借款合同分为担保借款合同与信用借款合同。如果借款合同有担保保障收回借款的，则为担保借款合同；如果借款合同未设担保来保障收回借款的，则为信用借款合同。根据我国《商业银行法》的有关规定，对于银行借款，应实行担保，保障银行能够按期收回贷款，但经商业银行审查、评估，确认借款人资信良好，确能偿还贷款的，可以不提供担保。对于自然人之间的借款，法律没有强制实行担保借款，在实践中是否采用担保形式来保障收回借款，由当事人自行约定。

3. 以借款期限的长短为标准，可将借款合同分为短期借款合同与长期借款合同。短期借款合同是指借款期限为 1 年以内的借款合同。长期借款合同是指借款期限在 1 年以上的借款合同。在借款合同中，借款期限与利率及利息的支付期

---

[1] 参见崔建远：《合同法》，北京大学出版社 2016 年版，第 490 页。

限具有紧密联系，因而借款期限不同，借款利率及利息的支付期限也有所不同。

## 第二节　借款合同的订立

由于我国《民法典》对金融机构借款合同与自然人之间的借款合同的规范存在较大区别，故以下对金融机构借款合同的内容及订立、自然人之间的借款合同的订立等分别予以介绍。

### 一、金融机构借款合同的内容及订立

（一）金融机构借款合同的内容

根据《民法典》第668条第2款的规定，借款合同的内容一般包括借款种类、币种、用途、数额、利率、期限和还款方式等条款。

1. 借款种类。这是指在金融机构作为贷款人的情况下，根据国家有关规定和资金市场的需求所创设的货币商品种类。借款人可以根据自己的需要，向贷款人申请符合国家规定的某种特定形式的贷款。

2. 币种。这是指当事人在借款合同中明确约定的作为合同标的的货币种类，其既可以是人民币，也可以是其他国家或地区的货币。

3. 用途。这是指借款人使用借款的目的和范围。根据《商业银行法》第35条的规定，商业银行贷款时应当对借款人的借款用途进行严格审查。据此，借款人从金融机构获得贷款后，应当专款专用。在金融机构借款合同中明确借款用途，不仅有利于国家落实产业政策，而且有助于保障金融机构信贷资金的安全。

4. 数额。这是指借款金额的多少。借款数额是借款合同的重要内容，是贷款人确定资金拨付和计算利息的主要依据，也是当事人双方权利义务配置的重要考量因素。在借款合同中明确约定借款金额以及支付批次或方式，可以为合同的具体履行提供便利。

5. 利率。这是指贷款人和借款人约定的应收利息的数额与借款本金的比率。在我国，国务院批准和授权中国人民银行制定的各种利率为法定利率，其他任何单位和个人均无权制定法定利率。利率是国家管制的重点，当事人双方对利率的约定不得违反法律、行政法规对利率的限制。

6. 期限。这是指在借款合同中约定的借款人使用借款的时间。在一般情况下，当事人双方会根据借款人的生产经营周期、还款能力以及贷款人供给资金的能力等要素对借款期限进行约定。但是，《中国人民银行贷款通则》第11条规定，自营贷款期限最长一般不得超过10年，超过10年应当报中国人民银行备案；票据贴现的贴现期限最长不得超过6个月，贴现期限为从贴现之日起到票据到期日止。

7. 还款方式。这是指由贷款人和借款人在借款合同中约定，借款人以何种结算方式将借款偿还给贷款人。

此外，根据《商业银行法》第37条的规定，除上述内容外，借款合同的当事人还可以对违约责任和双方认为需要约定的其他事项作出约定。

（二）金融机构借款合同的订立

金融机构借款合同的订立，应当遵循合同订立的一般规则，此外，需注意以下问题：

1. 金融机构借款合同的形式。《民法典》第668条第1款规定："借款合同应当采用书面形式，但是自然人之间借款另有约定的除外。"根据该规定，金融机构借款合同的签订应当采用书面形式。当然，如果未采用书面形式，一方当事人已经履行主要义务，对方接受的，合同仍然成立。

2. 金融机构借款合同的成立和生效。金融机构合同在双方当事人协商一致时，合同关系即可成立，且依法成立的合同，自成立时起生效。与自然人之间的借款合同有所不同，金融机构借款合同的成立和生效不以贷款人提供借款为要件，故该合同为诺成性合同。

3. 金融机构不得向关系人发放信用贷款。根据《商业银行法》第40条的规定，商业银行不得向商业银行的董事、监事、管理人员、信贷业务人员及其近亲属，以及这些人员投资或者担任高级管理职务的公司、企业和其他经济组织等关系人发放信用贷款；向关系人发放担保贷款的条件不得优于其他借款人同类贷款的条件。

4. 贷款人应当对借款人的情况进行严格审查。根据《商业银行法》第35条第1款的规定，商业银行贷款，应当对借款人的借款用途、偿还能力、还款方式等情况进行严格审查，而且，应当实行审贷分离、分级审批的制度。

**二、自然人之间的借款合同的订立**

自然人之间的借款合同在实践中较为普遍，所以法律对其作出了不同于金融机构借款合同的专门规定。根据《民法典》第679条的规定，自然人之间的借款合同，自贷款人提供借款时成立。可见，自然人之间的借款合同属于实践合同，以标的物的交付为成立要件。

因贷款人向借款人提供借款时可采用多种不同的支付方式，故为了确定当事人之间的权利义务关系，预防或减少纠纷的发生，《最高人民法院关于审理民间借贷案件适用法律若干问题的规定》第9条规定，自然人之间借款合同的成立时间分别为：①以现金支付的，自借款人收到借款时成立；②以银行转账、网上电子汇款等形式支付的，自资金到达借款人账户时成立；③以票据交付的，自借款人依法取得票据权利时成立；④出借人将特定资金账户支配权授权给借款人的，自借款人取得对该账户实际支配权时成立；⑤出借人以与借款人约定的其他方式提供借款并实际履行完成时成立。

## 第三节　借款合同的效力

### 一、金融机构借款合同的效力

（一）贷款人的权利和义务

1. 贷款人的权利。在金融机构借款合同中，贷款人的主要权利有：

（1）在借款期限届满后收回借款本金及按照约定收取利息的权利。

（2）按照约定检查、监督借款的使用情况并了解有关财务会计报表或者其他资料的权利。

2. 贷款人的义务。在金融机构借款合同中，贷款人的主要义务有：

（1）依照约定提供贷款的义务。根据《民法典》的规定，借款合同生效后，贷款人应当按照约定的日期、数额提供借款，否则，造成借款人损失的，应当赔偿损失；贷款人不得将利息预先在本金中扣除；利息预先在本金中扣除的，应当按照实际借款数额返还借款并计算利息。

（2）保密义务。为了保护借款人利益，对于其在合同订立和履行阶段知悉的借款人的各项商业秘密等，贷款人负有保密义务，其不得泄露或不正当使用这些商业秘密等信息。

（二）借款人的权利和义务

1. 借款人的权利。在金融机构借款合同中，借款人的主要权利有：

（1）按照合同约定的日期、数额请求贷款人提供借款的权利。

（2）提前归还借款的权利。对于借款人可否提前偿还借款，在理论界存在争议，其中主要是担心提前偿还借款会对贷款人的利益造成损害。我国《民法典》基于意思自治原则，于第 677 条将借款人是否有权提前还款交由当事人决定，即当事人有约定的，按照其约定处理；在当事人没有约定的情况下，借款人有提前归还借款的权利，但为了保护贷款人的利益，借款人应当按照实际借款的期间计算利息。

（3）要求展期的权利。根据《民法典》第 678 条的规定，借款人可以在还款期限届满前向贷款人申请展期；贷款人同意的，可以展期。

2. 借款人的义务。在金融机构借款合同中，借款人的主要义务有：

（1）提供与借款有关的业务活动和财务状况的义务。根据《民法典》第 669 条的规定，订立借款合同，借款人应当按照贷款人的要求提供与借款有关的业务活动和财务状况的真实情况。

（2）按照约定的日期、数额收取借款的义务。该义务是借款人承担的不真正义务，若借款人不履行此项义务，其仍然应当按照约定的日期、数额支付利息。

（3）接受贷款人的检查、监督的义务。根据合同约定，贷款人可以检查、监督借款的使用情况，而借款人应当按照约定向贷款人定期提供有关财务会计报表或者其他资料。

（4）按照约定用途使用借款的义务。借款人未按照约定的借款用途使用借款的，贷款人可以停止发放借款、提前收回借款或者解除合同。

（5）按期返还借款及支付利息。作为有偿合同，金融机构借款合同中的借款人应当按照约定的期限和利率返还借款本金及支付利息。根据《民法典》第676条的规定，借款人未按照约定的期限返还借款的，应当按照约定或者国家的有关规定支付逾期利息。

（三）金融机构借款合同的终止

除因一般合同终止的事由而终止外，金融机构借款合同主要因以下事由而终止：

1. 因期限届满后双方履行合同而终止。借款期限届满，当事人双方未约定对借款合同继续展期的，则合同终止。借款人应依照约定向贷款人返还借款本金并支付利息，借款合同因此消灭。

2. 因合同被解除而终止。根据《民法典》第673条的规定，借款人未按照约定的借款用途使用借款的，贷款人可以解除合同。在贷款人解除借款合同时，该合同终止。

**二、自然人之间的借款合同的效力**

根据《民法典》的规定，自然人之间的借款合同应当遵循以下特别规定：

1. 自然人之间的借款合同的成立要件。自然人之间的借款合同属于实践性合同，其以贷款人提供借款为成立条件。

2. 对自然人之间的借款合同的利息及逾期利率的规制。禁止高利放贷，借款的利率不得违反国家有关规定。自然人之间的借款合同对支付利息没有约定或者约定不明确而当事人不能对此达成补充协议的，视为没有利息。

除上述特别规定外，自然人之间的借款合同可以适用金融机构借款合同的相关规定。

■ **思考题**

1. 什么是借款合同？其具有哪些特征？

2. 金融机构借款合同如何订立？

3. 试述金融机构借款合同的效力。

4. 试述《民法典》关于自然人之间借款合同的特别规定。

## ■参考资料

1. 黄薇主编：《中华人民共和国民法典合同编释义》，法律出版社 2020 年版。

2. 李永军：《合同法》，中国人民大学出版社 2020 年版。

3. 隋彭生：《合同法》，中国人民大学出版社 2020 年版。

4. 王利明主编：《民法》，中国人民大学出版社 2022 年版。

5. 《最高人民法院关于审理民间借贷案件适用法律若干问题的规定》。

# 第十五章　租赁合同

■ 学习目的和要求

　　通过对本章的学习，理解租赁合同的概念、特征及其种类；了解租赁合同的订立问题；掌握出租人、承租人的相关权利和义务之内容，理解转租中出租人、承租人、次承租人之间的关系；熟悉租赁合同的特别效力，掌握租赁合同中的风险负担及其解除条件。

## 第一节　租赁合同概述

### 一、租赁合同的概念

　　租赁合同，是指出租人将租赁物交付承租人使用、收益，由承租人支付租金的合同。在租赁合同中，被交付使用、收益的物为租赁物，提供租赁物的一方为出租人，使用租赁物的一方为承租人，而租金则是承租人使用租赁物的代价。租赁物一般应为非消耗物、有体物，以权利为租赁物时一般不适用租赁合同的规定。

　　租赁合同的发展史极为悠久，其是民事主体间调剂余缺并使物质资源得到充分利用的一种常见法律形式，可以促进生产和满足生活需要，具有较高的社会经济价值。在罗马法上，租赁内涵甚广，根据给付内容的不同，将租赁分为物件租赁、劳务租赁和劳务成果租赁，这显然包括了现代民法中的租赁、雇佣和承揽。《法国民法典》沿袭了罗马法的租赁规定，其在体例上与罗马法基本相同。《德国民法典》对租赁合同的规定则有所不同，其将劳务合同、承揽合同从传统的租赁中分离出来并加以严格区别，使其各自独立，还将租赁合同本身分为使用租赁与收益租赁两种不同性质的合同。我国《民法典》基本沿袭德国模式，采狭义租赁制度。

### 二、租赁合同的特征

根据我国法律的规定，租赁合同的特征如下：

（一）租赁合同是转移财产使用权、收益权的合同

承租人基于租赁合同有权对租赁物进行使用、收益，从而享有对移转的租赁物的使用权和部分收益权，但租赁物的所有权仍由出租人享有，因而其与买卖合同存在根本差异。由于承租人对物只享有使用权和部分收益权，而不享有处分权，所以，在承租人破产时不能将租赁物列为破产财产，这是租赁与消费借贷[1]的重要区别。

（二）租赁合同是双务、诺成合同

租赁合同在当事人双方意思表示一致时即可成立。在租赁合同中，出租人负有交付租赁物的义务，承租人则负有支付租金的义务，双方的权利义务互为对价。可见，租赁合同是双务、诺成合同。尽管《民法典》第 707 条规定了"租赁期限 6 个月以上的，应当采用书面形式。当事人未采用书面形式，无法确定租赁期限的，视为不定期租赁"，但该规定属于法律倡导性条款，不能理解为法律对租赁合同的形式作出了强行性规范。从该条可以推知：①租赁期限不满 6 个月的租赁合同，可不采用书面形式。②对于不定期租赁，可不采用书面形式。③租赁期限 6 个月以上的租赁合同，没有采用书面形式的，租赁合同的效力不受影响，但当事人双方就租赁期限发生争议的，则将其视为不定期租赁。此外，为了加强对租赁合同的监督管理，当事人应当依照法律、行政法规规定办理租赁合同登记备案手续，但根据《民法典》第 706 条的规定，未办理该登记备案手续的，租赁合同的效力不受影响。

（三）租赁合同为有偿合同

在租赁合同中，承租人以支付租金为对价，取得租赁物的使用权和部分收益权，这是租赁合同与借用合同的根本区别。在借用合同中，借用人同样以取得标的物的使用权和收益权为目的，但借用人一方对标的物的使用收益却是无偿的，即无须为使用收益借用物支付对价。因此，在是否支付对价的条件发生变更时，租赁合同与借用合同之间可以相互转化。租赁合同中承租人支付的租金通常为金钱，但也可以支付实物。

（四）租赁合同是临时性和继续性合同

租赁合同通常是出租人将一定期限内的财产使用权、部分收益权转让给承租

---

〔1〕　根据消费借贷合同的约定，出借人将金钱或其他代替物的所有权移转给借用人，借用人在消费借贷关系消灭后，仅需向出借人返还种类、品质、数量相同的物。参见黄立主编：《民法债编各论》，中国政法大学出版社 2003 年版，第 357~358 页。

人的协议，具有临时性的特征。《民法典》第 705 条确认了租赁合同的最长存续期限，即"租赁期限不得超过 20 年。超过 20 年的，超过部分无效。租赁期限届满，当事人可以续订租赁合同；但是，约定的租赁期限自续订之日起不得超过 20 年"。同时，租赁合同的内容，不是一次结付即可完结，承租人在租赁期间内有权对标的物为继续性使用，即"时间因素（Zeitmoment）在债的履行上居于重要地位，总给付之内容系于应为给付时间的长度"。[1]

（五）租赁合同兼具债权与物权特征

租赁合同在本质上为债权，因而其具有相对性、合意性和请求权等特征，不具有对抗第三人的效力。但是，为了加强承租人利益的保护、维护社会交易的安全稳定，现代民法出现了"租赁权物权化"倾向，各国或地区立法都基本规定了不动产租赁具有物权的优先性以及绝对性效力。《民法典》第 725 条确立的"买卖不破租赁"原则、第 726 条赋予房屋承租人的"优先购买权"和第 405 条规定的"抵押不破租赁"，均为"租赁权物权化"的具体表现。

**三、租赁合同的分类**

《民法典》对租赁合同的分类没有作出专门规定，但根据其关于租赁合同的规定和相关理论，可对租赁合同作出以下基本分类：

（一）使用租赁合同和用益租赁合同

以订立租赁合同的目的为标准，租赁合同可区分为使用租赁合同与用益租赁合同。

单纯以使用租赁物为目的的租赁合同为使用租赁合同，而使用租赁物并因此获取收益的租赁合同为用益租赁合同。当事人未约定租赁合同的目的的，除依租赁合同的性质可将其推定为使用租赁合同外，一般应将其视为适用范围全面的用益租赁合同。对此，《民法典》第 720 条规定："在租赁期限内因占有、使用租赁物获得的收益，归承租人所有，但是当事人另有约定的除外"。这一条是对以目的区分租赁合同类别的认同。

（二）一般租赁合同与特殊租赁合同

以现行法对租赁合同是否作出特殊规范为标准，租赁合同可分为一般租赁合同与特殊租赁合同。

凡法律上没有作出特殊规定的租赁合同，为一般租赁合同，此为常态的、典型的租赁合同；而在法律上作出特别规定的租赁合同，为特殊租赁合同。除房屋租赁合同、船舶租用合同外，融资租赁合同的基础原理构造与租赁合同有密切的关系，故其也属特殊租赁合同。

---

〔1〕 王泽鉴：《债法原理》，北京大学出版社 2013 年版，第 155~156 页。

（三）动产租赁合同与不动产租赁合同

以租赁标的物的不同类别为标准，租赁合同可分为动产租赁合同与不动产租赁合同。

无论是以一般动产还是以车辆、船舶、航空器等特殊动产为租赁物的租赁合同，均为动产租赁合同；以土地、房屋等不动产为租赁物的租赁合同，则为不动产租赁合同。这种分类有助于民事主体关注法律对不动产租赁合同作出的特别要求，以及某些适用不动产租赁规则的动产租赁合同。

（四）定期租赁合同与不定期租赁合同

以是否有固定租赁期限为标准，租赁合同可分为定期租赁合同与不定期租赁合同。

在合同中明确约定租赁期限的租赁合同，为定期租赁合同；未约定租赁期限或约定不明确的，为不定期租赁合同。对租赁合同作出这种区分的法律意义在于，明确当事人在不同条件下需要遵循不同的缔约形式与行使合同解除权的条件。《民法典》第707条、第730条和第734条均作了较为详细的规定：定期租赁合同期限在6个月以上的，应当采用书面形式，未采用书面形式，无法确定租赁期限的，视为不定期租赁；当事人对租赁期限没有约定或者约定不明确，依据《民法典》第510条的规定仍不能确定的，视为不定期租赁；租赁期限届满，承租人继续使用租赁物，出租人没有提出异议的，原租赁合同继续有效，但是租赁期限为不定期。对于不定期租赁合同，当事人可以随时解除合同，但应在合理期限之前通知出租人。

## 第二节　租赁合同的订立

### 一、租赁合同的订立

（一）租赁合同的当事人

订立租赁合同的双方当事人为出租人和承租人。出租人一般为租赁物的所有权人。对租赁物具有合法用益权利的人，也可以作为出租人与他人订立租赁合同，但法律对此种情形通常会加以一定限制。例如，《民法典》第716条明确规定承租人经出租人同意，可以将租赁物转租给第三人；又如就财产保管人或使用人而言，若有财产所有权人的特别授权，其可以出租人的名义与他人订立租赁合同。在这两种情况下，相对于第三人来说，转租人或保管人、使用人就是出租人。然而，将自己完全不享有使用收益权且未经所有权人同意的物，以所有权人名义出租或以自己作为该物的出租人的，不属于《民法典》第716条所规范的情形，其中前者应当适用有关无权代理的规定，而后者则应当适用有关无权处分的规定。

对于承租人的资格，法律未作限制，各类民事主体均可以作为承租人，从而成为租赁合同的当事人。而且，根据《民法典》第732条的规定，承租人在房屋租赁期限内死亡的，与其生前共同居住的人或者共同经营人可以按照原租赁合同租赁该房屋。

（二）租赁合同的主要条款

根据《民法典》第704条的规定，租赁合同的内容一般包括以下条款：

1. 租赁物的名称、数量。租赁物可以是特定物，也可以是种类物。以种类物为租赁物的，在承租人选择完毕时该租赁物即已特定化。在租赁合同中明确租赁物的名称、数量，与租赁物的交付、期限届满后承租人的返还义务、第三人对租赁物主张权利、租赁物损害责任的认定等密切相关。[1]

2. 租赁物的用途。订立租赁物用途条款，主要目的有二：一是为承租人合理使用租赁物提供标准，以充分实现租赁物的使用价值；二是为了保障出租人对租赁物享有的权利，防止承租人滥用租赁物使用权。因此，租赁物用途条款对于明晰当事人双方的权利义务以及责任的承担都具有重要意义。根据《民法典》第709条和第510条的规定：对租赁物的使用方法没有约定或者约定不明确的，可以通过协议补充约定；不能达成补充协议的，应按合同的有关条款或交易习惯确定，如依据上述步骤不能达成目的的，则应按照租赁物的性质使用租赁物。

3. 租赁期限。在租赁合同中是否约定租赁期限，关系到该租赁合同是定期租赁合同还是不定期租赁合同，从而对当事人双方的权利和义务产生不同的影响。

4. 租金交付与租赁物的维修。租金是租赁合同中承租人对租赁物予以使用、收益的对价，因而支付租金是承租人应当承担的主要义务。在租赁合同中，双方当事人须根据具体租赁物的状况、用途、租期等，对租金数额、交付期限与支付方式做出明确约定。此外，考虑到租赁物使用的耗损或可能遇到的影响租赁物正常使用的状况，当事人双方在订立租赁合同时，应对租赁物的维修义务加以约定，从而保证租赁合同得到切实履行，减少与避免纠纷的发生。

（三）租赁合同的形式

租赁合同通常为不要式合同。尽管《民法典》第707条规定，租赁合同的租赁期限为6个月以上的，应当采用书面形式。但是，这一条同时规定，当事人未

---

〔1〕 参见中国审判理论研究会民事审判理论专业委员会编著：《民法典合同编条文理解与司法适用》，法律出版社2020年版，第388页。

采用书面形式，无法确定租赁期限的视为不定期租赁，可见，是否采用书面形式不影响租赁合同的成立与生效。

**二、租赁合同的期限**

租赁期限又称租期，也就是租赁合同的存续期间。租赁合同是继续性合同，出租人与承租人的权利和义务，在租赁合同的整个存续期间内持续存在。因此，租期对于确定租赁合同双方当事人的权利和义务而言具有重大意义。

（一）世界各国或地区关于租期的规定

世界各国或地区的民事立法对租赁合同的租期一般仅规定最长期限限制，而且往往不规定租期的最短期限。原因在于租赁合同为移转财产使用权、收益权的合同，出租人将租赁物的使用权和收益权临时转让给承租人，承租人在使用收益完毕后，即负有返还租赁物的义务，若租期过长，一方面将因承租人有权"永久性"使用收益租赁物，使得出租人的所有权成为"空壳"，从而使其与出租人临时让渡租赁物的使用权、收益权的性质相悖；另一方面将使租赁物损耗过大而导致其使用价值丧失殆尽，年代久远的更易对租赁物的返还状态产生争议。

《德国民法典》第 544 条规定，使用租赁合同系就长于 30 年的期间而订立的，自租赁物交付使用时起经过 30 年后，合同当事人任何一方可以在遵守法定期限的情况下，特别地通知终止使用租赁关系。《意大利民法典》第 1573 条规定，除法律有不同规定外，租赁不得约定超过 30 年；如果约定超过 30 年或者是永久的，则将被减至 30 年。《日本民法典》第 604 条规定，租赁的存续期间不能超过 50 年；以合同约定更长的期间时，其期间缩短为 50 年。我国《民法典》也对租赁合同的最长期限作出限制，即第 705 条第 1 款规定："租赁期限不得超过20 年。超过 20 年的，超过部分无效。"因此，根据该条规定，当事人约定的租期超过法定最长期限 20 年的，则该租期应当缩减为法定最长期限 20 年。

（二）租期的更新

租期届满后，出租人与承租人可以续订租赁合同，从而更新租期。所谓续订租赁合同，是指在原租赁合同其他内容不变的情况下，延长租赁合同的期限。租期更新与租期变更不同，租期变更是指在租赁合同存续期间，当事人双方通过协议更改租赁期限。租期更新仅仅发生在租赁期限届满之时，尽管租期更新前后的租赁合同在内容上具有同一性，但却属于两个不同的租赁合同。

当事人更新租期续订合同的方式有约定更新和法定更新两种，《民法典》对这两种更新方式均有规定。约定更新又称为明示更新，是指当事人双方在租赁合同期限届满后通过另订合同的方式约定延长租赁期限。《民法典》第 705 条第 2款规定，租赁期限届满，当事人可以续订租赁合同；但是，约定的租赁期限自续订之日起不得超过 20 年。因此，出租人与承租人约定更新租期，不得超过法律规定的最长租赁期限。法定更新又称为默示更新，是指租赁期限届满后，当事人以行为表明该租赁合同继续存在的情形。《民法典》第734条第1款规定，租赁期限届满，承租人继续使用租赁物，出租人没有提出异议的，原租赁合同继续有效，但是租赁期限视为不定期。

关于租期的默示更新，需要注意以下问题：①更新后的租赁合同与更新前的租赁合同在租金、租赁物的用途及维修等各方面内容完全相同，只是在租赁期限上为不定期。②承租人须继续对租赁物进行使用、收益。如果承租人未继续使用租赁物，或者虽使用租赁物但仅为一时之使用，如房屋租赁中，承租人患病，出租人容许其仍暂时居住，则不得认定为默示更新。至于次承租人使用租赁物是否属于继续使用，在理论上存有分歧，通说认为次承租人继续对租赁物进行使用、收益不属于默示更新。③出租人既可以在租赁期限届满后表示异议，也可以在租赁期限届满前表示异议，如双方当事人在租赁合同中约定租期届满后不再续租。④默示更新仅适用于定期租赁合同，而不能适用于不定期租赁合同，因为在不定期租赁合同中，出租人通知承租人终止租赁关系，便表明了其不希望租赁合同继续存续的意图。

## 第三节　租赁合同的效力

租赁合同的效力是指依法成立的租赁合同所具有的法律约束力。一般来说，租赁合同的效力通过出租人与承租人所享有的权利与承担的义务表现出来。

### 一、出租人的义务

#### （一）交付租赁物并保持租赁物在租赁期限内符合约定用途的义务

《民法典》第708条规定："出租人应当按照约定将租赁物交付承租人，并在租赁期限内保持租赁物符合约定的用途。"这一条是法律对出租人交付租赁物并在租赁期限内保持租赁物符合约定用途的义务作出的明文规定，其具体内容包括：①依照约定交付租赁物的义务。交付租赁物是指出租人向承租人转移租赁物的占有。交付租赁物应当包括现实交付、指示交付以及简易交付等形式。出租人在交付租赁物时应遵守租赁合同约定的交付时间。如果租赁合同成立时，承租人已经直接占有租赁物，则承租人在租赁合同约定的租赁期限内可对租赁物为使用收益。租赁物交付时，其从物应同时交付给承租人。②出租人所交付的租赁物应当符合租赁合同约定的用途。如果出租人交付的租赁物不符合约定的使用、收益目的，则承租人可以请求出租人承担违约责任。

#### （二）租赁物和租赁权的瑕疵担保义务

租赁合同是有偿合同，在一般情况下其可以准用买卖合同有关瑕疵担保义务的规定。出租人的瑕疵担保义务也包括物的瑕疵担保和权利瑕疵担保两个方面的内容。

1. 租赁物的瑕疵担保。出租人的物的瑕疵担保义务包括：于交付时租赁物符合约定用途和于整个租赁期限内租赁物符合约定用途。如果租赁物具有承租人不能正常使用、收益的瑕疵，那么，出租人应当承担瑕疵担保责任，承租人可以请求解除合同或者减少租金。

出租人承担物的瑕疵担保责任须具备两个条件：①租赁物存在瑕疵，包括质量瑕疵和数量瑕疵，即标的物的品质和数量不符合约定的质量标准或者不具备通常的使用功能。②租赁物的瑕疵在订立合同时已经存在。即使承租人在订立合同时不知道租赁物存在瑕疵，出租人也不能以此为依据而免除瑕疵担保责任。如果承租人在订立合同时明知租赁物存在瑕疵的，出租人可以据此不承担瑕疵担保责任。但是，依照《民法典》第 731 条的规定，租赁物危及承租人的安全或者健康的，即使承租人订立合同时明知该租赁物质量不合格，承租人仍然可以随时解除合同。

2. 租赁物的权利瑕疵担保。《民法典》第 723 条第 1 款规定，"因第三人主张权利，致使承租人不能对租赁物使用、收益的，承租人可以请求减少租金或者不支付租金。"根据此条规定，出租人的权利瑕疵担保义务，是指出租人应当担保承租人不因第三人对租赁物主张权利而使其不能依照合同对租赁物行使使用、收益的权利。

出租人承担权利瑕疵担保责任须具备三个要件：①第三人向承租人主张权利，且该权利对承租人使用、收益租赁物构成障碍。这是出租人承担权利瑕疵担保责任的前提。也就是说，第三人向承租人主张的权利会影响承租人实现订立租赁合同的根本目的。②第三人所主张的权利发生于租赁物交付之前。只有在这种情形下，才能使出租人负担权利瑕疵担保义务。如果第三人主张的权利发生在租赁物交付之后，则会因承租人已享有的租赁权具有对抗任意第三人的效力而不发生权利瑕疵担保的问题。[1] ③承租人在合同订立时不知道租赁物有权利瑕疵。如果承租人明知出租人对于租赁物存在权利瑕疵而仍与其订立租赁合同，应当视为承租人自愿承担这种由第三人主张权利而产生的交易风险，出租人则将因此而不负担权利瑕疵担保义务，也不承担因此而产生的违约责任。

（三）维修租赁物的义务

出租人对租赁物的瑕疵负有担保义务，其有义务使租赁物在租赁期限保持符合约定用途。因此，在租赁物出现不符合约定用途或者妨碍承租人正常使用的情

---

[1] 参见王轶编著：《租赁合同·融资租赁合同》，法律出版社 1999 年版，第 23 页。

形时，出租人负有维修租赁物的义务。《民法典》第 712 条和第 713 条对出租人维修租赁物的义务作出了明文规定。出租人维修租赁物的义务一般由以下要件构成：

1. 租赁物有维修的必要。所谓租赁物有维修的必要，是指租赁物只有经过修缮才能使承租人实现合同所约定的使用、收益目的。如果租赁物有毁损但对承租人的使用、收益目的的实现无碍，则应当认为没有维修租赁物的必要，此时出租人可以不负维修义务。

　　一般认为，对可归责于出租人的事由或者其他不可归责于承租人的事由导致租赁物毁损的，出租人有义务对租赁物进行必要的维修。对于租赁物因可归责于承租人的事由而毁损时，出租人是否应当承担维修义务，在理论上及立法例上则有不同的观点。《民法典》第 713 条第 2 款明确规定，因承租人的过错致使租赁物需要维修的，出租人不负维修租赁物的义务。可见，承租人违反对租赁物的保管义务或者对租赁物实施了侵害行为的，其应当依法承担损害赔偿责任。

2. 租赁物有修缮的可能。所谓租赁物有修缮的可能，是指毁损的租赁物在事实上能够被修复，并且对其修复也符合经济的目的。如果租赁物在事实上已不可能被修复，或者租赁物能够被修复但在经济上不合算，则应当视为没有修复的可能。

　　在租赁物毁损后全部修复不能时，则租赁合同终止。对于因可归责于出租人的事由引起的全部修复不能，出租人应当赔偿因给付不能所导致的损害。对于因不可归责于双方当事人的事由引起的全部修复不能，自该事由发生之日起，当事人双方均可行使合同解除权，消灭该租赁合同。

3. 承租人在租赁期限内将修复事宜通知出租人。《民法典》第 713 条第 1 款规定："承租人在租赁物需要维修时可以请求出租人在合理期限内维修。出租人未履行维修义务的，承租人可以自行维修，维修费用由出租人负担。因维修租赁物影响承租人使用的，应当相应减少租金或者延长租期。"这一条是对承租人在租赁期限内租赁物需要维修时应承担的通知义务的规定。

　　在出租人不知道租赁物有必要维修之情形时，要求其承担相应的义务是不公平的。因此，在租赁期限内，如果租赁物有维修的必要，除出租人已知外，承租人应当及时通知出租人，否则出租人不承担维修的义务。如果在承租人通知后，出租人不履行维修租赁物的义务的，则承租人有权自行维修，由于这种情形属于承租人代替出租人履行义务，故应当由出租人负担维修费用。

## 二、承租人的义务

### (一) 支付租金的义务

租金是承租人使用租赁物的对价，支付租金是承租人的主要义务。《民法典》第 721 条规定了承租人的租金交付义务："承租人应当按照约定的期限支付租金。对支付租金的期限没有约定或者约定不明确，依据本法第 510 条的规定仍不能确定，租赁期限不满一年的，应当在租赁期限届满时支付；租赁期限一年以上的，应当在每届满一年时支付，剩余期限不满一年的，应当在租赁期限届满时支付。"

在合法转租时，次承租人可以代替承租人向出租人履行支付租金的义务。《民法典》第 719 条规定："承租人拖欠租金的，次承租人可以代承租人支付其欠付的租金和违约金，但是转租合同对出租人不具有法律约束力的除外。次承租人代为支付的租金和违约金，可以充抵次承租人应当向承租人支付的租金；超出其应付的租金数额的，可以向承租人追偿。"

此外，根据《最高人民法院关于审理城镇房屋租赁合同纠纷案件具体应用法律若干问题的解释》第 4 条第 1 款规定，"房屋租赁合同无效，当事人请求参照合同约定的租金标准支付房屋占有使用费的，人民法院一般应予支持。"可见，即使租赁合同无效，但因承租人已经实际占有、使用了房屋，占有、使用房屋的当事人也需根据实际情况和合同约定支付一定的费用。

（二）不得随意转租的义务

转租是指承租人不退出租赁关系，而将租赁物出租给次承租人使用、收益。在转租后，次承租人与承租人之间签订了一个新的租赁合同，但承租人与出租人之间的租赁合同继续存在。承租人通过转租将租赁物有偿地转移给第三人（次承租人）使用、收益时，因在此状态下次承租人如何对租赁物予以使用、收益，与出租人的利益密切相关，故世界各国或地区立法一般都对转租进行明文规定。就立法例来说，存在限制主义和自由主义两种模式。限制主义模式认为，未经出租人同意，承租人不得任意转租或者让与租赁权，《德国民法典》《日本民法典》采此模式。自由主义模式认为，除非租赁合同有禁止规定，承租人享有转租或将租赁权让与他人的权利，《法国民法典》采此模式。

《民法典》第 716 条规定了承租人不得随意转租的义务，即"承租人经出租人同意，可以将租赁物转租给第三人。承租人转租的，承租人与出租人之间的租赁合同继续有效；第三人造成租赁物损失的，承租人应当赔偿损失。承租人未经出租人同意转租的，出租人可以解除合同。"可见，我国对转租采取了限制主义立法模式。因此，在我国，转租可分为合法转租和违法转租两种情形，并作出不同处理：

1. 合法转租。合法转租是指承租人转租租赁物取得了出租人的同意。出租人可以在承租人转租前，经概括授权的方式或个别认可的方式表示同意，也可以在承租人转租后予以追认。而且，《民法典》第 718 条规定："出租人知道或者应当知道承租人转租，但是在六个月内未提出异议的，视为出租人同意转租。"在合法转租时，当事人之间发生以下法律后果：①转租不影响出租人与承租人之间的租赁合同效力，对于次承租人应负责的事由所造成的租赁物损害，承租人应就此对出租人负赔偿责任。②承租人为转租人，其与次承租人之间的租赁合同与一般租赁合同在性质上没有差异。③在出租人与次承租人之间，不存在直接的法律关系，但对于承租人应当履行的义务，次承租人可以直接向出租人履行；出租人也可以直接向次承租人行使转租人所行使的权利，需要注意的是，在这些情况下会发生债的第三人履行问题。④转租是以承租人存在租赁权为基础的，因合同解除等原因致使承租人的租赁权消灭时，次承租人不能向承租人主张租赁权；若次承租人因此不能得到租赁权而受有损害时，其只能向转租人请求赔偿损失。⑤转租期限受到原租赁合同的租赁期限限制。《民法典》第717条规定，除出租人与承租人另有约定外，转租期限超过承租人剩余租赁期限的，超过部分的约定对出租人不具有法律约束力。

2. 违法转租。违法转租是指承租人未经出租人同意而将租赁物进行转租。违法转租后，在当事人之间发生以下法律后果：①转租人与次承租人之间的租赁合同有效，转租人负有使次承租人能够对租赁物进行使用、收益的义务，次承租人有权请求转租人赔偿损失。②承租人转租为严重违约行为，出租人有权解除其与承租人之间的租赁合同。出租人解除合同时，可以一并请求损害赔偿；出租人不解除合同的，租赁合同的效力则不因承租人的转租而受影响。③出租人与次承租人之间没有直接的法律关系，次承租人的租赁权不能对抗出租人。出租人解除租赁合同的，出租人有权直接向次承租人请求返还租赁物。但是，如果出租人不解除租赁合同，其可否直接向次承租人主张权利呢？依照日本判例及德国学说，出租人不解除租赁合同，也能以拥有租赁物所有权为理由，向次承租人提出除去妨害的请求。依照我国台湾地区一些学者的见解，出租人不解除租赁关系的，次承租人的租赁权基于承租人的租赁权而发生，在承租人享有租赁权期间，次承租人为对租赁物的占有、使用、收益并非不法，出租人不得径行向承租人请求返还租赁物。[1]

（三）妥善保管租赁物的义务

承租人有权在租赁期限内占有租赁物，但应当在保管租赁物时尽到善良注意义务；租赁物能产生收益的，承租人须按照合同规定的方法或通常规则妥善保管

〔1〕　参见史尚宽：《债法各论》，中国政法大学出版社2000年版，第189页；林诚二：《民法债编各论（上）》，瑞兴图书股份有限公司2003年版，第366~367页；邱聪智：《新订债法各论（上）》，中国人民大学出版社2006年版，第304~305页。

租赁物。承租人未履行保管义务造成租赁物毁损、灭失，影响到租赁物正常的使用、收益或返还的，根据《民法典》第714条的规定，其应当承担赔偿责任。

（四）返还租赁物的义务

《民法典》第733条规定："租赁期限届满，承租人应该返还租赁物。返还的租赁物应当符合按照约定或者根据租赁物的性质使用后的状态。"该条是关于承租人的返还租赁物义务的规定。在租赁期限届满之后，承租人应当将租赁物返还给出租人。承租人履行返还租赁物的义务时，应当注意以下四点：

1. 返还的期限。定期租赁应当于租赁期限届满时返还租赁物；不定期租赁应当于通知租赁关系届满时返还租赁物。

2. 承租人返还的租赁物应当符合按照约定或者按照租赁物的性质使用后的状态。

3. 承租人在租赁期限对租赁物进行改善或者增设他物时的返还。承租人对租赁物进行改善或者增设他物未经出租人同意的，在返还租赁物时，出租人可以请求承租人恢复租赁物的原状或者赔偿损失；经出租人同意的，也可以不拆除，但就因此而使租赁物增加部分的价值，承租人可以主张返还。

4. 承租人在返还租赁物时，对于其在租赁物上支出的必要费用，可以向出租人主张权利。其中必要费用分为两部分：一是租赁物的保管费用及养护费用，此项费用一般由承租人负担，故无权就该项费用向出租人主张权利；二是维持租赁物的基本使用、收益状态应支出的费用，这些费用一般由出租人承受，在承租人支付后，出租人负有偿还的义务。

# 第四节　租赁合同的特别效力与风险负担

## 一、租赁合同的特别效力

租赁合同的特别效力是指租赁合同对第三人所产生的法律拘束力。租赁合同的特别效力主要表现在以下方面：

（一）租赁权物权化："买卖不破租赁"

租赁合同在本质上是一种债权债务关系。在古代民法中，承租人依据合同取得的租赁权对应于出租人的义务，是一种纯粹的债权，其不能对抗第三人。例如，在古罗马帝政前期，当所有权与承租人的债权发生冲突时，须遵守"物权优于债权""买卖破坏租赁"的原则，新的所有权人基于物的追及权，可以驱逐承租人而夺回标的物，承租人只能基于出租人的不履约行为，向其请求损害赔偿。[1] 随着社会的公平正义向经济领域的渗透，包括后期古罗马帝国在内的各国或地区的民法逐渐加大维护承租人利益的力度，"买卖破坏租赁"原则受到限制进而消失，并逐渐被"买卖不破租赁"原则所取代。因此，在近代民法中，针对房屋等不动产，租赁物所有权在租赁期限内转移对承租人的承租权没有影响，租赁物受让人成为原租赁合同的出租人，其不得解除原租赁合同。也就是说，在租赁物所有权转移后，承租人不同意解除合同的，该租赁合同对租赁物受让人（即新所有权人）依然有效，不得消灭。"买卖不破租赁"的情形是对传统合同中债的相对性原则的突破，租赁权因此具有了对抗第三人的效力。这一法律现象被称为"租赁权物权化"或"债权物权化"。

我国法律一贯承认"买卖不破租赁"原则，《民法典》第725条对此作出了明确规定，即"租赁物在承租人依据租赁合同占有期限内发生所有权变动的，不影响租赁合同的效力。"关于该条的适用，应当注意以下两个问题：其一，"抵押不破租赁"为本条的具体运用。《民法典》第405条规定："抵押权设立前，抵押财产已经出租并转移占有的，原租赁关系不受该抵押权的影响。"出租人在出租其财产后，因其仍然享有租赁物的所有权，作为所有权人的出租人可以将该财产转让给他人并获得价款，故出租人也有权以已经出租的财产设定抵押权。设定抵押权不需移转占有，从而对承租人占有、使用租赁物没有影响，在此种情形下，抵押权和租赁权可以并存，租赁合同应当继续有效。债务履行期届满后，如果作为债务人的出租人不能清偿债务，抵押权人为实现其抵押权，有权以抵押物折价、拍卖或变卖的价款优先受偿，但无论出租人的财产转让给何人，均不妨碍租赁合同的存在。其二，该条的适用不以"买卖不破租赁"为限，因互易、赠与等导致租赁物所有权发生变动的，均可以适用该条的规定。

应当注意的是，尽管租赁权存在物权化倾向，但这没有改变租赁权仍为债权的本质。根据《最高人民法院关于审理城镇房屋租赁合同纠纷案件具体应用法律若干问题的解释》第14条的规定，房屋在出租前已经设立抵押权，因抵押权人实现抵押权发生所有权变动的，或者房屋在出租前已被人民法院依法查封的，构成"买卖不破租赁"原则的例外。其理由如下：①租赁权物权化并没有改变承租人享有的以租赁物的占有、使用、收益权为基础的权利内容。关于租赁权效力的特殊规定实际上是对租赁权债权效力的强化。②租赁权物权化存在一定的边界，主要是通过不动产租赁权的物权化来使其得以适度和客观体现的。否则，租赁权物权化不但有违债权物权化、巩固承租人地位和强化承租人利益保护的初

---

〔1〕　参见周枏：《罗马法原论（下册）》，商务印书馆1994年版，第723页。

衷，而且还会导致法律体系的紊乱。如果不对债权物权化加以必要的限制，以不动产为客体的用益物权将可能丧失存在的空间。③根据物权法定主义原则，租赁权不属物权种类。可见，债权物权化的租赁权，仍然没有改变其为债权的权利属性。

（二）承租人对抗第三人侵权：排除妨害请求权

基于对租赁物的占有，承租人可以行使排除妨害请求权，此乃为应有之义。但是，承租人能否基于租赁权行使该项请求权，则存在较大的争议。

从立法例上进行观察，德国民法、瑞士债务法都认为不动产租赁权在本质上属于债权，故承租人不能因此行使排除妨害请求权，只是其可以受到占有规则的保护。日本的通说认为，承租人一旦取得租赁物的占有即实现了租赁权的物权化，可以就此请求排除妨害。我国台湾地区"民法"的规定比较灵活，虽认定租赁物为债权，其可以基于对租赁物的占有享有排除妨害请求权，但若遇第三人违法侵害租赁权的情形或享有基地租用权（准地上权）时，则可以将其解释为承租人有准排除妨害的请求权。

在我国，《民法典》对承租人是否享有排除妨害请求权未作出明确规定，但根据物权法定原则，在司法实践中认可承租人仅可基于占有行使排除妨害请求权较为稳妥。

（三）房屋承租人的优先购买权

所谓房屋承租人的优先购买权，是指出租人出卖作为租赁物的房屋时，在同等条件下，房屋承租人依法享有优先于其他人购买该房屋的权利。承租人的优先购买权在我国以往的立法和司法解释中已有相应规定。[1]《民法典》第726条第1款再次确认了房屋承租人的优先购买权，并明确规定，"出租人出卖租赁房屋的，应当在出卖之前的合理期限内通知承租人，承租人享有以同等条件优先购买的权利；但是，房屋按份共有人行使优先购买权或者出租人将房屋出卖给近亲属的除外。"由于在出租人出卖租赁物之前，承租人根据租赁合同已经实际占有并使用租赁物，形成了对租赁物的客观需求与依赖，因此，赋予承租人以优先购买权有助于稳定这种已经建立的法律关系，保护了承租人对租赁物的依赖，从而使承租人的利益能够得以维护。

---

〔1〕 例如，《城市私有房屋管理条例》第11条规定："房屋所有人出卖租出房屋，须提前三个月通知承租人。在同等条件下，承租人有优先购买权。"《最高人民法院关于贯彻执行〈中华人民共和国民法通则〉若干问题的意见（试行）》第118条规定："出租人出卖出租房屋，应提前三个月通知承租人。承租人在同等条件下，享有优先购买权；出租人未按此规定出卖房屋的，承租人可以请求人民法院宣告该房屋买卖无效。"《合同法》第230条规定："出租人出卖租赁房屋的，应当在出卖之前的合理期限内通知承租人，承租人享有以同等条件优先购买的权利。"

1. 优先购买权的特征。优先购买权具有以下特征：

（1）优先购买权为专属权。优先购买权是法律赋予房屋承租人的权利，只能由房屋承租人享有和行使，房屋承租人不得将该权利转让或者予以遗赠或赠与。

（2）优先购买权为一种机会权利和附条件的权利。优先购买权是房屋承租人享有的在他人之前购买租赁物的权利，其只是一种购买机会优先和购买愿望的优先满足，房屋承租人并不享有以优于他人的购买条件取得租赁物的优惠权。优先购买权仅为一种机会权利，即该权利只能在"同等条件"下行使。如果说优先购买权的设定是从优先购买人的角度考虑的话，那么"同等条件"的规定则是从出卖人和其他购买人的角度考虑的。在同等条件下行使，一方面说明房屋承租人并不比他人优惠，另一方面也说明其并非在任何条件下均能够行使，因此，优先购买权亦是一种附条件的权利。

（3）优先购买权属于法定权利。优先购买权是由法律直接规定而产生的权利，民事主体于何时、何种条件下享有优先购买权都是由法律规定的。既然优先购买权是承租人享有的法定民事权利，那么，承租人既可行使亦可抛弃，而承租人以外的购买人以及出租人皆有义务尊重此项权利。与此相关，法律规定了出租人的通知义务和止卖义务，并赋予承租人请求确认出租人与他人买卖合同无效的权利，目的就是在于保障此项法定权利的最终实现。

2. 优先购买权适用的条件。承租人在行使优先购买权时，须具备以下条件：

（1）必须存在合法有效的租赁合同。这一要件表明承租人必须享有合法的租赁权，承租人享有租赁权是其取得优先购买权的基础与前提。

（2）必须在出租人出卖其房屋的同等条件下才能行使。对于"同等条件"的理解，存在三种不同的学说：一为绝对同等说，即承租人认购的条件应与其他买受人的条件绝对相同或完全一致；二是相对同等说，即承租人认购的条件与其他买受人的条件大致相等；三为价格同一说，即同等条件主要是指价格的同一，如果出租人基于某种特殊原因给予了其他买受人一种比较优惠的价格，而此种优惠能以金钱计算，则应折合成金钱计入价格中；如果不能以金钱计算，那么，应以市场价格来确定租赁物的价格。[1]　比较而言，前两种学说显然不妥当，其中，相对同等说的伸缩性较大，而绝对同等说又过于严苛，因为其他买受人提供的条件往往五花八门，如金钱、各种机会等，承租人很难做到与此完全一致，故采绝对同等说对承租人来说相当不利。此时，第三种学说即价格同一说更具有操作性，因而较为可采。

---

〔1〕　参见王利明主编：《中国民法案例与学理研究·物权编》，法律出版社 1998 年版，第 134 页。

（3）购买租赁房屋的非为房屋按份共有人或出租人的近亲属。房屋按份共有人基于共有关系也可行使优先购买权，且该种优先购买权是基于物权关系而产生的，相对于承租人基于债权关系所产生的优先购买权，其更具有优先性，故在房屋按份共有人行使优先购买权时，承租人不得主张优先购买权。在租赁房屋的购买人是出租人的近亲属的情况下，由于出租人与受让人之间的关系很难通过金钱价值加以衡量，此时的买卖关系与一般的买卖关系存在差异，因此，在这种情形下承租人也不得行使优先购买权。

（4）承租人必须在一定期限内行使。优先购买权是具有一定期限的权利，承租人必须在规定期限内行使才能发挥优先购买权的积极作用：首先，有利于民事主体在特定买卖关系中取得自己所需的财产，以满足其工作和生活的特殊需要；其次，有利于充分发挥物的效用，达到物尽其用的目的；再次，有利于交易安全，维护正常的财产流通秩序和社会安定。因此，《民法典》第 726 条规定：出租人出卖租赁房屋，在出卖之前的合理期限内通知承租人后，承租人在 15 日内未明确表示购买的，视为承租人放弃优先购买权。同时，《民法典》第 727 条规定："出租人委托拍卖人拍卖租赁房屋的，应当在拍卖 5 日前通知承租人。承租人未参加拍卖的，视为放弃优先购买权。"这是我国法律对房屋承租人行使优先购买权的期限所作出的明确规定。

当具备了上述四个条件，承租人即可行使优先购买权。为了保障承租人的优先购买权得以实现，出租人应当履行通知义务和止卖义务，即出租人出卖租赁物的，必须提前一定期限通知承租人，在此期限内不得将租赁物出卖给他人。《民法典》第 728 条规定："出租人未通知承租人或者有其他妨害承租人行使优先购买权情形的，承租人可以请求出租人承担赔偿责任。但是，出租人与第三人订立的房屋买卖合同的效力不受影响。"该条对于承租人的优先购买权被侵害后如何确定其损失没有作出规定，也就是说其可以请求出租人赔偿何种损失在立法上尚不明确。有学者认为，承租人可能遭受的损失主要有二：一是为了获得类似房屋需要多支出的房屋购买价款，以及为了购买新的房屋需要支出的其他费用（如中介费等）；二是因为无法购买所租用房屋而遭受的经营性损失。[1] 该观点可资参考。

《民法典》不仅规定了房屋承租人的优先购买权，而且确认了房屋承租人享有优先承租权。虽然房屋承租人的优先承租权与其优先购买权不同，但两种权利也存在密切的联系。所谓承租人的优先承租权，是指在当事人间的租赁合同期限

---

[1] 参见王轶等：《中国民法典释评·合同编·典型合同（上卷）》，中国人民大学出版社 2020 年版，第 478~479 页。

届满而租赁关系终止时，出租人再次出租房屋的，原承租人享有在同等条件下优先于其他人承租房屋的权利。《民法典》第 734 条第 2 款规定："租赁期限届满，房屋承租人享有以同等条件优先承租的权利。"该条是房屋承租人享有优先承租权的法律依据。

**二、租赁合同中的风险负担**

在租赁合同存续期间，承租人有妥善保管租赁物的义务，如因承租人保管不善而造成租赁物毁损、灭失的，承租人应当承担损害赔偿责任。但在因不可归责于双方当事人的事由导致租赁物毁损、灭失时，则发生与违约责任性质不同的租赁合同之风险负担问题。《民法典》第 729 条对租赁合同中的风险负担规则作出了明确规定。

（一）租赁合同中的风险负担规则

根据我国《民法典》的规定，租赁合同中租赁物的风险负担采用与买卖合同中的"交付主义"或称"交付转移风险原则"有所不同的规则，即采用"所有人主义"或称"物主承担风险原则"。也就是说，因不可归责于双方当事人的事由而致租赁物毁损、灭失的风险，由出租人承担。这一原则源于罗马法中所谓"天灾归所有人承担"的法律谚语。确定这一风险负担规则的机制是在"利益之所在，即风险之所在"的市场交易中的风险与利益一致准则。[1] 正是由于所有权人通常是最终利益的享有者，租赁合同中的出租人通过出租租赁物行使并实现其享有的所有权，故世界各国或地区立法均遵守了"物主承担风险原则"。

（二）与不能履行时风险负担的区别

租赁合同中的风险负担规则主要是为了解决租赁合同中对待给付义务的履行问题，尤其是承租人履行支付租金的义务的问题。在这种情况下，租赁物毁损、灭失风险的分配，决定着租赁合同不能履行的风险的分配，即当不可归责于当事人双方的事由致使租赁合同部分或全部不能履行时，承租人相应地可减少履行或不履行其对待给付义务，也就是可以请求减少租金或者不支付租金；如果租赁物部分或者全部灭失，致使合同目的不能实现的，承租人有权解除合同。但是，因可归责于承租人的事由致租赁物部分或全部毁损、灭失的，承租人不能请求减少租金，反之，出租人可行使合同解除权和损害赔偿请求权，当然，承租人支付租金的义务同时终止。

（三）风险负担条款的约定问题

风险负担属于债法范畴。由于债法领域一贯奉行意思自治原则和契约自由原

---

〔1〕　参见余延满：《货物所有权的移转与风险负担的比较法研究》，武汉大学出版社 2002 年版，第 323 页。

则，其中大多数法律规范为任意性规范。对于有效合同双方均未违约时的风险负担，应当遵守"约定优先适用原则"，即如果出租人与承租人在租赁合同中已有约定的，应从其约定，即便当事人双方关于风险负担的约定与法律规定不一致，仍然应当承认该种约定的效力并优先适用约定。因此，只有在出租人与承租人没有另外约定时，才适用《民法典》第 729 条规定的"物主承担风险原则"。

## 第五节　租赁合同的解除

### 一、租赁合同的默示更新与出租人的解除权

租赁期限届满，租赁合同依法终止，双方当事人可以依照《民法典》第 705 条的规定续订合同。当事人续订合同既可以采取明示的方式，也可以采取默示的方式。如果双方当事人未就租赁合同的续订作出明确的意思表示，但承租人继续使用租赁物而出租人未提出异议时，视为出租人同意承租人使用租赁物，即当事人双方以默示的方式续订了租赁合同。《民法典》第 734 条第 1 款对该制度作出了规定。在这种情况下，原租赁合同继续有效，只是因当事人双方没有明确约定租赁期限，故该租赁合同为不定期租赁合同。此时，续订的租赁合同实质上是对租赁合同的更新。也就是说，自原租赁合同期限届满时起，双方当事人之间成立了一个新的租赁合同，除租赁期限条款外，该合同的其他内容与原租赁合同的内容一致。

由于更新后的租赁合同是不定期租赁合同，因而当事人双方随时都可以解除该租赁合同，但出租人解除合同应当在合理期限之前通知承租人。同时，根据《民法典》第 711 条、第 716 条和第 722 条的规定，承租人未按约定的方法或者根据租赁物的性质使用租赁物的而致使租赁物受到损失的，或承租人未经出租人同意转租的，或承租人无正当理由未支付或迟延支付租金且在经出租人规定的合理期限届满后仍逾期不支付的，出租人均可依法行使解除权，随时解除租赁合同。此外，根据《最高人民法院关于审理城镇房屋租赁合同纠纷案件具体应用法律若干问题的解释》第 6 条规定，承租人擅自变动房屋建筑主体和承重结构或者扩建，在出租人要求的合理期限内仍不予恢复原状，出租人可以请求解除合同并要求赔偿损失。

### 二、承租人在特定情形下的解除权

《民法典》第 731 条规定了承租人在特定情形下的法定解除权，即"租赁物危及承租人的安全或者健康的，即使承租人订立合同时明知该租赁物质量不合格，承租人仍然可以随时解除合同。"在租赁合同中，出租人应当对租赁物承担

瑕疵担保责任。一般来说，如果承租人在订立合同时明知有瑕疵或者承租人因重大过失而不知有瑕疵时，则出租人不承担瑕疵担保责任，承租人也无权因此享有解除权。但是，基于保障承租方的健康和人身安全重于保护交易安全的理念，多数国家和地区的立法例仍规定在上述情形中承租人享有合同解除权。由于《民法典》没有限制该条的适用范围，故无论是动产租赁还是不动产租赁，均可适用《民法典》第731条的规定。

此外，《民法典》第724条规定，租赁物被司法机关或者行政机关依法查封、扣押，或者租赁物权属有争议，或者租赁物具有违反法律、行政法规关于使用条件强制性规定情形，非因承租人原因致使租赁物无法使用的，承租人可以解除合同。

### ■思考题

1. 试述租赁合同当事人的主要权利、义务。
2. 试述房屋承租人的优先购买权。
3. 试述租赁合同中的风险负担规则。
4. 试从租赁合同角度论述债权物权化。

### ■参考资料

1. 黄立主编：《民法债编各论（上）》，中国政法大学出版社2003年版。
2. 林诚二：《民法债编各论（上）》，中国人民大学出版社2007年版。
3. 邱聪智：《新订债法各论（上）》，中国人民大学出版社2006年版。
4. 黄薇主编：《中华人民共和国民法典合同编解读》，中国法制出版社2020年版。
5. 王轶等：《中国民法典释评·合同编·典型合同》，中国人民大学出版社2020年版。

# 第十六章　融资租赁合同

■ 学习目的和要求

　　通过本章的学习，了解融资租赁合同的概念、特征，以及融资租赁合同与一般租赁合同、分期付款买卖合同的关系；掌握融资租赁合同中出租人、承租人、出卖人的权利与义务；理解融资租赁合同的订立、生效、解除及合同期间届满后租赁物的归属等问题。

## 第一节　融资租赁合同概述

### 一、融资租赁合同的概念及特征

（一）融资租赁合同的概念

　　融资租赁合同，是指出租人根据承租人对出卖人、租赁物的选择，向出卖人购买租赁物，提供给承租人使用，由承租人支付租金的合同。与一般租赁合同不同的是，融资租赁合同涉及三方当事人，即出租人、承租人和出卖人。

　　与一般租赁合同相比，融资租赁合同是基于近代社会发达的经济生活而产生的一种新生事物。第二次世界大战之后，美国政府为防止经济过热，采取金融紧缩政策，以致企业的资金需要无法充分得到满足，[1] 故其首创以租赁动产为业务的租赁公司，以适应企业界的需要，而融资租赁则是这些租赁公司众多动产租赁中的主要形式。

　　融资租赁方式能受到社会各界的青睐，主要在于其具有如下优点：对承租人而言，其不必花费巨额资金就可以长期使用租赁物，而分期支付租金的方式大大降低了其财务风险；对于出租人而言，其不仅能够以租金形式获取丰厚的利润，而且可以获得可靠的物权保障，还无须承担租赁物的维修、保管义务、瑕疵担保

---

[1]　参见崔建远:《合同法》，北京大学出版社 2016 年版，第 537 页。

责任以及租赁物毁损、灭失的风险。

融资租赁以融物（租赁）的形式达到了融资的目的，一方面其规避了银行信贷的严格监管，使得融资更为便捷，另一方面其又具备在会计上节税的优势，优化了企业财务报表，已然成为工商企业获得信用支持的一大渠道。随着我国金融市场的进一步细分，对于获得银行信贷极为困难的中小企业来说，融资租赁成为它们取得生产设备的重要融资工具。[1]

（二）融资租赁合同的特征

作为一种新兴交易形态，融资租赁合同具有以下特征：

1. 融资租赁合同是以融资为目的，集融资与融物为一体。在融资租赁合同中，出租人不仅向承租人提供租赁物，而承租人为了取得对租赁物的使用收益，以分期支付租金为对价，获得出租人按其指示出资购买的租赁物，以解决其一次性购买标的物会产生的资金不足的难题，实现融资的目的。可见，融资租赁具有借贷的性质，是一种新型信贷方式。

由于借款合同仅涉及借款人与贷款人双方当事人，而融资租赁合同涉及出卖人、出租人、承租人三方当事人，且承租人从出租人处取得的不是租赁物或货币的所有权，而是通过租赁的方式取得租赁物的使用权，因此，融资租赁合同不同于借款合同。必须注意的是，如果承租人租赁的目的是为了出售，不是为了自己对租赁物予以使用、收益，这种情形也不能构成融资租赁。

2. 融资租赁合同包括买卖和租赁两个过程，存在出卖人、出租人（买受人）和承租人三方当事人。融资租赁合同是由出卖人与出租人之间的买卖合同、出租人与承租人之间的租赁合同所组成，反映这两个过程的合同不是简单拼凑起来的，而是由上述两个合同形成相互影响、相互作用的一个有机整体。融资租赁合同中复杂的法律结构造成三方当事人同时涉及买卖合同和租赁合同的权利义务关系，以致法律关系变得极为复杂，从而使得融资租赁合同成为一种具有买卖和租赁的共性，却又与纯粹的买卖或租赁完全不同的合同形式。

《最高人民法院关于审理融资租赁合同纠纷案件适用法律问题的解释》第2条规定，"承租人将其自有物出卖给出租人，再通过融资租赁合同将租赁物从出租人处租回的，人民法院不应仅以承租人和出卖人系同一人为由认定不构成融资租赁法律关系。"可见，不是所有的融资租赁法律关系都存在三方当事人，在"售后回租"情形中，出卖人和承租人实际为同一人。不过，这种融资租赁关系虽然在当事人方面具有特殊性，但其仍然没有改变融资租赁合同包括买卖和租赁

---

[1] 参见王轶等：《中国民法典释评·合同编·典型合同（上卷）》，中国人民大学出版社2020年版，第496页。

两个过程的特征。

3. 当事人之间的权利义务关系复杂。由于融资租赁合同的法律结构较为特殊，与一般租赁合同存在很多不同之处，因而融资租赁合同当事人间的权利义务关系也具有特殊性。

在融资租赁合同中，出租人通过融资方式联系买卖合同的真正当事人，出卖人向承租人履行现实交付义务，而不是向出租人履行交付义务；租赁物由承租人来选择、验收，租赁物的瑕疵担保责任由出卖人承担而非由出租人承担；融资租赁合同的租金不是对租赁物进行使用、收益的对价而是融资的对价，出租人履行出资义务购买了租赁物后，无须承担租赁物的维修、保管义务以及租赁物毁损、灭失的风险。

4. 融资租赁合同中的出租人为从事融资租赁业务的公司。《民法典》没有对从事融资租赁业务的主体资格作出具体规定。实务中有观点认为，"根据现有的法律、行政法规，融资租赁并不属于国家限制经营、特许经营以及法律、行政法规禁止经营的范围"。[1]但理论上一般认为，由于融资租赁合同的融资功能，决定了从事融资租赁业务的主体只能是租赁公司，而不能是一般的自然人、法人或非法人组织。这是融资租赁合同在主体方面的特征。因此，在我国，只有经过金融管理部门批准的公司，才有资格从事融资租赁交易，订立融资租赁合同。

5. 融资租赁合同为诺成、要式和有偿合同。融资租赁合同不以当事人交付标的物为要件，在当事人达成合意时即可成立，因而为诺成合同。《民法典》第736条第2款规定，"融资租赁合同应当采用书面形式"；第752条规定，"承租人应当按照约定支付租金"。这些规定表明融资租赁合同具有要式性与有偿性。

**二、融资租赁合同与类似合同的比较**

融资租赁合同在实践和理论中常常会与一些相似的合同发生混淆，如一般租赁合同、分期付款买卖合同等。下面对这些具有相似性的合同进行辨析。

（一）融资租赁合同与一般租赁合同

在融资租赁合同中，租赁公司从出卖人处取得租赁物所有权，并将该标的物交由承租人进行使用、收益，而承租人以向租赁公司支付租金作为对价，这与一般租赁合同较为相似。但是，从法律关系来看，二者之间具有以下不同之处：

1. 在标的物的返还方面不同。在一般租赁合同中，承租人在租赁期限届满后，由于租赁物仍然保持相当的实用价值，故承租人应当将租赁物返还给出租人。例如，就房屋租赁合同而言，房屋租赁合同的租赁期限届满后，承租人返还

---

〔1〕 "谢亮新与福建小松工程机械有限公司融资租赁合同纠纷再审案"，福建省高级人民法院（2015）闽民申字第864号民事裁定书。

的房屋应能使出租人继续使用或另行出租，否则，出租人有权请求承租人赔偿损失。在融资租赁合同中，一般不存在返还租赁物的问题，《民法典》第757条、第758条规定了融资租赁合同中租赁物的归属问题，其中第757条规定，"出租人和承租人可以约定租赁期限届满租赁物的归属；对租赁物的归属没有约定或者约定不明确，依照本法第510条的规定仍不能确定的，租赁物的所有权归出租人。"由于集融资与融物为一体的特性，融资租赁合同的租赁期限与租赁物的耐用年限大致相同，在租赁期满后，尽管承租人应当依法将租赁物返还给租赁公司，但租赁物的使用价值已经变得很低，所以此时返还租赁物的意义极其有限。在实务中，一般是由承租人向出租人支付象征性价格，获得租赁物的所有权。

2. 在合同是否具有继续性方面不同。一般租赁合同是继续性合同，其中出租人按期收取租金与承租人继续使用租赁物之间是一种对价关系；承租人在不能继续使用租赁物时，其可以拒绝支付租金。在融资租赁合同中，租金不是承租人继续使用租赁物的对价，出租人只要按承租人的指示购买了租赁物，其就履行了相应的合同义务，从而有权向承租人收回全部成本和利润，至于承租人是否继续使用租赁物，则在所不问。

3. 标的物的性质不同。一般租赁合同的标的物可以是动产，也可以是不动产；而融资租赁合同的标的物一般为动产。《民法典》没有对这两种合同的标的物的性质作出具体规定，但就实践来看，融资租赁合同产生于美国的动产租赁（lease），自始便是动产租赁的一种形式；在现代社会其又成为一种重要的融资方式。由于在融资租赁合同中，当事人可以任意约定租赁物的归属，而只有动产才较符合所有权自由转让的特征，因此，融资租赁的标的物一般为动产。

4. 出租人是否承担维修义务及瑕疵担保责任不同。在一般租赁合同中，根据《民法典》第712条、第713条的规定，出租人作为所有权人应当履行租赁物的维修义务；承租人也可以在租赁物需要维修时请求出租人在合理期限内维修，或者在出租人未履行维修义务时自行维修后由出租人负担维修所需费用。在融资租赁合同中，根据《民法典》第750条第2款的规定，承租人应当履行占有租赁物期间的维修义务。另外，根据《民法典》第708条的规定，一般租赁合同的出租人对租赁物在租赁期限内符合约定用途承担保证责任，而依《民法典》第747条，在一般情形下，融资租赁合同的出租人不承担租赁物的瑕疵担保责任。

5. 租金的性质不同。在一般的租赁合同中，出租人收取的租金是转移租赁物使用权、收益权的对价；在融资租赁合同中，承租人支付租金的主要目的在于融资，因而租金相当于出租人购买租赁物的本息及合理利润，这一特点使得融资租赁合同与分期付款买卖合同非常相似。

6. 租赁物灭失后风险的承担主体不同。在一般租赁合同中，根据《民法典》

第 729 条的规定，出租人应当承担租赁物因意外事故而毁损、灭失的风险。在融资租赁合同中，租金是融资的对价，而不是承租人对标的物进行使用、收益的对价，即使标的物因不可归责于承租人的事由而毁损、灭失，承租人也不能因此免除支付租金的义务，即融资租赁合同中标的物因意外事故而毁损、灭失的风险由承租人承担。

（二）融资租赁合同与分期付款买卖合同

分期付款买卖合同是指买受人应当按照一定期限分期分批向出卖人支付价款的买卖合同。融资租赁合同与分期付款买卖合同之间存在相似之处，如两者都是先行给付标的物，并分阶段给付价金，只是分期付款买卖合同是分阶段给付货款，而融资租赁合同是分阶段给付租金。但是，二者之间的差异更为显著，主要表现如下：

1. 能否取得合同标的物的所有权不同。分期付款买卖合同属于买卖合同的一种，只是在支付价款的方法和让与标的物所有权的时间上具有不同于一般买卖合同的特殊性，但其在本质上仍是有偿转让财产所有权的合同。在分期付款买卖合同中，尽管在价金全部付清前仍由出卖人保有标的物的所有权，但买受人已经以自主占有的意思对标的物进行占有。在融资租赁合同中，承租人的目的在于以支付租金为代价获得于租赁期限内对租赁物予以使用、收益的权利，而出租人的目的在于收取租金，因此，承租人在整个租赁期限对标的物的占有仍为他主占有。虽然当事人可以约定租赁期限届满后租赁物归承租人所有，但承租人此时获得租赁物所有权的依据是当事人的特别约定，而不是融资租赁合同的当然结果。

2. 法律关系的表现形式不同。分期付款买卖合同的法律关系相对简单，一般由买卖双方当事人构成，并且只存在一份买卖合同；融资租赁合同的法律关系则较为复杂，有三方当事人（即出卖人、出租人和承租人）和两个合同（即出租人与承租人之间的租赁合同、出卖人与出租人之间的买卖合同），并且这两个合同相互作用并构成一个有机整体。

3. 有无期待权存在的基础不同。作为一种特殊的买卖合同，分期付款买卖合同具有以下特点：①债权性；②出卖人在价金完全受清偿前保留对标的物的所有权；③有与出卖人的所有权处于相对状态并属于此消彼长关系的买受人的期待权，该期待权是取得所有权的前阶段，若买卖合同所约定的条件成立，则该期待权转变为所有权。在融资租赁合同中，承租人在整个租赁期限都没有取得租赁物所有权的期待权。[1]

4. 融资租赁合同租金的构成与分期付款买卖合同价金的构成不同。融资租

---

〔1〕 参见梁慧星：《民法学说判例与立法研究》，中国政法大学出版社 1993 年版，第 20 页。

赁合同的租金包括租赁物价款以及利息、保险费、手续费、利润等款项，因此其数额通常高于分期付款买卖合同中的总价金。《民法典》第746条即规定："融资租赁合同的租金，除当事人另有约定外，应当根据购买租赁物的大部分或者全部成本以及出租人的合理利润确定。"

5. 法律适用方面不同。分期付款买卖合同应当适用法律保护消费者利益的特别规定。例如，《民法典》第634条第1款就规定："分期付款的买受人未支付到期价款的数额达到全部价款的五分之一，经催告后在合理期限内仍未支付到期价款的，出卖人可以请求买受人支付全部价款或者解除合同。"这一规定是法律对消费者进行特别保护的体现；在融资租赁合同中，一般不适用此类规定。

## 第二节 融资租赁合同的效力

融资租赁合同的效力是指生效的融资租赁合同所具有的法律约束力，其主要体现为融资租赁合同中各方当事人所享有的权利以及所承担的义务。

### 一、出租人的权利与义务

#### （一）出租人的权利

1. 一定条件下的瑕疵担保免责权。在一般租赁合同中，出租人在租赁期间应当对租赁物的可使用性作出保证，《民法典》第708条对此有明文规定。但是，融资租赁合同中的出租人可依法免除该项义务。《民法典》第747条规定："租赁物不符合约定或者不符合使用目的的，出租人不承担责任。但是，承租人依赖出租人的技能确定租赁物或者出租人干预选择租赁物的除外。"

在融资租赁合同中，出租人享有瑕疵担保责任免责权的主要理由在于：①由融资租赁合同的本质所决定。融资租赁合同的基本功能在于融资，出租人以融资方式连接买卖合同的双方当事人，出租人融资是为了以收取租金方式收回其购买租赁物所支付的价款本息并获得丰厚的商业利润，其并不想参与买卖合同当事人之间的法律关系，因此，若苛求出租人承担租赁物的瑕疵担保责任，有违出租人订立合同的初衷，从而不符合融资租赁合同的本质。②体现承租人的选择责任。在融资租赁合同中，租赁物的种类、性能、质量、数量均由承租人选定，出租人出资并按照承租人的指示购买租赁物，其往往不具备租赁物的相关知识和判断能力，一般也不干预承租人对租赁物的选择，所以，让出租人承担租赁物的瑕疵担保责任，与公平之法理相违背。③否定出租人的瑕疵担保责任并未否定承租人的救济权。虽然可以免除融资租赁合同的出租人的瑕疵担保责任，但作为买卖合同真正当事人的出卖人所应当承担的瑕疵担保责任却不能被免除，即在出卖人交付的标的物不符合合同约定的条件而存有瑕疵时，承租人有权直接向出卖人索赔，从而使三方当事人的利益得以平衡。

在通常情况下，融资租赁合同中的出租人享有瑕疵担保责任的免除权，但如果承租人依赖出租人的技能确定租赁物或者出租人干预承租人对租赁物的选择时，出租人仍须对租赁物承担瑕疵担保责任。依据《最高人民法院关于审理融资租赁合同纠纷案件适用法律问题的解释》第 8 条，租赁物不符合融资租赁合同的约定且出租人实施了下列行为之一的，承租人可以要求出租人承担相应的责任：①出租人在承租人选择出卖人、租赁物时，对租赁物的选定起决定作用；②出租人干预或者要求承租人按照出租人意愿选择出卖人或者租赁物；③出租人擅自变更承租人已经选定的出卖人或者租赁物。《国际融资租赁公约》第 8 条第 1 款也作出了类似规定，即"出租人不应对承租人承担设备的任何责任，除非承租人由于依赖出租人的技能和判断以及出租人干预选择供应商或设备规格而受到损失。"

2. 风险负担免责权。在一般租赁合同中，租金是承租人对租赁物予以使用、收益的对价，出租人在租赁期限内负有保持租赁物适于使用、收益状态的义务，因不可归责于当事人双方的事由导致租赁物毁损、灭失的，由出租人承担风险责任。但在融资租赁合同中，对租赁物毁损、灭失的风险责任，我国《民法典》第 751 条规定："承租人占有租赁物期间，租赁物毁损、灭失的，出租人有权请求承租人继续支付租金，但是法律另有规定或者当事人另有约定的除外"。可见，融资租赁合同的出租人享有风险承担免责权。

在融资租赁合同中，明确出租人不承担租赁物毁损、灭失的风险，其原因主要在于：①融资租赁合同的租金是融资的对价，这与一般租赁合同的租金是租赁物使用收益的对价不同，因而融资租赁合同的出租人只要按承租人的指示购买了租赁物，就履行了租金的对待给付义务，此后因不可归责于当事人双方的事由造成租赁物毁损、灭失时，承租人仍然应当支付租金，从而承担租赁物灭失的风险。②融资租赁合同的目的在于融资，其合同债务与借贷的金钱债务类似，依照民法的一般原理，金钱债务不得以不可抗力为由免责，这一原则同样适用于融资租赁合同。③融资租赁合同中的出租人仅仅是租赁物名义上的所有权人，而承租人作为租赁物的占有使用人，长期支配、管理租赁物，由其承担租赁物毁损、灭失的风险显得更加公平合理。④虽然由承租人承担租赁物的风险责任，但实际上，租赁物一般由出租人（即融资租赁公司）为其办理保险，需要承租人承担的风险部分很小。

3. 租赁物造成第三人损害的免责权。《民法典》第 749 条规定："承租人占有租赁物期间，租赁物造成第三人人身损害或者财产损失的，出租人不承担责任。"在理论上，因租赁物所造成的侵权行为可分为四种情形：

（1）租赁物为高速轨道运输工具时，因交通事故致第三人受损的，发生高度危险责任。根据《民法典》第 1240 条的规定，因高速轨道运输工具造成他人损害时，应由经营者承担无过错责任。高速轨道运输工具的经营者是对高速轨道运输工具营运实际负责和管控的民事主体。[1] 基于融资租赁合同的特征以及承租人占有租赁物并使用收益的事实，应将承租人认定为高速轨道运输工具的经营者，从而使其在高速轨道运输工具致人损害时承担无过错责任。出租人虽然从承租人处获取租金，但因融资租赁合同的租金只是融资的对价，在租赁物毁损、灭失时承租人也须支付租金，可见，出租人收取租金与租赁物运营与否无关，故不宜将出租人认定为高速轨道运输工具的经营者。在此种情形下，当租赁物造成高度危险责任时，应当由承租人承担损害赔偿责任。

（2）因租赁物本身具有缺陷而造成他人损害时发生的产品责任。依照《民法典》第 1202 条和第 1203 条的规定，应当由产品的生产者或者销售者承担无过错责任。在融资租赁合同的当事人中，出租人不是租赁物的生产者；同时，从商品销售者以商品换取利润来看，以出资换取利润的出租人不是租赁物的销售者，其更接近于金融借贷者，即使出租人与承租人约定租赁期限届满由承租人取得租赁物的所有权，也不能将出租人认定为租赁物的销售者。因此，在融资租赁合同中，对于因租赁物的缺陷造成的产品责任，应当由出卖人与承租人承担。

（3）融资租赁合同的标的物为建筑物时所产生的建筑物责任。根据《民法典》第 1253 条的规定，建筑物或其他设施及建筑物上的搁置物、悬挂物发生脱落、坠落造成他人损害的，应当由它的所有人、管理人或者使用人承担民事责任。由于融资租赁合同中的出租人仅为租赁物名义上的所有权人，此种所有权实为收取利润、避免损失的担保手段，而承租人对租赁物享有实际上的占有、使用、收益权，故应当由承租人承担租赁物的建筑物责任。

（4）因租赁物侵犯他人的知识产权而发生侵犯知识产权的责任。此种情形下，考虑到出租人主要承担的是融资功能，其本人既不是租赁物的制造者和供应商，也不是租赁物的直接使用人，故其不承担责任。[2]

4. 出租人享有租赁物的所有权。《民法典》第 745 条规定："出租人对租赁物享有的所有权，未经登记，不得对抗善意第三人。"该条明确了出租人的租赁物所有权人地位。出租人通过买卖合同取得租赁物的所有权，尽管这种所有权仅具形式意义，但在承租人不支付租金时，出租人仍可基于所有权收回租赁物，以避免其财产损失；承租人破产的，即使租赁物归承租人占有，出租人仍可行使取

---

〔1〕 参见张新宝：《中国民法典释评·合同编·侵权责任编》，中国人民大学出版社 2020 年版，第255 页。

〔2〕 参见梁慧星：《民法学说判例与立法研究》，中国政法大学出版社 1993 年版，第 233~235 页。

回权收回租赁物。

作为租赁物的所有权人，出租人还可以在租赁期限内将租赁物转让给他人或者以租赁物设定抵押权。但是，因为承租人依照融资租赁合同在租赁期限内享有租赁物的使用、收益权，所以，无论出租人将租赁物进行转让还是以其设定抵押，对承租人的租赁权都不产生影响。

（二）出租人的义务

1. 购买租赁物并不得擅自变更合同中与承租人有关的内容的义务。在融资租赁合同中，出租人须按照承租人对出卖人、租赁物的选择与出卖人订立买卖合同，买卖合同中租赁物的规格、技术性能、质量、数量等内容均与承租人的利益密切相关，只有满足承租人的要求，融资租赁合同才有实际意义，否则融资租赁合同将因标的物履行不能而解除。根据《民法典》第 744 条规定，出租人根据承租人对出卖人、租赁物的选择订立的买卖合同，未经承租人同意，出租人不得变更与承租人有关的合同内容。

2. 交付义务。由于融资租赁合同兼具融资与传统租赁融物的要素，故而出租人同样应当履行交付租赁物的义务。但是，与出卖人的现实交付义务不同，承租人仅仅需承担观念交付义务。在实践中，出租人的观念交付义务是否履行，一般以承租人向出租人发出受领租赁物的凭证作为判断依据。也就是说，当承租人从出卖人处取得租赁物，并且向出租人发出受领租赁物的凭证时，则应当视为出租人已经履行自己交付租赁物的义务。

3. 保证承租人占有使用租赁物的义务。《民法典》第 748 条规定："出租人应当保证承租人对租赁物的占有和使用。出租人有下列情形之一的，承租人有权请求其赔偿损失：（一）无正当理由收回租赁物；（二）无正当理由妨碍、干扰承租人对租赁物的占有和使用；（三）因出租人的原因致使第三人对租赁物主张权利；（四）不当影响承租人对租赁物占有和使用的其他情形。"出租人承担的这一义务的主要表现是：①出租人按照承租人的指示购买租赁物，并保证出卖人向承租人交付标的物。根据《民法典》第 744 条的规定，出租人在购买租赁物时必须遵照承租人的指示，并负有观念交付的义务，当出卖人未依约履行现实交付义务时，出租人应当向出卖人主张及时交付。②出租人保证承租人在租赁期限内对租赁物行使占有和使用的权利。承租人订立融资租赁合同的目的是为了对租赁物进行使用、收益，因而出租人必须保证承租人在租赁期限内占有和使用租赁物，并排除他人干涉。根据"买卖不破租赁"原则，出租人将租赁物转让给他人的，融资租赁合同对新所有权人（即受让人）继续有效，新所有权人无权收回租赁物；出租人以租赁物设定抵押权的，承租人同样有权对抗抵押权人。因此，《最高人民法院关于审理融资租赁合同纠纷案件适用法律问题的解释》第 4

条规定："出租人转让其在融资租赁合同项下的部分或者全部权利，受让方以此为由请求解除或者变更融资租赁合同的，人民法院不予支持。"

4. 向出卖人付款的义务。根据买卖合同的约定，买受人向出卖人交付货款是买受人的主要义务。在融资租赁合同中，出租人是租赁物的买受人，其应当向出卖人支付货款；同时，出租人应当将租赁物的使用收益权转移给承租人。反之，承租人受让租赁物的使用收益权无须支付货款，这正是融资租赁合同的融资、使用功能的体现。

5. 协助索赔义务。在承租人向出卖人直接行使索赔权时，出租人负有协助承租人索赔的义务，如其应当向承租人提供买卖合同文件及相关资料信息等。根据《民法典》第 743 条的规定，出租人明知租赁物有质量瑕疵而不告知承租人，或在承租人行使索赔权利时未及时提供必要协助，致使承租人对出卖人行使索赔权利失败的，承租人有权请求出租人承担相应的责任；出租人怠于行使只能由其对出卖人行使的索赔权利，造成承租人损失的，承租人有权请求出租人承担赔偿责任。

## 二、承租人的权利与义务

### （一）承租人的权利

1. 受领租赁物的权利。《民法典》第 739 条规定："出租人根据承租人对出卖人、租赁物的选择订立的买卖合同，出卖人应该按照约定向承租人交付标的物，承租人享有与受领标的物有关的买受人的权利。"在融资租赁合同中，出卖人与出租人是买卖合同的双方当事人，出卖人与承租人间没有直接的合同关系，根据合同相对性原则，承租人只能向与其具有合同关系的出租人主张租赁物的交付请求权。但是，融资租赁合同中的出租人严格按照承租人的指示购买租赁物，且其购买租赁物并不是为了获得租赁物的所有权，而是为了以收取租金的方式获得商业利润，故真正希望获得租赁物并予以占有、使用的人是承租人而不是出租人，出租人只是以融资手段联系买卖合同之真正当事人的形式意义上的所有权人。因此，在融资租赁合同中，出卖人应当按照约定向承租人交付租赁物，承租人享有受领租赁物的权利。根据《民法典》第 740 条的规定，出卖人违反向承租人交付标的物的义务，致使租赁物严重不符合约定，或未按照约定交付租赁物且经承租人或者出租人催告后在合理期限内仍未交付的，承租人可以拒绝受领出卖人向其交付的租赁物，但其应当及时通知出租人。而且，《最高人民法院关于审理融资租赁合同纠纷案件适用法律问题的解释》第 3 条规定，承租人拒绝受领租赁物，未及时通知出租人，或者无正当理由拒绝受领租赁物，造成出租人损失的，出租人有权向承租人主张损害赔偿。因此，出卖人向承租人交付租赁物时，承租人须及时对租赁物予以验收，拒绝受领租赁物时则须及时通知出租人，且无正当理由不得拒收租赁物，否则其应当承担违约责任。

2. 对出卖人的直接索赔权。《民法典》第741条规定："出租人、出卖人、承租人可以约定，出卖人不履行买卖合同义务的，由承租人行使索赔的权利。承租人行使索赔权利的，出租人应当协助。"承租人对出卖人的直接索赔权与出卖人应当承担的瑕疵担保责任相对应，这是融资租赁合同维持三方当事人利益平衡的结果。根据合同相对性原理，只有买受人才有权向出卖人主张瑕疵担保责任，但在融资租赁合同中，出租人仅仅为形式上的买受人，真正的买受人应当是承租人。由承租人对出卖人直接行使索赔权，不仅可以免除出租人索赔的中间环节，节约索赔成本，而且承租人因接受出卖人的交付并对租赁物予以实际占有、使用，能够更充分地掌握租赁物的信息，由其行使该权利更具合理性。根据《民法典》第742条的规定，承租人对出卖人行使索赔权利，不影响其履行支付租金的义务，但承租人依赖出租人的技能确定租赁物或者出租人干预选择租赁物时，承租人可以请求减免相应租金。

3. 价值返还请求权。《民法典》第758条第1款规定："当事人约定租赁期限届满租赁物归承租人所有，承租人已经支付大部分租金，但是无力支付剩余租金，出租人因此解除合同收回租赁物，收回的租赁物的价值超过承租人欠付的租金以及其他费用的，承租人可以请求相应返还。"根据该条规定，当承租人已经支付大部分租金而无力支付剩余租金时，于出租人因此解除合同并收回租赁物后，若租赁物的剩余价值加上承租人已经交付的租金，价值大于出租人的合理利益的，出租人收回租赁物将构成不当得利，而承租人则享有价值返还请求权，即承租人有权请求出租人返还租赁物的剩余价值与承租人欠付租金及其他费用的差额。

（二）承租人的义务

1. 支付租金的义务。融资租赁合同中的承租人和一般租赁合同中的承租人一样，都应当按照约定向出租人支付租金，但融资租赁合同中的租金和一般租赁合同中的租金在性质上存在根本区别。在一般租赁合同中，租金是出租人移转标的物的使用收益权的对价，即租金具有融物的性质；而融资租赁合同的租金不能被理解为承租人使用租赁物的对价，该租金具有融资的性质，相当于出租人为购买租赁物支付的价金本息及可得利益的分期付款。基于租金的融资性，融资租赁合同中的承租人所负担的支付租金的义务在以下情形仍须履行：①即使租赁物本身存在瑕疵，承租人也要按照约定支付租金；②租赁物在租赁期限因不可归责于当事人双方的事由而毁损、灭失时，承租人不能因此而免除支付租金的义务。

在融资租赁合同中，承租人违反支付租金的义务，应当承担一定的责任，如《民法典》第752条规定："承租人应当按照约定支付租金。承租人经催告后在合理期限内仍不支付租金的，出租人可以请求支付全部租金；也可以解除合同，收回租赁物。"可见，在承租人违反支付租金的义务时，出租人可以规定一个合理期限，若在此期限内承租人仍不支付租金，则出租人有权采取以下措施：①要求承租人支付全部租金，包括已到期未支付的租金及未到期应支付的租金。融资租赁合同中的承租人不需要以自有资金或借贷资金来购买租赁物，其可以通过向出租人分期支付租金的方式取得租赁物的使用收益权，从而避免一次性付款所带来的问题，故承租人以分期支付租金的方式享有期限利益。由于融资租赁合同中的租赁物由承租人选定，一般不具有通用性，若承租人不履行支付租金的义务而出租人因此解除合同并收回租赁物后，往往很难将租赁物再次出让或出租，因而为了保护出租人的利益，法律明确规定经出租人催告后，承租人在合理期限内仍不支付租金的，出租人有权要求其支付全部租金，从而使承租人丧失期限利益。②解除融资租赁合同，收回租赁物并请求赔偿损失。当承租人在经催告后的合理期限内仍不支付租金时，出租人还可以选择行使合同解除权，收回租赁物并要求承租人赔偿由此造成的损失。但是，在一般情形下，上述两种措施不得并用，出租人只可选择其一。正如《最高人民法院关于审理融资租赁合同纠纷案件适用法律问题的解释》第10条所规定，"出租人既请求承租人支付合同约定的全部未付租金又请求解除融资租赁合同的，人民法院应告知其依照民法典第752条的规定作出选择。出租人请求承租人支付合同约定的全部未付租金，人民法院判决后承租人未予履行，出租人再行起诉请求解除融资租赁合同、收回租赁物的，人民法院应予受理。"此外，根据《最高人民法院关于审理融资租赁合同纠纷案件适用法律问题的解释》第9条的规定，承租人逾期履行支付租金义务或者迟延履行其他付款义务，出租人有权按照融资租赁合同的约定要求承租人支付逾期利息、相应违约金。

2. 妥善保管、使用、维修租赁物的义务。在一般租赁合同中，租金作为承租人继续使用租赁物的对价，在租赁物有妨害使用之虞时，出租人应当履行维修租赁物的义务。在融资租赁合同中，租金并不是承租人继续使用租赁物的对价，其是承租人融资的对价，出租人仅需履行购买租赁物的义务，而无须承担维修租赁物的义务。作为租赁物的所有权人，出租人享有在租赁期限届满时收回租赁物的期待利益，故承租人须妥善保管、使用租赁物。而且，一般来讲，由于租赁物仅对承租人有特定用途，在订立融资租赁合同时，出租人与承租人大多约定租赁物的留购条款，即租赁期限届满时租赁物归承租人所有。因此，《民法典》第750条规定，"承租人应当妥善保管、使用租赁物。承租人应当履行占有租赁物期间的维修义务。"当然，承租人基于对自身长远利益的考虑，也会自愿主动承担妥善保管、使用、维修租赁物的义务。

3. 合同终止时返还租赁物的义务。融资租赁合同的终止有两种类型：一是因合同期限届满而终止；二是因承租人违约致使出租人行使终止权而终止。在租赁期限届满时，承租人和出租人可以约定续租或留购，如承租人与出租人未约定租赁物的归属，则承租人负有将租赁物按使用后的状态返还给出租人的义务。

### 三、出卖人的权利与义务

#### （一）出卖人的权利

融资租赁合同中的出卖人的权利主要是向出租人收取货款。在融资租赁合同中，出卖人收取的货款与一般买卖合同中的货款有所不同，这就是出卖人向承租人交付标的物是其收取货款的前提。在出卖人向承租人交付标的物前，若出租人向出卖人交付了货款，当该标的物不符合承租人的要求时，融资租赁合同就会因目的落空而解除，从而会造成出租人面临支付货款与违约赔偿的双重风险，因此，出卖人收取货款须以先向承租人交付标的物为前提。

#### （二）出卖人的义务

1. 交付租赁物的义务。《民法典》第 739 条规定："出租人根据承租人对出卖人、租赁物的选择订立的买卖合同，出卖人应该按照约定向承租人交付标的物，承租人享有与受领标的物有关的买受人的权利。"在买卖合同中，出卖人的主要义务是向买受人交付标的物；而在融资租赁合同中，由于承租人享有选择、验收租赁物的权利，同时负担除支付价款以外的买受人的所有义务。可见，融资租赁合同的真正买受人是承租人而不是出租人。因此，出卖人无须向买受人（出租人）交付标的物，只须向承租人交付即可，出卖人向承租人履行该义务是其收取货款的前提。

2. 瑕疵担保责任。在融资租赁合同中，出卖人是买卖合同的真正当事人，故其须就买卖合同的标的物（即租赁物）承担瑕疵担保责任。

## 第三节　融资租赁合同的其他特别规定

### 一、融资租赁合同的成立与生效

#### （一）融资租赁合同的订立与效力

与其他合同一样，融资租赁合同在订立过程中须遵循要约承诺规则，但由于融资租赁合同涉及三方当事人及两个合同关系，其成立往往须经过更加复杂的程序：承租人选定出卖人并就租赁物的有关情况与出卖人作初步商议；承租人与出租人订立融资租赁合同；出租人按承租人的指示与出卖人订立买卖合同；出卖人向承租人交付租赁物；承租人验收后向出租人交付物件受领凭证；出租人向出卖人交付货款。

由于融资租赁合同涉及买卖合同和租赁合同两个合同，故对融资租赁合同的效力认定也较为复杂，其中买卖合同和租赁合同的效力相互交错，具体表现为：如果买卖合同不成立、无效或被解除，则租赁合同将因标的物的履行不能而解除；同时，由于买卖合同的目的是为了获得满足承租人需要的租赁物，若租赁合同不成立、无效或被解除，则买卖合同也将因不能实现合同目的而被解除。

鉴于融资租赁应服务于实体经济，《民法典》第737条对融资租赁合同无效的特殊情形作出规定，即当事人以虚构租赁物方式订立的融资租赁合同无效。同时，《民法典》第738条规定，依照法律、行政法规的规定，对于租赁物的经营使用应当取得行政许可的，出租人未取得行政许可不影响融资租赁合同的效力。根据本条规定，如果出租人的经营范围不包含融资租赁业务，或者出租人未取得特定行业的融资租赁业务资格，均不影响融资租赁合同的效力。

（二）融资租赁合同的条款与形式

《民法典》第736条第1款规定，融资租赁合同一般包括以下条款：租赁物的名称、数量、规格、技术性能、检验方法，租赁期限，租金构成及其支付期限和方式、币种，租赁期限届满租赁物的归属等内容。

由于融资租赁合同的法律关系较为复杂，《民法典》第736条第2款明确规定："融资租赁合同应当采用书面形式。"

（三）融资租赁合同的认定

《最高人民法院关于审理融资租赁合同纠纷案件适用法律问题的解释》第1条规定，"人民法院应当根据民法典第735条的规定，结合标的物的性质、价值、租金的构成以及当事人的合同权利和义务，对是否构成融资租赁法律关系作出认定。对名为融资租赁合同，但实际不构成融资租赁法律关系的，人民法院应按照其实际构成的法律关系处理。"可见，对于当事人签订的合同是否属于融资租赁合同，不得仅根据合同的形式和名称来作出判断，而应当根据实际情况进行综合认定。

**二、融资租赁合同的解除**

（一）承租人解除权的限制

在一般租赁合同中，承租人基于一定事由可以行使单方解除权，但融资租赁合同中的承租人的单方解除权受到严格限制，即承租人必须遵守合同的约定，在租赁期限届满前一般不得解除合同。对融资租赁合同中承租人的解除权进行限制的原因，主要源于该合同具有的特殊性，即租赁物完全由承租人选择决定，一般仅能够满足承租人的特定需要，不具有通用性。在这种情形下，如果允许承租人单方解除合同，出租人在收回租赁物后，不得不再次出租或出让租赁物，出租人一旦不能再次成功出租或出让租赁物，将面临巨大的商业风险，并造成租赁物的闲置。因此，在融资租赁合同中，承租人的解除权必须受到限制，这种限制主要体现在以下情形中：

1. 租赁物毁损、灭失。在一般的租赁合同中，《民法典》第 729 条规定，因不可归责于承租人的事由致使租赁物部分或者全部毁损、灭失，以致不能实现合同目的的，承租人可以解除合同。在融资租赁合同中，由于该种合同是非继续性合同，租金并不是对租赁物予以使用、收益的对价，而是进行融资的对价，只要出租人履行了出资义务，承租人就必须履行支付租金的义务，即使租赁物因不可归责于双方当事人的事由毁损、灭失，承租人也不得以此为由拒付租金，解除合同。对此，《民法典》第 756 条明确规定："融资租赁合同因租赁物交付承租人后意外毁损、灭失等不可归责于当事人的原因解除的，出租人可以请求承租人按照租赁物折旧情况给予补偿。"

2. 租赁物有瑕疵。对于一般租赁合同，《民法典》第 731 条规定，租赁物危及承租人的安全或者健康时，即使承租人订立合同时明知租赁物质量不合格，承租人也可随时解除合同。在融资租赁合同中，除承租人依赖出租人的技能确定租赁物或者出租人干预承租人选择租赁物等情况外，由出卖人承担租赁物的瑕疵担保责任，承租人不得以租赁物存在瑕疵为由解除融资租赁合同，其可以通过向出卖人索赔来寻求救济。

(二) 融资租赁合同的解除事由

1. 双方当事人约定解除。融资租赁合同经当事人双方协商一致而成立，也可因当事人双方约定而解除。在订立融资租赁合同时，出租人与承租人可以事先约定单方解除权的行使条件，待条件成熟后享有解除权的一方可通过行使解除权而解除合同；出租人与承租人也可以在融资租赁合同的履行过程中达成解除合同的合意，从而解除合同。

2. 出租人违反瑕疵担保责任。在承租人依赖出租人的技能确定租赁物或者出租人干预承租人选择租赁物时，由出租人承担租赁物的瑕疵担保责任，如果因租赁物的瑕疵致使合同目的不能达成，承租人可行使合同解除权。

3. 出租人违反保证承租人占有、使用租赁物的义务。根据《最高人民法院关于审理融资租赁合同纠纷案件适用法律问题的解释》第 6 条规定，因出租人的原因致使承租人无法占有、使用租赁物的，承租人有权解除合同。

4. 承租人违反支付租金的义务。《民法典》第 752 条规定："承租人应当按照约定支付租金。承租人经催告后在合理期限内仍不支付租金的，出租人可以请求支付全部租金；也可以解除合同，收回租赁物。"《最高人民法院关于审理融资租赁合同纠纷案件适用法律问题的解释》第 5 条进一步规定，出租人在下列情形有权解除合同：一是承租人未按照合同约定的期限和数额支付租金，符合合同约定的解除条件，经出租人催告后在合理期限内仍不支付；二是合同对于欠付租金解除合同的情形没有明确约定，但承租人欠付租金达到 2 期以上，或者数额达到全部租金 15% 以上，经出租人催告后在合理期限内仍不支付。根据《最高人民法院关于审理融资租赁合同纠纷案件适用法律问题的解释》第 11 条，出租人依上述理由请求解除合同的，可同时请求收回租赁物并要求承租人赔偿损失；损失赔偿范围为承租人全部未付租金及其他费用与收回租赁物价值的差额；合同约定租赁期间届满后租赁物归出租人所有的，损失赔偿范围还应包括融资租赁合同到期后租赁物的残值。

5. 承租人擅自处分租赁物。《民法典》第 753 条规定："承租人未经出租人同意，将租赁物转让、抵押、质押、投资入股或者以其他方式处分的，出租人可以解除融资租赁合同。"在融资租赁合同中，尽管承租人是租赁物的真正买受人，但租赁物在法律上的所有权人是出租人，故承租人不享有对租赁物的处分权。依据该条规定，如果承租人未经出租人同意而擅自处分租赁物，则出租人有解除融资租赁合同的权利。

6. 承租人违反合同约定导致合同目的不能实现。《最高人民法院关于审理融资租赁合同纠纷案件适用法律问题的解释》第 5 条第 3 项规定，承租人违反合同约定，致使合同目的不能实现的其他情形下，出租人有权解除合同。

7. 双方当事人行使法定解除权。《民法典》第 754 条规定："有下列情形之一的，出租人或者承租人可以解除融资租赁合同：（一）出租人与出卖人订立的买卖合同解除、被确认无效或者被撤销，且未能重新订立买卖合同；（二）租赁物因不可归责于当事人的原因毁损、灭失，且不能修复或者确定替代物；（三）因出卖人的原因致使融资租赁合同的目的不能实现。"该条是关于融资租赁合同的法定解除权的规定。依据该规定，出租人和承租人在符合法定条件时均有权行使解除权。同时，根据《民法典》第 755 条的规定，融资租赁合同因买卖合同解除、被确认无效或者被撤销而解除，出卖人、租赁物系由承租人选择的，出租人有权请求承租人赔偿相应损失，但因出租人原因致使买卖合同解除、被确认无效或者被撤销的除外；出租人的损失已经在买卖合同解除、被确认无效或者被撤销时获得赔偿的，承租人不再承担相应的赔偿责任。

**三、租赁期限届满时租赁物的归属**

融资租赁合同期限届满时，租赁物的归属一般发生三种情形，即续租、退租和留购。所谓续租，是指由出租人与承租人商定，按照原合同条款继续履行或重新订立新合同，使承租人能够对租赁物继续使用、收益。所谓退租，是指租赁期限届满时，承租人将租赁物按照使用后的状态返还给出租人。所谓留购，是指承租人通过支付一定价款取得租赁物的所有权。通常情况下，在退租和续租时，出租人需要再次出租、出让租赁物，其因此而面临着不确定性风险，故出租人与承租人通常在订立融资租赁合同时达成留购租赁物的协议。

对于租赁期限届满时租赁物的归属问题，《民法典》第757条规定："出租人和承租人可以约定租赁期限届满租赁物的归属；对租赁物的归属没有约定或者约定不明确，依照本法第510条的规定仍不能确定的，租赁物的所有权归出租人。"该条可适用于以下三种情形：①双方当事人对租赁物的归属作出了明确约定。双方当事人可以在订立合同时将租赁物的归属问题写入条款中，即约定租赁物在合同期限届满时归出租人或承租人所有。根据《民法典》第758条和759条的规定，当事人约定租赁期限届满租赁物归承租人所有，承租人已经支付大部分租金，但是无力支付剩余租金，出租人因此解除合同收回租赁物，收回的租赁物的价值超过承租人欠付的租金以及其他费用的，承租人可以请求相应返还；当事人约定租赁期限届满租赁物归出租人所有，因租赁物毁损、灭失或者附合、混合于他物致使承租人不能返还的，出租人有权请求承租人给予合理补偿；当事人约定租赁期限届满，承租人仅需向出租人支付象征性价款的，视为约定的租金义务履行完毕后租赁物的所有权归承租人。②双方没有约定租赁物的归属，或者根据约定难以确定租赁物的归属时，可以根据《民法典》第510条的规定予以处理。③通过上述方式仍不能确定租赁物的归属的，租赁物的所有权不发生变动，仍归出租人所有。

此外，《民法典》第760条对融资租赁合同无效时租赁物的归属作出了具体规定，即"融资租赁合同无效，当事人就该情形下租赁物的归属有约定的，按照其约定；没有约定或者约定不明确的，租赁物应当返还出租人。但是，因承租人原因致使合同无效，出租人不请求返还或者返还后会显著降低租赁物效用的，租赁物的所有权归承租人，由承租人给予出租人合理补偿。"

### 四、租赁物的价值确定

在实践中，融资租赁合同中租赁物的价值往往难以确定，出租人与承租人常常因此产生纠纷，故《最高人民法院关于审理融资租赁合同纠纷案件适用法律问题的解释》第12条规定："诉讼期间承租人与出租人对租赁物的价值有争议的，人民法院可以按照融资租赁合同的约定确定租赁物价值；融资租赁合同未约定或者约定不明的，可以参照融资租赁合同约定的租赁物折旧以及合同到期后租赁物的残值确定租赁物价值。承租人或者出租人认为依前款确定的价值严重偏离租赁物实际价值的，可以请求人民法院委托有资质的机构评估或者拍卖确定。"

## ■ 思考题

1. 试述融资租赁合同的含义和特征。
2. 试述融资租赁合同与租赁合同、分期付款买卖合同的区别。
3. 试述融资租赁合同中当事人的权利和义务。
4. 试述融资租赁合同期限届满后租赁物的归属。

## ■ 参考资料

1. 江必新主编：《融资租赁合同纠纷》，法律出版社 2014 年版。
2. 李阿侠：《融资租赁案件裁判精要》，法律出版社 2018 年版。
3. 王轶等：《中国民法典释评·合同编·典型合同（上卷）》，中国人民大学出版社 2020 年版。
4. 谢鸿飞、朱广新主编：《民法典评注：合同编·典型合同与准合同（2）》，中国法制出版社 2020 年版。

# 第十七章　保理合同

■ 学习目的和要求

　　通过本章的学习，了解保理合同的含义和内容；熟悉保理合同的主要类型，识别并掌握有追索权的保理和无追索权的保理之关系；理解保理合同效力的特殊性，明辨保理合同与债权转让的关系。

## 第一节　保理合同概述

### 一、保理合同的含义

　　保理合同是指应收账款债权人将现有的或者将有的应收账款转让给保理人，保理人提供资金融通、应收账款管理或者催收、应收账款债务人付款担保等服务的合同。

　　在我国，保理是国内贸易和金融等领域的一种综合性的金融服务方式，其是从国际贸易活动中的一种融资结算方式演变而来，本质上是以应收账款转让为基础的金融服务。[1] 1987 年 10 月，中国银行与德国贴现和贷款公司签署了国际保理总协议，象征着国际保理正式进入我国。我国保理业务主要由银行保理和商业保理组成，银行保理业务肇始于上世纪 80 年代，90 年代起开始持续增长；自 2012 年试点以来，商业保理业务也显示出强劲的发展势头，已从初创期进入成长期。《中国商业保理行业发展报告（2017）》显示，截至 2017 年 12 月 31 日，我国注册商业保理法人企业及分公司共 8261 家，实际开业约 1600 家，业务总额达到 1 万亿人民币，融资余额约为 2500 亿人民币。[2] 我国保理业务量已跃居全

---

　　[1]　参见徐涤宇主编：《合同法学》，高等教育出版社 2020 年版，第 324 页。
　　[2]　参见王轶等：《中国民法典释评·合同编·典型合同（下卷）》，中国人民大学出版社 2020 年版，第 1 页。

球第一，成为全球保理市场中占据举足轻重地位的保理大国。

保理业务可以为实体企业提供综合性金融服务，特别是可以为中小企业拓宽融资渠道。伴随着保理业务的快速发展，保理合同纠纷审理中的裁判依据缺失的问题凸显。在民法典编纂过程中，宪法和法律委员会经研究认为，保理业务作为企业融资的一种手段，在权利义务设置、对外效力等方面具有典型性；对保理合同作出明确规定，有利于促进保理业务的健康发展，缓解中小企业融资难、融资贵的问题，进而促进我国实体经济发展，因此建议设专章规定保理合同。[1] 这是《民法典》合同编最显著的立法进展和制度增设，对规范保理业务并促进保理业务健康有序发展具有重要意义。

**二、保理合同的特征**

《民法典》第 762 条规定："保理合同的内容一般包括业务类型、服务范围、服务期限、基础交易合同情况、应收账款信息、保理融资款或者服务报酬及其支付方式等条款。保理合同应当采用书面形式。"据此，保理合同具有以下特征：

（一）保理合同为双务合同、有偿合同

在保理合同中，保理人有义务为债权人提供保理服务，同时有权获得报酬；债权人有义务支付报酬，同时有权要求保理人提供保理服务。可见，保理合同是双务合同、有偿合同。

（二）保理合同为要式合同和诺成合同

由于保理合同不仅标的额较大，而且涉及较为复杂的多方利益关系，往往需要经过应收账款登记等复杂程序，[2] 故《民法典》明确规定保理合同必须采用书面形式，排除了口头形式等其他形式的适用，由此决定了保理合同是要式合同。此外，保理合同为诺成合同，只需当事人意思表示达成一致即可成立，无须特定财物的交付。

（三）以债权人让与债权的义务为必备要素

在保理合同中，可谓"不让与，非保理"，[3] 没有应收账款的转让就不能构成保理合同。应收账款是指权利人因提供一定的货物、服务或设施而获得的要求债务人付款的权利以及依法享有的其他付款请求权，包括现有的和未来的金钱债权，但不包括因票据或其他有价证券而产生的付款请求权，以及法律、行政法规禁止转让的付款请求权。应收账款主要包括下列权利：①销售、出租产生的债

---

[1] 参见《民法典立法背景与观点全集》编写组编：《民法典立法背景与观点全集》，法律出版社 2020 年版，第 31 页。

[2] 参见谢鸿飞、朱广新主编：《民法典评注：合同编·典型合同与准合同（2）》，中国法制出版社 2020 年版，第 537 页。

[3] 李宇："保理合同立法论"，载《法学》2019 年第 12 期。

权，包括销售货物，供应水、电、气、暖，知识产权的许可使用，出租动产或不动产等；②提供医疗、教育、旅游等服务或劳务产生的债权；③能源、交通运输、水利、环境保护、市政工程等基础设施和公用事业项目收益权；④提供贷款或其他信用活动产生的债权；⑤其他以合同为基础的具有金钱给付内容的债权。应收账款转让可以是单独转让，也可以是批量集合转让，这取决于当事人之间的约定。应收账款的转让，应当适用《民法典》关于债权转让的一般规则。

对现有的应收账款的含义较易理解，而对于如何理解将有的应收账款则存在分歧。在理论中，将有的应收账款包括两类：一是已经存在基础法律关系的将有应收账款，如基于附生效条件或生效期限的合同、继续性合同所产生的将有应收账款等；二是没有基础法律关系的纯粹的将有应收账款，如尚未订立合同的买卖、租赁等行为所产生的债权，即"纯粹的未来债权"。《民法典》第 440 条第 6 项规定，现有的以及将有的应收账款都可以被出质。基于同样的考量，将有应收账款的保理也得到了认可。

（四）资金融通、应收账款催收、应收账款管理、付款担保等必有其一

资金融通、应收账款催收、应收账款管理、付款担保等保理人的义务均属于保理合同的偶素，非经特别约定，并不当然为合同的内容，但若要构成保理合同，则须含有其中任意一项内容。资金融通是指保理人应债权人的申请，在债权人将应收账款转让给保理人后，为债权人提供的资金融通，包括贷款和应收账款转让预付款。应收账款催收是指保理人根据应收账款账期，主动或应债权人要求，采取电话、函件、上门等方式直至运用法律手段对债务人进行催收。应收账款管理，又称为销售分户账管理，是指保理人根据债权人的要求，定期或不定期向其提供关于应收账款的回收情况、逾期账款情况、对账单等财务和统计报表，协助其进行应收账款管理。付款担保是指保理人与债权人签订保理合同后，为债务人核定信用额度，并在核准额度内，对债权人无商业纠纷的应收账款提供约定的付款担保。

## 第二节  保理合同的类型

依据不同的标准，可对保理合同作出不同的分类。针对我国国内保理的发展现状，主要介绍以下四个分类：

### 一、明保理和暗保理

根据应收账款让与后是否通知债务人这一事实为标准，可将保理区分为明保理和暗保理。

明保理，又称公开型保理，是指将应收账款让与的事实及时通知债务人，在

债权到期后由债务人直接向保理商付款的保理方式。暗保理，又称隐蔽型保理，是指在市场交易中，供应商为了不影响其和客户的关系或者为了隐瞒自身资金状况不佳的事实，在应收账款让与的时候不通知债务人债权让与的事实，而当债权到期后由债务人先付款给债权人，再由债权人将收到的款项交给保理商的业务方式。

## 二、单保理与双保理

根据提供服务的保理机构的数量为标准，可将保理区分为单保理和双保理。

由一家保理机构提供保理服务的保理为单保理。由两家保理机构提供保理服务的保理为双保理。根据我国银行业监管管理委员会发布的《商业银行保理业务管理暂行办法》第10条的规定，买卖双方保理机构为同一银行不同分支机构的，或者有保险公司承保买方信用风险的银保合作，视同为双保理。

## 三、一揽子转让型保理和逐笔型保理

根据保理商是批量提供保理服务还是逐笔向供应商提供保理服务为标准，可将保理区分为一揽子转让型保理和逐笔型保理。

一揽子转让型保理是指在债权人和保理商之间作出约定，债权人将其未来的针对某一特定债务人的债权全部或者部分转让给保理商，而不再就该项债权下某一具体应收账款签署事实证明文件的保理。逐笔型保理是指保理商与债权人就每一笔应收账款的转让都需要签署事实证明文件的保理。

## 四、有追索权保理和无追索权保理

根据保理人是否承担债务人的风险为标准，可将保理区分为有追索权的保理和无追索权的保理。

有追索权保理又称回购性保理，是指在债务人破产、无理拖欠或无法偿付应收账款时，保理人可以向债权人反转让应收账款或者要求债权人回购应收账款或归还融资，其不承担坏账担保功能的保理。无追索权的保理，是指保理商承担坏账担保的一种保理业务模式，即保理人受让债权后如发生债务人破产、无理拖欠或无法偿付应收账款时，由保理人自己承担债务人拒绝支付或无力支付的风险的保理。《民法典》第766条规定："当事人约定有追索权保理的，保理人可以向应收账款债权人主张返还保理融资款本息或者回购应收账款债权，也可以向应收账款债务人主张应收账款债权。保理人向应收账款债务人主张应收账款债权，在扣除保理融资款本息和相关费用后有剩余的，剩余部分应当返还给应收账款债权人。"该规定揭示了有追索权保理的基本性质和保理人的权利主张方式。

有追索权保理是保理人仅提供包括融资在内的金融服务，而不承担为债务人核定信用额度和提供坏账担保的义务。无论因何种原因不能收回应收账款，保理人都有权向债权人追索已付的融资款项本息，并拒付尚未收回的差额款项，或者要求债权人回购应收账款；保理人也可以向债务人主张应收账款债权。这种保理的保理人考量更多的是债权人的偿付能力和信用状况，故可将其归入对债权人的授信业务。《民法典》规定保理合同采纳债权让与担保学说，使其具有了一定的担保功能。《最高人民法院关于适用〈中华人民共和国民法典〉有关担保制度的解释》第1条规定："所有权保留买卖、融资租赁、保理等涉及担保功能发生的纠纷，适用本解释的有关规定。"在有追索权保理中，除非当事人另有约定，保理人有权选择主张权利的顺序，也可以同时向应收账款债权人和债务人主张权利，但其不得重复受偿。

无追索权保理又称买断型保理，是指保理人向债权人提供融资，并以新的债权人身份向债务人收款，其实现债权所产生的任何获利或者损失均自行承担。《民法典》第767条规定："当事人约定无追索权保理的，保理人应当向应收账款债务人主张应收账款债权，保理人取得超过保理融资款本息和相关费用的部分，无需向应收账款债权人返还。"该条规定了无追索权保理中保理人的权利主张和收益。无追索权保理在性质上属于应收账款转让，一旦应收账款由于债务人无力清偿等原因不能收回，就由保理人独自承担法律后果，而不能向债权人追索。

对于债权人来说，无追索权的保理较之有追索权保理有更多优点，如可以提前获得融资，缓解资金压力；避免和减少坏账损失；降低应收账款管理成本、机会成本和企业坏账成本；提高销售能力并减少存货等。但是，在无追索权保理中，债权人将大部分风险都转移给了保理人，保理人必然会收取较高的保理费用，这也符合风险和收益匹配的原则，因而保理人所取得的超过保理融资款本息和相关费用的部分无需返还给债权人。[1]

## 第三节　保理合同的效力

### 一、虚构应收账款的法律效果

《民法典》第763条规定："应收账款债权人与债务人虚构应收账款作为转让标的，与保理人订立保理合同的，应收账款债务人不得以应收账款不存在为由对抗保理人，但是保理人明知虚构的除外。"该条是针对保理实务中较为严重的虚构应收账款或虚假贸易背景等突出问题作出的规定，目的在于防止应收账款债权人与债务人通谋损害保理人的合法权益。该条在适用中应当注意以下三个方面：

第一，作为转让标的的应收账款不存在。这里所说的不存在应收账款既包括全部应收账款不存在，也包括应收账款存在但与真实债权数额不符，也就是部分

---

〔1〕　参见黄和新："保理合同：混合合同的首个立法样本"，载《清华法学》2020年第3期。

不存在。

第二，应收账款债权人与债务人虚构了应收账款。虚构的方式包括应收账款的债权人与债务人通谋以虚假的意思表示制造了虚假的应收账款外观，或者债务人向保理人确认应收账款的真实性而制造了虚假应收账款的外观。

第三，保理人因合理信赖应收账款的存在而签订保理合同。通常情况下，保理人会向债务人核实应收账款的真实性，债务人在有关文件上确认该应收账款真实存在，使得保理人据此与债权人签订了保理合同。当债务人确认债权的真实性，虽然不因此而完全免除保理人的调查核实义务，但此时保理人一般能够相信债务人关于债权真实性的表述，从而使保理人对债权真实性的审核义务降低，以致保理人的合理信赖更容易形成。如果在保理人明知债权不存在时，则保理人未形成合理信赖，故不能适用《民法典》第763条予以保护。

**二、保理人发出债权转让通知的法律效果**

保理合同的核心在于应收账款的转让。按照《民法典》第546条的规定，债权人转让债权，未通知债务人的，该转让对债务人不发生效力；除经受让人同意外，债权转让的通知不得撤销。在保理合同中，为避免债务人在转让发生后仍向债权人履行债务，保理人往往会主动通知债务人。《民法典》第764条规定："保理人向应收账款债务人发出应收账款转让通知的，应当表明保理人身份并附有必要凭证。"可见，本条对保理人可以向应收账款的债务人发出应收账款转让通知进行了确认，终结了学界关于保理人能否发出债权转让通知的争论。

将保理人作为通知主体，不仅可以降低单纯由债权人通知并提供债务人确认文件可能引发或隐藏的法律风险，而且要求保理人通知时表明身份、附有必要凭证，事实上起到了双向核实的作用：一方面，保理人经债务人对基础合同及应收账款真实性作进一步审查核实，强化了保理人的审查义务；另一方面，债务人也可以发现债权人在应收账款真伪、数量及用途等方面与实际交易状况是否一致，以便债务人及时行使抗辩权。此时，对必要凭证的认定最为重要，故对此应当采取比较严格的认定方式。如果仅仅是书面的债权转让合同或者保理合同，或者带有债权人签章的书面转让合同，并不必然构成充分的必要凭证，因为这些情形均存在伪造凭证的可能性。但是，如果保理人提交了经过公证的债权转让合同、保理合同或者转让通知等，由于公证书的证明力较强，故债务人无需审核。[1]

**三、基础交易关系变更或终止对保理人的效力**

在保理合同中，为了保障保理人的地位，应收账款债权人负有不减损该应收

---

〔1〕　参见黄薇主编：《中华人民共和国民法典合同编解读（下册）》，中国法制出版社2020年版，第917页。

账款债权价值的义务，因此，债权人通过与债务人协商，作出使转让的应收账款的债权价值落空或者减损的行为，其对保理人发生何种效力，这是法律应当规范的重点问题。

《民法典》第 765 条规定："应收账款债务人接到应收账款转让通知后，应收账款债权人与债务人无正当理由协商变更或者终止基础交易合同，对保理人产生不利影响的，对保理人不发生效力。"根据该条规定，在债务人接到债权转让通知后，应收账款债权人和债务人协商，无正当理由作出一些事关转让债权的行为，对保理人产生了不利影响的，对保理人不发生效力。这样的行为主要包括：①协商变更或者终止基础交易合同的情形，如延期履行、和解、协商抵销、协商解除等；②债权人免除债务人的债务而债务人未在合理期限内拒绝的情形。

需要注意的是，经过保理人同意或者该行为符合诚信原则且保理人无合理理由反对的，则不属于《民法典》第 765 条所规定的"无正当理由"之情形。如果是基于法律规定或者债务人单方行使基于法律规定而享有的法定解除权等，使基础交易合同发生变更或者终止的，那么，该种事关转让债权的行为对保理人发生相应的效力。

### 四、多重保理的清偿顺序

实践中，常有债权人为了获得更多的保理融资，将同一应收账款向多家保理人申请设立保理并订立保理合同。在同一应收账款存在多个有效保理合同的情况下，哪个保理人的权利优先、如何分配权益，这就涉及权利的公示公信问题。《民法典》第 768 条规定："应收账款债权人就同一应收账款订立多个保理合同，致使多个保理人主张权利的，已经登记的先于未登记的取得应收账款；均已经登记的，按照登记时间的先后顺序取得应收账款；均未登记的，由最先到达应收账款债务人的转让通知中载明的保理人取得应收账款；既未登记也未通知的，按照保理融资款或者服务报酬的比例取得应收账款。"该规定明确了多重保理的清偿顺序，具体表现为：

第一，应收账款登记的保理优先于未登记的保理。采取登记在先的方式，将使整体的社会成本最低，对保理人的地位保障最为充分，有利于维护交易安全，提升营商环境，同时便利企业的融资实践。[1]

第二，应收账款均未登记的，最先通知债务人的保理优先。在保理人都未进行债权转让登记时，采通知在先的方式的社会成本虽比采登记在先方式的社会成本高，但却比依合同成立时间先后确定优先顺位所花费的成本低。此时，采通知

---

〔1〕 参见王轶等:《中国民法典释评·合同编·典型合同（下卷）》，中国人民大学出版社 2020 年版，第 26 页。

在先的方式确定清偿顺序，即最先到达债务人的转让通知中载明的保理人顺位在先，较为合理。这种确立清偿顺序的规则不利于暗保理的保理人，但整体上有助于保护交易安全，并且保理人应当承担其选择暗保理所可能产生的风险。

第三，既未登记也未通知的多重保理按比例清偿。就同一应收账款订立的多个保理合同，均既未登记也未通知的，意味着所有保理人都没有优先权。在此种情形下，所有保理人的地位平等，权利层次相同，只有按照保理人基于保理合同享有的债权比例清偿才是公平的。[1]

### 五、保理适用债权转让的规则

保理合同在本质上是一种特殊的应收账款债权转让，故《民法典》第769条规定："本章没有规定的，适用本编第六章债权转让的有关规定。"

作为一种特殊的债权转让合同，除了保理业务必须遵循的特殊规则外，保理合同在很多方面要符合债权转让的一般原理。具体而言，在涉及债权转让的范围内，可以适用以下规定：①不得转让的债权的规定（《民法典》第545条）；②关于债权转让通知的撤销规定（《民法典》第546条第2款）；③债权受让人取得与债权有关的从权利的规定（《民法典》第547条）；④债务人对让与人的抗辩可以继续向受让人主张（《民法典》第548条）；⑤债务人对受让人主张抵销权的规定（《民法典》第549条）；⑥因债权转让增加的履行费用的负担规定（《民法典》第550条）。

### ■思考题

1. 保理合同的含义和特征是什么？
2. 有追索权保理与无追索权保理的区别有哪些？
3. 试述保理合同的效力。

### ■参考资料

1. 李宇："保理合同立法论"，载《法学》2019年第12期。
2. 方新军："《民法典》保理合同适用范围的解释论问题"，载《法制与社会发展》2020年第4期。
3. 王轶等：《中国民法典释评·合同编·典型合同（下卷）》，中国人民大学出版社2020年版。
4. 谢鸿飞、朱广新主编：《民法典评注：合同编·典型合同与准合同（2）》，中国法制出版社2020年版。

---

〔1〕 参见谢鸿飞、朱广新主编：《民法典评注：合同编·典型合同与准合同（2）》，中国法制出版社2020年版，第567页。

# 第十八章    承揽合同

■ 学习目的和要求

通过本章的学习，了解承揽合同的含义和特征，理解加工合同、定作合同、修理合同等都是承揽合同的具体表现形式；通过将承揽合同与其他合同相比较，理解承揽合同中承揽人享有的留置权；掌握承揽合同的内容和效力，特别是承揽合同中的标的物风险负担的确定。

## 第一节    承揽合同概述

### 一、承揽合同的概念和特征

（一）承揽合同的概念

承揽合同是指承揽人按照定作人的要求完成工作，交付工作成果，由定作人给付报酬的合同。在承揽合同中，提出要求、接受工作成果并支付报酬的一方是定作人；按要求完成一定工作并交付工作成果的一方是承揽人；定作人要求完成的工作成果称为定作物。

承揽合同与买卖合同为典型合同的两大支柱，其中承揽合同属于典型的提供劳务的合同。与提供财产的合同不同，承揽合同的规则为其他提供劳务的合同（如委托、行纪、居间、保管、仓储、运输、旅游、演出、雇佣等合同）提供了法律适用的一般规则。

（二）承揽合同的特征

承揽合同是一种典型的完成工作的合同，具有以下法律特征：

1. 承揽合同的标的是一定的工作成果。承揽合同是完成工作的合同，但承揽合同的标的及该合同注重的对象是工作成果而不是工作过程。承揽人如果仅仅进行了工作而没有工作成果，对于定作人来说其没有任何意义。这是承揽合同区别于其他提供劳务的合同特征之一，委托、行纪、居间、保管、仓储、运输、旅游、演出、雇佣等提供劳务的合同，则更加关注提供劳务行为本身。

2. 承揽合同是承揽人独立完成工作的合同。这是承揽合同人身属性的体现。承揽合同关系的成立往往以定作人信任承揽人的技术能力为基础，因此承揽人必须以自己的技术、设备、劳力为定作方完成工作，并承担工作不能完成的风险责任。如果承揽人将承揽工作交由第三人完成则会辜负定作人的信任，从而违背了承揽合同订立的基础。

3. 承揽合同的标的物是特定物。虽然承揽人需要完成一定的工作，交付工作成果，但并非所有的承揽合同的工作成果都体现为标的物（如检验合同）。当承揽人交付的工作成果体现为物时，该物必定是特定物，因为定作人的要求使得承揽人完成的工作成果必须特定化。

4. 承揽合同更强调履行的协作性。合同在履行过程中要求当事人之间相互协作，但相比较而言，承揽合同中承揽人义务的完成往往更加需要定作人在多方面、多阶段的配合和协作，如对定作人特定要求的提出和完善、对原料的检验、对承揽人工作的全过程监督等，如果定作人不予以配合，承揽工作要么无法开展，要么无法顺利完成。

5. 承揽合同是双务、有偿、诺成合同。承揽合同是承揽人完成一定的工作成果，定作人为此支付报酬的合同，因而其是双务、有偿合同。同时，承揽合同的成立无须也无法实际交付标的物，因而其又是诺成合同。

6. 承揽合同为继续性合同。承揽合同一般无法即时履行，承揽人完成工作的过程需要持续一段时间。因此，在双方当事人的权利义务和合同的解除方面，承揽合同具有不同于一时性合同的特殊性。

**二、承揽合同的种类**

承揽合同的种类很多，根据我国《民法典》规定，主要有以下几种：

1. 加工合同。它是来料加工合同的简称，是指承揽人用定作人提供的原材料，按定作人的要求为定作人加工特定的产品，由定作人支付约定报酬的合同。其特点是，原材料主要由定作人提供，承揽方收取加工费。

2. 定作合同。它是指由承揽人自己提供原材料，并将原材料加工成产品并交付于定作人，由定作人支付约定报酬的合同。定作合同与加工合同区别的主要标志在于该合同中的原材料由承揽人提供。

3. 修理合同。它是指由承揽人用自己的技术、设备、劳力，将定作人不能使用的或已经损坏的物品修复到能够使用的状态，由定作方给付约定报酬的合同，如家电维修。

4. 复制合同。它是指承揽人按照定作人的要求，将定作人的文稿或其他样品予以打印或复制，由定作人接受该工作成果并支付约定报酬的合同。

5. 测试合同。它是承揽人用自己的技术、设备、知识、劳力为定作人提供的物品进行测试，由定作人按约定支付报酬的合同，如机械设备的安装测试。

6. 检验合同。检验合同是指承揽人按照定作人的要求，对定作人提出需要检验的内容，以自己的设备、仪器、技术等进行检验，并向定作人提出关于该检验内容相关问题的结论，由定作人接受该结论并向承揽人支付报酬的合同。

除了《民法典》第 770 条列举的上述类型之外，实践中其他比较常见的承揽合同种类还有自然人自住用房的建设合同、房屋等不动产修缮或改建合同、印刷合同、广告合同、翻译合同等。

### 三、承揽合同与其他合同之区别

#### （一）承揽合同与买卖合同

买卖合同在移转标的物所有权方面与承揽合同非常相似，不少承揽合同也涉及标的物所有权的移转。尤其是在定作合同中，承揽人提供原材料并加工，最后将作为成果的标的物的所有权移转与定作人，这与买卖合同相差无几。但是，承揽合同与买卖合同的区别也十分明显，主要有以下表现：①承揽合同中的工作成果为物时，必定为特定物，且在合同成立之时必不存在，如非物时则不存在交付与移转权利的问题；买卖合同中的标的物可为特定物，也可为种类物，在合同成立之时可能存在也可能不存在，但最终必须存在标的物的交付和权利的移转。②承揽合同中的工作成果须由承揽人独立工作完成；买卖合同中的出卖人可以自己生产标的物，也可从第三人处获得。③承揽合同规定了承揽人的留置权；买卖合同中则无关于留置权的规定。但是，在定作合同中，由于原材料由承揽人提供，在工作成果未交付之前，所有权仍然属于承揽人，此时行使留置权的实益不大。④承揽合同中的定作人有权随时解除合同；买卖合同中的买受人则不享有此种解除权。⑤在合同尚未完全履行时，定作人有指示、监督、检查工作的权利，而买卖合同中的买受人无此种权利。

#### （二）承揽合同与劳动合同（雇佣合同）

承揽合同与劳动合同（雇佣合同）都属于提供劳务的合同，二者的区别主要体现为：①承揽合同属于典型的民事合同，贯彻的是合同自由的基本原则，没有任何一方当事人有凌驾于对方的特权；而劳动合同随着劳动者权益保护的逐步升级，正在发生对合同一方当事人加以倾斜性保护的变化。②承揽合同强调的是最终工作成果的交付，如果光有工作，却未提供劳动成果，则无权要求定作人支付报酬；而劳动合同关注的是提供劳务本身，至于劳动本身是否物化为一定的劳动成果，并不影响劳动者的报酬请求权。③虽然承揽人在完成工作时要接受定作人的指示和监督，但定作人往往只能对最终成果的要求作出指示，如何通过劳动达到该要求还需要借助承揽人的经验和技术，故承揽人的工作仍然具有相对的独立性；而劳动合同中的劳动者在提供劳务时往往需要服从指挥、听从命令，其独立性较弱。④承揽人的工作具有独立性，其在工作中致人损害的，由承揽人而不是定作人承担责任；而劳动者在工作中致人损害的，应该由用人单位承担责任。

（三）承揽合同与委托合同

承揽合同中的承揽人需要按照定作人的要求完成一定的工作，这与委托合同中的受托人需要按照委托人的要求处理一定事务的特点十分相似，二者的区别主要在于：①承揽合同中的承揽人是以自己的名义履行合同义务，并独立承担相应风险与责任；而委托合同中的受托人则是以委托人的名义处理相关事务，所有的费用、风险和责任由委托人承担。②委托合同中的受托人处理事务时一般会涉及委托合同之外的第三人；而承揽合同中的承揽人在完成工作时往往不会涉及承揽合同之外的第三人。③承揽合同为有偿合同，定作人必须为承揽人完成的工作支付报酬；而委托合同中的受托人于处理相关事务时，在约定报酬的情况下有报酬请求权，否则其无报酬请求权。

## 第二节　承揽合同的内容

承揽合同种类繁多，不同类型的承揽合同在内容上也不完全相同。《民法典》第771条规定："承揽合同的内容一般包括承揽的标的、数量、质量、报酬，承揽方式，材料的提供，履行期限，验收标准和方法等条款。"

### 一、承揽标的

承揽标的是承揽合同中权利义务所指向的对象，即工作成果，也称定作物。不同种类的承揽合同对定作物的称谓不一样。一般在加工、定作、修理合同中，将其称为品名；在其他承揽合同中，将其称为项目。无论对定作物的称谓如何，承揽标的均应当明确、具体，合同双方当事人约定时不能含混不清。

### 二、数量和质量

数量是以数字和计量单位来衡量定作物的尺度，属于标的物的量的标准。定作物的性质不同，对其的计量方法也不同。数量条款直接关系当事人权利义务的物理维度，应当在合同中作出明确规定。对于可计量的定作物的计量方法，一般应当采用国家法定的计量单位；如果使用箱、包、袋、捆等为单位的，则需要明确每箱、每包、每袋、每捆的具体数量。

质量是定作物满足一定用途、符合一定标准的特性，是对标的物在质上的要求。在承揽合同中，对于有形的工作物而言，有统一标准的，应当注明技术标准、标号、代号、标准的名称等；没有统一标准的，应当明确主要要求或者附相应的图纸；没有统一标准但以某样品为标准的，则应写明样品的名称并妥善保存样品。对于无形的工作物，也可以约定质量条款，以便确定相应的要求。

### 三、材料的提供

原材料是承揽合同中的承揽人完成工作的物质基础，其既可以由承揽方提供，也可以由定作方提供。在承揽合同中应当明确原材料的提供者，并同时规定原材料的名称、规格、数量、质量。

如果原材料由定作方提供，合同中应当明确规定原材料的消耗定额以及其提供原材料的时间、数量、质量、规格等，承揽方须及时检验定作方提供的原材料，发现不合格应及时通知定作方予以更换。如果原材料由承揽方提供，该原材料须经定作方检验认可才能加以使用，否则会影响到工作成果的质量。

### 四、报酬

报酬是指定作方对承揽方完成工作所支付的酬金。承揽方的主要目的就是通过完成一定的工作而取得报酬，故报酬是承揽合同的主要内容。报酬与价款不同，在当事人约定报酬时应加以区分。由于提供原材料方的不同，工作成果的价值构成存在差别。在原材料由定作人提供时，承揽合同只存在报酬问题；在原材料由承揽方提供时，除了承揽人完成工作的报酬外，定作人还应当支付购买原材料的费用。此时，承揽人的报酬和原材料购置费的总和就叫价款。因此，在订立承揽合同时，应当明确约定承揽人报酬及原材料价款，并约定报酬的支付方式、支付时间及原材料价款的支付方式、支付时间。

### 五、承揽方式

承揽方式是指承揽人完成工作的方式。由于承揽合同具有人身性，其中的主要工作只有交由承揽人单独亲自完成，才不会违反定作人对他的信任，至于相关辅助工作，则可以交由第三人完成。到底是由承揽人独自完成工作还是由承揽人与第三人共同完成工作，需要由当事人在合同中约定。

### 六、履行期限、地点、方式

承揽合同的履行期限对于承揽人来说是完成工作的期限，对于定作人来说则是支付报酬的期限；履行地点是交付工作成果的地点；履行方式是工作成果的交付方式。履行地点可以是定作人所在地，也可以是承揽人所在地，还可以是工作成果所在地；履行方式可以约定由定作人自提标的，也可以约定由承揽人送货。

### 七、验收方法和标准

承揽合同中的承揽人需要交付一定的工作成果，而交付的成果是否符合合同约定，通常需要对其进行验收予以确定，故验收方法和验收标准直接关系定作人是否接收承揽人完成的工作成果以及后续义务的履行。为了避免当事人双方对工作成果的质量产生不必要的争议，需要在合同中对其加以明确。

验收方法是检验承揽工作成果的方法，验收标准是检验工作成果是否符合定作人要求的标准。不同承揽合同的验收方法不同；同一承揽合同的验收方法和标准也可能有所不同。定作人应当按合同约定的期限、标准、方法对工作成果及时进行验收；有技术资料、图纸的，技术资料和图纸是合同的组成部分，定作方验收时要按技术资料和图纸进行；验收前承揽方应向定作方提供必要的技术资料和质量证明。有些工作成果的缺陷在短期内难以发现，此时应由双方商定一定的保证期，以便在未来发生争议时明确责任。

### 八、双方约定的其他条款

由于承揽合同当事人的要求千差万别，且承揽合同的种类复杂，上述条款并不是承揽合同的全部条款。当事人双方还可以根据自己的特别要求约定其他条款，如预付款条款、定金条款、保密条款等。

## 第三节 承揽合同的效力

### 一、对承揽人的效力

#### （一）承揽人完成承揽工作之义务

按照合同约定完成工作是承揽人的主要义务，也是承揽人交付工作成果的前提。这一义务主要体现在以下几个方面：

1. 承揽人须在约定的期限内完成工作。承揽人应当按照合同约定开始工作，如果合同中仅约定了工作成果的交付期限的，则承揽人应当根据实际情况开始工作，但不得迟于交付期限。

2. 承揽人应亲自完成工作。承揽合同往往是基于定作人对承揽人的信任而签订的，因此《民法典》第 772 条第 1 款规定："承揽人应当以自己的设备、技术和劳力，完成主要工作，但当事人另有约定的除外。"当然，承揽人亲自完成工作不意味着在所有的情况下都不允许第三人参与。承揽工作可分为主要部分和辅助部分，除当事人另有约定外，对于承揽工作的主要部分，承揽人必须亲自完成，如果未经定作人同意，承揽人将主要部分交由第三人完成的，定作人可以解除合同；对于承揽工作的辅助部分，则不要求必须由承揽人亲自完成，承揽人可以自行决定将该工作转由第三人完成，但其应就第三人的工作成果向定作人负责。

3. 承揽人完成的工作成果应当符合质量要求。《民法典》第 781 条规定："承揽人交付的工作成果不符合质量要求的，定作人可以合理选择请求承揽人承担修理、重作、减少报酬、赔偿损失等违约责任。"对于承揽人完成的工作成果的质量，定作人有明确指示的，应当按照定作人的指示加以确定；定作人未做明确指示的，应当按照同种类工作成果的通常标准或者符合合同目的的特定标准加以确定。

（二）承揽人与材料有关的义务

按照《民法典》第 774 条和第 775 条的规定，当事人可以约定材料由定作人提供，也可以约定材料由承揽人提供，但在这两种情况下承揽人的义务有所不同。

1. 由承揽人提供材料时承揽人的义务。由承揽人提供材料的承揽合同属于定作合同。《民法典》第 774 条规定："承揽人提供材料的，应当按照约定选用材料，并接受定作人检验。"承揽人提供材料时的义务与买卖合同中的出卖人的义务相似，即提供的材料应当符合合同约定的质量标准或者同种类物的通常标准，或者符合合同目的的特定标准。而且，承揽人应当告知定作人所选用的材料的情况，并接受定作人的检查。定作人在检查过程中发现承揽人提供的材料不符合要求的，可以在合理期限内要求承揽人另行选用合格的材料。

2. 由定作人提供材料时承揽人的义务。《民法典》第 775 条第 1 款规定："定作人提供材料的，应当按照约定提供材料。承揽人对定作人提供的材料应当及时检验，发现不符合约定时，应当及时通知定作人更换、补齐或者采取其他补救措施。"可见，承揽合同中约定由定作人提供原材料的，承揽人对定作人提供的原材料负有检验义务和通知义务。该条规定的检验义务和通知义务都属于不真正之义务，如果承揽人未履行这些义务并不承担违约责任，只会承受由此引发的不利后果，将来承揽人交付的工作成果不符合定作人要求的，也不能因此而免责。在承揽人履行检验义务和通知义务后，因定作人对材料进行更换、补齐或者采取其他补救措施，导致承揽人无法在合同约定的期限内完成相关工作的，承揽人不负履行迟延的责任。此外，根据《民法典》第 775 条第 2 款规定，承揽人应诚实地使用定作人提供的原材料，不得私自更换，不得以次充好，不得更换不需要修理的零部件。

（三）接受监督检查的义务

《民法典》第 779 条规定："承揽人在工作期间，应当接受定作人必要的监督检验。定作人不得因监督检验妨碍承揽人的正常工作。"承揽合同成立时定作物尚不存在，定作人只是提出了相应的要求，这些要求需要承揽人通过后续的工作才能完成，如果定作人没有监督检查的权利，而在承揽人交付成果时才发现定作物不符合要求则为时已晚，尤其在定作人提供原材料的情况下，可能还会导致其珍贵物料的损失。定作人在监督检查时发现承揽人工作中存在不符合合同约定的行为时，有权要求其及时修正，承揽人不得拒绝。由于定作人在相关技术能力方面往往不及承揽人，故其在监督检查过程中不能因知识、技术和能力的缺乏而妨碍承揽人的正常工作。

（四）通知义务与保密义务

通知义务是指承揽人应将承揽工作中的异常情况及时通知定作人。承揽人履行通知义务的主要情形有：①定作人提供的原材料不符合要求时，承揽人应及时通知定作人予以更换、补正；②承揽人发现定作人提供的图纸或技术要求不合理时，应及时通知定作人；③对非因承揽人原因造成工作进度减缓或出现质量问题的，应及时通知定作人，以便定作人及时采取补正措施，保证承揽工作得到顺利完成。

承揽合同中的定作人一方在提出工作要求时，往往会涉及其隐私、商业秘密或者技术秘密等不愿意让第三人知晓的信息，而这些信息一旦泄露则会给定作人带来人身或财产利益的损害，故《民法典》第785条规定："承揽人应当按照定作人的要求保守秘密，未经定作人许可，不得留存复制品或者技术资料。"

（五）工作成果的交付义务

由于承揽人工作的种类多种多样，其最后成果的表现形式也各有不同。从是否表现为有形之物加以区分，工作成果则可以分为两类：一类是有物化成果的工作成果，另一类则是无物化成果的工作成果。前者如定作物、加工物等，后者如检验结果、打扫清洁的工作成果等。我国《民法典》对这两种情况未作区分，为了与物权编中规定的交付概念相吻合，应当把承揽合同中承揽人交付工作成果的义务限于有物化工作成果的情形。至于交付的方式可准用买卖合同中的出卖人交付标的物的规则。

承揽人交付工作成果时，应当一并交付定作物的附属物，如备件、配件、维修工具、图纸、技术资料等，并向定作人提供有关的质量证明。定作人提供的材料有剩余时，承揽人还应当将剩余的材料返还给定作人。

（六）共同承揽人的连带责任

《民法典》第786条规定："共同承揽人对定作人承担连带责任，但是当事人另有约定的除外。"该条规定的共同承揽人不包括承揽合同中完成辅助工作的第三人和再承揽合同中的次承揽人，仅指与定作人处于同一个合同关系中的多个承揽人。此外，定作人和共同承揽人间约定共同承揽人不承担连带责任的，依照约定处理。但是，仅仅共同承揽人相互约定不承担连带责任的，该约定不得对抗定作人。

**二、对定作人的效力**

（一）支付报酬之义务

承揽合同是典型的有偿合同，定作人支付的报酬是承揽人完成工作的对价，而且支付报酬是定作人最主要的合同义务。

1. 支付报酬的期限。根据《民法典》第782条规定："定作人应当按照约定的期限支付报酬。对支付报酬的期限没有约定或者约定不明确，依据本法第五百一十条的规定仍不能确定的，定作人应当在承揽人交付工作成果时支付；工作成果部分交付的，定作人应当相应支付。"

2. 报酬数额。当事人对承揽合同中的报酬有明确约定的，定作人应当按照约定的数额支付报酬。如果合同中没有约定报酬数额或者计算方式，可以由当事人补充协议；无法通过补充协议达成合意的，则可以适用《民法典》第511条第2项规定，按照订立合同时履行地的市场报酬水平予以支付。

3. 迟延支付或者不支付的后果。为了保障承揽人的利益，在定作人未向承揽人支付报酬或者材料费等价款时，《民法典》第783条明确规定承揽人对工作成果享有留置权。但是，承揽人对工作成果享有的留置权可通过约定加以排除。

（二）协助义务

《民法典》第778条规定："承揽工作需要定作人协助的，定作人有协助的义务。定作人不履行协助义务致使承揽工作不能完成的，承揽人可以催告定作人在合理期限内履行义务，并可以顺延履行期限；定作人逾期不履行的，承揽人可以解除合同。"可见，由于在缺少定作人协助的情形下，承揽人在很多时候根本无法开展相关工作，从而不能交付工作成果，因而该条规定了定作人的协助义务，并明确定作人不履行该义务时承揽人享有合同解除权。

具体而言，定作人的协作义务主要表现有三：①按照合同约定或者合同的性质，定作人应为承揽人提供开展工作的基础，如向承揽人提供材料、零配件等。②定作人提出要求时需要佐以相应的设计图纸、技术要求或资料、个人信息等，如需要提供样品的，定作人应当及时提供。③定作人提供的原材料不符合要求，承揽人及时通知定作人更换、补正的，定作人应及时更换、补正；承揽人发现定作人提供的图纸或技术要求不合理而及时通知定作人的，定作人应当及时另行提供合理的图纸或者技术要求。

（三）接受工作成果的义务

对于定作人是否有受领工作成果之义务，各国或地区的规定不一，我国学者一般认为定作人有受领义务。由于承揽合同的工作成果有时体现为物化的成果，有时体现为无物化的成果。只有承揽人交付物化成果时，定作人才需受领；对于无物化的成果，定作人只需认可该成果即可。根据《民法典》第780条的规定，定作人应按照合同约定的时间、地点和方式验收并接受承揽人完成的工作成果。定作人迟延接受的，应承担违约责任；定作人无正当理由拒绝接受的，则视为单方解除合同，但应承担赔偿损失的责任。当然，如果定作人在验收时发现工作成果存在缺陷，定作人可以拒绝接受该工作成果。

（四）定作人对工作要求的变更权

《民法典》第 777 条规定："定作人中途变更承揽工作的要求，造成承揽人损失的，应当赔偿损失。"根据该条规定，在承揽合同中，定作人享有单方面无条件随意变更工作要求的权利。由于承揽合同中交付何种工作成果完全取决于定作人的目的，承揽人只是通过其技术和能力获得相应报酬，赋予定作人以任意的变更权，使得定作人在承揽人完成工作之前可以适时变更要求，从而获得真正符合其要求的成果。同时，定作人对承揽人已经付出的劳动和相应的损耗给予赔偿，并向承揽人支付变更后的工作报酬，以确保承揽人的利益不遭受损害。这种结果对双方都较为有利。

（五）定作人的任意解除权

《民法典》第 787 条规定："定作人在承揽人完成工作前可以随时解除合同，造成承揽人损失的，应当赔偿损失。"该条是关于定作人的任意解除权的规定。定作人行使任意解除权有一定的限制，即其只能在承揽人完成工作前行使，如果承揽人已经依照合同约定完成的工作，此时其就可以依照合同约定请求定作人支付报酬，而定作人就不得再行使解除权了。此外，法律关于定作人的任意解除权的规定属于强制性规定，当事人不能在合同中通过约定予以排除。

# 第四节　承揽合同中的风险负担与终止

## 一、承揽合同中的风险负担

（一）承揽合同工作成果的风险负担

承揽合同工作成果的风险负担，应当可以类推适用买卖合同中的风险负担规则，即在工作成果交付前由承揽人承担，在工作成果交付后由定作人承担。因此，确定工作成果的风险负担主体，就是以工作成果是否交付作为判断标准。如果定作人受领迟延，那么定作人的行为便构成违约，此时承揽合同工作成果的风险应当由定作人承担。

（二）原材料的风险负担

承揽合同中的原材料若由承揽人提供，在原材料转化为工作成果之前，与定作人无关，此时原材料毁损、灭失的风险当然由承揽人承担。

当承揽合同中的原材料由定作人提供时，对于原材料在承揽人占有期间毁损、灭失的风险由谁负担，《民法典》未作出明确规定，但根据交付主义的风险负担规则，理应以交付为标准予以确定。也就是说，在定作人将工作成果交付给承揽人之前，由定作人承担；在定作人将工作成果交付给承揽人之后，由承揽人承担。虽然承揽人对定作人提供的原材料不享有所有权，但因通过完成承揽工作将原材料转化为工作成果时承揽人可以取得报酬，这表明承揽人能够从定作人提供的原材料获得一定的利益，因而根据风险与利益相一致原则，由承揽人承担定作人提供的原材料的风险负担并不丧失公平性。

## 二、承揽合同的终止

### （一）承揽合同因解除而终止

承揽合同的终止就是承揽合同关系的消灭，当事人解除合同是承揽合同终止的重要事由。基于合同自由原则，当事人可以协议解除承揽合同。此外，《民法典》还规定了承揽合同的法定解除条件，即符合法律规定的条件时，承揽合同的当事人一方可以行使解除权。这种法定解除权行使的情形主要包括：①承揽人未经定作人同意，将承揽的主要工作转让给第三人完成的，定作人有权解除合同。②承揽工作需要定作人协助而定作人在经催告后逾期不履行协助义务的，承揽人有权解除合同。③以赔偿损失为条件，定作人可以随时解除合同。

### （二）承揽合同的其他终止事由

作为一种典型合同，承揽合同可因合同终止的一般事由而终止。但是，根据承揽合同的性质，承揽合同有其自身特殊的终止事由。引起承揽合同终止的事由应包括：①承揽人死亡；②非归责于承揽人的原因导致工作成果不能完成。当这两种情况出现时，承揽合同归于消灭，由此造成的损失由承揽人承担，定作人仅对已完成工作的有用部分负受领并给付相应报酬的义务，如果已完成部分对于定作人而言并无效用，则定作人不负支付报酬的义务。

### ■思考题

1. 承揽合同的含义和特征是什么？
2. 承揽合同的主要内容有哪些？
3. 试述承揽合同的效力。
4. 试述承揽合同中的风险负担规则。

### ■参考资料

1. 崔建远主编：《合同法》，法律出版社 2016 年版。

2 黄喆："民法典背景下承揽合同验收制度的教义学展开"，载《苏州大学学报（哲学社会科学版）》2020 年第 4 期。

3. 黄立主编：《民法债编各论（上）》，中国政法大学出版社 2003 年版。

4. 徐涤宇主编：《合同法学》，高等教育出版社 2020 年版。

# 第十九章　建设工程合同

## 第一节　建设工程合同概述

### 一、建设工程合同的含义和特征

（一）建设工程合同的含义

建设工程合同，是指承包人完成工程项目的勘察、设计、施工等工程，发包人支付相应价款的合同。其中，勘察、设计、施工单位一方称为承包人，委托承包人进行工程建设的建设单位一方称为发包人。

（二）建设工程合同的特征

因建设工程合同具备完成工作合同的一般特征，其也需要交付工作成果，并具备诺成、双务、有偿合同的特性，故传统民法将其作为承揽合同的一类。但由于建设工程合同具有不同于一般承揽合同的特点，故我国法律一直将建设工程合同作为不同于承揽合同的有名合同加以规范。与承揽合同不同的是，建设工程合同主要具有以下特征：

1. 建设工程合同的标的是基本建设工程项目。基本建设工程是指国民经济各部门为发展生产力而进行的固定资产的扩大再生产，即国民经济各部门为增加固定资产而进行的建造、购置和安装工作的总称，如公路、铁路、桥梁和各类工业及民用建筑等工程的新建、改建、扩建、恢复工程。这些工程项目耗资巨大，内容复杂，履行期长，社会影响大，并且有更严格的质量要求。抢险救灾及其他临时性房屋建筑和农民自建低层住宅的建筑活动，不属于基本建设工程的范畴，这类合同适用承揽合同的规则。

2. 对建设工程合同的承包人有严格的资格限制。按照《建筑法》第12条和第13条的规定，建设工程合同的承包人应当具备以下条件：①有符合国家规定的注册资本；②有与其从事的建筑活动相适应的具有法定执业资格的专业技术人员；③有从事相关建筑活动所应有的技术装备；④法律、行政法规规定的其他条件；⑤经资质审查合格，取得相应等级的资质证书。

3. 建设工程合同的签订与履行受到国家的严格管理和监督。调整建设工程合同的规范除《民法典》《建筑法》外，还存在大量的行政法规、部门规章、地方性法规和规范性文件等。而且，行政部门对建设工程的全流程实施监督管理，对其立项需要进行严格论证，选择相对人时往往需要采取招标投标等竞争性方式，施工需要接受相关部门的监管，验收标准全面且严格，资金也要严格按照相关规定和程序进行拨付。

4. 建设工程合同的履行往往涉及合同关系之外的第三人。建设工程合同的履行除了受到国家的严格监管以外，还会受到作为发包人的建设单位的严密关注，这是发包人利益之所在。但因发包人与建设工程有关的经验和知识一般较为欠缺，从而需要具备相应知识和经验的第三方工程监理企业来帮助其对建设工程合同的履行进行有效的监督。因此，《民法典》第796条规定："建设工程实行监理的，发包人应当与监理人采用书面形式订立委托监理合同。发包人与监理人的权利和义务以及法律责任，应当依照本编委托合同以及其他有关法律、行政法规的规定。"虽然监理合同在性质上属于委托合同，且不是建设工程合同的组成部分，但其能够发挥督促建设工程的承包人按照合同要求完成相关工作的重要作用。

5. 建设工程合同为要式合同。《民法典》第789条规定："建设工程合同应当采用书面形式。"建设工程合同的工期一般较长，内容复杂，如果采取不要式合同的形式，双方的纠纷将难以解决，而且也不利于国家的监督与管理，故有必要在法律上明确要求该合同采取书面形式。

虽然建设工程合同有着不同于一般承揽合同的诸多特征，然而，从本质上来看其仍然属于一种特殊类型的承揽合同，因此，《民法典》第808条规定："本章没有规定的，适用承揽合同的有关规定。"

## 二、建设工程合同的种类

### （一）按工程建设的环节分类

1. 建设工程勘察合同。这是承包人与发包人之间就承包人完成建设工程的地理、地质、水文等状况开展调查研究工作，由发包人支付报酬的合同。

2. 建设工程设计合同。这是承包人应按发包人的要求，向发包人提供工程设计方案和施工图纸，并在施工过程中对有关设计的问题进行现场指导、监督和验收，由发包人支付报酬的合同。

按照《民法典》第794条的规定，勘察、设计合同的内容一般包括提交有关基础资料和概预算等文件的期限、质量要求、费用以及其他协作条件等条款。

3. 建设工程施工、安装合同。这是就工程项目的建筑施工和安装工作所签订的合同。

按照《民法典》第795条的规定，施工合同的内容，一般包括工程范围、建设工期、中间交工工程的开工和竣工时间、工程质量、工程造价、技术资料交付时间、材料和设备供应责任、拨款和结算、竣工验收、质量保修范围和质量保证期、相互协作等条款。

（二）按合同的标的分类

1. 总承包合同。这是发包人将工程项目的勘察、设计、施工、安装等全部工作交给同一个承包人承包而订立的合同。该合同中的承包人被称为总承包人。

2. 分项工程承包合同。这是发包人将工程项目分成若干不同部分，分别就其中不同的部分与承包人订立独立的承包合同，各承包人只对自己承包的部分向发包人负责。

## 第二节　建设工程合同的订立

### 一、合同成立之方式

为了最大限度地保障工程质量，发包人一般应采取在众多相对人中择优选择的竞争性缔约方式，通常为招标投标方式。在我国，下列工程建设项目，包括对项目的勘察、设计、施工、监理以及对与工程建设有关的重要设备、材料等的采购，必须通过招标投标程序订立合同：①大型基础设施、公用事业等关系社会公共利益、公众安全的项目；②全部或者部分使用国有资金进行投资或者国家融资的项目；③使用国际组织或者外国政府贷款、援助资金的项目。但是，涉及国家安全、国家秘密、抢险救灾或者属于利用扶贫资金实行以工代赈、需要使用农民工等特殊情况而不适宜进行招标的项目，按照国家有关规定可以不进行招标。对于不适于招标发包的建设工程合同，可以由发包人直接发包，通过与对方当事人直接协商的方式订立合同。

以招标发包方式签订建设工程承包合同的，该合同的缔结须经过招标、投标、开标、评标、定标和签订书面合同等过程。具体内容可以参考第十一章第三节招标投标买卖的程序。

**二、建设工程的承包方式**

（一）总承包合同与分项承包合同

《民法典》第791条第1款规定："发包人可以与总承包人订立建设工程合同，也可以分别与勘察人、设计人、施工人订立勘察、设计、施工承包合同。"发包人将所有勘察、设计、施工等工作交由一个承包人完成的合同为总承包合同；发包人将不同类型的勘察、设计、施工等工作交由不同承包人完成的合同为分项承包合同。发包人可以自行选择是签订总承包合同还是签订分项承包合同，法律对此并不予以强制。

对于发包人来说，在签订总承包合同的情形下，勘察、设计、施工等部门都隶属于同一个单位，能够提高效率，节省成本，但是，采用总承包合同时，作为同一个单位的设计与施工部门，二者之间因利益的同一性，常常缺乏有效的监督。在签订分项承包合同的情形下，独立的勘察设计单位比起一个单位中的勘察设计部门来说，其通常在专业、人才、经验、资源等各方面更具有优势，能更好地完成相关工作，而且独立的勘察设计单位能够有效地对施工单位偏离设计方案的行为加以监督和纠正。然而，正是由于独立的勘察设计单位具有这些优势，对于发包人而言，签订分项承包合同往往意味着需要支付较为高昂的勘察设计费用。

需要注意的是，《民法典》第791条第1款后句还规定："发包人不得将应当由一个承包人完成的建设工程支解成若干部分发包给数个承包人。"可见，允许对建设工程作分项承包是因为建设工程的勘察、设计、施工工作有着性质上的差异，但就性质相同的工作而言，还是应当由同一个承包人完成才能避免不必要的矛盾，从而取得更好的效果。

（二）转包与分包

所谓转包，是指承包人将建筑工程合同中的权利义务转让给第三人享有或承担，自己退出与建设单位签订的合同关系。我国《民法典》和《建筑法》都禁止将建设工程转包，即既不允许承包人将其承包的全部建设工程转包给同一个第三人，也不允许将其承包的全部建设工程进行支解以后以分包的名义分别转包给不同的第三人。禁止转包的目的在于确保工程符合质量标准。

所谓分包，是指总承包人或分项承包人在其与发包人签订了总承包合同或分项承包合同后，再将其所承包的工程的一部分交给第三人完成而签订的合同。分包为《民法典》所允许，但却受到以下限制：①承包人不得将工程分包给不具备相应资质条件的单位；②不允许层层分包，即分包单位不得将其承包的工程再分包；③分包单位一般只能承担辅助性的工作，建设工程主体结构的施工必须由承包人自行完成。

# 第三节　建设工程合同的效力

## 一、对承包人之效力

### （一）承包人独立完成工作之义务

由于建设工程合同往往通过竞争性缔约方式作择优选择，更能体现发包人对于承包人资质、能力等各方面的信任，因此承包人不得辜负这种信任，应当自己完成相关工作。但是，《民法典》第791条第2款规定："总承包人或者勘察、设计、施工承包人经发包人同意，可以将自己承包的部分工作交由第三人完成。第三人就其完成的工作成果与总承包人或者勘察、设计、施工承包人向发包人承担连带责任。"在理解该条内容时应强调的是：无论发包人是否同意，建设工程的主要部分尤其是建设工程主体结构的施工任务不能交由第三人完成；对于辅助工作交由第三人完成的，承包人也需征得发包人之同意；建设工程合同中的第三人应当就其完成的工作成果与总承包人或者勘察、设计、施工承包人向发包人承担连带责任。

### （二）接受监督检查的义务

《民法典》第797条规定："发包人在不妨碍承包人正常作业的情况下，可以随时对作业进度、质量进行检查。"第798条规定："隐蔽工程在隐蔽以前，承包人应当通知发包人检查。发包人没有及时检查的，承包人可以顺延工程日期，并有权请求赔偿停工、窝工等损失。"根据这些规定，为了确保发包人的监督检查权利得到实现，承包人在隐蔽工程被隐蔽以前有通知发包人检查的义务。而且，苟以承包人履行通知义务，有利于分清建设工程瑕疵责任之承担主体，也有助于保障建设工程之质量。

### （三）承包人的瑕疵担保责任

承包人的瑕疵担保责任的规定主要规定于《民法典》第800~802条。具体内容为：①勘察、设计的质量不符合要求或者未按照期限提交勘察、设计文件拖延工期，造成发包人损失的，勘察人、设计人应当继续完善勘察、设计，减收或者免收勘察、设计费并赔偿损失。②因施工人的原因致使建设工程质量不符合约定的，发包人有权请求施工人在合理期限内无偿修理或者返工、改建；经过修理或者返工、改建后，造成逾期交付的，施工人应当承担违约责任。③因承包人的原因致使建设工程在合理使用期限内造成人身损害和财产损失的，承包人应承担赔偿责任。

### 二、对发包人之效力

#### （一）支付工程款之义务

《民法典》第 807 条规定："发包人未按照约定支付价款的，承包人可以催告发包人在合理期限内支付价款。发包人逾期不支付的，除按照建设工程的性质不宜折价、拍卖外，承包人可以与发包人协议将该工程折价，也可以请求人民法院将该工程依法拍卖。建设工程的价款就该工程折价或者拍卖的价款优先受偿。"此外，《民法典》第 793 条和第 806 条第 3 款还规定了建设工程合同无效和合同解除情况下的工程款之支付问题。

#### （二）验收义务

建设工程涉及不特定多数人的人身财产安全，验收不仅关乎发包人之利益，更关乎社会公共利益。这项义务之履行与买受人受领义务之履行显然不可同日而语。因此《民法典》第 799 条规定："建设工程竣工后，发包人应当根据施工图纸及说明书、国家颁发的施工验收规范和质量检验标准及时进行验收。验收合格的，发包人应当按照约定支付价款，并接收该建设工程。建设工程竣工经验收合格后，方可交付使用；未经验收或者验收不合格的，不得交付使用。"

### 三、承包人的优先受偿权问题

《民法典》第 807 条规定了承包人建设工程价款的优先受偿权，但对于该优先受偿权的基础，学界尚存争议。大多数学者认为该权利在性质上属于法定抵押权，本书赞同此观点。

由于有关承包人建设工程价款优先受偿权的规定过于简单，2002 年 7 月 29 日的《最高人民法院关于建设工程价款优先受偿权问题的批复》对相关问题作出了解释，2021 年 1 月 1 日生效的《最高人民法院关于审理建设工程施工合同纠纷案件适用法律问题的解释（一）》对上述批复作出了以下补充和修改：①明确了承包人的范围，其仅限于与发包人订立建设工程施工合同的承包人，包括装饰装修工程中的承包人。②明确了承包人建设工程价款优先受偿的范围，即依照国务院有关行政主管部门关于建设工程价款范围的规定予以确定，不包括因逾期支付建设工程价款所产生的利息、违约金、损害赔偿金等。③明确了优先受偿权的行使条件，即工程质量合格，至于工程是否竣工则在所不问。④明确了当发包人与承包人约定放弃或者限制建设工程价款优先受偿权时，如果这一约定损害建筑工人利益的，发包人不得根据该约定主张承包人不享有建设工程价款优先受偿权。⑤放宽了优先受偿权的行使期限，规定承包人应当在合理期限内行使建设工程价款优先受偿权，但最长不得超过 18 个月，自发包人应当给付建设工程价款之日起算。

■**思考题**

1. 什么是建设工程合同？其具有什么特征？
2. 建设工程合同有哪些种类？
3. 怎样订立建设工程合同？
4. 如何认识勘察设计合同当事人的主要义务及违约责任？
5. 如何认识施工安装工程合同当事人的主要义务及违约责任？
6. 建设工程合同中应该注意哪几个问题？

■**参考资料**

1. 史智军编著：《建设工程合同注释书》，中国民主法制出版社 2020 年版。
2. 石佳友："《民法典》建设工程合同修订的争议问题"，载《社会科学辑刊》2020 年第 6 期。
3. 崔建远主编：《合同法》，法律出版社 2016 年版。
4. 《最高人民法院关于审理建设工程施工合同纠纷案件适用法律问题的解释（一）》。

# 第二十章　运输合同

■ 学习目的和要求

　　通过本章的学习，理解运输合同的基本概念及其法律特征、种类；掌握客运合同的订立、变更、解除和效力以及货运合同中双方的权利义务；在此基础上了解由运输合同演变而来的多式联运合同的概念、特征订立及其运作程序等。

## 第一节　运输合同概述

### 一、运输合同的概念和特征

（一）运输合同的概念

运输合同又称运送合同，是指承运人将旅客及行李或者货物从起运点运输到约定地点，由旅客、托运人或者收货人支付票款或运运费用的合同。在运输合同中，承担运送旅客及其行李或货物的一方为承运人或运送人，与承运人订立运输合同的一方为旅客或托运人，承运人所运输的货物为运送物。

（二）运输合同的特征

1. 运输合同的标的是承运人的运送行为。这是我国民法学者根据法律规定提出的观点。在大陆法系一些国家或地区的民法中，运输合同被定性为特殊的承揽合同，即承运人所承揽的工作为运送旅客或货物至目的地。然而，因承运人仅需向旅客或托运人提供运送服务，并不需向其提供某项特定的工作成果，故运输合同与承揽合同有所区别，其应当属于一种独立于承揽合同的合同类型。同时，在运输合同中，无论是从事客运经营还是从事货运经营，承运人均应当使用符合国家规定标准的运输工具从事道路运输经营。为了更好地履行运送义务，承运人应当加强对运输工具的维护和检测，确保其符合国家规定的技术标准；不得使用报废的、擅自改装的和其他不符合国家规定的运输工具从事运输经营。

2. 运输合同为双务、有偿合同。我国《民法典》第 811 条、第 812 条规定，承运人应当在约定期间或者合理期间内将旅客、货物安全运输到约定地点；承运人应当按照约定的或者通常的运输路线将旅客、货物运输到约定地点。由此可知，承运人负有按照约定将旅客、货物安全运送至目的地的义务。根据《民法典》第 813 条的规定，旅客、托运人或者收货人应当支付票款或者运输费用。可见，旅客、托运人或者收货人有相应的支付票款或运输费用的义务。当事人双方所承担的义务互为条件，因而运输合同为双务合同。承运人从事运输业务的目的在于获得收益，旅客或托运人、收货人须就承运人的运送行为支付对价，故运输合同亦为有偿合同。

3. 运输合同多采用格式条款。因为承运人要与不特定的任何人随时签订运输合同，为了快捷方便，事先拟定格式条款成为通例，而合同形式则多为表格式和票证式。当运输市场处于运力不足的运方市场时，承运人大多以其垄断地位拟定有利于自己的条款，其中可能包含一些不公平的免责条款。在我国，还存在由国家垄断的运输业利用自己的特权制定有利于自己的法规及规章的情形。当前，运力已基本能满足社会发展和经济生活的需要，卖方市场已不存在，竞争迫使承运人减少运输合同中不公平的免责条款。而且，《民法典》对格式条款也作出了相应的限制规定，这对于托运人和旅客而言都非常有利。

此外，根据《民法典》第 810 条的规定，从事公共运输的承运人不得拒绝旅客、托运人通常、合理的运输要求。可见，公共运输合同中的承运人负有强制缔约义务，这是由承运人所从事的业务的公共性所决定的。

**二、运输合同的种类**

运输合同的范围广泛，种类众多，采用不同的标准，可以将其分为不同的种类：

1. 以运输工具为标准，运输合同可以分为铁路运输合同、公路运输合同、航空运输合同、水上运输合同、海上运输合同、管道运输合同等。

2. 以被运输的对象为标准，运输合同可以分为客运合同和货运合同。

3. 以运输方式为标准，运输合同可以分为单一运输合同和多式联运合同。

# 第二节　客运合同

**一、客运合同的概念**

客运合同又称为旅客运送合同，是指承运人将旅客及其行李安全运抵目的地，由旅客为此支付票款的合同。

在客运合同中，旅客既是合同的一方当事人，又是合同的客体即承运人运送行为指向的对象；而且，对于旅客，在合同中没有身份、年龄、性别等方面的限制，即使是免费运送的婴儿也可以认定为旅客。[1]

### 二、客运合同的订立

旅客运输合同的条款多为格式条款，故该合同为格式合同，而且一律采用客票形式，客票就是客运合同的书面形式。除当事人另有约定或者另有交易习惯外，客运合同自承运人向旅客交付客票时成立，因而客运合同一般属诺成合同。其中，旅客作出购买客票的意思表示为要约，承运人同意运送的意思表示为承诺。由于客运服务为公共服务业，为了保障广大旅客的利益，提供服务的承运人无正当理由不得拒绝旅客的运送要求。应当指出的是，客运合同虽自承运人向旅客出具客票时成立，但是当事人另有约定或者另有交易习惯的除外。

随着现代交通工具的发展，快速的运输工具，在大大方便旅客的同时其本身成为一种高度危险源，因此，现代西方社会一般对交通事故、海难、航空事故造成人身伤害的救济实行严格责任。与此相对应的是，旅客意外伤害险等相关险种成为一种强制保险。我国目前对此采自愿保险的做法常常导致救济不足或不力的后果。

### 三、客运合同的变更和解除

旅客因自己的原因不能按客票记载的时间乘坐交通工具的，可办理变更或退票手续。变更主要是指改乘其他班次，铁路旅客运输中的旅客可变更座别、铺别和线路。退票则是解除客运合同的最常见方式。退票必须在约定的时间内办理手续。逾期办理的，承运人可以不退票款，并不再承担运输义务。

从事包车客运的，应当按照约定的起始地、目的地和线路进行运输。从事旅游客运的，应当在旅游区域按照旅游线路进行运输。但是，客运经营者不得强迫旅客乘车，不得甩客、敲诈旅客，不得擅自更换运输车辆。

### 四、客运合同的效力

#### （一）对旅客的效力

旅客的权利主要有：①得到与票款相当或高于票款价值的服务。承运人不得降低服务标准，否则，应当减少票款；承运人提供高于约定标准的服务，不得加收票款。按照规定免票、持优待票或者经承运人许可搭乘的无票旅客也能够享有上述服务。②实名制客运合同的旅客丢失客票的，可以请求承运人挂失补办，承运人不得因此再次收取票款和其他不合理费用

旅客的义务主要有：①应当按照有效客票记载的时间、班次和座位号乘坐交

---

〔1〕　参见徐涤宇主编：《合同法学》，高等教育出版社 2020 年版，第 357 页。

通工具。②旅客无票乘坐、超程乘坐、越级乘坐或者持不符合减价条件的优惠客票乘坐交通工具的，应当补交票款，否则，承运人可以拒绝运输。③旅客随身携带的行李应当符合约定的限量和品类要求；超过限量或者违反品类要求携带行李的，应当办理托运手续。④乘车时应当遵守乘车秩序，讲究文明卫生，不得携带国家规定的危险物品及其他禁止携带的物品。

（二）对承运人的效力

承运人的权利主要有：①按约定收取票款及运杂费；②对客票及行李物品等进行安全检查；③对于托运的旅客行李，在规定期限内无法交付的，有权依有关规定予以处理；④对于拒交、欠交票款的，承运人可对其行李行使留置权。

承运人的义务主要有：①按时提供安全适用的运输设备，按约定的时间、方式将旅客及行李运抵目的地。如因承运人的过错致使旅客误乘、漏乘的，承运人要承担违约责任。②应向旅客告知不能正常运输的重要事项和安全运输应当注意的事项。③为旅客提供必要的生活服务，尽力抢救患有急病、分娩、遇险的旅客。④承运人擅自改变运输路线的，应根据旅客要求予以退票，旅客要求送回始发地的，承运人得为之。⑤承运人对运输过程中旅客的伤亡承担赔偿责任。但承运人能证明伤亡是旅客故意或重大过失或因其自身健康原因造成的除外，法律另有规定的除外。此责任为无过错责任。承运人对按照规定免票、持优待票或者经其许可搭乘的无票旅客，同样要承担上述赔偿责任。⑥在运输过程中旅客自带物品毁损、灭失，承运人有过错的，应当承担损害赔偿责任；旅客托运的行李毁损、灭失的，适用货物运输的有关规定处理。

# 第三节　货运合同

**一、货运合同的概念、种类和特征**

（一）货运合同的概念

货物运输合同是指承运人将托运人托运的货物按时、安全运抵目的地，由托运人或收货人支付运费的合同。

货运合同关系中往往涉及托运人、承运人、收货人三方当事人，其中托运人与收货人一般为同一人，但两者也可以是不同的人。

（二）货运合同的种类

货运合同通常依运输工具和方式进行分类，采取不同的运输工具和不同方式的运输合同，在性质、权利义务的设置、责任及免责事由等方面具有较大区别，如公路货运、航空货运和海上运输的内容之间就有很大的区别。

此外，运输合同还可以货物数量为标准进行分类，由此可将其分为大宗货物运输合同、集装箱运输合同和零担货物运输合同。

（三）货运合同的特征

1. 依种类的不同或当事人的约定，运输合同既可为实践合同，也可为诺成合同。大宗货物运输一般为诺成合同；零担货物运输和集装箱运输则一般为实践合同，即须以交付标的物为其成立要件。

2. 货运合同可以采取留置权方式予以担保。托运人或收货人不履行支付运费、保管费以及其他运输费用的，承运人可对货物予以留置，并于条件具备时，实现留置权。《民法典》第 836 条以及《铁路法》第 22 条、《关于国内水路货物运输纠纷案件法律问题的指导意见》（法发〔2012〕28 号）等法律文件对此有明确规定。

**二、货运合同的订立、变更与解除**

（一）货运合同的订立

货运合同一般基于托运人提出运送货物的要约，承运人同意运输的承诺而成立。从事公共运输的承运人不得拒绝托运人通常、合理的要求。

货运合同的订立程序通常为：托运人提出要约，并填写托运单交承运人签章，办完托运手续后，承运人应向托运人交付提单或其他提货凭证。无记名提单因交付而转让，记名提单可以背书转让。当事人约定不得转让的提单，不得转让。

（二）货运合同的变更与解除

合同成立后，在承运人将货物交付收货人之前，托运人或收货人可以根据实际需要提出变更到达地或收货人，也可要求中止运输，但应赔偿承运人因此受到的损失。

此外，由于不可抗力不能正常运输时，承运人可单方变更或解除合同，或改变运输路线，或就近卸存，也可运回起运地，但须告知托运人或收货人。

**三、货运合同的效力**

（一）托运人的义务及责任

1. 托运人应如实告知承运人有关收货人名称或姓名或凭指示的收货人、收货地点、货物的名称、性质、重量、数量等有关货物运输的必要情况。因托运人申报不实或遗漏重要情况的，造成承运人损失的，应承担赔偿责任。

2. 按约定时间提交托运货物。货物运输需要办理审批、检验等手续的，托运人应将办理完有关手续的文件提交承运人，如办理有毒物质运输的审批手续。

3. 托运人应当按约定的方式包装货物。对包装方式无约定或约定不明的，可以另行协商；若仍不能明确的，可以按照通用的方式予以包装；没有通用方式的，应当采取足以保护标的物的包装方式。否则，承运人可以拒绝运输。

4. 对于危险物品，必须依其属性妥善包装并作出危险物的警示标志或标签，并将危险物品的名称、性质和防范措施的书面材料提交承运人，同时向货运经营者说明危险货物的应急处置方法。否则，承运人可以拒绝运输，也可采取相应措施避免损失的发生，因此产生的费用由托运人承担。

5. 按约定或法律规定交付运费及其他费用的义务。

（二）承运人的义务及责任

承运人的主要义务是将货物安全送达目的地，并交付收货人。具体内容包括：

1. 承运人应当按约定的要求提供合适的运输工具和符合法定条件的从事货运经营的驾驶人员，接受托运人的货物。比如，《道路运输条例》第 22 条规定："从事货运经营的驾驶人员，应当符合下列条件：（一）取得相应的机动车驾驶证；（二）年龄不超过 60 周岁；（三）经设区的市级道路运输管理机构对有关货运法律法规、机动车维修和货物装载保管基本知识考试合格。"同时，承运人不得运输法律、行政法规禁止运输的货物；法律、行政法规规定必须办理有关手续后方可运输的货物，承运人应当查验有关手续。再如，《国内水路运输管理条例》第 18 条第 1 款规定："水路运输经营者应当使用符合本条例规定条件、配备合格船员的船舶，并保证船舶处于适航状态"。

2. 承运人应按约定的时间将运送的货物送达目的地。迟延送达，或将货物错发到货地的，应无偿将货物运到规定的地点并交付给收货人。

3. 承运人在接受托运的货物后，在交付收货人之前应妥善保管货物。若未尽保管义务的，承运人对其造成的损失应当承担赔偿责任。国家鼓励货运经营者实行封闭式运输，保证环境卫生和货物运输安全；货运经营者应当采取必要措施，防止货物脱落、扬撒等；运输危险货物应当采取必要措施，防止危险货物燃烧、爆炸、辐射、泄漏等。运输危险货物应当配备必要的押运人员，保证危险货物处于押运人员的监管之下，并悬挂明显的危险货物运输标志。

4. 货物送达目的地后，须通知收货人或将货物交付收货人。在收货人不明或收货人无正当理由拒绝受领时，承运人应当请求托运人在一定期限内就货物的处置给予批示。托运人未在此期限内给予批示或该批示于事实上不能实行的，承运人可以将货物提存。

5. 承运人对运输过程中货物的毁损、灭失承担赔偿责任，但承运人能够证明该货物的毁损、灭失是因不可抗力、货物本身的自然性质或者合理损耗以及托运人、收货人过错造成的，可不承担赔偿责任。这说明承运人承担的是无过错赔偿责任，当他不能证明存在上述免责事由时，就须承担赔偿责任。当事人可以约定货物的毁损、灭失的赔偿额；没有约定或者约定不明确，依照《民法典》第510条的规定仍不能确定的，按照交付或者应当交付时货物到达地的市场价格计算，法律、行政法规对赔偿额的计算方法和赔偿限额另有规定的除外。两个以上承运人以同一运输方式联运的，与托运人订立合同的承运人应当对全程运输承担责任；损失发生在某一运输区段的，与托运人订立合同的承运人和该区段的承运人承担连带责任。承运货物如果是因不可抗力灭失，承运人未收取运费的，承运人不得请求支付运费；已收取运费的，托运人可请求返还。也就是说，承运人承担运费的风险，而托运人承担货物的风险。

（三）收货人的权利义务

1. 收货人的权利主要是：①在货物送达前有权依照规定变更到货地点或收货人；②货物送达后有权凭证提取货物。

2. 收货人的义务主要是：及时受领货物和交付有关费用。收货人在收到承运人的提货通知后，应于规定的时间提取货物；逾期提货的，应支付保管费。收货人在提货时，应将提单或其他提货凭证交还承运人，并与承运人进行交接验收，检验货物应在约定的期限内或合理期限内进行。发现货物数量不符或毁损的，应在约定的期限或合理期限内提出异议，否则，视为承运人已经按照运输单证的记载完成交付。

# 第四节　多式联运合同

## 一、多式联运合同的概念和特征

### （一）多式联运合同的概念

所谓多式联运合同，是指以至少两种不同的运输方式，由多式联运经营人将货物安全送达目的地，托运人或收货人为此支付运费的合同。

随着经济的发展、贸易的发达和运输技术的发展，传统的海、陆、空和江河等相互独立的单一运输方式已不能适应形势发展的需要。在集装箱运输发展的基础上，出现了一种新的运输方式，即多式联运（multimodal transport）。这种运输方式并没有建造新的通道和采用新的运输工具，而是运用现代化的组织手段，将各种单一的运输方式有机结合起来，从而打破运输的区域界限，选择最佳路线，协调各种运输方式的衔接，组织合理的运输组合，为降低成本、节省时间提供了必要的方式。

### （二）多式联运合同的特征

多式联运合同的特征可以概括为：一人、一票、一个费率、两种方式。

1. "一人"，是指多式联运经营人（multimodal transport operator，MTO）。在传统的单一运输方式下，由具体承运人或其代理人与托运人签订运输合同，若要涉及多程运输，还得由托运人或其代理人，或由前程承运人以托运人的身份再次向后一程承运人签订运输合同。这样做不仅烦琐和易出错，而且各段承运人均从自身利益出发，最终可能构成一个高成本、高风险的不合理运输。不仅如此，要明晰各承运人之间的责任划分，也十分不易。而多式联运则是由一个既不是托运人代表，也不是承运人代表，但负有履行多式联运合同责任的人来经营。正如《民法典》第838条所规定："多式联运经营人负责履行或组织履行多式联运合同，对全程运输享有承运人的权利，承担承运人的义务。"

2. "一票"，是指多式联运单据（multimodal transport document）。这是一份证明多式联运合同以及证明多式联运经营人接管货物，并负责按约定交付货物的全程运输单据。换言之，在多式联运合同中，只需托运人与多式联运经营人订立一份合同，签发一份运单。

3. "一个费率"，是指在签订多式联运合同时，多式联运经营人向托运人报出的一个全程费率。这样使得结算非常方便。在传统运输中，若有两种以上运输方式，因承运人负责的区段不同，各段费率的差异很大，使货主难以判断将要发生的费用种类和数额。

4. "两种方式"，是指多式联运包括两种或两种以上的运输方式。多式联运不包括全程由若干具体承运人完成，全程同属一类运输方式的联运。

**二、多式联运合同的订立及运作程序**

（一）多式联运合同的订立

多式联运经营人根据货主的委托和自己经营的路线情况，判断是否接受该运输委托。如果能够接受，多式联运经营人就在场站收据（副本）上签章，证明其接受委托，此时的合同关系已成立；或另行制订合同文本，由双方签章合同即告成立。

（二）多式联运合同的运作程序

1. 多式联运合同签订后，其经营人可以与参加多式联运的各区段承运人就多式联运合同的各区段运输约定相互之间的责任，但该约定不影响多式联运经营人对全程运输承担的义务。因此，对于托运人而言，各区段承运人与多式联运经营人之间有关合同责任的约定，属于内部约定。

2. 多式联运经营人在收到托运人交付的货物并进行验收后，应签发多式联运单据。按照托运人的要求，多式联运单据可以是可转让的单据，也可以是不可转让的单据。

3. 因托运人托运货物时的过错造成多式联运承运人损失的，即使托运人已经转让多式联运单据，托运人仍然应当承担损害赔偿责任。这表明托运人转让的多式联运单据须是无瑕疵债权。

4. 货物的毁损、灭失发生于多式联运的某一运输区段的，多式联运经营人的赔偿责任和责任限额，适用调整该区段运输方式的有关法律规定；货物毁损、灭失发生的运输区段不能确定的，适用《民法典》合同编有关运输合同的规定，由多式联运经营人承担赔偿责任。

### ■思考题

1. 运输合同的特征是什么？
2. 提单的法律属性是什么？
3. 运输合同的效力是什么？
4. 试述多式联运合同的特征及其运作程序？

### ■参考资料

1. 张代恩：《运输合同·保管合同·仓储合同》，中国法制出版社1999年版。
2. 崔建远：《合同法》，北京大学出版社2016年版。
3. 黄薇主编：《中华人民共和国民法典合同编释义》，法律出版社2020年版。
4. 《中华人民共和国道路运输条例》。

# 第二十一章　技术合同

■ 学习目的和要求

　　通过本章的学习，把握技术合同的概念、特点、法律性质和基本类型，掌握技术开发合同、技术转让合同、技术咨询合同和技术服务合同等各种技术合同的主要内容，了解签订各种技术合同的关键点。由于技术合同和知识产权法联系密切，对技术合同章的内容要注意结合知识产权法尤其是专利法、反不正当竞争法中的商业秘密制度来学习。

## 第一节　技术合同概述

### 一、技术合同的概念和特征

（一）技术合同的概念

技术合同是指当事人就技术开发、转让、咨询或者服务订立的确立相互之间权利和义务的合同。技术合同是技术成果商品化的主要法律手段。

技术合同是中国合同法上特有的一种有名合同类型，"技术合同制度源于计划经济年代，是科技体制改革的手段之一，""是中国知识产权法的历史演变形态。"[1] 今天，技术合同仍然是《民法典》合同编规定的一种独立的有名合同类型，但除与技术相关的共同点之外，实际上各种技术合同性质迥异、内容繁杂、体系混乱，不仅与知识产权法规定的各种性质相近的合同有所疏离，而且也与《民法典》合同编规定的多种有名合同交互杂混、多有重叠。

（二）技术合同的特征

技术合同种类繁多，它们具有如下共同特征：

---

　　[1]　谢晓尧、曾凤辰："技术合同的兴起与退隐———一个知识产权现象的地方性知识"，载《知识产权》2014 年第 3 期。

1. 技术合同的标的是无体的技术成果、技术秘密或者服务。技术合同最重要的标的是技术成果和技术秘密。根据《最高人民法院关于审理技术合同纠纷案件适用法律若干问题的解释》第 1 条的规定，技术成果，是指利用科学技术知识、信息和经验作出的涉及产品、工艺、材料及其改进等的技术方案，包括专利、专利申请、技术秘密、计算机软件、集成电路布图设计、植物新品种等；技术秘密，是指不为公众所知悉、具有商业价值并经权利人采取保密措施的技术信息。除了技术成果和技术秘密之外，技术合同的标的还包括技术服务，即一方为另一方解决某一特定技术问题所提供的各种服务，如设计服务、工艺服务、测试分析服务、计算机技术应用服务、生产线安装、调试服务、特定技术项目的信息检索加工服务、技术诊断服务、技术培训服务、技术中介服务等。无论是技术成果、技术秘密还是技术服务，技术合同的这些标的均为无体的，其不同于作为买卖合同标的物的有体物。

2. 技术合同是双务、有偿合同。在技术合同中，双方当事人均享有一定的权利，也承担一定的义务，故技术合同是双务合同；不管一方当事人是接受对方提交的技术成果、技术秘密还是技术服务，其均需要向对方支付一定的对价，因而技术合同是有偿合同。

3. 技术合同是诺成合同。技术合同的成立，除法律另有规定外，自双方当事人达成合意时即告成立，故技术合同是诺成合同。这里的法律另有规定主要是指《专利法》第 10 条规定的专利申请权、专利权转让合同等。

4. 技术合同的履行具有特殊性。技术合同往往涉及技术风险，具有不确定性，因此，技术合同不一定适用实际履行原则。

5. 技术合同受到多种法律的调整。技术合同首先受到《民法典》的调整。同时，技术合同还受到《专利法》《著作权法》《反不正当竞争法》《植物新品种保护条例》《集成电路布图设计保护条例》等法律法规的调整。

**二、技术合同的法律性质和类型**

（一）技术合同的法律性质

关于技术合同的法律性质，可以从两个角度来理解：

1. 技术合同在《民法典》合同编中的合同性质。技术合同首先是一种合同，而《民法典》合同编规定的各种技术合同大概有两种类型：一种是转移技术成果、技术秘密所有权和使用权的合同；另一种是提供与技术有关的服务的合同。也就是说，即便是在《民法典》合同编中，各种技术合同的法律性质也不完全相同。

2. 技术合同在《民法典》合同编和知识产权法等相关法律上的性质。在我国，技术合同虽然被冠以合同之名，但其出现和演变并不完全是基于合同自身的内在逻辑，事实上其担当着知识产权法意义上的激励功能。[1] 即便《合同法》的制定使得技术合同的合同性质更为纯粹，技术合同的知识产权法性质也并未被完全清除。例如，《民法典》第 844 条、第 847~850 条等均为不同于与普通合同相关的知识产权法性质的规定，即这些规定不是有关纯私人的权利义务规定，而是具有一定的公共目标的规定。

（二）技术合同的类型

根据《民法典》的规定，技术合同可以分为技术开发合同、技术转让合同、技术许可合同、技术咨询合同和技术服务合同。其中技术开发合同可以分为委托开发合同与合作开发合同；技术转让合同可以分为专利申请权转让合同、专利权转让合同、技术秘密转让合同等；技术许可合同可以分为专利实施许可、技术秘密使用许可等合同。

**三、技术合同的内容和订立的特殊要求**

（一）技术合同的内容

《民法典》第 845 条规定，技术合同的内容一般包括项目的名称，标的的内容、范围和要求，履行的计划、地点和方式，技术信息和资料的保密，技术成果的归属和收益的分配办法，验收标准和方法，名词和术语的解释等条款。与履行合同有关的技术背景资料、可行性论证和技术评价报告、项目任务书和计划书、技术标准、技术规范、原始设计和工艺文件，以及其他技术文档，按照当事人的约定可以作为合同的组成部分。技术合同涉及专利的，应当注明发明创造的名称、专利申请人和专利权人、申请日期、申请号、专利号以及专利权的有效期限。

（二）技术合同的价款、报酬或者使用费

《民法典》第 846 条规定，技术合同价款、报酬或者使用费的支付方式由当事人约定，可以采取一次总算、一次总付或者一次总算、分期支付，也可以采取提成支付或者提成支付附加预付入门费的方式；约定提成支付的，可以按照产品价格、实施专利和使用技术秘密后新增的产值、利润或者产品销售额的一定比例提成，也可以按照约定的其他方式计算；提成支付的比例可以采取固定比例、逐年递增比例或者逐年递减比例；约定提成支付的，当事人可以约定查阅有关会计账目的办法。《最高人民法院关于审理技术合同纠纷案件适用法律若干问题的解释》第 14 条进一步规定，对技术合同的价款、报酬和使用费，当事人没有约定或者约定不明确的，可以按照以下原则处理：①对于技术开发合同和技术转让合

---

[1] 参见谢晓尧、曾凤辰："技术合同的兴起与退隐——一个知识产权现象的地方性知识"，载《知识产权》2014 年第 3 期。

同、技术许可合同，根据有关技术成果的研究开发成本、先进性、实施转化和应用的程度，当事人享有的权益和承担的责任，以及技术成果的经济效益等合理确定；②对于技术咨询合同和技术服务合同，根据有关咨询服务工作的技术含量、质量和数量，以及已经产生和预期产生的经济效益等合理确定。技术合同价款、报酬、使用费中包含非技术性款项的，应当分项计算。

技术合同在价款、报酬或者使用费方面具有特殊性的根本原因在于技术合同的标的即技术的非物质性，非物质性的技术是特定的，其不仅和其他技术或标的很难有可比性，而且不会像物质财产那样会有磨损情形，其价值主要体现在对非物质性的技术的利用上，往往根据非物质性的技术的利用情况收取费用。

（三）职务技术成果与非职务技术成果的认定及归属规则

技术成果总是由自然人完成的，而自然人可以基于单位的工作任务开发出技术成果，也可以基于个人兴趣爱好开发出技术成果。因此，各种技术合同在确定技术成果归属、利用和转让时，必须首先确定技术成果究竟是职务技术成果与非职务技术成果。只有在技术成果属于职务技术成果的情况下，单位才能作为技术成果归属、利用和转让的决定主体，否则，只能由自然人作为技术成果归属、利用和转让的决定主体。由于职务技术成果同样由作为自然人的职工完成，故为了激励职工研究开发的积极性，《民法典》要求单位对开发出职务技术成果的职工进行奖励。

1. 职务技术成果与非职务技术成果的认定。《民法典》第847条第2款规定："职务技术成果是执行法人或者非法人组织的工作任务，或者主要是利用法人或者非法人组织的物质技术条件所完成的技术成果。"根据《最高人民法院关于审理技术合同纠纷案件适用法律若干问题的解释》的解释，"执行法人或者非法人组织的工作任务"包括：①履行法人或者非法人组织的岗位职责或者承担其交付的其他技术开发任务；②离职后1年内继续从事与其原所在法人或者非法人组织的岗位职责或者交付的任务有关的技术开发工作，但法律、行政法规另有规定的除外。此外，法人或者非法人组织可以与其职工就职工在职期间或者离职以后所完成的技术成果的权益进行约定。所谓"物质技术条件"，包括资金、设备、器材、原材料、未公开的技术信息和资料等。而"主要利用法人或者非法人组织的物质技术条件"则包括职工在技术成果的研究开发过程中，全部或者大部分利用了法人或者非法人组织的资金、设备、器材或者原材料等物质条件，并且这些物质条件对形成该技术成果具有实质性的影响；还包括该技术成果实质性内容是在法人或者非法人组织尚未公开的技术成果、阶段性技术成果基础上完成的情形。但其例外情况有二：①对利用法人或者非法人组织提供的物质技术条件，约定返还资金或者交纳使用费的；②在技术成果完成后利用法人或者非法人组织的物质技术条件对技术方案进行验证、测试的。显然，在这两种情况中，前者只不过是有偿租赁或者借用了单位的物质技术条件，后者则只是技术成果完成之后所进行的验证和测试，均在实质上不属于研究开发过程。

2. 职务技术成果与非职务技术成果的归属、利用和转让。《民法典》第847条第1款规定："职务技术成果的使用权、转让权属于法人或者非法人组织的，法人或者非法人组织可以就该项职务技术成果订立技术合同。"第848条规定："非职务技术成果的使用权、转让权属于完成技术成果的个人，完成技术成果的个人可以就该项非职务技术成果订立技术合同。"这些规定明确了职务技术成果与非职务技术成果的归属、利用和转让的权利。需注意的是，如果个人完成的技术成果，属于执行原所在法人或者非法人组织的工作任务，又主要利用了现所在法人或者非法人组织的物质技术条件的，则应当按照该自然人原所在和现所在法人或者非法人组织达成的协议确认权益；不能达成协议的，可以根据对完成该项技术成果的贡献大小由双方合理分享。

3. 单位对职务技术成果完成人的奖励。为了激励职工进行开发的积极性，《民法典》第849条规定："完成技术成果的个人享有在有关技术成果文件上写明自己是技术成果完成者的权利和取得荣誉证书、奖励的权利。"这里所谓完成技术成果的"个人"，包括对技术成果单独或者共同作出创造性贡献的人，也即技术成果的发明人或者设计人。在对创造性贡献进行认定时，应当分解所涉及技术成果的实质性技术构成。提出实质性技术构成并由此实现技术方案的人，是作出创造性贡献的人。仅仅提供资金、设备、材料、试验条件，进行组织管理，协助绘制图纸、整理资料、翻译文献等人员，不属于完成技术成果的个人。为了有助于促进职务技术成果的充分利用，《民法典》第847条第1款规定："法人或者非法人组织订立技术合同转让职务技术成果时，职务技术成果的完成人享有以同等条件优先受让的权利。"

（四）技术合同订立的特殊要求

由于技术合同承担了部分知识产权法的功能，《民法典》合同编对技术合同的签订提出了特殊要求，主要是确立了订立技术合同的特殊原则，并规定了特殊的无效理由。

技术合同是一种合同，其必须遵循合同订立的一般原则，但由于技术合同承担了部分知识产权法的功能，故《民法典》第844条对订立技术合同提出了额外的原则要求，即订立技术合同，应当有利于知识产权的保护和科学技术的进步，促进科学技术成果的研发、转化、应用和推广。为了实现这一原则，《民法典》第850条规定，非法垄断技术或者侵害他人技术成果的技术合同无效。

## 第二节　技术开发合同

**一、技术开发合同概述**

（一）技术开发合同的概念

技术开发合同是指当事人之间就新技术、新产品、新工艺、新品种或者新材料及其系统的研究开发所订立的合同。所谓"新技术、新产品、新工艺、新品种或者新材料及其系统"，包括当事人在订立技术合同时尚未掌握的产品、工艺、品种、材料及其系统等技术方案，但对在技术上没有创新的现有产品的改型、工艺变更、品种繁殖、材料配方调整以及对技术成果的验证、测试和使用除外。与《植物新品种保护条例》所规定的植物新品种不同的是，这里的品种不仅可以包括动物品种，也不限于林业部门和农业部门规定目录中的植物品种，还可以包括其他植物品种。

需要注意的是，《民法典》第 851 条第 4 款规定："当事人之间就具有实用价值的科技成果实施转化订立的合同，参照适用技术开发合同的有关规定。"该条规定的技术转化合同是指当事人之间就具有实用价值但尚未实现工业化应用的科技成果包括阶段性技术成果，以实现该科技成果工业化应用为目标，约定后续试验、开发和应用等内容的合同。

（二）技术开发合同的特征

技术开发合同除具有一般技术合同的特征外，还具有如下特征：

1. 技术开发合同的标的是具有创造性、新颖性和实用性的新技术、新产品、新工艺、新品种、新材料及其系统等技术成果。技术开发合同的标的不能属于公共领域中的现有技术，因为公共领域中的现有技术本来就是具有公共性质的，其不属于任何人所有，也不需要再行开发。因此，技术开发合同的标的必须是具有一定的创造性、新颖性、实用性的技术成果。当然，作为技术开发合同标的的技术成果所要求的创造性、新颖性、实用性，不一定需要达到专利法上授予发明和实用新型专利权的创造性、新颖性、实用性的条件。

2. 技术开发合同是要式合同。由于技术开发合同的标的是技术成果，内容比较复杂，故《民法典》明确要求技术开发合同必须采用书面形式。

3. 技术开发合同的风险责任较大。技术开发是产生新的技术成果的活动，其可能遇到目前人类无法克服的技术难题，从而导致技术开发失败，这种风险是人力所无法克服的。因此，技术开发合同的风险责任较大。当然，当事人可以在合同中约定技术开发风险的承担。

（三）技术开发合同的种类

根据《民法典》的规定，技术开发合同主要包括委托开发合同和合作开发合同两种，二者的主要区别在于：究竟是双方进行研究开发工作还是单方进行研究开发工作。双方均进行研究开发工作的合同是合作开发合同；当事人一方仅提供资金、设备、材料等物质条件或者承担辅助协作事项，由另一方进行研究开发工作的，属于委托开发合同。

**二、委托开发合同**

（一）委托开发合同的概念和特征

委托开发合同是指一方当事人委托另一方当事人研究开发特定的新技术、新产品、新工艺、新品种或者新材料及其系统而订立的合同。委托他人进行研究开发的一方当事人为委托人，受他人委托进行研究开发的一方当事人为研究开发人。

委托开发合同具有以下特征：

1. 委托开发合同名为委托，但其性质并非是委托合同。在委托开发合同中，委托他人进行的是研究开发，且研究开发人是以自己的名义、技术和劳务完成受托事务。

2. 委托开发合同的标的是智力创造活动的成果，而非研究开发人的智力创造活动本身。因此，委托开发合同与承揽合同具有显著区别。

3. 委托开发合同的风险通常由研究开发人承担。由于委托开发合同中的研究开发人是研究开发工作的承担人，研究开发人不仅充分了解与研究开发工作相关的技术，也实际控制着研究开发工作的进行。因此，研究开发的技术风险通常由研究开发人独立承担。当然，如果双方当事人一致认为研究开发工作的技术风险较大，从而约定共同承担的，则按照合同约定共同承担。

（二）委托开发合同的效力

1. 委托人的义务。根据《民法典》的规定，委托开发合同中委托人的义务主要包括：

（1）按合同约定支付研究开发经费和报酬。研究开发经费是完成研究开发工作所花费的成本，包括设备费、器材费、能源费、试验和试制费、安装和调试费、技术资料费和进行研究开发工作所需的其他费用。委托方应当提供全部研究开发经费，当事人应当在合同中约定研究开发经费的结算办法，合同约定经费按实际支付的，当研究开发经费不足时，委托方应当补充支付；当研究开发经费有剩余时，研究开发人应当如数返还；合同约定经费包干使用的，结余经费归研究开发人所有；不足的经费由研究开发人自行解决；如果合同没有约定经费结算办法，则一般按包干方式处理。研究开发报酬是指研究开发成果的使用费和研究开发人员的科研补贴。研究开发报酬与研究开发经费不同，研究开发经费是研究开发的投入和成本，而研究开发报酬则是委托方取得研究开发成果后支付给研究开发人的款项，是研究开发人进行研究开发工作的回报。研究开发报酬可以在委托开发合同中予以单列，也可以约定以研究开发经费中一定比例的数额作为研究开发报酬。合同没有单独约定研究开发报酬的，应当理解为研究开发报酬已经包含在研究开发经费中。除合同另有约定外，研究开发经费和报酬可以在签订合同后、研究开发工作开始之前支付，也可以按照研究开发工作的进度分期支付，但不得影响研究开发工作的正常进行。

（2）按合同约定提供技术资料。在委托开发合同中，研究开发工作是依委托人的要求进行的，研究成果必须符合委托人的要求，故委托人须向研究开发人提供必要的技术资料，以便研究开发工作的顺利进行。在研究开发过程中，委托人还应按照研究开发人的要求，补充相应的背景资料和数据。当然，所有技术资料和数据均以研究开发人履行合同所需为限。若委托方不按照合同约定提供必要的技术资料和数据，或者其所提供的技术资料和数据有重大瑕疵，影响研究开发工作正常进行的，研究开发人可以解除合同，且不承担研究开发风险责任。

（3）提出研究开发要求。委托开发合同是委托人委托研究开发人开发特定新技术、新产品、新工艺、新品种或者新材料及其系统而订立的合同，研究开发人须按照委托人的委托进行开发。没有委托人提出研究开发要求，研究开发人的开发工作就可能没有目标。同时，研究开发要求在很大程度上是确定开发目标是否完成、研究开发人是否履行了合同的重要依据，因此，委托人须按照合同约定提出研究开发要求，以便研究开发人履行合同。

（4）按合同约定完成协作事项。研究开发工作是依委托人要求进行的，与委托人的生产经营情况具有紧密的联系。研究开发工作不仅需要委托人提供必要的技术资料和原始数据，而且需要委托人随时提供相关情况，并进行必要的协作配合，这样才能保证研究开发工作的顺利进行，从而使研究开发成果符合委托人的要求。无论是提供技术资料和数据还是完成协作事项，均不能视为委托人参与了研究开发工作，也不影响研究开发人独立承担研究开发风险责任。

（5）按合同约定接受研究开发成果。研究开发成果为技术成果，而技术的发展日新月异，尤其是对于有些技术成果，委托人是要申请专利的。如果委托人不按照合同约定接受研究开发成果，该技术成果就有可能被他人同时开发出来并申请专利，从而影响委托人的利益，也影响委托开发合同目的的实现。因此，按合同约定接受研究开发成果，不仅是委托人的权利，也是委托人的义务。

2. 研究开发人的义务。根据《民法典》的规定，委托开发合同中研究开发人的义务主要包括：

（1）按照约定制定和实施研究开发计划。研究开发工作是产生新技术成果的复杂性、系统性的活动，只有制定科学合理的研究开发计划并认真实施该计划，研究开发工作才能够顺利进行，才有可能减少研究开发工作的风险，从而取得预期的研究开发成果。

（2）合理使用研究开发经费。研究开发经费是委托人专为研究开发工作而支付的，研究开发经费不仅是开展研究开发工作的必要条件，也是衡量研究开发工作绩效的重要指标。研究开发人必须按照合同约定合理使用研究开发经费，从而既维护了委托人的合法权益，又有助于按期完成合同约定的研究开发工作。研究开发人不能将研究开发经费挪作他用，也不能浪费研究开发经费。

（3）按期完成研究开发工作，交付研究开发成果，提供有关的技术资料和必要的技术指导，帮助委托人掌握研究开发成果。研究开发人不仅应当完成研究开发工作，而且还须按照合同约定的时间完成研究开发工作。在完成研究开发工作后，研究开发人应按合同约定及时交付研究开发成果，以免影响研究开发成果的正常利用。同时，研究开发人还应当提供有关的技术资料和必要的技术指导，以帮助委托人真正掌握研究开发成果。

（三）违反委托开发合同的法律责任

《民法典》第854条规定："委托开发合同的当事人违反约定造成研究开发工作停滞、延误或者失败的，应当承担违约责任。"该条规定的违约责任包括支付合同约定的违约金、赔偿对方因违约而造成的损失、解除合同等。除当事人约定解除合同的条件之外，根据《最高人民法院关于审理技术合同纠纷案件适用法律若干问题的解释》第15条规定，技术合同当事人一方迟延履行主要债务，经催告后在30日内仍未履行，另一方可以依法解除合同。

**三、合作开发合同**

（一）合作开发合同的概念和特征

合作开发合同是指由两个或两个以上的自然人、法人和非法人组织，为了完成同一研究开发项目而共同出资、共同进行研究开发工作，共同享受研究开发成果和收益、共同承担研究开发风险的合同。

合作开发合同具有以下特征：

1. 合同各方当事人共同参与研究开发工作。这是合作研究开发合同不同于委托开发合同的最重要的特征。

2. 合同各方当事人共同投资、共担风险、共享研究开发成果。这是共同参与研究开发工作的必然要求和结果。当然，对于各方当事人各自的投资比例、风险分担比例、研究开发成果分享情况等，均可通过合同加以约定。

（二）合作开发合同的效力

根据《民法典》的规定，合作开发合同当事人的主要义务有：

1. 按照约定进行投资，包括以技术进行投资。投资是开展研究开发工作的物质基础，没有投资，研究开发工作就无法正常进行。投资的范围广泛，资金、设备、材料、场地、技术情报、试验条件、技术成果等均可能成为投资。合同各方当事人必须按照合同约定进行投资，从而为合作研究开发工作提供基本的物质基础。

2. 按照合同约定分工参与研究开发工作。合作研发的核心就是共同参与研究开发工作，任何一方当事人的工作必须足以构成研究开发，而不能仅仅是提供投资或者进行辅助性的协作事项。根据研究开发工作以及双方研究开发力量的不同，合作研究开发可以是各方当事人均参加全部研究开发工作，也可以是各自分工参与整个研究开发工作的一部分。为了保证合作研究开发的顺利进行，任何一方当事人均须按照约定完成自己应当承担的研究开发工作。

3. 在研究开发工作中协作配合。由于合作研究开发是由两方或者多方当事人共同进行的，其与普通的研究开发相比，合作研究开发不仅工作规模和难度大，而且更为复杂，只有各方当事人按照合同约定完成研究开发任务，而且互相协作配合，才能取得成功。

（三）违反合作开发合同的法律责任

合作开发合同的当事人违反约定造成研究开发工作停滞、延误或者失败的，应当承担违约责任。当事人一方迟延履行主要义务，经催告后在 30 日内仍未履行的，另一方可以依法解除合同。因违约给其他当事人造成损失的，违约方应该赔偿其他当事人的损失。

**四、技术开发合同的技术成果归属**

无论是委托开发合同还是合作开发合同，当事人订立技术开发合同的目的均是研究开发成果，因此，确定技术成果的归属不仅是技术开发合同的核心内容，在很大程度上也是当事人订立技术开发合同的根本目的。需要注意的是，技术开发合同的技术成果归属和职务技术成果与非职务成果的确定及归属，完全是不同性质的内容，因为即便是企业独立进行研究开发也面临确定职务技术成果与非职务成果及其归属的问题。不过，确定职务技术成果与非职务成果及其归属，是明确技术合开合同的技术合同归属的前提和基础。也就是说，只有确定了技术成果究竟是职务技术成果还是非职务技术成果，确定了技术成果的归属主体，然后才能结合委托开发合同或者合作开发合同的约定，确定技术成果的最终归属。

意思自治是合同法的基本原则，技术开发合同的技术成果的归属当然应尊重当事人的约定，只有在当事人没有约定的情况下，才适用法律的规定。根据《民法典》的规定，技术开发合同的技术成果归属规则主要为：①委托开发完成的发明创造，除法律另有规定或者当事人另有约定外，申请专利的权利属于研究开发人；研究开发人取得专利权的，委托人可以依法实施该专利。②合作开发完成的发明创造，申请专利的权利属于合作开发的当事人共有；当事人一方转让其共有的专利申请权的，其他各方享有以同等条件优先受让的权利，但当事人另有约定的除外；合作开发的当事人一方声明放弃其共有的专利申请权的，除当事人另有约定外，可以由另一方单独申请或者由其他各方共同申请；申请人取得专利权的，放弃专利申请权的一方可以免费实施该专利；合作开发的当事人一方不同意申请专利的，另一方或者其他各方不得申请专利。③委托开发或者合作开发完成的技术秘密成果的使用权、转让权以及收益的分配办法，由当事人约定；没有约定或者约定不明确，依据《民法典》第 510 条的规定仍不能确定的，在没有相同技术方案被授予专利权前，当事人均有使用和转让的权利，但委托开发的研究开发人不得在向委托人交付研究开发成果之前，将研究开发成果转让给第三人。

### 五、技术开发合同的风险负担

在技术开发合同的履行过程中，虽然当事人已经竭尽全力，但往往因科技水平、认识能力、试验条件等客观因素而出现其无法克服的困难，从而导致研究开发失败或者部分失败，致使合同目的无法实现，此为技术开发合同的风险。构成技术开发合同风险一般需具备如下条件：①研究开发人已经尽了最大努力；②在国际和国内现有技术水平下，研究开发项目本身存在足够的难度；③该领域的专家认为研究开发失败属于合理的失败。[1]

技术开发合同的风险主要源于科学技术发展的不可预知性，这与普通合同中的风险完全不同。因此，风险负担成为技术开发合同的重要内容。《民法典》第858 条规定，技术开发合同履行过程中，因出现无法克服的技术困难，致使研究开发失败或者部分失败的，该风险由当事人约定；没有约定或者约定不明确，依据《民法典》第 510 条的规定仍不能确定的，风险由当事人合理分担。当事人一方发现上述规定的可能致使研究开发失败或者部分失败的情形时，应当及时通知另一方并采取适当措施减少损失；没有及时通知并采取适当措施，致使损失扩大的，应当就扩大的损失承担责任。

### 六、技术开发合同终止的特别事由

技术的共享性导致同样的技术成果可能会由多个主体同时进行研究开发，同时，多个主体的研究开发必定有完成时间的先后之别。于是，在技术开发合同的

---

〔1〕　参见李永军主编：《合同法学》，高等教育出版社 2011 年版，第 398 页；李建伟主编：《案例导读：合同法及配套规定 e 本通（分则）》，法律出版社 2017 年版，第 408 页。

履行过程中，当技术开发合同的标的已经为他人公开时，则继续履行该合同显然已经没有必要。他人公开技术开发合同的标的主要有两种方式：一是因申请专利而公开；二是虽未申请专利但技术成果已经通过使用而快速公开成为公知技术。在第一种情形下，即使通过履行技术开发合同而开发出了技术成果，该技术成果将因处于他人专利权之下而不能被利用；在第二种情形下，当事人轻易就可以免费获得技术成果，同样没有必要继续开发。因此，《民法典》第857条规定："作为技术开发合同标的的技术已经由他人公开，致使技术开发合同的履行没有意义的，当事人可以解除合同。"这是技术开发合同不同于其他合同的特殊终止事由。在这种情况下，技术合同显然是因不可归责于双方当事人的事由而终止。因此，对于因这种情况给各方当事人造成的损失，有约定时，按照约定承担；没有约定时，由各方合理分担。

## 第三节　技术转让合同和技术许可合同

### 一、技术转让合同概述

（一）技术转让合同的概念与特征

技术转让合同是指合法拥有技术的权利人，将现有特定的专利、专利申请、技术秘密的相关权利让与他人所订立的合同。在现代汉语中，"转让"就是把自己的东西或合法利益或权利让与给他人。在知识产权法中，无论是商标法、专利法还是著作权法，转让意味着权利的无期限从转让人转移至受让人，在著作权法中俗成"绝卖。"

技术转让合同中关于让与人向受让人提供实施技术的专用设备、原材料或者提供有关的技术咨询、技术服务的约定，属于技术转让合同的组成部分，因此发生的纠纷，按照技术转让合同处理。当事人以技术入股方式订立联营合同，但技术入股人不参与联营体的经营管理，并且以保底条款形式约定联营体或者联营对方支付其技术价款或者使用费的，视为技术转让合同或者技术许可合同。

技术转让合同具有以下特征：

1. 技术转让合同属于要式合同。《民法典》第863条第3款规定，技术转让合同应当采用书面形式。可见，技术转让合同是要式合同。

2. 技术转让合同的标的是已经存在的技术成果。技术开发合同的标的是尚不存在的技术成果，而技术转让合同的标的是已经存在的技术成果。这是技术转让合同和技术开发合同的主要区别。

3. 技术转让合同的客体是技术成果的权利（益）。从表面上看，技术转让合同转让的是技术成果，但事实上转让的是技术成果的权利（益）。

（二）技术转让合同的种类

根据《民法典》第 863 条第 1 款的规定，技术转让合同包括专利权转让、专利申请权转让、技术秘密转让等合同。这是我国《民法典》对技术转让合同所作的分类。

按照合同当事人的不同，技术转让合同可以分为国际技术转让合同和国内技术转让合同。由于技术对于国家的重要性，国家对国际技术转让和国内技术转让的规制有所不同。例如，《专利法》第 10 条第 2 款规定，中国单位或者个人向外国人、外国企业或者外国其他组织转让专利申请权或者专利权的，应当依照有关法律、行政法规的规定办理手续。

按照当事人是否需要对价，可以将技术转让合同分为有偿技术转让合同和无偿技术转让合同；按照合同客体的不同，可以将技术转让合同分为专利技术转让合同和技术秘密转让合同等。

（三）技术转让合同的技术转让范围

《民法典》第 864 条规定，技术转让合同可以约定实施专利或者使用技术秘密的范围，但是不得限制技术竞争和技术发展。根据该规定，只要不限制技术竞争和技术发展，当事人就可以约定转让范围。这里所说的技术转让范围是指技术转让的期限、地域、方式和条件。

《民法典》对此予以特别规定的原因在于技术成果和有体物不同，技术成果是无体的，在使用上不具有排他性，即同样的技术成果可以在不同的地区为不同的人以相同的方式予以实施或者使用，同样的技术成果还可以在相同的时期和相同的地域为不同的人以不同的方式予以实施或者使用。技术成果不会像有体物一样会产生被磨损或损耗的情形，除非其被新的技术替代，否则，该技术成果是不灭的。由于技术成果具有不同于有体物的特征，故技术转让合同须就技术转让的期限、地域、方式和条件进行明确约定，只要不限制技术竞争和技术发展，当事人就可以分时期、分地域以不同的使用方式和条件进行技术转让。

**二、专利申请权和专利权转让合同**

（一）专利申请权和专利权转让合同的概念和特征

1. 专利申请权和专利权转让合同的概念。《专利法》第 10 条规定，专利申请权和专利权可以转让。专利申请权是指已经就发明创造向专利主管机关申请专利而享有的权利。需要注意的是，申请专利的权利和专利申请权虽然有着紧密的联系，但二者是不同的。二者的共同点在于它们均为获得专利的权利，二者的区别在于：①含义不同。前者是就某发明创造向专利主管机关申请专利的权利，而后者是已经就某发明创造向专利主管申请专利而享有的获得专利主管机关颁发专利权的权利，也称"对该专利申请的所有权"，其中关键的不同在于是否已经向专利主管机关提出专利申请。②法律效力不同。专利申请权可以对抗拥有相同发明创造的第三人，而申请专利的权利则不可以对抗，[1] 甚至基于先申请原则，如果其不及时申请专利，也无法对抗在后的第三人。因二者的这种不同，我国《民法典》和《专利法》均仅规定了专利申请权的转让，而没有规定申请专利的权利的转让。事实上，申请专利的权利也是可以转让的，不过由于申请专利的权利在对抗效力上的缺陷，申请专利的权利大体上可以被包含在技术秘密转让合同的内容之中。专利权是指专利主管机关依法授予的在法定时间内享有的独占性地实施发明创造的权利。专利申请权和专利权转让合同是指转让人将专利申请权或者专利权转让给受让人并收取转让费的合同。

2. 专利申请权和专利权转让合同的特征。

（1）客体是具有绝对权性质的专利申请权和专利权。和技术秘密转让合同不同的是，作为技术秘密转让合同的标的的技术秘密，很难将其认定为一种权利，因为技术秘密是非公开的，不具有典型的社会公开性，不能阻止他人通过反向工程的方式获得，其排他效能也较弱，不能阻止他人独立研发，归属效能也较弱。因此，技术秘密很难达到传统民法上权利的认定标准。[2]

（2）专利申请权和专利权转让合同一般是永久性的。专利申请权和专利权转让合同是将专利申请权和专利权永久性地转让给了受让人。当然，由于专利权的期限性，转让的专利申请权和专利权均依附于其原有的有效期限。

（3）专利申请权和专利权转让合同是特殊的要式合同。《专利法》第10条第3款规定，转让专利申请权或者专利权的，当事人应当订立书面合同，并向国务院专利行政部门登记，由国务院专利行政部门予以公告；专利申请权或者专利权的转让自登记之日起生效。

（二）专利申请权和专利权转让合同的效力

1. 转让人的义务。转让人的义务主要包括：①按照合同约定将专利申请权和专利权转让给受让人。②对转让的专利申请权和专利权承担权利的瑕疵担保责任，不仅保证自己为专利申请权和专利权的合法转让人，同时还应担保转让的专利权有效，专利申请权不侵害第三人权益，由此而产生的对第三人权益的侵害，转让方应承担约定的责任。③依照合同约定办理专利权转让手续，交付与转让与

---

〔1〕 参见尹新天：《中国专利法详解》，知识产权出版社2011年版，第112~113页；［日］青山绀一：《日本专利法概论》，聂宁乐译，知识产权出版社2014年版，第118页。

〔2〕 民法上权利和利益的区分标准参见于飞："侵权法中权利与利益的区分方法"，载《法学研究》2011年第4期。

专利权、专利申请权有关的技术资料，向受让方提供必要的技术指导等。④对于专利申请权的转让，如果技术成果尚未申请专利的，转让人应当承担保密义务，因为申请专利的技术成果必须满足新颖性、创造性和实用性的条件，专利申请权最终才有可能转化为专利权。

2. 受让人的义务。受让人的主要义务是支付价款的义务，受让人应当按照合同约定的期限、方式向转让方支付价款。

### 三、专利实施许可合同

（一）专利实施许可合同的概念与特征

专利实施许可是指专利权人在约定的地域、期限和方式的范围内，许可他人实施其专利技术并收取或者不收取使用费的专利权实现方式。当前，专利实施许可已经成为专利权人实现其利益的最重要的手段之一。专利实施许可合同是为专利实施许可而订立的合同。

与专利权转让合同相比，专利实施许可合同具有以下特征：

1. 权利的转移情况不同。专利实施许可仅授予专利技术的使用权，许可方仍享有专利的所有权，被许可方只获得了专利技术实施的权利，并没有获得专利的所有权。在授予使用权的意义上，专利实施许可类似于民法上的租赁。当然，因权利对象不同，专利实施许可又不同于租赁，专利实施许可可以分期限、地域和方式进行。

2. 专利实施许可合同为不要式合同。我国法律对专利许可合同的形式并无特别要求，故专利实施许可合同为不要式合同，口头、书面、电子等形式均可以采用。

（二）专利实施许可的方式

根据不同的标准，可以对专利实施许可方式进行不同的分类：

1. 独占实施许可、排他实施许可与普通实施许可。这是根据专利实施许可所授予的权利的不同所作的分类。

（1）独占实施许可。即专利权人在约定的地域、期限和方式范围内，许可他人实施自己的专利技术，此后许可人不仅不得再向第三方许可实施该专利技术，自己也不得再实施该专利技术的专利实施许可方式。采用这种许可方式的专利权人往往是不具备实施能力的纯科研单位、小企业或者个人，由于其本身不具备实施专利技术的条件，对其予以许可是实现专利利益的基本手段。同时，因专利权人本身没有实施专利技术的条件，其并不需要实施专利技术，故而往往能够将专利独占实施许可授予他人以获取最大收益。

（2）排他实施许可。即专利权人在约定的地域、期限及方式范围内，许可他人实施自己的专利技术，自己也可在此范围内实施该专利技术，但不得再许可第三方实施该专利技术的专利实施许可方式。采用这种许可方式的专利权人往往自己已经具备一定的实施专利技术的能力，但因其规模相对较小，并不能充分实施其专利技术，故而他除了实施自己的专利技术之外，还能够利用许可的方式来许可他人实施其专利技术，以充分获取收益。

（3）普通实施许可。即专利权人在约定地域、期限及方式范围内许可他人实施自己的专利技术，但自己仍可在此范围内实施该专利技术，同时也有权继续在此范围内许可第三方实施该专利技术的专利实施许可方式。当专利技术的市场规模比较大时，专利权人可以采用这种实施许可方式以更充分地获取收益。

2. 基本许可与分许可。这是根据被许可的权利的来源所作的分类。

前述分类中的专利实施许可就是基本许可。基本许可中的被许可方许可他人在一定的范围内实施被许可的专利技术的专利实施许可就是分许可。作出分许可的前提条件是被许可方有权进一步许可第三方实施该专利技术。《专利法》第12条后半段规定，"被许可人无权允许合同规定以外的任何单位或者个人实施该专利。"这意味着分许可的许可人通常是没有分许可权的，因此，专利实施许可中的被许可人要获得分许可的权利，必须经许可人的明确授权。鉴于分许可相对于基本许可的从属地位，分许可显然只能在基本许可的基础上进行，其在许可实施专利技术的地域、期限、方式等范围方面显然不能超过基本许可的范畴。

3. 单方许可与交叉许可。这是根据许可方与被许可方双方的权利义务状况所作的分类。

单方许可是指专利实施许可双方中仅能由许可方向被许可方许可专利技术的实施的专利实施许可方式。交叉许可是指专利实施许可双方当事人约定相互许可对方实施各自拥有的专利技术，是实现交叉或者交互许可的专利实施许可方式。单方许可通常都是有偿的，而在交叉许可中，通常至少有一方是不需要支付许可费的。

（三）专利实施许可合同的效力

在作出专利实施许可后，被许可人取得在合同约定范围内实施专利技术的权利。采用独占许可方式实施许可专利的，专利许可人在专利实施许可合同的有效期于合同约定的范围内不得实施被许可的专利技术，也不得再许可第三方实施该专利技术。采用排他许可方式实施许可专利的，许可人在专利实施许可合同的有效期于合同约定的范围内有权实施被许可的专利技术，但不得再许可第三方实施该专利技术。采用普通许可方式实施许可专利的，许可人在专利实施许可合同的有效期于合同约定的范围内有权实施被许可的专利技术，也可以再许可第三方实施该专利技术。

#### 四、技术秘密转让合同

（一）技术秘密转让合同的概念与特征

技术秘密转让合同是指一方当事人将其技术秘密转让给另一方当事人，另一方当事人支付约定的费用的合同。

由于技术秘密不是一种权利，技术秘密转让事实上也不是真正的转让，其实质是以一定的代价即约定的费用获取技术秘密并加以使用。因此，技术秘密转让合同的性质和专利申请权转让合同、专利权转让合同的性质不同，其徒具转让的外衣而不具转让的实质。我国法律对技术秘密转让合同的形式没有明确要求，因此，技术秘密转让合同为不要式合同。

（二）技术秘密转让合同的效力

1. 让与人的义务。技术秘密转让合同中让与人的主要义务有：①按照约定提供技术资料，进行技术指导，保证技术的实用性、可靠性；②承担保密义务，除当事人另有约定外，让与人承担保密义务不限制许可人申请专利。

2. 受让人的义务。技术秘密转让合同中受让人的主要义务有：①按照约定使用技术，支付转让费、使用费；②承担保密义务。

如果技术秘密符合专利权的构成条件而可以申请专利的，当事人可以就技术秘密申请专利进行约定。一旦一方申请专利的，技术秘密转让合同当事人的保密义务即告消灭，而技术秘密转让合同则视当事人之间约定的内容而转化为专利权转让合同或者专利实施许可合同。

#### 五、技术转让、许可合同后继改进技术成果的分享

根据《民法典》第875条的规定，技术转让、许可合同后继改进技术成果分享应遵循以下基本原则：

1. 约定优先原则。约定优先原则是意思自治原则的体现，只要当事人在合同中有约定的，就应当按照约定确定后续改进的技术成果的分享。

2. 按照合同有关条款或者交易习惯确定原则。当事人没有约定或者约定不明的，可以按照合同有关条款或者交易习惯确定后续改进的技术成果的分享。

3. 完成方享有后继改进的技术成果原则。当事人在合同中没有约定或约定不明的，根据合同有关条款或者交易习惯也不能确定后继改进的技术成果的分享的，由完成后继改进的技术成果一方享有。

#### 六、技术、许可转让合同的违约责任

许可人未按照约定许可技术的，应当返还部分或者全部使用费，并应当承担违约责任；实施专利或者使用技术秘密超越约定的范围的，违反约定擅自许可第三人实施该项专利或者使用该项技术秘密的，应当停止违约行为，承担违约责任；违反约定的保密义务的，应当承担违约责任。让与人承担违约责任，参照适

用上述规定。

被许可人未按照约定支付使用费的，应当补交使用费并按照约定支付违约金；不补交使用费或者支付违约金的，应当停止实施专利或者使用技术秘密，交还技术资料，承担违约责任；实施专利或者使用技术秘密超越约定的范围的，未经许可人同意擅自许可第三人实施该专利或者使用该技术秘密的，应当停止违约行为，承担违约责任；违反约定的保密义务的，应当承担违约责任。受让人承担违约责任，参照适用上述规定。

## 第四节    技术咨询合同和技术服务合同

### 一、技术咨询合同和技术服务合同概述

（一）技术咨询合同和技术服务合同的概念

技术咨询合同是指当事人一方以技术知识为对方就特定技术项目提供可行性论证、技术预测、专题技术调查、分析评价报告等所订立的合同。其中，特定技术项目包括有关科学技术与经济社会协调发展的软科学研究项目，以及促进科技进步和管理现代化、提高经济效益和社会效益等运用科学知识和技术手段进行调查、分析、论证、评价、预测的专业性技术项目。

技术服务合同是指当事人一方以技术知识为对方解决特定技术问题所订立的合同，不包括承揽合同和建设工程合同。其中，特定技术问题包括需要运用专业技术知识、经验和信息解决的有关改进产品结构、改良工艺流程、提高产品质量、降低产品成本、节约资源能耗、保护资源环境、实现安全操作、提高经济效益和社会效益等专业技术问题。

需要注意的是，当事人一方以技术转让或者技术许可的名义提供已进入公有领域的技术，或者在技术转让合同、技术许可合同的履行过程中，作为合同标的技术已进入公有领域，但是技术提供方进行技术指导、传授技术知识，为对方解决特定技术问题符合约定条件的，可以按照技术服务合同处理，约定的技术转让费、使用费可以视为其提供技术服务所获得的报酬和费用，但法律、行政法规另有规定的除外。在这种情况下，如果将技术转让费或者使用费视为提供技术服务的报酬和费用明显不合理的，可以根据当事人的请求合理确定。

（二）技术咨询合同和技术服务合同的特征

1. 技术咨询合同和技术服务合同为不要式合同。《民法典》没有对技术咨询合同和技术服务合同的形式作出规定，故技术咨询合同和技术服务合同为不要式合同，其可以采用当事人认可的任何形式。

2. 合同的标的为技术服务。技术咨询合同和技术服务合同的标的在本质上均为技术服务，即利用自己的技术知识提供服务，只不过技术咨询合同是就特定技术项目提供技术服务，而技术服务合同则是以技术知识解决特定技术问题，两者在本质上都是对公共领域中的技术知识的利用，既不产生新的技术成果，也非不处于公共领域的技术成果的转移。

技术咨询合同和技术服务合同也存在不同之处，主要表现为：①技术服务合同的受托人不仅要向委托方传授公共领域的技术知识和经验，还要为委托人解决某项特定的技术问题；技术咨询合同的受托人只为委托人进行决策提供参考性意见和方案，其并不具体从事具体的科技工作。②技术服务合同的受托人为委托人完成的工作成果应保证质量，并需要对实施结果承担责任；技术咨询合同的受托人仅需按照合同约定条件向委托人提供参考性的咨询报告和意见，一般不承担因决策失误造成的损失。③技术服务合同通常发生于研究开发成果转让和技术项目实施之后；技术咨询合同通常发生于研究开发技术成果和技术项目实施之前。

**二、技术咨询合同的效力**

（一）技术咨询合同委托人的义务

根据《民法典》的规定，技术咨询合同中委托人的主要义务包括：

1. 按照约定阐明咨询的问题，提供技术背景材料及有关技术资料、数据。在技术咨询合同中，委托人应准确阐明问题，提供合格的技术资料和数据，这是受托人开展工作的基础和前提。受托人发现委托人提供的资料、数据等有明显错误或者缺陷的，应在合理期限内通知委托人；未在合理期限内通知委托人的，视为其对委托人提供的技术资料、数据等予以认可。委托人在接到受托人的补正通知后未在合理期限内答复并予补正的，发生的损失由委托人承担。

2. 接受受托人的工作成果，支付报酬。委托人接受工作成果既是受托人完成工作的标志，也是受托人完成工作的条件。支付报酬是委托人最主要的义务，它在一定意义上是受托人完成工作的重要保障。

技术咨询合同的委托人未按照约定提供必要的资料和数据，影响工作进度和质量，不接受或者逾期接受工作成果的，支付的报酬不得追回，未支付的报酬应当予以支付。

（二）技术咨询合同受托人的义务

根据《民法典》的规定，技术咨询合同的受托人的主要义务包括：①按照约定的期限完成咨询报告或者解答问题；②保证提出的咨询报告达到约定的要求。技术咨询合同的受托人未按期提出咨询报告或者提出的咨询报告不符合约定的，应当承担减收或者免收报酬等违约责任。除非当事人另有约定，因技术咨询合同的委托人根据受托人提供的符合约定要求的咨询报告和意见作出决策所造成的损失，由委托人承担。这也是技术咨询合同不同于技术服务合同的重要标志。

### 三、技术服务合同的效力

（一）技术服务合同受托人的义务

根据《民法典》的规定，技术服务合同中委托人的主要义务包括：

1. 按照约定提供工作条件，完成配合事项。这是受托人完成工作的前提和基础，委托人应该按照约定提供适当的工作条件，完成必要的配合事项。受托人发现委托人提供的资料、数据、样品、材料、场地等工作条件不符合约定的，应在合理期限内通知委托人；未在合理期限内通知委托人的，视为对委托人提供的工作条件认可。委托人在接到受托人的补正通知后应在合理期限内答复并予以补正，未在合理期限内答复并予以补正的，发生的损失由委托人承担。

2. 接受工作成果并支付报酬。接受工作成果既是委托人的权利，也是委托人的义务。委托人接受工作成果后应按合同约定的方式向受托人支付报酬。支付报酬是委托人最主要的义务。

技术服务合同的委托人不履行合同义务或者履行合同义务不符合约定，影响工作进度和质量，不接受或者逾期接受工作成果的，支付的报酬不得追回，未支付的报酬应当予以支付。

（二）技术服务合同委托人的义务

根据《民法典》的规定，技术服务合同的受托人的主要义务是按照约定完成服务项目，解决技术问题，保证工作质量，并传授解决技术问题的知识。技术服务合同的受托人未按照合同约定完成服务工作的，应当承担免收报酬等违约责任。

■**思考题**

1. 什么是技术合同？技术合同有哪些特征？

2. 技术合同制度和知识产权法的关系是怎样的？

3. 什么是技术开发合同？如何确定技术开发合同的技术成果的归属？

4. 技术转让合同的后续改进技术成果的归属和分享应该遵循哪些原则？

5. 技术咨询合同和技术服务合同有何区别？

■**参考书目**

1. 谢晓尧、曾凤辰："技术合同的兴起与退隐———一个知识产权现象的地方性知识"，载《知识产权》2014 年第 3 期。

2. 李永军：《合同法学》，高等教育出版社 2011 年版。

3. 李建伟：《案例导读：合同法及配套规定 e 本通（分则）》，法律出版社 2017 年版。

4. 《最高人民法院关于审理技术合同纠纷案件适用法律若干问题的解释》。

# 第二十二章 保管合同

■ **学习目的和要求**

通过本章的学习，了解保管合同的概念，熟悉保管合同的分类；理解保管合同的特征；重点掌握保管合同的效力即保管合同中保管人和寄存人的主要权利与义务。

## 第一节 保管合同概述

### 一、保管合同的概念与种类

（一）保管合同的概念

保管合同，又称寄存合同、寄托合同，是指当事人一方将物交付于他方，他方允为保管的合同。[1] 其中，交付保管物的一方，称为寄存人，又称寄托人。替他人保管物品的一方，称为保管人，又称受寄托人。保管人保管的标的物，称为保管物，包括动产与不动产。[2] 保管合同的历史久远，在古罗马法时期其就已经被作为典型合同的类型之一。

---

〔1〕《民法典》第 888 条第 1 款规定："保管合同是保管人保管寄存人交付的保管物，并返还该物的合同。"由于《民法典》不仅调整一般保管合同，还承认消费保管合同，而消费保管合同中的保管人仅须返还代替物，而无须返还原物，故该法条内容以一般保管合同为指向，要求保管人须返还原物，以致该表述不周延。

〔2〕 保管合同的标的物是否限于动产，主要存在两种模式：其一，限于动产模式，即保管合同的标的物仅限于动产，如《德国民法典》第 688 条、《法国民法典》第 1918 条、《意大利民法典》第 1766 条、《西班牙民法典》第 1761 条、《瑞士债务法》第 472 条等。其二，动产及不动产兼容模式，即保管合同的标的物既包括动产又包括不动产，如《奥地利民法典》第 960 条、《日本民法典》第 657 条、《葡萄牙民法典》第 1185 条、《俄罗斯联邦民法典》第 886 条、我国台湾地区"民法"第 589 条等。我国《民法典》对保管合同标的物的范围未作限制，即系采第二种立法模式。

（二）保管合同的种类

1. 一般保管合同与消费保管合同。这是依据保管物的所有权是否移转给保管人为标准对保管合同所作的分类。一般保管合同，是指保管物的所有权并不移转给保管人的保管合同，其标的物多为非代替物。消费保管合同，是指保管物的所有权移转给保管人的保管合同，其标的物为货币等代替物。

一般保管合同与消费保管合同主要具有以下区别：①标的物不同。一般保管合同的标的物多为非代替物，包括动产与不动产；消费保管合同的标的物为货币等代替物，只能是动产。②是否移转标的物所有权不同。一般保管合同中的保管物的所有权不发生移转，保管人只能消极保管该标的物，不能对标的物进行处分和利用；消费保管合同中的保管物的所有权发生移转，保管人可以对标的物进行占有、使用、收益和处分。③保管人的返还义务不同。一般保管合同中的保管人必须返还保管物原物；消费保管合同中的保管人不必返还保管物原物，而是可以返还同种类、同品质、同数量的代替物。

《民法典》第 901 条规定："保管人保管货币的，可以返还相同种类、数量的货币；保管其他可替代物的，可以按照约定返还相同种类、品质、数量的物品。"该条便是对消费保管合同的规定。

2. 意定保管合同与法定保管合同。这是依据成立方式的不同为标准对保管合同所作的分类。意定保管合同，是指须依据当事人的合意方可成立的保管合同，是保管合同的常态。法定保管合同，是指依据法律规定成立的保管合同。在法定保管合同中，当事人只要具备法定条件，无须达成保管合意，就当然形成保管合同关系。法定保管合同中的保管人通常为商场、餐饮店、浴室、宾馆等特定营业场所的经营者，而寄存人则通常为顾客。

法定保管合同的产生最早可上溯至古罗马法。在现代社会，大多数国家和地区都明文规定了法定保管合同。[1] 我国《民法典》新增设了法定保管合同，弥补了此前立法中在保管合同类型规定方面的缺失。《民法典》第 888 条第 2 款规定："寄存人到保管人处从事购物、就餐、住宿等活动，将物品存放在指定场所的，视为保管，但是当事人另有约定或者另有交易习惯的除外。"依此，在我国，法定保管合同的成立要件为：①保管人须为从事购物、就餐、住宿等活动的特定经营者；②寄存人须到保管人处从事购物、就餐、住宿等活动；③寄存人须将物品存放在指定场所，以便法定保管人履行保管义务；④不存在当事人另有约定或

---

〔1〕　相关法条参见《德国民法典》第 701 条、《法国民法典》第 1952 条、《瑞士债务法》第 487 条、《西班牙民法典》第 1783 条、《意大利民法典》第 1783 条《日本商法典》第 593 条、我国台湾地区"民法"第 606 条等。

者另有交易习惯等相反证据。例如，消费者甲到乙超市购物，将其随身携带的物品存放进乙超市提供的自助储物柜，则甲与乙超市并非就该自助储物柜形成借用合同关系或者租赁合同关系，而是就该存放物品形成法定保管合同关系，乙超市对存放物品负有妥善保管的义务。

**二、保管合同的特征**

（一）保管合同以对物品的保管为直接目的

在保管合同中，保管人的主给付义务为保管标的物，因此，保管合同为提供服务的合同。在一般保管合同中，保管人只能消极维持标的物的既有状态，不能使用保管物。这就使得保管合同区别于借用、租赁等移转标的物使用权的合同。保管合同以保管物品为直接目的，在承揽、运输、委托、行纪等合同中，当事人虽然也负有保管对方交付物品的义务，但保管义务仅为附随义务，并非合同的直接目的和主要义务。

（二）保管合同须移转保管物的占有

如果不移转保管物的占有，保管人将无法履行保管义务，故保管合同以寄存人交付保管物为必要。此处所说的交付，不限于现实交付，观念交付中的简易交付亦包括在内。由于在保管合同中，如果保管人未现实占有保管物，其保管义务将无法履行，而且原则上保管义务不得由第三人代为履行，因此，占有改定和指示交付并不包括在保管合同的交付形式中。

（三）保管合同原则上是实践合同

《民法典》第890条规定："保管合同自保管物交付时成立，但是当事人另有约定的除外。"可见，除非当事人另有约定，寄存人交付保管物是保管合同的成立要件，这就决定了保管合同在原则上为实践合同。

（四）保管合同既可以是有偿合同，又可以是无偿合同

《民法典》第889条规定："寄存人应当按照约定向保管人支付保管费。当事人对保管费没有约定或者约定不明确，依据本法第510条的规定仍不能确定的，视为无偿保管。"根据该规定，保管合同是否有偿，取决于当事人约定。如果当事人没有约定或者约定不明确的，可以协议补充；不能达成补充协议，且不能按照合同相关条款或者交易习惯确定的，保管合同通常为无偿合同。

（五）保管合同既可以是双务合同，又可以是单务合同

在有偿保管合同中，保管人负有保管义务，寄存人负有支付保管费的义务，两者构成对待给付关系，为双务合同。在无偿保管合同中，仅保管人负有保管义务，寄存人无须支付保管费，为单务合同。即使寄存人须偿还保管人在保管期间支出的必要费用，但寄存人的必要费用偿还义务与保管人的保管义务并不构成对待给付关系，此时保管合同仍为单务合同。

（六）保管合同是不要式合同

保管合同的成立只须双方当事人达成合意，而不必采取特定形式，故其为不要式合同。

## 第二节　保管合同的效力

### 一、保管人的义务

（一）保管义务

在保管合同中，保管标的物是保管人的主给付义务，主要包括如下内容：

1. 妥善保管义务。保管人应当妥善保管保管物。关于保管人注意义务的程度，我国立法未作明文规定。学理通常认为，保管人注意义务的程度因保管合同是否有偿而有所不同。在有偿保管合同中，保管人应当尽到善良管理人的注意义务。在无偿保管合同中，保管人应当同保管自己的物品一样尽同样的注意义务。

《民法典》第897条规定："保管期内，因保管人保管不善造成保管物毁损、灭失的，保管人应当承担赔偿责任。但是，无偿保管人证明自己没有故意或者重大过失的，不承担赔偿责任。"根据该规定，保管人保管不善造成保管物毁损、灭失的，保管人所承担的赔偿责任与保管合同是否有偿有关，其中体现了当保管合同无偿时应适当降低保管人赔偿责任的立法理念。在有偿保管合同中，只要保管人保管不善造成保管物毁损、灭失的，就应当承担损害赔偿责任。在无偿保管合同中，保管人如果能够证明自己没有故意或者重大过失的，则可以免除损害赔偿责任。

2. 亲自保管义务。保管合同是提供服务的合同，重视当事人之间的信任关系，寄存人选择保管人主要是因为信赖保管人，故除非当事人另有约定，保管人不得将保管物转交第三人保管。保管人擅自转保管，造成保管物毁损、灭失的，保管人应当承担损害赔偿责任。

3. 原则上不得使用保管物。在一般保管合同中，保管人只能消极保管标的物，不能自己使用或者许可第三人使用保管物。除非当事人另有约定，或者为了维持保管物的使用价值而必须使用时，保管人才可使用保管物。如果保管人擅自使用或者许可第三人使用保管物，保管人不仅应当向寄存人支付使用费，给寄存人造成损害的，还应当承担损害赔偿责任。在消费保管合同中，由于保管人取得了保管物的所有权，因而其有权对保管物进行使用、收益和处分。

4. 不得擅自变更保管场所与保管方法。保管场所与保管方法的擅自变更，不仅可能增加寄存人的提取费用、交易成本，而且可能增加保管物变质、毁损的风险。因此，除紧急情况或者为了维护寄存人利益外，保管人应当按照约定的保管场所、保管方法保管标的物。

（二）交付保管凭证的义务

保管凭证是保管合同成立的有力证据，也是寄存人领取保管物的有效单据。除非另有交易习惯，寄存人向保管人交付保管物的，保管人应当向寄存人出具保管凭证。

（三）危险通知义务

危险通知义务是指当发生第三人对保管物主张权利，引发寄存人不能依约领取保管物的危险时，保管人应将有关情事及时通知寄存人，以便寄存人及时采取相应措施维护自己的权利。这是保管人承担的附随义务。

第三人对保管物主张的权利，多为所有权等物权，也可以为债权。第三人对保管物主张权利的，除依法对保管物采取保全或者执行措施外，保管人应当履行向寄存人返还保管物的义务。第三人对保管人提起诉讼或者对保管物申请扣押的，保管人应当及时通知寄存人。此时，因为保管人已受诉讼拘束，无法返还保管物，所以其仅须将危险情事通知寄存人。

（四）返还保管物的义务

当事人约定的保管期限届满或者发生其他合同终止事由时，保管人应当将保管物返还给寄存人，此为保管人的主给付义务。在一般保管合同中，保管人必须返还保管物原物。在消费保管合同中，保管人只须返还同种类、同品质、同数量的代替物。

1. 返还期限的确定。保管合同约定保管期限的，保管人在保管期限届满时才可以返还保管物，无特别事由，保管人不得要求寄存人提前领取保管物。由于保管期限一般是为寄存人利益而设，而且没有理由非要让寄存人寄存已丧失托付保管必要的物，[1] 因此，即使双方约定了保管期限，寄存人仍得随时请求返还。保管合同未约定保管期限或者约定不明确的，寄存人可以随时领取保管物，保管人也可以随时请求寄存人领取保管物。

2. 返还范围。保管人除应返还保管物外，还应返还保管期间内保管物产生的孳息。在保管期限届满或者寄存人提前领取保管物时，保管人应将保管物及其孳息一并归还寄存人。

---

〔1〕　参见［日］我妻荣：《我妻荣民法讲义 V₃：债法各论（中卷·二）》，周江洪译，中国法制出版社 2008 年版，第 192 页。

## 二、寄存人的义务

### (一) 依约支付保管费

在有偿保管合同中，寄存人负有依约向保管人支付保管费的义务。寄存人应当按照约定的期限向保管人支付保管费。当事人对支付期限没有约定或者约定不明确的，可以协议补充；不能达成补充协议，且按照合同相关条款或者交易习惯仍不能确定的，应当在领取保管物的同时支付。

### (二) 必要费用偿还义务

寄存人还应向保管人偿还保管期间内产生的必要费用。必要费用即保管人在保管期间为了维持保管物的既有状态所必须花费的费用，如保管物的清洁费、动物的饲养费、生鲜物品的冷藏费等。该费用因保管物而产生，自然应由寄存人负担，无论保管合同是否有偿均无不同。但在有偿保管合同中，若当事人明确约定保管费包含必要费用的，则保管人无权请求寄存人偿还。

寄存人未按照约定支付保管费或者其他费用的，保管人对保管物享有留置权，但当事人另有约定的除外。

### (三) 告知义务

寄存人交付的保管物有瑕疵或者根据保管物的性质需要采取特殊保管措施的，寄存人应当将有关情况告知保管人。因保管物有瑕疵需要采取特殊保管措施，一般是指保管物自身存在破坏性缺陷，倘若保管不当将致使保管物毁损或者危及周围的人身、财产安全，如患有传染病的牛羊等。根据保管物的性质需要采取特殊保管措施，是指保管物属于易燃、易爆、有毒、有腐蚀性、有放射性等物品，按其性质须给予特殊的保管。

寄存人未告知，致使保管物毁损、灭失的，保管人不承担赔偿责任。而且，保管人因此遭受损失的，除保管人知道或者应当知道且未采取补救措施外，寄存人应当承担赔偿责任。

### (四) 声明义务

当保管物为货币、有价证券或者其他贵重物品时，保管人的保管风险自然增加，为了便于保管人采取相应的保管措施，寄存人寄存货币、有价证券或者其他贵重物品的，应当向保管人声明，由保管人验收或者封存。寄存人未声明的，该物品毁损、灭失后，保管人可以按照一般物品予以赔偿。所谓"一般物品"，是指依保管物的外观，按照社会一般人所能确认的保管物的价值予以赔偿。

### (五) 领取保管物的义务

保管期限届满，寄存人应当及时领取保管物。寄存人未及时领取保管物的，应当承担迟延受领的违约责任。

■ **思考题**

1. 什么是保管合同? 其具有哪些特征?
2. 试述保管合同的效力。

■ **参考资料**

1. 宁红丽:"论我国保管合同制度的法律适用",载《暨南学报(哲学社会科学版)》2008 年第 6 期。

2. 刘天铎主编:《赠与合同·保管合同·仓储合同》,中国民主法制出版社 2003 年版。

3. 王轶等:《中国民法典释评·合同编·典型合同(下卷)》,中国人民大学出版社 2020 年版。

# 第二十三章　仓储合同

■ **学习目的和要求**

　　通过本章的学习，熟悉仓储合同的概念和特征，了解仓储合同与保管合同的关系；理解仓单的含义及其法律属性；重点掌握仓储合同的效力即保管人和存货人的主要权利与义务。

## 第一节　仓储合同概述

### 一、仓储合同的概念

（一）仓储合同的含义

　　仓储合同，又称仓储保管合同，是指保管人储存存货人交付的仓储物，存货人支付仓储费的合同。其中，交付仓储物的一方，称为存货人。替他人储存保管物品的一方，称为保管人，又称仓储人。存货人交付保管人保管的标的物，称为仓储物。

　　商品经济与国际贸易的飞速发展催生了大宗商品的储存保管业务，仓储合同逐渐从保管合同中分化出来。在仓储合同中，存货人不仅可以节省自行保管物品的费用，而且可将仓单出质以获得融资，还可通过仓单背书的方式转让仓储物，借以减少伴随实际交付物品时可能发生的费用与损失。在近代商业交易中，如果说运输业提供了空间上的、动态的帮助，仓储业则有时间上的、静态的贡献。[1]

　　（二）仓储合同与保管合同的关系

　　仓储合同与保管合同主要存在以下差异：①合同主体不同。仓储合同的保管人须是拥有仓储设备、从事仓储保管业的营业人；保管合同的保管人无此限制。②保管的标的物不同。仓储合同的标的物须为动产；保管合同的标的物既可以是

---

〔1〕　参见黄立主编：《民法债编各论（下）》，中国政法大学出版社2003年版，第629页。

动产，又可以是不动产。③合同成立要件不同。仓储合同是商事合同，目的是追求商事交易的快捷，故其为诺成合同；保管合同原则上为实践合同。④合同是否有偿不同。仓储合同是商事保管合同，因而为有偿合同；保管合同在当事人没有约定或者约定不明确时，通常为无偿合同。⑤保管凭证的流通性不同。仓储合同中的仓单是流通证券，经存货人或者仓单持有人背书，并经保管人签名或者盖章，可以自由转让；保管合同中的保管凭证不具有流通性，不可背书流转。

虽然与保管合同存在上述差异，但仓储合同系由保管合同发展演变而来，其仍以保管义务作为合同的主给付义务，在本质上仍然是一种特殊的保管合同。因此，《民法典》第918条明确规定："本章没有规定的，适用保管合同的有关规定。"

**二、仓储合同的特征**

（一）保管人必须是拥有仓储设备、从事仓储保管业务的人

仓储合同的保管人只能是仓储营业人，这是仓储合同在主体上的重要特征。仓储营业人通常应当具备以下两个条件：①拥有仓储设备，即具备储存、保管仓储物的相关设施，如仓库等。保管人储存易燃、易爆、有毒、有腐蚀性、有放射性等危险物品的，应当具备相应的保管条件。②从事仓储保管业务，即经工商行政管理部门核准登记，专营或者兼营仓储保管业务。

（二）仓储物只能是动产

仓储合同是储存保管货物的合同，只有适合堆放储藏的动产才能成为仓储物。不动产因无法放置于仓库进行保管，因此其不能成为仓储合同的标的物。

（三）仓储合同是双务合同、有偿合同

仓储合同在性质上属于商事合同，保管人负有储存、保管仓储物的义务，存货人负有支付仓储费的义务，两者构成对待给付关系，故为双务合同。存货人将仓储物交由保管人保管，须以支付仓储费为代价；保管人取得仓储费，须以储存、保管仓储物为代价，故仓储合同为有偿合同。

（四）仓储合同是诺成合同

仓储合同作为商事合同，强调交易的快捷，不以仓储物的交付作为合同的成立要件，因而仓储合同为诺成合同。《民法典》第905条规定："仓储合同自保管人和存货人意思表示一致时成立。"根据该规定，存货人将仓储物交付给保管人，属于合同的履行，并非合同的成立要件。

（五）仓储合同是不要式合同

仓储合同的成立只须当事人双方达成合意，不必采取特定形式，因而仓储合同是不要式合同。虽然在存货人交付仓储物时，保管人应当向存货人签发仓单、入库单等凭证，但仓单、入库单等凭证的签发并非是仓储合同的成立要件，而是

对仓储合同的履行。

### 三、仓单

#### （一）仓单的概念

仓单是指保管人收到仓储物时，向存货人签发的表明其已收到一定仓储物的法律文书。仓单记载的内容直接体现当事人之间的权利义务关系，它不仅是仓储合同确已存在的有力证据，而且是存货人和仓单持有人提取仓储物的有效凭证。

#### （二）仓单的法律属性

1. 仓单为有价证券、流通证券。仓单以其所记载的仓储物的返还请求权为内容，持有仓单的人即享有仓单记载的仓储物的所有权，故仓单是一种有价证券。仓单经过存货人或者仓单持有人的背书，并经保管人签名或者盖章可以转让，因而仓单是一种流通证券。

2. 仓单为要式证券、文义证券。仓单有法定记载事项，且须由保管人签名或者盖章，故为要式证券。仓单记载的事项直接决定当事人的权利义务关系，即使仓单记载的内容与当事人的真意不符，当事人仍须按照仓单文义履行义务，因而其为文义证券。

3. 仓单为指示证券、提示证券。仓单可以背书流转，保管人允诺向存货人或者仓单持有人指示的人交付仓储物，可见，其为指示证券。仓单上记载的仓储物返还请求权与仓单不可分离，仓单持有人提取仓储物，必须出示仓单，则表明其为提示证券。

4. 仓单为记名证券、自付证券。仓单应当记载存货人的姓名或者名称和住所，且仓单由保管人自己签发，并由保管人承担交付仓储物的义务，因而其为记名证券、自付证券。

#### （三）仓单的制作

保管人应当在仓单上签名或者盖章。仓单应当记载下列事项：①存货人的姓名或者名称和住所；②仓储物的品种、数量、质量、包装及其件数和标记；③仓储物的损耗标准；④储存场所；⑤储存期限；⑥仓储费；⑦仓储物已经办理保险的，其保险金额、期间以及保险人的名称；⑧填发人、填发地和填发日期。

## 第二节　仓储合同的效力

### 一、保管人的义务

#### （一）验收及接受义务

保管人应当按照约定验收并接受存货人交付的入库仓储物。当事人对验收项目、验收方式、验收期限有约定的,保管人应当按照约定进行验收。验收项目通常包括仓储物的品名、规格、数量、外包装状况,以及无须开箱拆捆即能直观可见可辨的质量情况。仓储物有外包装的,包装内的货物品名、规格、数量,以外包装或者货物上的标记为准;外包装或货物上无标记的,以供货方提供的验收资料为准。验收方式通常包括全部验收和按比例验收,具体采用何种验收方式,当事人有约定的,依照约定;没有约定或者约定不明确的,可以结合交易习惯确定。当事人对验收期限有约定的,保管人应当按照约定期限进行验收;没有约定或者约定不明确的,保管人应当在合理期限内将仓储物不符合约定的情况通知存货人。

保管人验收时,发现入库仓储物不符合约定的,应当及时通知存货人。存货人不具备保存条件的,依据诚信原则,保管人应当暂存仓储物,暂存期间发生的损失和费用由存货人承担。

保管人验收时,未提出异议的,视为存货人交付的仓储物符合合同约定的条件,保管人验收后,发生仓储物的品种、数量、质量不符合约定的,保管人应当承担赔偿责任。

(二)签发仓单义务

仓单是仓储合同成立的有力证据,也是存货人提取、处分仓储物的有效凭证。存货人交付仓储物的,保管人不仅应当在仓储簿册中记载仓储物的有关事项,还应当向存货人出具仓单、入库单等凭证。

(三)妥善保管义务

妥善储存保管仓储物是保管人的主给付义务。保管人应当按照合同约定的储存条件和保管要求妥善保管仓储物。保管人储存易燃、易爆、有毒、有腐蚀性、有放射性等危险物品的,应当具备相应的保管条件。保管合同中保管人的亲自保管、不得使用保管物、不得擅自变更保管场所与保管方法的义务,对仓储合同的保管人同样适用。

储存期内,因保管人保管不善造成仓储物毁损、灭失的,保管人应当承担赔偿责任。但是因仓储物本身的自然性质、包装不符合约定或者超过有效储存期造成仓储物变质、损坏的,保管人对损害的发生不具有可归责性,因此无须承担赔偿责任。

(四)通知、催告义务

为了便于存货人和仓单持有人及时了解仓储物的情况,保管人一旦发现入库仓储物有变质或者其他损坏的,应当及时通知存货人或者仓单持有人。仓储物变质或者发生其他损坏的原因是保管人保管不善还是不可抗力等客观情况,则在所不问。

保管人发现入库仓储物有变质或者其他损坏，足以危及其他仓储物的安全和正常保管的，为了防止危及其他仓储物，造成其他存货人和保管人不应有的利益损失，保管人应当催告存货人或者仓单持有人作出必要的处置。一般情况下，保管人不能处置仓储物，但是如果发生保管人不能通知存货人或者仓单持有人，或者虽能通知但延误时机等紧急情况时，为了维护仓储合同当事人的正当利益，确保仓储业的正常开展，保管人可以作出必要的处置。但是，保管人应当于事后将该情况及时通知存货人或者仓单持有人。

（五）检查或提取样品的容忍义务

存货人或者仓单持有人为了及时了解仓储物的情况、出卖仓储物或者监督仓储物的保管状态，可以要求检查仓储物或者提取样品，保管人对此负有容忍义务。但是，存货人或者仓单持有人检查仓储物或者提取样品不能妨碍保管人的正常营业。

（六）返还仓储物的义务

当事人约定的储存期限届满或者发生其他合同终止事由时，保管人应当向存货人或者仓单持有人返还仓储物，不得无故扣留。保管人未按合同约定返还仓储物的，应当承担违约责任。

当事人对储存期限没有约定或者约定不明确的，存货人或者仓单持有人可以随时提取仓储物，保管人不得拒绝。

**二、存货人或仓单持有人的义务**

（一）依约交付仓储物的义务

存货人应当按照合同约定的时间、地点和仓储物的品种、数量、质量和包装，向保管人交付仓储物，并在验收期间向保管人提供验收资料。存货人未按照合同约定交付仓储物的，应当承担违约责任。存货人未及时、全面提供验收资料，造成验收差错的，存货人应当承担相应责任。

（二）说明义务

当仓储物为易燃、易爆、有毒、有腐蚀性、有放射性等危险物品或者易变质物品时，为了便于仓储人及时采取相应的储存保管措施，预防仓储物发生危险和腐烂，存货人应当向保管人说明该物品的性质，并提供有关资料。若存货人违反说明义务，保管人在入库验收时发现仓储物是危险物品或者易变质物品的，可以拒收仓储物；保管人在接收后发现仓储物是危险物品或者易变质物品的，可以采取相应措施以避免损失的发生，由此产生的费用由存货人负担。

存货人未履行说明义务致使仓储物毁损、灭失的，保管人不承担赔偿责任。保管人因此遭受损失的，有权请求存货人予以赔偿。

（三）支付仓储费的义务

支付仓储费是存货人的主给付义务。存货人或者仓单持有人应当按照合同约定的数额、支付时间和支付方式向保管人支付仓储费。因储存保管仓储物所生的必要费用，通常已计入仓储费中，故保管人不得另行请求偿还。[1]

当事人对仓储费的支付时间没有约定或者约定不明确的，当储存期限届满，存货人或者仓单持有人在提取仓储物时应当支付仓储费。存货人或者仓单持有人逾期提取的，应当加收仓储费。仓储合同为有偿合同，存货人或者仓单持有人虽可放弃期限利益，但不得损害保管人的利益，因此，存货人或者仓单持有人提前提取仓储物的，不减收仓储费。

（四）按时提取仓储物的义务

当事人对储存期限有明确约定的，当储存期限届满，存货人或者仓单持有人应当凭仓单、入库单等提取仓储物。存货人或者仓单持有人应当向保管人提示仓单，并验收仓储物。储存期限届满，存货人或者仓单持有人不提取仓储物的，保管人可以催告其在合理期限内提取；逾期不提取的，保管人可以提存仓储物。

当事人对储存期间没有约定或者约定不明确的，保管人可以随时请求存货人或者仓单持有人提取仓储物，但是应当给予其必要的准备时间。

■ **思考题**

1. 什么是仓储合同？其具有哪些特征？
2. 什么是仓单？其法律属性有哪些？
3. 试述仓储合同的效力。

■ **参考资料**

1. 刘天铎主编：《赠与合同·保管合同·仓储合同》，中国民主法制出版社 2003 年版。
2. 王轶等：《中国民法典释评·合同编·典型合同（下卷）》，中国人民大学出版社 2020年版。
3. 谢鸿飞、朱广新主编：《民法典评注：合同编·典型合同与准合同（4）》，中国法制出版社 2020 年版。

---

〔1〕 参见黄立主编：《民法债编各论（下）》，中国政法大学出版社 2003 年版，第 642 页；邱聪智：《新订债法各论（中）》，中国人民大学出版社 2006 年版，第 334 页。

# 第二十四章    委托合同

■ **学习目的和要求**

通过本章的学习，了解委托合同的概念和基本法律特征，特别是把握委托合同与委托代理行为之间的关系；理解我国民法典有关委托合同的种类、当事人的权利、义务和合同终止的规定；熟悉转委托、重复委托、共同委托等特殊的委托合同关系，掌握隐名代理和未披露委托人的代理。

## 第一节    委托合同概述

**一、委托合同的概念**

委托合同又称为委任合同，是指当事人约定一方为他方处理事务的合同。在委托合同中，委托他人处理事务的一方为委托人，为他人处理事务的另一方则为受托人。

委托合同的意义在于合理利用他人的技能和劳力为自己谋幸福，解除人们事必躬亲的烦忧。所以，委托合同早在古巴比伦法典中就有反映，在近现代合同法律中更是广泛可见。然而，在早期罗马法中，尚未区分委托与代理，《法国民法典》亦继承了罗马法的衣钵。直到《德国民法典》，才开创性地将委托与代理区别开来。在我国，民事立法规定及民法学说一直以来赞同德国法体制，主张将代理权授予与其基础关系——委托合同相分离。《民法典》第919条规定："委托合同是委托人和受托人约定，由受托人处理委托人事务的合同。"这一规定表明，委托合同是双方当事人的内部关系，其与代理不同。

**二、委托合同的特征**

1. 委托合同是以处理委托人的事务为目的的合同。换言之，委托合同的标的是受托人为委托人提供事务服务的行为。对于事务的范围或种类，向来有不同的学说和立法例。一种为狭义的事务观，即认为事务范围以法律行为为限；另一种持广义的事务观，认为事务的种类应无限制。我国法律有关规定未明确此问题，学理通说采广义，即认为委托事务既可以是诸如算账、清算这类经济事务，也可以是代为诉讼等一类法律事务，还可以是日常生活中的事务。从事务性质而言，既可以是事实行为，也可以是法律行为等。总之，除了法律规定或者基于事务性质决定不得由他人处理的事务外，对于其他各类事务，委托人都可以通过委托合同交由受托人处理或管理。

因为委托合同是以处理委托人的事务为目的，故委托人应承担处理事务的费用及风险，同时对于受托人在委托权限内所办理的委托事务的结果，委托人应予以接受。

2. 委托合同的订立以双方当事人的相互信任为基础。一般就自然人之间的委托而言，委托人与受托人之间的关系不应认定为"陌生人"的关系，而应将其认定为熟识乃至较为亲密的关系，这样，委托人才可能对受托人的技能和人品、信誉等情况有所知晓，受托人也才能出于对委托人的了解而愿意帮助他完成某一事项，就此达成委托合同关系。就法人之间的委托来说，委托也是建立在对彼此的经营能力和业绩相互信任的基础上。因此，委托合同的受托人在接受了委任事务后，负有亲自处理委托事务的义务。同理，任何一方对对方产生了不信任，都有权随时解除合同。

3. 委任合同的受托人既可以用委托人的名义，也可以用自己的名义处理委托事务。当受托人被授予以委托人的名义进行法律行为的权利时，受托人可以以委托人的名义处理委托事务并使其后果直接归属于委托人；当委托人未授予受托人以代理权，或者受托人认为其没有必要以委托人的名义进行行为时，也可以以自己的名义办理委托事务，由此所产生的权利义务关系或直接对委托人生效，或由受托人将委托事务的结果移转给委托人。

4. 委托合同是诺成合同、不要式合同。委托合同在当事人双方意思表示一致时即成立，并且一般无须采用特定的形式，因而委托合同属于诺成合同和不要式合同。

5. 委托合同既可以是有偿合同也可以是无偿合同。《法国民法典》和《德国民法典》均继承罗马法的有关规定，以无偿作为委任的原则，但我国法律从市场经济的一般特征出发，规定委托合同既可以是有偿的，也可以是无偿的。委托合同是否有偿，主要取决于当事人之间的约定或法律的规定。在当事人没有约定委托合同的报酬时，我们认为，商事委托合同一般应推定为有偿，自然人之间的民事委托合同一般应推定为无偿。

6. 委托合同是双务合同。委托合同无论是否有偿都不影响其双务性，即使是无偿的委托合同，委托人也负有支付费用的义务。对受托人而言，受托人负有向委托人报告委托事务、亲自处理委托事务、转交委托事务所取得的财产等义务。在理论上，有学者认为，有偿的委托合同为双务合同，无偿的委托合同是单务合同。[1]

### 三、委托合同与委托代理行为之比较

在我国，民事立法中将委托合同与委托代理行为分别予以规定。事实上，二者具有一定的联系，因此，需要就二者之间的复杂关系予以说明。

1. 委托合同是委托人与受托人之间意思表示一致的协议，其内容主要在于确定委托人与受托人内部之间的权利义务关系；委托代理行为是代理人以委托人的名义或者以自己的名义对外（第三人）所为的法律行为，其所确立的权利义务关系应根据委托授权行为的内容和相关的法律规则的规定，或者直接由委托人与第三人享有和承担，或者由受托人与第三人享有和承担。

2. 委托合同产生于委托人与受托人双方一致的意思表示；委托代理来源于委托人单方的委托授权行为。申言之，委托代理行为不能由委托合同当然发生，而只能基于委托人的委托授权行为而产生。根据《民法典》第165条的规定，委托授权可以通过授权委托书进行，授权委托书的主要用途是向第三人出示，证明代理人能够以被代理人的名义进行法律行为，以使第三人能够放心地通过代理人与被代理人进行交易。

3. 委托合同所涉及的委托事务的范围比委托代理事务的范围要广泛。根据《民法典》第161条的规定，代理事务仅限于民事法律行为，而委托事务还可以是事实行为。这样，当所委托的事务为对外进行民事法律行为时，委托人才需要向受托人签发授权委托书，同时，受托人才能够以委托人的名义去进行委托代理行为。

4. 委托合同是产生委托代理的基础关系的一种，但委托代理与委托合同又是彼此独立的。①仅有委托合同没有委托授权行为，不能产生委托代理关系；②委托代理行为具有相对的独立性，委托合同无效或被撤销，代理人的代理权并不必然随之消灭，其消灭必须要有被代理人撤销委托授权的行为。因为第三人无从知晓委托合同的内部关系发生了变化，若以合同的内部效力同时对外发生，会害及第三人利益及交易安全。但有观点与此不同，认为从保护被代理人利益及法律关系简化考虑，授权行为原则上应从属于基本法律关系，基本法律关系如不成立、无效或撤销时，授权行为应同其命运。[2]

综上所述，委托合同与委托代理是我国民法体系中两种不同的制度，具有不

---

〔1〕　参见史尚宽：《债法各论》，中国政法大学出版社2000年版，第363页。

〔2〕　参见梁慧星：《民法总论》，法律出版社2017年版，第239页。

同的功能,二者不能混为一谈。

## 第二节　委托合同的效力

委托合同为双务合同,故而委托合同的效力可以从委托人和受托人两方面加以概括。

### 一、对于受托人的效力

（一）受托人的权限

受托人的权限即受托人处理事务的范围。根据意思自治原则,首先应由委托人和受托人对受托人的权限作出约定,《民法典》第 920 条规定,“委托人可以特别委托受托人处理一项或者数项事务,也可以概括委托受托人处理一切事务”。在前者,即为特别委托,如嘱托他人代为探视病员;在后者,即为概括委托,如将房屋的所有管理事务全权交付给受托人。

如果委托合同对受托人的权限范围的约定不够明确,应当如何确定?《民法典》缺乏相应规定,但国外有立法对此设有解释规则,如《意大利民法典》第 1708 条规定:“委任不仅包括被授权的行为,也包括为完成委任所必需的行为”,“在没有明确的情况下,一般委任不包括特别管理行为”。所谓特别管理行为,依一般解释包括:①不动产的出售、出租或者就不动产设定抵押;②赠与;③和解;④提交仲裁等关涉财产命运的行为。《意大利民法典》的规定对我国在司法实践中处理类似问题具有参考价值。

（二）受托人的主要义务

1. 处理委托事务的义务。受托人处理委托事务时,具体应做到:

（1）遵守委托人指示。受托人应当按照委托人的指示处理委托事务。委托合同中,依委托人指示性质不同,受托人的权限范围也不同:如果委托人所作出的指示为命令性的,则受托人绝对不能变更委托人指示的内容,只能传达委托人的意思或意思表示,或者代为接受意思表示,此时受托人所扮演的角色仅为使者。如果委托人所作出的指示为指导性或任意性的,那么受托人在遵守委托人指示的前提下,享有直接依自己的意思决定委托事务的权利,其所扮演的角色即为代理人。

（2）需要变更委托人指示的,应事先经过委托人同意或在事后及时通知委托人。受托人处理受托事务时,如果发生了订立委托合同时没有预料到的变化,受托人需要变更委托人的指示的,应当取得委托人的同意;如果情况紧急,且受托人无法与委托人取得联系,则受托人应当在妥善处理委托事务的原则下变更委托指示,但事后必须将变更指示的情况及时通知委托人。《民法典》第 922 条规定了紧急情况下受托人的指示变更权，以此缓解受托人必须遵守委托人指示这一规则的僵硬化，体现了法律的灵活性。在紧急情况下变更委托人的指示，不仅是受托人的权利，而且是受托人的义务。若应为变更而未变更则有违妥善处理的原则，受托人应承担相应的责任。

（3）亲自处理委托事务。由于委托合同是建立在当事人相互信赖的基础之上的，所以原则上受托人应亲自处理受托事务，而不得擅自将受托事务交由第三人代为处理。除非在紧急情况下为了保护委托人的利益，或者事先取得委托人的同意，才可将委托事务转托给第三人。否则，受托人应当对自己的行为以及转委托的第三人的行为承担责任。

2. 报告义务。受托人应依委托人的请求，随时或者定期向委托人报告受托事务的进展情况；委托合同因委托事务处理完毕或其他原因终止时，受托人应将处理事务的经过及最终结果报告给委托人，并且提供必要的证明文件，如清单、发票等。委托事务终止时的报告，不以委托人的请求为前提，虽委托人未请求其为报告，受托人也应及时报告，否则将构成违约。

3. 将处理委托事务的后果移转给委托人。根据委托合同订立的目的，受托人处理委托事务所取得的利益应归属于委托人。因此，受托人处理委托事务所收取的货币、物品及其孳息，应当一并交付给委托人。因为受托人移转财产的时间一般难以事先确定，故受托人的交付义务属于不定期债务。在委托人催告后，受托人仍然没有履行交付义务的，受托人应负给付迟延的责任。

（三）受托人的损害赔偿责任

1. 受托人在处理委托事务时，应尽必要的注意义务。如果受托人怠于注意而给委托人造成损害的，受托人应负赔偿责任。根据《民法典》第 929 条第 1 款的规定，委托合同适用过错责任原则，并且受托人承担责任的轻重程度根据委托合同是否有偿而有所不同，具体而言：

（1）有偿的委托合同，受托人对受托事务应尽善良管理人的注意义务，即要以一个具有相当知识经验的人作为判断标准，受托人若没有尽到这样一个高标准的注意义务，虽然其主观过失较轻，也应承担责任，此即为"抽象轻过失责任"。

（2）无偿的委托合同，受托人对委托事务应尽像对待自己的事务一样的注意义务，即以受托人本人主观上的注意程度作为衡量标准，若受托人未达到此标准，应承担责任，此即为"具体的轻过失责任"。我国《民法典》中无偿受托人的责任更轻，其明确规定无偿受托人仅在故意或重大过失的情况下给委托人造成损失的，才承担赔偿责任。

可见，有偿委托合同中的受托人承担的责任比无偿合同中的受托人承担的责任更重，这是因为有偿合同中的受托人在承担义务的同时可取得相应的报酬，而无偿合同中的受托人承担义务并不获取利益，所以令无偿受托人承担较轻的责任才得以使当事人间的关系取得平衡。

2. 受托人因超越委托权限而给委托人造成损失的，受托人应负损害赔偿责任。《民法典》第929条第2款规定："受托人超越权限造成委托人损失的，应当赔偿损失。"该条规定没有涉及受托人承担责任是否应以具备过错为条件的问题，从本条第1款规定出发，应将其解释为过错责任，即受托人对越权代理的发生具有过错时才承担责任。但是，应当由受托人对自己无过错承担证明责任。

3. 受托人违反应亲自处理委托事务的义务，即在未取得委托人同意的情况下，受托人将受托事务擅自转托给第三人，应承担由此给委托人造成的损失。即使在征得委托人同意的情况下，受托人将委托事务转由第三人处理的，受托人如果对次受托人的选任和指示有过错时，仍然要对次受托人在处理委托事务时造成委托人的损失承担赔偿责任。

## 二、对于委托人的效力

### （一）委托人的主要义务

1. 负担费用的义务。为处理委托事务而支出的金钱或物的消费即委托事务的费用。此费用有别于受托人的劳务报酬，于有偿和无偿的委托之中均不可避免。既然委托合同是以处理委托人的事务为目的，其费用理应由委托人承担。根据《民法典》第921条的规定，委托人支付费用的方式有如下两种：

（1）预付费用。委托合同属于劳务给付性质的合同，所以在受托人为了委托人利益而处理事务时，如果需要支出费用的，应依受托人的请求使委托人预付为公平，故各国或地区法律均规定委托人有预付费用的义务，而受托人有请求委托人预付费用的权利。预付费用是为委托人的利益而使用的，因其与委托事务的处理不成立对价关系，不能因此产生受托人的同时履行抗辩权。但是，在受托人已为请求，委托人不预付费用时，受托人可以拒绝处理委托事务而不承担责任。同理，委托人不预付费用时，受托人亦无申请法院强制委托人预付费用的权利，因为受托人并不对费用享有任何利益。

（2）偿还费用。如果受托人在处理委托事务时为了委托人利益而垫付了费用，此后将享有请求委托人偿还的权利，委托人则相应承担向受托人返还费用的义务。根据《民法典》规定，委托人偿还的范围限于为处理委托事务时，受托人所支出的必要费用和利息。一般认为，对于必要费用范围的确定，应充分考虑委托事务的性质及受托人支付费用时的具体情形。委托人偿还费用时应当加付利息，利息从受托人垫付费用之日起算。

2. 支付报酬的义务。委托人向受托人支付报酬，只存在于有偿的委托合同之中。根据《民法典》第 928 条的规定，支付报酬可分为以下几种情形：

（1）受托人已完成委托事务的，委托人应当向其支付报酬。报酬的种类、数额应依照当事人之间的约定，若合同没有约定或约定不明确的，应依据合同的一般履行原则进行。例如，委托诉讼事务但未确定报酬标准，应按国家明确规定的统一收费标准支付。报酬支付期限也应按合同约定履行，如合同未作约定，则依照习惯或委托事务的性质在委托事务完成或部分完成的合理期限内支付。在委托事务已全部完成的情况下，委托人应向受托人足额全部支付报酬。

（2）委托事务尚未处理完毕，但因不可归责于受托人的事由使委托关系解除或不能完成的，委托人也应向受托人支付报酬。此时，虽然委托事务没有完成，但该情形的产生不能归责于受托人，所以，受托人仍可对其已处理完毕的部分事务，请求委托人支付报酬，如在由律师承办的案件中，当事人在诉讼外和解的，对于已经处理的书写诉讼文书及出庭费等，当事人仍应支付报酬。所谓不可归责于受托人的事由，是指合同的解除或委托事务不能完成并非是由受托人的过错引起的，而是由于不可抗力、意外事件或第三人的行为等引起。因此，从公平的角度出发，受托人可请求委托人支付相应的报酬。但是，受托人不能请求委托人支付全部报酬，而只能按已完成的委托事务部分获得相应的报酬比例。

（3）当事人对委托人支付报酬有特别约定的，按照约定处理。如果合同约定为无偿或者当事人特别约定未完成委托事务时不能请求报酬的，则优先依照当事人的约定办理。

（二）委托人的损失赔偿责任

《民法典》第 930 条、第 931 条规定了委托人的损失赔偿责任。据此，受托人处理委托事务，非因可归责于自己的事由而遭受损害的，委托人应当负赔偿损失的责任。但是，这种损失必须是由不可归责于受托人的原因所引起的，即受托人对于受托事务已经尽到了注意义务，其对损失的发生并无主观过错。至于委托人对损失的发生是否存在过错，法律不加过问，即虽然委托人对损失的发生无过错，但其仍应承担赔偿责任。因为委托事务所获得的利益由委托人享有，那么，受托人在处理委托事务过程中所遭受的风险损失由委托人承担方为公平。此外，虽然委托人经受托人同意可以在受托人之外委托第三人处理委托事务，但因此造成受托人损失的，委托人也应承担损失赔偿责任。

三、特殊委托合同的效力

（一）转委托

转委托是指受托人将受托事务的全部或者部分再转托第三人（次受托人）处理的一种委托形式。根据《民法典》第 923 条的规定，转委托即使征得委托人的同意，受托人仍须就第三人的选任及其对第三人的指示承担责任，如果因受托人选任和指示不当而造成委托人损失，受托人亦应承担责任。据此，转委托后，在委托人、受托人及第三人之间形成不同的效力关系：

1. 委托人与第三人（次受托人）之间就转委托的事务直接产生委托合同关系。

2. 受托人原则上从原委托合同关系中解脱出来，但是，由于次委托人是由受托人选任的，故受托人对次受托人的选任承担责任。若次受托人明显欠缺处理事务的经验或能力，甚至对委托事务的处理构成危害，则受托人应对委托人因此所遭受的损失承担赔偿责任。

3. 受托人与次受托人之间形成委托合同关系，受托人仍享有对次受托人发出指示的权利，次受托人接受受托人的指示并向其履行报告义务。在委托事务完成时，次受托人还可以选择请求委托人或受托人支付报酬。

4. 就同一转委托事务，委托人和受托人形成连带债权关系，次受托人可以选择其中一人履行义务和行使权利。但是，当委托人和受托人的指示发生冲突时，应以委托人的指示为准。委托人和受托人对次受托人的报酬请求权负连带责任。受托人应次受托人的要求支付报酬后，有权向委托人追偿。

（二）隐名代理和未披露委托人的代理

隐名代理和未披露委托人的代理均是来自英美法系的概念。在英美法中，只要一方为他方处理事务均被称为代理。以代理活动是否披露委托人为标准，代理分为披露委托人的代理和未披露委托人的代理。披露委托人的代理是指代理人在代理活动中表明自己是为他人处理事务的身份。该种代理又可以进一步分为显名代理和隐名代理，显名代理是指代理人既表明为他人代理，又具体表明委托人身份的代理方式。隐名代理是指代理人表明自己是为他人代理但不披露委托人身份。未披露委托人的代理是指代理人既不表明自己为他人代理，也不指明委托人身份。可知，英美法系的代理制度与大陆法系的代理制度相距甚远。大陆法系的代理仅指代理人以被代理人的名义对外进行法律行为，由此产生的后果直接由被代理人承担，而以自己的名义为他人从事商务活动则属于行纪。这样，行纪活动以外的实际生活中大量存在的隐名代理和未披露委托人的代理活动，只能通过委托合同的形式予以实现。为此，《民法典》通过第 925 条和第 926 条的规定分别吸收了英美法代理制度中的隐名代理以及未披露委托人的代理，从而使我国的代理制度更加完善，亦使为他人处理事务和提供服务的活动均有法可依。

1. 隐名代理。《民法典》第 925 条即为关于隐名代理的规定。根据该条规定，构成隐名代理的要件为：①受托人向第三人表明了自己的代理人身份并以自己的名义与第三人订立合同。②受托人是在委托人的授权范围内与第三人订立合同。如果受托人超越代理权限，同时又以自己的名义订立合同，则该合同纯属受托人的个人事务，与委托人完全无关。即使第三人不知道受托人越权代理，但因为受托人是以自己的名义订立合同，因此也不构成表见代理。所以，一旦有确切证据证明该合同存在此种情形的，则合同仅约束受托人和第三人，对委托人不产生任何效力。③第三人确知委托人的真实身份，即委托人的姓名和身份。受托人虽然未表明被代理人究竟是谁，但第三人根据实际情况能够判断出合同另一方即委托人。

如果符合以上条件，则构成隐名代理。隐名代理虽然未表明委托人的身份，但因为第三人确知委托人为谁，因此隐名代理应当发生与显名代理相同的法律后果，即合同直接对第三人和委托人发生效力。在隐名代理的情况下，受托人的个人事务与代理行为容易发生混淆，有时受托人完全是为个人的利益与第三人签订合同，在这种情况下，为了保护委托人的利益免受损害，在有确切证据证明受托人并非为委托人利益而是为自己利益订立合同时，不适用隐名代理的规定。

2. 未披露委托人的代理。《民法典》第 926 条承认了这种方式的代理，并对此种方式的代理中委托人的介入权和第三人的选择权作了规定。未披露委托人的代理在当事人之间发生不同的法律后果：

（1）合同所设立的权利义务由受托人与第三人直接享有和承担。因为受托人在未说明替他人处理事务的前提下，以自己的名义与第三人订立合同，所以第三人并不知道受托人与委托人之间的委托关系。在第三人看来，自己就是与受托人进行交易，故第三人只对受托人行使合同权利并履行合同义务，受托人在接受第三人的履行后，再将其财产及利益转交给委托人。一般而言，委托人不能直接向第三人行使权利。

（2）委托人可以对合同行使介入权。在具备一定的法定条件时，委托人可以介入合同。在委托人介入合同后，未披露委托人的代理转化为显名代理，发生与显名代理相同的法律效果。根据《民法典》规定，委托人介入权发生的前提为：①发生于未披露委托人的代理中，即受托人以自己的名义与第三人订立合同，并且第三人不知道受托人与委托人之间的委托关系。②受托人因为第三人的原因不能履行对委托人的义务。因为第三人不能对受托人履行合同义务，故使得受托人违反委托合同。此时，受托人有义务向委托人披露第三人，以便委托人能够直接行使合同权利。③委托人向第三人表明自己的委托人身份。委托人在向第三人证明受托人实际上是为自己订立合同这一事实后，就可取代受托人成为合同当事人。

符合介入权的法定条件时，委托人就可以行使介入权介入合同，直接对第三人行使合同权利。同时，第三人对受托人主张的抗辩也同样可以向委托人主张。但是，并非只要受托人披露了第三人，委托人就可以行使介入权，法律还规定了例外情形，即第三人与受托人订立合同时如果知道该委托人就不会订立合同的，则委托人不得介入合同。这是因为在未披露委托人的代理中，第三人是本着对受托人的信赖而与之交易的，如果他当初知晓受托人是代替委托人订立合同，可能就会因为对委托人的不信任而拒绝签约。因此，为了合理保护第三人的利益，法律规定以此作为委托人行使介入权的例外。但此例外条件应由第三人举证予以证明。

（3）第三人享有选择权。第三人选择权发生的法定条件为：①须在未披露委托人的合同中才得以存在。②受托人因为委托人的原因而不能对第三人履行合同。在此情况下，受托人应当对第三人披露委托人，以减轻自己的责任。在受托人向第三人披露委托人以后，第三人可以选择受托人或者委托人作为合同的相对人，这就是第三人的选择权。第三人如继续选择受托人作为相对人，则受托人仍为合同的当事人，由其向委托人转交从第三人处取得的财产。如果第三人选择委托人为合同相对人，则委托人可以对第三人主张其对受托人所享有的抗辩，同时委托人还可以主张受托人对第三人所享有的抗辩。根据《民法典》规定，第三人不得变更选定的相对人，即第三人的选择权只能行使一次，一旦选定，不得反悔，以确保合同关系稳定。

《民法典》第926条有关未披露委托人代理的规定，符合《民法典》总则编区分委托合同和委托代理且代理仅限于显名代理的基本立法思想，据此，间接代理只有具备该第926条规定的特别条件时，才可以在委托人和第三人之间直接产生代理的部分效力，以满足实际生活中便捷交易、减少纠纷的需要。

（三）重复委托

重复委托又称为另行委托，是指将同一事务分别委托给两个不同的受托人进行处理，分别签订委托合同。《民法典》第931条中的"委托人经受托人同意，可以在受托人之外委托第三人处理委托事务"，即为重复委托的规定。法律并不限定重复委托的发生时间。申言之，重复委托既可以在不同的委托人之间同时发生，也可以先后发生。依据规定，重复委托的要点为：

1. 重复委托必须是将同一事务委托给不同的人进行处理。如果是将不同事务委托给不同的人进行处理的，不构成重复委托；将同一性质的事务交给不同的人处理的，也不构成重复委托。此外，重复委托的各受托人分别与委托人签订委托合同，各个受托人彼此之间不发生任何联系。

2. 重复委托必须经过各个受托人或者原受托人的同意。因为重复委托会引起各受托人之间对委托事务处理权的冲突，并且会最终影响委托事务的处理结果，从而给受托人带来不便甚至损失。所以，从受托人的利益出发，法律规定重复委托须经其他受托人的同意。若未经受托人同意而成立的重复委托，应认定为无效，因此给受托人造成损失的，受托人还可以请求委托人予以赔偿。

3. 重复委托即使经过各受托人的同意，受托人仍然可以就重复委托所受到的损失请求委托人赔偿。因为重复委托在各受托人之间形成竞争，使各受托人对事务的处理权此消彼长。这一竞争态势有利于委托人而不利于受托人，因此，若重复委托使受托人受到不应有的损失，委托人应负责予以赔偿，否则，有失公平。

（四）共同委托

共同委托是指受托人一方为两人以上，共同接受委托人的委托而为其处理同一委托事务的委托。共同委托不同于重复委托，共同委托的各受托人与委托人之间只存在一个委托合同关系，此委托合同中受托人一方为多数，构成复数主体合同。

共同委托的各受托人之间依照约定享有对委托事务的处理权，如果未作约定的，则享有平等的处理权。但是，不论共同受托人于内部如何划分处理权，作为受托人一方，他们应就受托事务对委托人承担连带责任。共同受托人中的一人承担全部责任后，有权向其他受托人追偿。

## 第三节　委托合同的终止

### 一、委托合同的任意解除权

委托合同的任意解除权，是指在委托合同成立后，没有履行或完全履行前，当事人一方可以随时解除委托合同而使合同效力归于消灭的权利。《民法典》第933条规定了委托合同的任意解除权。

因为委托合同的成立是以委托人与受托人间的相互信赖为基础的，这种信赖基础一旦发生动摇，即使勉强维系委托人与受托人之间的委托关系，也将影响订立委托合同的目的的实现，从而发生不良的后果。因此，法律赋予委托合同的当事人随时解除合同的权利，而无须征得另一方的同意。至于委托合同是有偿还是无偿，其已定期限或未定期限，委托事务是否已处理完毕等，则一概不问。但是，一方行使解除权解除委托合同，应当依照《民法典》第565条所规定的方法和程序进行。

委托合同虽可以由当事人随时解除，但依据诚实信用原则，当事人一方在不利于对方的情况下解除合同时，应对因解除合同而给对方造成的损失承担赔偿责任，如委托人昏迷不醒，无法另行安排委托事务的处理，而委托事务的处理又处于紧急时刻，此时受托人终止委托合同，必定会给委托人造成损失，因此受托人应对该损失承担赔偿责任。各国或地区在委托合同中对当事人于对方不利时解除合同的权利进行限制，目的是维持委托人与受托人之间的利益平衡。但如果当事人一方是出于不可归责于自己的事由而解除委托合同的，则可以不负赔偿损失的责任。所谓不可归责于当事人的事由，应解释为行使解除权的当事人对合同的解除没有过错。对于一方行使任意解除权而解除合同应承担的损失赔偿范围，则以委托合同是否有偿为标准而存在不同。

**二、委托合同的终止**

委托合同终止的原因可分为一般原因与特殊原因。

委托合同终止的一般原因即为一般合同所共同存在的终止原因，包括：委托事务处理完毕；委托合同的履行已不可能；委托合同的期限届满；委托合同被解除等。

委托合同终止的特殊原因是指导致委托合同终止的特有原因。根据《民法典》第934条、第935条的规定，委托合同终止的特殊原因主要有以下几种：

1. 委托合同的当事人死亡。无论是委托人死亡还是受托人死亡，或者二者同时死亡，委托合同都将因缺乏合同的主体而当然终止。因为委托合同以当事人双方间的信任为前提，所以不存在当事人死亡后的继承问题。

2. 委托合同的当事人丧失民事行为能力。在委托合同中，如果当事人完全丧失民事行为能力也将导致委托合同的终止。因为在委托人丧失民事行为能力的情况下，其委托事务将归其法定代理人处理或者由其法定代理人另外或重新进行委托，原委托关系即告终止；若受托人丧失民事行为能力，因其自身的事务都需要由其法定代理人代为处理，故受托人已经没有再为他人处理事务的能力，委托合同也应当归于终止。

3. 委托合同的当事人破产。若委托合同的当事人为企业，破产即意味着法人消灭。《民法典》规定委托人或者受托人破产，委托合同终止。

为了使委托合同的目的得以实现，对上述导致委托合同终止的原因进行变通是必要的，所以，在衡量委托人与受托人的利益特别是考虑委托人的利益的情况下，《民法典》第935条规定了在一定的条件下，受托人继续处理委托事务的义务。据此规定，受托人仍应继续处理委托事务的具体情形有：①委托人死亡、丧失民事行为能力或者破产，致使委托合同终止将损害委托人利益。即委托合同因这些原因终止后，若受托人立即停止对委托事务的处理，将导致委托人的权益受损，受托人因此承担继续履行的义务。②受托人继续处理事务的义务仅存在于委托人的继承人、法定代理人或者清算组织承受委托事务之前。③受托人的继续处理义务虽然属于法定义务，但受托人仍然可以就委托事务的继续处理请求支付费用，原合同为有偿的，还可以要求支付报酬。学者认为受托人继续处理事务的义务性质属于后契约义务。[1]

此外，从诚信原则出发，《民法典》第 936 条还规定，因受托人死亡、丧失民事行为能力或者被宣告破产、解散，致使委托合同终止的，受托人的继承人、遗产管理人、法定代理人或者清算人应当及时通知委托人；因委托合同的终止将损害委托人利益的，在委托人作出善后处理之前，受托人的继承人、遗产管理人、法定代理人或者清算人应当采取必要措施。此条规定与《民法典》第 935 条规定类似，但在适用条件和适用主体方面稍有区别，其在继续履行的内容上仅限于"采取必要措施"。

另外，在有些国家或地区的民法中还规定，委托合同因一方当事人的原因而终止时，在另一方知道或者应当知道该终止事由发生前，委托合同关系视为继续存续。学说上将此称为委托的拟制存续。这一制度的目的在于保护善意的受托人的利益，使其在不知道委托关系已经终止的期间，对处理委托事务所支出的费用、应得的报酬和受到的损害，仍然有寻求救济的途径。我国《民法典》中虽无此规定，但在司法实践中应作出此种理解，否则有违诚实信用原则。

### ■思考题

1. 什么是委托合同？其特征有哪些？
2. 委托合同双方当事人的主要权利义务是什么？
3. 试述隐名代理和未披露委托人的代理的内容。
4. 委托合同在解除和终止时应当注意哪些特殊问题？

### ■参考资料

1. 郑玉波：《民法债编各论（下册）》，三民书局 1981 年版。
2. 史尚宽：《债法各论》，中国政法大学出版社 2000 年版。
3. 李永军：《合同法》，中国人民大学出版社 2020 年版。
4. 武腾："委托合同任意解除与违约责任"，载《现代法学》2020 年第 2 期。

---

[1] 参见郭明瑞、王轶：《合同法新论：分则》，中国政法大学出版社 1997 年版，第 705 页。

# 第二十五章　物业服务合同

■ 学习目的和要求

　　通过对本章的学习，熟悉并理解物业服务合同的概念、特征及其类型；重点掌握物业服务合同的内容及物业服务合同的效力；了解物业服务合同的成立与消灭。

## 第一节　物业服务合同概述

### 一、物业服务合同的概念

物业服务合同是指物业服务人在物业服务区域内，为业主提供建筑物及其附属设施的维修养护、环境卫生和相关秩序的管理维护等物业服务，并由业主支付物业费的合同。

物业服务人包括物业服务企业和其他管理人。物业服务企业是常见的物业服务人，虽然对其资质要求已经因政府"放管服"改革而取消，但为了保证服务质量，从行业发展和行业自律的角度出发，还是要求其具有相应的资质较为妥当。尽管企业的形式多样，且不以法人为限，而为了更好履行物业服务职责，《物业管理条例》规定物业服务企业的主体形式为法人。

业主是指依法取得物业服务区域内建筑物专有部分所有权的人，以及基于与建设单位之间的商品房买卖民事法律行为而已经合法占有建筑物专有部分，但尚未依法办理所有权登记的人。其中，对建筑物内住宅、经营性用房等专有部分享有的专有权是业主权利的基础，该权利派生出对共有部分的共有权利和共同管理的权利。对于已竣工但尚未出售的物业，业主仍然是建设单位。

物业服务的事项丰富复杂，一般有三大类：①建筑物及其附属设施的维修养护，包括破损的维修和维持功能所需要的养护；②环境卫生，包括日常清扫、垃圾及时清运、绿地养护、供应必要环境卫生设备等；③应急消防和人身财产安全、城乡建筑规划、行人车辆通行、环境保护等相关秩序维护。

**二、物业服务合同的特征**

物业服务合同是双务合同、有偿合同、要式合同和继续性合同，其还具有以下特征：

（一）合同主体的特殊性

像其他合同一样，物业服务合同是平等民事主体间签订的民事合同。不过，合同当事人双方有一定的特定性，其中一方是业主，而另一方是物业服务企业或其他管理人等物业服务人。

实践中，作为物业服务合同主体的业主往往为复数主体，诸多事项需要以集体决议的方式决定，业主之间的关系也需要加以规范、协调，故需要成立业主大会。根据《物业管理条例》第 9 条的规定，一个物业管理区域成立一个业主大会。由于物业服务企业或其他管理人由业主大会选聘，且往往由业主大会选举产生的业主委员会组织签订物业服务合同，而物业服务合同约定的权利义务却是由每个业主承受，因此，对于物业服务合同的主体到底是业主个人、业主全体还是业主大会、业主委员会，存在一定的争议。从物业服务合同的本旨和业主大会及其委员会的性质来看，可以认为物业服务合同的主体是全体业主。[1] 为了避免出现多个物业服务人在服务过程中权责不清、扯皮推诿而影响业主居住生活，在一个划定的物业服务区域一般只应有一个物业服务人。

物业服务人的选聘一般应通过招标投标方式进行。根据《物业管理条例》第 24 条第 2 款的规定，符合特定条件时可以采用协议方式选聘物业服务人。这充分体现出业主自治管理的价值理念。据此，业主可以根据物业实际、自身需求和各类物业服务人的特点作出选择。

（二）合同内容的特殊性

除了由物业服务人提供物业服务、业主支付物业费外，物业服务合同在内容上具有以下特点：①服务的事项具有综合性和专业性，既包括清洁打扫、日常安全巡逻、设施设备维修和受托经营公共场地设施等劳务，又包括维护治安、环保、消防等相关秩序的管理职责。当然，物业服务人管理的对象是物业而不是业主，且应以服务业主为目的。②合同内容的形成主要由双方平等协商确定。物业服务人公开作出的有利于业主的服务承诺依法可以成为物业服务合同的组成部分。③因直接影响广大人民群众的生活工作、关系到他们的切身利益，合同内容以当事人自由协商为原则，同时还广泛受到政府和基层自治组织的指导甚至干预，如对服务价格进行政府指导，环境管理、消防管理、治安管理和车辆管理等

---

〔1〕 参见黄薇主编：《中华人民共和国民法典合同编释义》，法律出版社 2020 年版，第 902 页。

事项受政府监督、指导。

（三）合同效力的特殊性

合同效力的特殊性主要体现为：①在合同订立环节，建设单位依法与物业服务人订立的前期物业服务合同，以及业主委员会与业主大会依法选聘的物业服务人订立的物业服务合同，对合同订立时已有业主及后来入住小区的业主均具有法律约束力。②在合同履行方面，合同双方均不享有不安抗辩权、先履行抗辩权等双务合同当事人在合同履行过程中所享有的权利。对于双方是否享有同时履行抗辩权，学界存在争议。[1] 从同时履行抗辩权的构成、物业服务合同的继续性和集体性来看，不宜认为双方享有同时履行抗辩权。③在合同存续期间，双方均负有配合、协作等义务。业主有义务遵守小区管理规约、配合对方的物业管理，及时履行相关告知义务。

**三、物业服务合同的类型**

以物业开发建设阶段为标准，可以将物业服务合同分为前期物业服务合同与普通物业服务合同。建设单位建成各类物业后，其对外销售会历经相当长的一段时间，而对物业的管理又不能间断，因此需要先行选聘物业服务人，在此种情形下签订的合同一般被称为前期物业服务合同。全体业主入住后与物业服务人签订的合同，一般被称为普通物业服务合同，属于狭义的物业服务合同。广义的物业服务合同包含这两类合同。前期物业服务合同具有过渡性和临时性的特点，且不得侵害业主的合法权益，而普通物业服务合同可以改变、终止前期物业服务合同。

物业用途非常广泛，不仅常见其服务于用于居住的住宅小区外，还服务于用于工业的厂房、用于商业的商厦写字楼以及用来做仓储物流的库房，以及用途混合的建筑物，对由此签订的物业服务合同可作相应的分类。

此外，根据提供物业服务的主体不同，亦可对物业服务合同作出不同的分类。

**四、物业服务合同的立法进程和意义**

住宅物业管理是现代社会的产物，事关人民群众的生活品质，事关社区治理和社会稳定，在当前越来越重要。在这一发展进程中，物业服务人与业主、建设单位与业主之间因权利义务关系空白模糊、错位失衡而引发各种矛盾和纠纷，影响人们安居乐业和社会安定团结。因应社会发展需求，物业服务逐步走向规范化、制度化、法治化。《民法典》对"物业服务合同"作出专章规定，标志着物业服务法治建设进入新时代。

---

〔1〕　参见最高人民法院民法典贯彻实施工作领导小组主编：《中华人民共和国民法典合同编理解与适用（四）》，人民法院出版社 2020 年版，第 2607~2608 页。

《民法典》规定物业服务合同具有以下意义和价值：①明确了物业服务合同的民事属性、服务性质，强化了对业主权利的保护；②规范了物业管理各个环节的各项活动，有利于促进物业服务业高质量发展；③完善了物业服务人作为受托人的地位和职责，平衡了物业服务人与业主的利益关系，顺应了服务专业化的发展潮流；④有助于满足人民群众不断增长的美好居住生活需要，为基层治理法治化提供制度支撑，彰显出《民法典》的时代精神和实践特色。

## 第二节　物业服务合同的内容

### 一、物业服务合同的主要条款

根据《民法典》第 938 条第 1 款的规定，物业服务合同的内容一般包括服务事项、服务质量、服务费用的标准和收取办法、维修资金的使用、物业服务用房的管理和使用、服务期限、服务交接等条款。

（一）物业服务事项

物业服务事项是物业服务人的主给付义务。结合《民法典》第 942 条的规定和物业服务管理实践，物业服务事项的常见类型主要包括：①对建筑物及附属设施的日常检修、定期维护；②物业服务区域内公用部分的清运、绿化；③对业主共有部分的看管、经营；④安全巡查，以保护业主的人身财产安全；⑤对物业服务区内的基本秩序的维护，如治安、环保、消防秩序的维护。这只是对服务事项的类别和范围作了规定，在实践中还应就具体内容作出约定以减少纠纷。当事人也可以在合同中约定上述事项之外的其他服务事项。

物业服务合同的当事人是作为一个整体的全体业主，合同内容不是由单个业主单独逐一与物业服务人协商确定。因此，某一业主委托物业服务人提供额外服务时，该服务事项只是该业主与物业服务人所设立合同的内容，而非物业服务合同的组成部分。

（二）服务质量

服务质量事关业主的切身利益，是判断物业服务人是否适当履行义务的基本标准。服务质量既具有客观性，也存在较大的主观性，当事人应对此作出明确约定，以明确当事人的权利和义务。物业服务费的收取标准是决定服务质量的主要因素。服务质量等级的选择需要充分考虑住宅小区的建设标准、配套设施设备、服务功能及业主的居住消费能力等因素。

（三）服务费用的标准和收取办法

服务费用是业主对物业服务人提供服务所支付的报酬，即物业费。服务费用的标准与物业服务成本相关，对其成本构成应予以明确，如约定对公用部分水电设施的维护等费用是否包含在物业费中。因应经济社会发展和形势变化，合同当事人双方均可根据服务标准和物价指数等因素提出调整请求，或者根据政府指令作相应的调整。

服务费用的收取办法由双方当事人协商确定。实践中常见的服务费用收取办法主要为包干制和酬金制。包干制是指业主向物业服务人支付固定费用，物业服务人自负盈亏，具体缴费标准一般由业主和物业服务人根据政府指导价自行约定。酬金制是指物业服务人会在预收的物业服务资金中按约定比例或者约定数额提取酬金，其余部分用于物业服务合同约定的支出，多退少补。

（四）维修资金的使用

维修资金是指由业主缴纳的、专项用于物业服务区域内建筑物共用部分、共用设施设备保修期满后的维修和更新、改造的资金，又称为"公共维修资金""专项维修资金"。维修资金是由业主共同出资形成的，是全体业主的共同财产，属于业主共有。维修资金关系到业主的切身利益，对其的筹集和使用须具备严格的条件，由业主按照法定的程序共同决定。

业主委员会与物业服务人可以在物业服务合同中就专项维修资金的申请、使用及其监督等具体事项进行约定，但不得违反法律法规。

（五）物业服务用房的管理和使用

物业服务用房是指为向业主提供物业服务而交由物业服务人使用的物业服务区域内业主共有的房屋及附属设施。物业服务用房属于业主共有。物业服务用房是由物业服务人使用的，目的是向业主提供服务，即用途特定。未经业主大会同意，物业服务人不得改变物业管理用房的用途；否则，物业服务人应承担相应的违约责任。

在收取服务费用特别是在采取包干制收取服务费用时，双方当事人可以明确物业服务用房使用过程中的开支由谁负担以避免纠纷。

（六）服务期限

服务期限是指双方当事人在物业服务合同中约定的由物业服务人提供物业服务的期限，即物业服务合同期限。鉴于物业服务合同的复杂性和持续性，服务期限一般宜约定较长时间。

服务期限届满的，物业服务服务合同终止。根据《民法典》第947条和第948条第1款的规定，物业服务期限届满前，业主依法共同决定续聘的，应当与原物业服务人在合同期限届满前续订物业服务合同；物业服务期限届满后，业主没有依法作出续聘或者另聘物业服务人的决定，物业服务人继续提供物业服务的，原物业服务合同的服务期限为不定期。

（七）服务交接

服务交接是物业服务合同的重要、独有内容。根据《民法典》第949条第1款和《物业管理条例》第29条的规定，物业服务合同终止的，原物业服务人应当在约定期限或者合理期限内退出物业服务区域，将物业服务用房、相关设施设备、物业服务所必需的相关资料如竣工验收资料、设施设备的安装等技术资料、物业质量保修文件和物业使用说明文件等交还给业主委员会、决定自行管理的业主或者其指定的人，配合新物业服务人做好交接工作，并如实告知物业的使用和管理状况。

二、物业服务合同的其他条款

当事人的情况是物业服务合同的基本内容。物业服务合同需要载明业主的姓名或名称、物业的位置、面积等，还需要载明物业服务人的名称、企业类型、法定代表人或姓名等信息。

在实践中，物业服务纠纷日益增多，双方当事人有必要就违约责任在物业服务合同中对不同的违约形态及责任承担方式作出具体约定，从而为能够依照双方意愿顺畅解决纠纷提供依据。

物业服务区域是物业服务合同的履行地点，其规定了物业服务的范围，对物业服务人具有重要影响。实践中，住宅小区分批分期建设、普通商品住宅与别墅等高端商品住宅、回迁住宅混杂等现象大量存在，对物业服务区域的划定既关系到业主共有部分的划定、服务费用计算基准的确定，还关系到物业服务人的服务量和服务品质，因此应在物业服务合同中明确相关内容。

三、物业服务合同内容的扩张

除上述内容外，根据《民法典》第938条第2款的规定，物业服务人公开作出的有利于业主的服务承诺亦是合同的组成部分。这是对物业服务人义务范围的合理扩张。

物业服务承诺是指物业服务人为了保证或提升物业服务质量，向全体业主公开作出的有关物业服务内容和标准的单方意思表示。物业服务承诺成为合同内容，主要是因为这对其影响业主或业主委员会以赢得合同、提升服务品质并进而提高业主满意度具有重要作用。物业服务人受其单方承诺的约束不违背其主观意愿，也未加重其义务，[1] 完全符合法理，而且对于充分保护业主利益和建设和谐社区，具有重要的积极作用。

物业服务承诺纳入物业服务合同，须符合意思表示成立生效的一般要件，同

---

〔1〕　参见谢鸿飞、朱广新主编：《民法典评注：合同编·典型合同与准合同（4）》，中国法制出版社2020年版，第281~283页。

时还应具备以下条件：①承诺的内容系公开作出，如在小区内公示栏张贴公告。②公开的对象是所有业主或不特定的业主。如只是物业服务人私下对单个业主的口头承诺，则不属于公开作出。③承诺的内容有利于业主。承诺的内容既可以是服务事项的具体细化，也可以是服务事项之外的额外服务，但上述内容都必须有利于业主，且不能为业主增加义务或负担。只要服务承诺符合上述条件，即可作为物业服务合同的组成部分，物业服务人就应当履行，否则，其应当承担违约责任。

## 第三节　物业服务合同的效力

### 一、业主的权利和义务

#### （一）业主的权利

1. 接受物业服务。业主签订物业服务合同，目的就在于获取物业服务人提供的服务，从而拥有一个良好的居住生活环境，即人身财产安全、生活环境清洁有序、物业共有部分维持良好状态并正常发挥功能、小区内秩序井然、日常居住需求及时获得满足。该项权利是业主享有的主要合同权利，其他各项权利都是为了完整有效实现该权利而存在的，都从属于该权利。

业主接受服务的地点和范围为物业服务区域内，业主无权要求物业服务人超出该区域范围提供服务。由于物业服务人提供的服务并非指向具体的某个业主，因此不存在业主受领迟延的问题，业主也不能拒绝受领并因此拒交物业费。

2. 选择、更换物业服务人。业主有权选择由物业服务人提供服务，也可以自行管理物业。在由物业服务人提供服务时，业主有权选择、更换物业服务人。鉴于选择、更换物业服务人是业主的重要权利，直接关系到业主的切身利益，因此排除本条规定的约定于原则上无效。

3. 抵制违规收费。业主有依照法律法规和合同约定支付物业费的义务。如果物业服务人违反合同约定或者法律法规，擅自扩大收费范围、提高收费标准、新设收费名目或者重复收费的，业主有权予以抵制。物业服务人已经违规收取了费用的，业主有权请求退还。

4. 监督物业服务人。物业服务合同为持续性合同，而且物业服务事项和内容繁多、服务时间一般处于持续状态，业主的适时监督有助于促使物业服务人适当履行义务。物业服务人对业主的监督应及时予以回复、处理，否则，应就给业主造成的损害承担赔偿责任。

（二）业主的义务

1. 支付物业费。物业费是业主依据合同向物业服务人支付的对价，不仅包括物业服务人的报酬，还包括物业管理中支出的费用，如为业主提供维护、保养、清洁、卫生、秩序管理等服务而支出的费用。支付物业费是业主的主给付义务。

无论是前期物业服务合同还是普通物业服务合同，都不是由业主（不包括前期物业服务合同中的建设单位）单独与物业服务人直接签订的，而是由业主大会或其业主委员会代表全体业主签订的。因此，任何业主不能以自己不是合同当事人为由拒绝支付物业费。《民法典》第939条规定："建设单位依法与物业服务人订立的前期物业服务合同，以及业主委员会与业主大会依法选聘的物业服务人订立的物业服务合同，对业主具有法律约束力。"

在实践中，业主出租、出借物业给他人，并不会改变其在物业服务合同中的地位，其仍负支付物业费的义务。业主不得以接收物业后未入住、使用等原因而未接受或者无需接受服务为由拒绝支付物业费。

2. 告知义务。业主的诸多行为往往具有一定的外部性和私密性，又与物业服务和秩序管理密切相关，故有必要对业主课加告知义务。从法律规定和实践来看，业主需要告知的内容主要有：①装饰装修房屋。此时，业主应根据《民法典》第945条的规定事先告知物业服务人，遵守物业服务人提示的合理注意事项，并配合其进行必要的现场检查。②物业权利变动。业主转让、出租物业专有部分或设立居住权，必然涉及物业服务人服务对象的变化，因此应及时将相关情况告知物业服务人以保证物业服务人做好服务、正确履行职责。③改变公用建筑、设施用途。业主依法改变公共建筑和共用设施用途的，有义务在办理有关手续后告知物业服务人。

3. 履行合同其他义务并予以配合。物业服务合同具有强烈的服务属性，接受服务的业主除支付物业费外一般无须积极作为，在规定的情形下予以配合即可被认为履行了合同。

（三）与业主相关主体的权利义务

《民法典》规定了以居住使用房屋为用益内容的居住权这种新型用益物权。从居住权的用益物权性质和物业服务合同的本旨出发，结合《民法典》第939条的规定，可以认为居住权人也应受到物业服务合同的约束。当然，居住权设立合同中有明确约定的，则依其约定。

**二、物业服务人的权利和义务**

（一）物业服务人的权利

1. 请求支付物业费。物业费是物业服务人弥补成本、获取收入的主要甚至唯一来源。业主应按照约定的金额、时间、地点、方式支付物业费，没有约定或约定不明的，可以依照《民法典》第 510 条、第 511 条的规定加以确定。根据《民法典》第 950 条的规定，物业服务合同终止后，在业主或者业主大会选聘的新物业服务人或者决定自行管理的业主接管前，原物业服务人继续处理物业服务事项的，有权请求业主支付该期间的物业费。在此种情形下，物业服务人所享有的支付物业费请求权乃是源于法律的直接规定。

为了保障物业服务人的合法权益，《民法典》第 944 条第 2 款规定了物业服务人催告业主在合理期限内支付物业费的权利，合理期限届满仍不支付的，可以提起诉讼或者申请仲裁。业主在物业服务人催告的合理期限届满后仍不支付物业费的，应当按照合同约定承担违约责任。物业服务人应依法行使请求业主支付物业费的权利，不得采取停止供电、供水、供热、供燃气等方式催交物业费。

2. 服务事项转委托。因物业服务事项具有多样性、复杂性、专业性和精细化，使得物业服务人单靠自身力量提供服务存在诸多困难。根据《民法典》第 941 条的规定，物业服务人可以将部分专项服务事项委托给专业性服务组织或者其他第三人，但其仍就该部分专项服务事项向业主负责；但是，物业服务人不得将其应当提供的全部物业服务转委托给第三人，或者将全部物业服务支解后分别转委托给第三人。

3. 物业服务与管理请求权。物业服务人在提供服务、履行职责时需要制止各种违规行为甚至采取相应的措施，行为人既可能是业主，也可能是承租人、借用人和临时进入物业服务区域的访客等其他物业使用人。对于前者，既可以物业服务合同为依据，也可以管理规约为依据；对于后者，这两类依据在适用上都有所不足。鉴于物业服务人基于合同对物业服务区域享有管理权，有权占有约定的公用部分，在承租人、借用人和其他物业使用人违反规定实施妨碍物业服务与管理的行为时，物业服务人可以参照对业主的规定，要求其承担停止侵害、排除妨碍、恢复原状等民事责任。

（二）物业服务人的义务

1. 对业主共有部分的管理和维护。物业服务人的义务首先就是对物业服务区域内的建筑物及其附属设施等共有财产进行管理和维护，这是其承担的最主要的合同义务之一，也是保障业主正常生活、改善业主生活品质的重要基础。物业服务人的服务管理可以分为对物的管理和对人的管理。物业服务人的此项义务主要涉及对物的管理，即管理物业服务区域内的业主的共有财产，主要包括小区内的道路、绿地、广场等公共场所，电梯、消防设施、公共照明设施和共有的车位车库等公共设施，以及物业服务用房等。

2. 维护物业服务区域内的基本秩序。物业服务区域内的基本秩序是保障业主正常生活的重要方面。物业服务人维护小区内共同生活秩序的义务主要涉及对人的管理，如对外来人员的管理、对小区内停车位使用的管理等。在履行该项义务时，物业服务人可能会对业主的权利进行一定的限制，而业主有义务配合物业服务人的管理。例如，物业服务人在小区内划定停车位，业主应按照划定的停车位进行停放，不能随意停放在其他区域，以免给其他业主带来不便。当有业主损害其他业主的利益时，物业服务人还应当加以制止。

3. 保护业主的人身、财产安全。这是对物业服务人的基本要求。对于物业服务人而言，一是要采取合理措施保护业主的人身及财产安全，消除安全隐患，预防损害的发生；二是在出现可能危害或者已经危害到业主人身、财产安全的情形时，及时制止并且采取相应的措施。

如果物业服务人没有尽到安全保障义务造成业主人身、财产损失的，应当承担相应的违约责任；如果还构成侵权的，业主可以在违约责任与侵权责任中择一行使。其中，《民法典》侵权责任编对高空抛物的禁止性规定，也是物业服务合同的重要内容，物业服务人有义务对此采取必要的防范措施，并在处理此类纠纷时积极予以配合。

4. 公示、报告义务。为了保障业主的知情权、便于业主监督、促使物业服务人妥当提供服务，物业服务人应当定期将服务的事项、负责人员、质量要求、收费项目、收费标准、履行情况，以及维修资金使用情况、业主共有部分的经营与收益情况等，以合理方式向业主公开，并向业主大会或业主委员会报告。

物业服务区域内违反有关治安、环保、消防等法律法规的行为，物业服务人应及时采取合理措施加以制止，同时向有关行政主管部门报告并协助处理，以妥善管理、维护物业服务区域内的相关设施，维护物业服务区域内的基本秩序。

5. 物业交接义务。物业服务人承接物业时，应对物业共用部位、共用设施设备进行查验，与业主委员会办理物业验收手续。物业服务人在合同终止后应及时向业主委员会或者其指定的其他管理人交还物业用房、相关资料，并如实告知物业使用和管理情况。

## 第四节　物业服务合同的订立和终止

### 一、物业服务合同的订立

#### （一）合同订立的主体

物业服务合同的订立主体为业主和物业服务人。在订立合同时业主通过业主大会共同决定、授权业主委员会与物业服务人签订合同。从业主大会及业主委员会的性质来看，可以认为业主委员会是代表全体业主签订物业服务合同，故该合同的真正主体为全体业主。

物业服务人是物业服合同的另一方当事人。作为物业服务人的其他管理人可以是组织，如管理单位住宅的房管机构、社区居委会，也可以是自然人。无论是哪种主体类型，在物业服务合同中一般只能有一个物业服务人。

（二）合同订立的程序

物业服务合同的订立程序一般包括以下步骤：首先，成立业主大会。当物业管理区域内已交付的专有部分面积超过建筑物总面积50%时，建设单位应当按照有关部门的要求筹备首次业主大会会议。其次，业主大会经过民主程序作出选聘和解聘物业服务人的决定。《民法典》第278条规定的程序具有强制性，不得排除，不得违反。再次，业主大会根据规定采用招标投标的方式选聘物业服务企业；投标人少于3个或者住宅规模较小的，经有关部门批准，可以采用协议方式选聘。最后，由业主大会或业主委员会与中标的物业服务人签订合同。对于前期物业服务合同而言，建设单位在选择物业服务人并签订合同以及制定临时管理规约时，不得侵害物业买受人的合法权益。而且，在物业销售前建设单位还应将临时管理规约向物业买受人明示，并作出恰当的说明。

物业服务合同的续订仍应由业主依法共同作出决定，授权业主委员会执行；合同内容既可以与原合同保持一致，也可以通过协商作出修改；续订应在服务期限届满前进行，以保证物业服务的连续性，并方便物业服务人作出必要的准备。在服务期限届满时才决定续聘物业服务人的，如对方接受，合同依然成立。

（三）合同订立的形式

根据《民法典》第938条第3款的规定，物业服务合同应当采用书面形式。如果欠缺书面形式，可以因合同履行且被对方当事人接受而得到补正，从而使合同成立。

在实践中，物业服务合同因物业服务人的不同，在形式上会有所不同，如部分老旧小区在实践中可能由社区居委会提供基本物业服务。业主与社区居委会之间的物业服务合同在形式上可能比较简略，甚至直接以小区公约中的条款或者通过收取卫生费、管理费等形式体现。

**二、物业服务合同的解除**

（一）物业服务合同的解除概述

当事人可以在物业服务合同订立时约定解除合同的条件或事由，在约定的情形出现时使合同关系消灭，也可以在履行过程中协商解除合同。

物业服务合同当事人均享有法定解除权，在出现《民法典》第563条规定的情形时，即可解除合同。作为合同当事人一方的业主指的是全体业主，而非某个业主，因此物业服务人无权对某个业主行使解除权。

（二）关于业主的任意解除权

物业服务合同属于继续性合同，又以提供服务为主要内容，在当事人之间具有较强的信赖关系。为了保护业主的合法权益，构建和谐物业服务关系，《民法典》第 946 条第 1 款规定："业主依照法定程序共同决定解聘物业服务人的，可以解除物业服务合同。决定解聘的，应当提前 60 日书面通知物业服务人，但是合同对通知期限另有约定的除外。"

物业服务合同解除，则合同关系消灭，这与广大业主的切身利益密切相关。解除权应以业主大会共同决定的方式依法行使，个别业主无权解除物业服务合同。这是有效表达该程序背后所蕴含的业主共同意志的要求，涉及业主行使任意解除权的正当性和有效性，故其至关重要。

业主大会决定解聘的，在通知到达物业服务人后合同解除。业主行使任意解除权解除合同造成物业服务人损失的，除不可归责于业主的事由外，业主应当赔偿物业服务人的损失。

**三、物业服务合同的终止**

物业服务合同的终止就是合同关系的终结，即当事人的权利义务消灭。物业服务合同的终止事由包括期限届满、当事人行使解除权等情形，《民法典》第557 条规定的其他情形因合同性质而不适用。除了共同的终止事由外，前期物业服务合同可因业主大会或业主委员会与新物业服务人订立的物业服务合同生效而终止。

物业服务合同届满前，业主依法共同决定不续聘的，合同在期限届满时终止。根据《民法典》第 950 条的规定，在物业服务合同终止后，业主大会或者业主委员会选聘的新物业服务人或者决定自行管理的业主接管前，原物业服务人应继续处理物业服务事项。这是物业服务人的一项义务。物业服务人继续处理物业服务事项时，有权请求业主支付该期间的物业费。物业服务合同终止的，原物业服务人应当根据合同约定的内容或法律规定的内容履行交接义务，与新物业服务人或业主大会、业主委员会做好交接。

**■思考题**

1. 什么是物业服务合同？其特征有哪些？
2. 试述物业服务企业的权利和义务。
3. 试物业服务合同中业主的权利和义务有哪些？
4. 简述物业服务合同的签订。
5. 试述物业服务合同的履行。

## ■ 参考资料

1. 黄薇主编：《中华人民共和国民法典合同编释义》，法律出版社 2020 年版。

2. 最高人民法院民法典贯彻实施工作领导小组主编：《中华人民共和国民法典合同编理解与适用（四）》，人民法院出版社 2020 年版。

3. 谢鸿飞、朱广新主编：《民法典评注：合同编·典型合同与准合同（4）》，中国法制出版社 2020 年版。

4. 杨立新主编：《中华人民共和国民法典释义与案例评注·合同编（下）》，中国法制出版社 2020 年版。

# 第二十六章  行纪合同

## 第一节　行纪合同概述

### 一、行纪合同的概念和特征

（一）行纪合同的概念

　　行纪合同是指行纪人以自己的名义为委托人从事贸易活动，由委托人支付报酬的合同。在行纪合同中，以自己的名义从事贸易活动的一方称为行纪人，向行纪人给付报酬的一方称为委托人。

　　行纪制度比代理制度出现得晚。在罗马法时期，尚未有专门的行纪所，行纪事务主要通过委托代理的方式来完成。到了 15、16 世纪，随着国际贸易的迅速发展，代理制度逐渐显露其弊病：一方面，在异地常设代理机构的费用过大，使交易成本增加；另一方面，因代理人之过错或滥用代理权，常使被代理人陷入窘境。为此，不同于委托代理人的行纪人应运而生，行纪人接受他人委托，并以自己的名义直接与相对人实施买卖行为，再将结果移转给委托人。行纪服务具有委托代理所不可比拟的优势：①委托人通过行纪人进行交易，可以利用行纪人的信用、资产、专业知识技能以及在交易地的各种交易关系为自己服务，从而免去了在各地常设代理机构的诸多弊端；同时，委托人可以不暴露自己的身份而享有与第三人进行交易的利益，有利于保守自己的商业秘密。②行纪人可以不受代理权的限制，随机应变地独立处理交易活动中的各种事务。③行纪活动中的相对人可以放心地与行纪人实施买卖行为，无须顾虑委托人的商业信誉、支付能力等实际情况，甚至根本无须知晓委托人为何人，由此达到了交易便捷、安全的目的。可见，行纪的出现，为交易各方都提供了极大的便利，促进了贸易的发展，行纪制度因而成为委托代理制度之外不可或缺的一项重要合同制度。

相较而言，虽然多数国家或地区都有行纪合同的规定，但各自所采取的立法例有所不同。民商分立的国家将行纪合同规定于商法典之中，如法国、德国、日本等。民商合一的国家将行纪合同规定于民法典之中，如意大利、瑞士、俄罗斯等。我国是实行民商合一的国家，因而在《民法典》合同编中设专章对行纪合同进行了规定。

（二）行纪合同的特征

1. 行纪人是接受他人委托，专门从事动产、有价证券买卖的商人。法律往往对行纪人的资格、业务范围有严格限制并对其业务活动实施专门的监督和管理。当前，存在将行纪等同于间接代理的观点，但该观点不甚妥当。所谓间接代理，系相对于直接代理而言，是行为人以自己的名义代他人与第三人实施法律行为，由此发生的后果间接归属于该他人的行为。间接代理的法律形式既可运用于商人的营业活动中，又可运用于非商人的民事活动中，如委托他人代购物品。当间接代理由商人运用于营业活动时即为行纪，因此，间接代理既包括行纪，也包括非行纪的间接代理。行纪人的特殊资格是行纪区别于其他形式的间接代理的一个重要标志。

2. 行纪人以自己的名义与第三人实施民事法律行为。行纪合同为提供服务的合同，在行纪合同中，行纪人接受委托人委托，为其提供服务或劳务，但行纪人提供的服务非一般服务，而是与第三人实施民事法律行为，如卖出或买入动产、有价证券或进行其他商业上的交易，《民法典》第951条将其概括为"从事贸易活动"。行纪人买入动产、有价证券的，称为经收行纪；行纪人卖出动产、有价证券的，称为经售行纪。

行纪人与第三人实施民事法律行为，是以自己的名义进行的。通常情况下，行纪人并不披露委托人之存在，更不公开委托人的姓名或名称，甚至也无须表明自己是在为委托人进行行为。在行纪人与第三人实施的民事法律行为中，行纪人与第三人为当事人，由行纪人和第三人享有或承担该行为的权利和义务，如在经收行纪中，第三人为出卖人，仅得向行纪人收取价金而不得向委托人提出请求。因此，在发生纠纷后，承担法律责任的主体亦为行纪人和第三人。行纪人与第三人间的法律关系不对委托人直接发生效力，委托人与第三人不发生任何直接关系。除行纪人将合同转让给委托人外，委托人不得对第三人主张权利，第三人也不得对委托人主张权利。既然行纪人以自己的名义实施民事法律行为，且实行民事法律行为的效果直接由行纪人承担,因此行纪属于间接代理,自然与直接代理有所不同。

行纪人按照委托人的指示为委托人购、售物品的所有权究竟属于何人?相关法条对此没有明确规定,民法学界亦存在不同的观点。有学者认为,"行纪人为委托人购、售的货物或委托人交给行纪人的价款或行纪人出卖委托人货物收受的价款,虽在行纪人的支配下,但其所有权归委托人。因此,这些财产意外灭失的风险也应由委托人承担"。[1] 也有学者认为,"在与第三人交易中,行纪人并没有取得与第三人交易所得财物的所有权,在行纪行为结束后,他应该原封不动地将所取得的财产移交给委托人,不能以自己是交易的当事人已取得物的所有权而抗辩。在售卖行纪中,行纪人对委托人移交用于售卖的财物并不享有所有权,尽管他以所有者的名义出售该财物"。[2] 我们认为,行纪人按照委托人的指示为委托人购、售物品的所有权归属,应该根据行纪合同当事人的约定加以确定,当事人没有特别约定的,通过区分经收行纪和经售行纪等不同情况予以规定,不应认为该类物品的所有权一律属于委托人。具体而言:①在经收行纪中,买入物所有权除当事人另有约定外,一般属于行纪人。行纪人在将其移转于委托人之前如果破产,委托人不得请求将此财产划归其所有。行纪人将该物所有权移转于委托人后,委托人才取得所有权。②在经售行纪中,行纪人对委托人移交其出卖之财产并不取得所有权,因此行纪人破产时,委托人可以向破产管理人取回其所移交的财产。但是,当行纪人将此项财产交付第三人后,委托人即丧失所有权。③行纪人处理委托事务所获得的债权,归属于行纪人,只有在行纪人将该项债权让与委托人后,委托人始取得债权。

3. 行纪人为委托人的利益与第三人实施民事法律行为。行纪人虽以自己的名义与第三人实施民事法律行为,并且与第三人直接发生权利义务关系,然而行纪人并非为自己利益办理事务,因此行纪人在实施民事法律行为的过程中应考虑委托人的利益,并将其结果归属于委托人,如将执行委托事务所收取的金钱物品交付给委托人,将取得的债权移转给委托人。

4. 行纪合同为双务、有偿、合同、不要式合同。行纪人有为委托人办理动产、有价证券买卖或其他商事交易的义务,委托人有支付报酬的义务,双方的义务相互对应,故行纪合同为双务合同。行纪人以为委托人办理行纪事务为营业并收取报酬,故行纪合同为有偿合同。行纪合同仅需行纪人与委托人意思表示达成一致即成立,并不需交付标的物,并且无需履行特别的手续或采用特别的形式,因而其为诺成合同和不要式合同。

---

〔1〕 郭明瑞、房绍坤:《新合同法原理》,中国人民大学出版社 2000 年版,第 709 页。

〔2〕 高富平、王连国:《委托合同·行纪合同·居间合同》,中国法制出版社 1999 年版,第 154 页。

**二、行纪合同与类似概念辨析**

（一）行纪合同与委托合同

行纪合同与委托合同有许多相似之处，如均属于提供服务或劳务的合同，受托人均需处理委托事务等。因此，许多国家或地区立法都明确规定，除行纪合同另有规定外，可以准用委托合同的规定，我国《民法典》第960条亦有相同的规定。但是，行纪合同与委托合同是不相同的，两者具有如下区别：

1. 行纪合同中所指事务，法律对其范围有特别规定，仅限于动产、有价证券买卖以及其他商事交易活动；而委托合同中所指事务的范围广泛，不以上述商事交易活动为限。

2. 行纪合同的一方当事人即行纪人有特殊资格，即为专事动产、有价证券买卖的商人；而委托合同的当事人则无此限制。

3. 行纪合同为有偿合同；委托合同可以为有偿合同，也可以为无偿合同。

4. 在行纪合同中，行纪人为委托人处理委托事务所支出的费用，除当事人另有约定外，由行纪人负担；而在委托合同中，受托人为委托人处理委托事务所支出的费用，应由委托人负担。

5. 在行纪合同中，行纪人只能以自己的名义进行活动，并由其承担因此发生的法律后果，行纪人与第三人订立的合同不能对委托人直接发生效力；而在委托合同中，受托人可以以委托人的名义进行活动，其与第三人订立的合同可对委托人直接产生效力。

（二）行纪合同与中介合同

行纪合同与中介合同除具备上述行纪与委托的共性外，都是有偿合同，且行纪人和中介人均有特殊主体资格，但是，二者具有如下区别：

1. 在行纪合同中，行纪人受托办理的事务为民事法律行为；而在中介合同中，中介人所办理的报告订约机会或充任订约媒介事务，本身不具有法律意义。

2. 在行纪合同中，行纪人只能从委托人处取得报酬；而在中介合同中，中介人在为订约媒介居间时，可以从委托人和其相对人双方取得报酬。

3. 在行纪合同中，行纪人有将处理事务的后果移交给委托人的义务和向委托人进行报告的义务；而在中介合同中，中介人并无此义务。

（三）行纪合同与代理行为

行纪属于间接代理的一种形式，与之相对应，一般的代理称为直接代理。虽然二者都是为他人利益而行为，但是行纪与直接代理存在以下区别：

1. 行纪人以自己名义实施民事法律行为，其法律后果间接归属于委托人。行纪人直接承担与第三人实施民事法律行为的后果，然后依照与委托人的约定将该后果转移给委托人。在直接代理中，代理人以本人名义实施民事法律行为，其法律后果直接归属于本人。

2. 行纪人为依法登记的专门从事商事交易活动的主体；而代理人无特殊身份，凡具有民事权利能力以及民事行为能力的法人、自然人皆可充任。

3. 行纪行为的范围由法律规定；而代理行为范围广泛，为依法律规定或依其性质不适于代理的行为以外的一切民事法律行为。

## 第二节　行纪合同的效力

### 一、对于行纪人的效力

（一）行纪人的主要义务

1. 直接履行的义务。行纪人与第三人订立合同，行纪人与第三人为该合同当事人。第三人向行纪人履行合同债务，先由行纪人承担民事法律行为之效果，然后再由行纪人将交易结果移转于委托人。如果第三人不履行合同债务，除行纪人与委托人另有约定或另有习惯外，应由行纪人直接向委托人履行合同债务。这是因为委托人并不知晓第三人为谁，更不知晓第三人的支付能力，要求由行纪人直接负责，可使委托人免受不测之损害。所以，如果第三人不履行义务致使委托人受到损害的，行纪人一般应当承担损害赔偿责任，除非当事人另有约定。

2. 依委托人指示处理委托事务并忠实于委托人指定的买卖价格的义务。行纪人应依委托人指示处理委托事务，除遇有急迫情事并可推知委托人若知有此情事亦允许变更其指示外，行纪人不得变更委托指示，行纪人擅自变更委托人指示的，委托人可以请求损害赔偿，也可不接受行纪行为的结果。

在委托人的指示中，对交易价格的指示最为重要。依据价格指示所具有的不同强制力，委托人的价格指示主要分为两种：一是命令性指示。委托人要求行纪人必须绝对遵守的价格，一般表现为指定的确切数额，行纪人不得违背该价格指示卖出或者买入。二是任意性指示。即委托人仅指定希望成交的价格，但并非绝对不可变更。对于任意性价格，若行纪人予以变更的，《民法典》第 955 条规定了相应的处理规则，具体内容为：①行纪人以不利于委托人的价格进行买卖的，即以低于委托人指定的价格卖出或者以高于指定的价格买入的，若事先征得委托人的同意或者委托人在事后予以追认，则该买卖对委托人发生效力；若并未取得委托人的认可，但行纪人补足其差额的，该买卖亦应对委托人生效。②行纪人以有利于委托人的价格进行交易的，即以高于委托人指定的价格卖出或者以低于指定的价格买入的，此时所获得的利益自然应归属于委托人，行纪人也可以按照约定增加报酬。但若未约定报酬增加额，又不能按照《民法典》第 510 条确定的，则委托人无偿地享有增加的利益。

3. 保管和处置委托物的义务。行纪人占有依委托人指示买入或卖出的物品时，应妥善保管。行纪人在保管中，应尽善良管理人的注意；非经委托人同意不得由自己或第三人使用委托物；原则上应由行纪人亲自保管而不得使第三人代为保管；对保管的方法、场所等有约定的，行纪人不得变更。委托物损毁、灭失的，行纪人应承担赔偿责任。对于委托物，除非委托人另有指示，行纪人无办理保险的义务。委托人未指示投保，行纪人自动投保的，为无因管理；委托人指示投保，行纪人未投保，属于违反指示，行纪人应对委托物的意外损毁、灭失承担赔偿责任。

行纪人占有委托物时，该物品有瑕疵或易变质的，行纪人应及时征得委托人同意而处分委托物，如果未经委托人同意而擅自处分的，委托人可请求行纪人负赔偿责任。但是，在紧急情况下，若行纪人不能与委托人及时取得联系，则行纪人应对委托物进行合理处置。所谓合理处置，即与保护自己利益为同一处置，此不同于与处理自己事务为同一注意。例如，委托物为动物，其于到达行纪人时染病，行纪人应设法治疗；又如委托物为鱼、鲜水果等易变质之物，行纪人应将其迅速变卖。处理方法并无固定标准，但是，行纪人应将委托物视同己物并以最有利于委托人的方法进行处理，不得以行纪人处理自己事务一向极为疏忽为借口而推卸责任。

4. 费用负担义务。行纪人在办理委托事务时，为处理委托事务而支出的费用原则上应由行纪人自行负担。因为行纪不同于委托，行纪是以营利为目的的商事活动，行纪人为处理委托事务而支付的费用可作为营业的成本，日后能够通过向委托人收取报酬而得到弥补，故《民法典》第952条规定由行纪人负担行纪费用。行纪活动支出的费用包括委托物包储费、运输费、代付之货款或代缴之税款、更换包装费、订约之居间费、保险费等款项。但是，根据合同自由原则，此项义务亦可根据当事人的约定由委托人负担。

5. 其他义务。委托人与行纪人之关系，为委托合同关系之特例，故除行纪合同章有特别规定外，可以参照适用委托合同的有关规定。主要表现为：①行纪人的注意义务。行纪人办理委托事务时，应尽善良管理人的注意，即以通常商人之注意办理其交易行为。②行纪人报告义务。行纪人应向委托人报告委托事务的处理情况。③交付财产，移转权利的义务。行纪人应将执行委托事务所收取的金钱物品及其孳息交付给委托人，行纪人以自己的名义为委托人取得的权利应移转委托人。

（二）行纪人的权利

1. 报酬请求权。报酬俗称佣金。行纪合同为有偿合同，行纪人为委托人办理委托事务，自得请求委托人支付报酬。

关于行纪人于何时能请求支付报酬，存有不同观点和立法例。一种观点认为，行纪人只有与第三人缔结合同后方可请求支付报酬，但有例外：①行纪业务无从进行系基于委托人个人原因，如委托人破产，行纪人仍可请求支付报酬。②行纪业务无从进行系基于其他原因，有时依照习惯，行纪人亦可请求支付报酬。例如，在经售行纪中，委托人撤回出卖委托，依照习惯，行纪人可请求支付报酬。[1] 另一种观点认为，报酬请求以交易行为完结为条件。行纪人仅与第三人成立交易合同的，行纪人不能请求支付报酬，只有第三人依合同实行了给付，行纪人才能请求支付报酬，但行纪业务因不可归责于行纪人的事由而终止的，如委托人撤回委托或受破产宣告，行纪人仍可请求支付报酬。德国商法、瑞士债务法采此立法例。我国《民法典》第959条规定："行纪人完成或者部分完成委托事务的，委托人应当向其支付相应的报酬。如果委托人逾期不支付报酬的，行纪人对委托物享有留置权，但是当事人另有约定的除外。"可见，我国立法采纳了第二种观点。

2. 对委托物的提存权。行纪人依据委托人指示买入的物品，委托人无正当理由拒绝受领的，若非为易变质物品，行纪人可定相当的期限以催告委托人受领；逾期仍不受领的，行纪人可以依照法律有关提存的规定向提存机关提存。委托人委托出卖的物品，行纪人不能卖出或委托人撤回出卖委托的，委托人应取回其物或另行处分。经行纪人催告，委托人不取回或不进行处分的，行纪人也可行使提存权。

3. 介入权。所谓行纪人介入权，又称行纪人自约权，[2] 是指委托人委托行纪人出卖或买入有价证券或其他有市场定价的物品，除委托人有相反的意思表示外，行纪人享有以自己的名义充当买受人或出卖人的权利。

行纪人行使介入权须具备两个条件：①行纪人受委托买卖之物限于货币、股票等有公示价格的商品。因为此类物品有一定市价而不能被任意抬高或降低，双方不会发生利害冲突。②委托人无相反的意思表示，即委托人事先并未作出禁止行纪人介入的意思表示。若委托人明确表示不允许行纪人介入交易，则行纪人不能行使介入权。上述委托物虽有市价，但市价并非恒久不变，如果行纪人故意选择有利于己的时期介入，则会损害委托人的利益。因此，法律应规定，委托物的市价以委托人指示出卖或买入时的市价为准。所谓指示出卖或买入时的市价，如果委托人有具体指定的，如依照某交易所或市场某日某时的市价，应依照其指

---

[1]　参见梅仲协：《民法要义》，中国政法大学出版社1998年版，第435页。

[2]　参见欧阳经宇：《民法债编各论》，汉林出版社1978年版，第181页。

定；如果无具体指定，应依照委托实现时即介入时交易所或市场的市价予以确定。行纪人行使介入权后，因其买卖有价证券或其他有市价物品的行为仍属于履行委托事务，因此仍可以请求委托人支付报酬。

二、对于委托人的效力

（一）委托人的权利

1. 请求行纪人为其从事贸易活动的权利。

2. 要求行纪人按照其指示进行交易的权利。

3. 要求行纪人诚信勤勉地为其从事贸易活动的权利。

4. 要求行纪人报告、保守商业秘密的权利。

（二）委托人的义务

1. 支付报酬的义务。根据《民法典》第 959 条的规定，委托人的报酬支付义务通常以行纪人完成委托事务为条件。如因不可归责于行纪人的事由，致行纪人受托处理的事务不能完结的，委托人应就行纪人已履行的部分支付相应的报酬。行纪人已就受托的事务与第三人实施民事法律行为，但因委托人的原因不能履行的，委托人应支付全部报酬。报酬标准一般依照当事人的约定。

2. 按约定支付费用的义务。《民法典》第 952 条规定："行纪人处理委托事务支出的费用，由行纪人负担，但是当事人另有约定的除外。"

3. 接受行纪人完成的委托事务之后果的义务。《民法典》第 957 条规定："行纪人按照约定买入委托物，委托人应当及时受领。经行纪人催告，委托人无正当理由拒绝受领的，行纪人依法可以提存委托物。委托物不能卖出或者委托人撤回出卖，经行纪人催告，委托人不取回或者不处分该物的，行纪人依法可以提存委托物。"

行纪合同的终止可以参照适用委托合同的有关规定。

■ 思考题

1. 什么是行纪合同？其特征有哪些？

2. 如何理解行纪合同与委托合同、中介合同、代理行为之间的联系和区别？

3. 行纪合同双方当事人的主要权利义务是什么？

■ 参考资料

1. 崔建远：《合同法》，北京大学出版社 2016 年版。

2. 韩世远：《合同法学》，高等教育出版社 2010 年版。

3. 李永军：《合同法》，中国人民大学出版社 2020 年版。

4. 高富平、王连国：《委托合同·行纪合同·居间合同》，中国法制出版社 1999 年版。

# 第二十七章　中介合同

■ 学习目的和要求

　　通过本章的学习，了解中介合同的概念、基本法律特征；辨析中介合同与委托合同、行纪合同之间的关系；熟悉并理解中介合同的效力即当事人的权利、义务。

## 第一节　中介合同概述

　　《民法典》所规定的中介合同即为《合同法》中规定的居间合同。居间是一种古老的商业现象，早在古希腊即有居间的记载。在我国古代，居间比较发达，人们用"驵侩""牙侩""牙人""市牙""捐客""跑会人"等作为居间人的称呼。直至今日，居间作为一种古老的商业现象，在现代社会仍有其存在的价值。它不仅能作为有效的交易媒介，而且还可缩短交易时间，降低交易成本。在市场经济中，居间能够为一方充当订约媒介或报告订约机会，为双方当事人觅得商机，从而对双方当事人均有实益。

### 一、中介合同的概念

　　中介合同是指当事人一方为他方报告订约的机会或者提供订立合同的媒介服务，并由他方支付报酬的合同。在中介合同关系中，一方当事人称委托人，另一方称为中介人。

　　依照中介人所负义务内容的不同，中介合同分为两类：一是以报告订约机会为内容，即受他人委托，寻觅并且指示可以与之订约的相对人；二是以充任订约媒介为内容，即居中斡旋，传达双方意思，撮合双方订约。两者的区别在于前者仅报告订约机会，而由委托人与相对人洽商订约，后者则进而促成双方订约。《民法典》第961条规定："中介合同是中介人向委托人报告订立合同的机会或者提供订立合同的媒介服务，委托人支付报酬的合同。"可见，在我国，中介合同包括报告订约之机会和为订约之媒介，不对其作民事商事之区分。此种安排符合我国民商合一的立法体例。

## 二、中介合同的性质特征

### （一）中介合同为独立的有名合同

我国在民事立法中突出委托合同、行纪合同、中介合同的不同之处，而采三者分立的立法模式。

根据《民法典》的规定，中介与委托存在如下区别：①行为之性质不同。中介为他人之间行为之媒介；而委托则以为他方处理事务为目的。②对委托人来说，即使事务尚未处理完毕，受托人仍得请求支付报酬；而在中介中，中介人须促成合同成立之后，才可以按照约定向委托人请求报酬。③受托人处理事务之必要费用，由委托人承担；而中介之费用，除有约定之外，一般由中介人承担。

行纪与中介的差别亦可谓一目了然，具体如下：①行纪不是为他人之间行为之媒介，而是以自己的名义代替他人为民事法律行为。②行纪之行为对象以商行为为限，而中介则无此限制。当然，二者的共同之处在于中介和行纪的费用都不是由委托人承担，而由中介人、行纪人自己承担。但这并不能掩盖它们在性质上的差异。

因此，《民法典》将中介合同作为一种独立的有名合同，并专设一章对其予以调整。

### （二）中介合同是信息媒介劳务合同

中介是为他人报告订约机会或充任订约媒介。因而中介合同以劳务给付为标的，属于一种特别的劳务合同，中介人所实施的劳务，是信息的供给和订约的媒介。

### （三）中介合同是诺成及不要式合同

在中介合同中，中介人之报酬请求虽以其媒介行为的成立为前提，但中介合同在当事人意思表示一致时，即告成立，而无须以物之交付为要件。此外，中介合同之订立也无须采用书面形式。因此，中介合同是诺成和不要式合同。

### （四）中介合同是有偿合同

在中介合同中，一方为他方报告订约机会或充任订约媒介，他方给付报酬，二者互为对待给付，故中介合同是有偿的，委托人应依合同约定或法律规定承担向中介人支付报酬的义务。

## 三、中介合同的主体资格

自然人作为中介人的主体资格是一个需要重点关注的问题。关于自然人能否成为中介人，各国或地区立法一般予以准许，我国《民法典》也未对此加以限制。然而，鉴于我国现行法律法规为了防止滋生腐败，禁止国家公职人员从事市场交易活动，因而他们不具备中介人的主体资格。除国家公职人员外，一般自然人均可以作为中介人。

## 第二节　中介合同的效力

### 一、中介人的义务

（一）如实报告义务

《民法典》第962条第1款规定："中介人应当就有关订立合同的事项向委托人如实报告。"中介合同的基本目的在于促成委托人与第三人订立合同。因此，中介人的基本义务就是为委托人寻找、联络可与之订约的第三人或从中斡旋以促成委托人与第三人订约，这就要求中介人采取实事求是的态度据实报告或为媒介，不得欺骗有关当事人，不得隐瞒有关事实。另外，虽然中介人对相对人之信用无担保之义务，但为了保障委托人的利益，他应将所知的对委托人与相对人订立合同有影响的有关事项或信用状况如实告知委托人。具体而言，在指示性中介合同中，中介人必须就自己所掌握的信息如实向有关当事人提供，并保证其提供的信息真实可靠。而在媒介中介合同中，中介人必须向委托人提供相对人的缔约资格、财产状况以及履约能力等信息。

中介人违反如实报告义务，故意隐瞒与订立合同有关的重要事实或者提供虚假情况，损害委托人利益的，不得要求支付报酬，并应当承担损失赔偿责任。

（二）尽力促成缔约的义务

在中介合同中，中介人应积极尽力地促成委托人与相对人缔结合同。尽管在中介合同的法律规定中没有专门列出中介人尽力促成缔约的义务，但依照诚信原则及交易习惯，可推断出中介人应积极尽力促成双方订约。

（三）中介费用承担义务

《民法典》第963条第2款规定："中介人促成合同成立的，中介活动的费用，由中介人负担。"在一般情况下，中介费用由中介人自己承担，在合同促成之后，中介人才能向委托人请求支付报酬。但若中介人与委托人之间存在良好的信任关系，对费用的承担方式也可另行约定，这体现了私法自治的精神。

法律之所以规定中介费用由中介人自己承担，是想事先让中介人承担一定的风险，如果其促成合同订立，那么中介人可取得相应报酬，风险亦随之化解；如果中介人没能促成合同，就会蒙受中介费用的损失。在这种压力下，中介人必尽忠实之义务，尽力为委托人的利益考虑，促成交易成功。

### 二、委托人的义务

（一）支付报酬的义务

这是委托人的主要义务，也是中介人从事中介活动的经济目的所在。根据《民法典》第963条的规定，对委托人支付报酬的义务应从如下几方面理解：

1. 委托人支付报酬的前提为中介人促成合同成立。如果中介人未促成合同成立，则委托人可不支付报酬。促成合同成立可从两个方面来判断：①委托人已与第三人订立合同；②委托人与第三人订立合同与中介人的中介活动有因果关系。至于委托人与第三人之间订立的合同是否生效不得作为支付报酬的条件。

2. 委托人支付报酬可分为两种情况：在指示中介中，若中介人促成合同成立的，委托人应按照约定支付全额报酬；在媒介中介中，则应由该促成之合同的双方当事人平均分担中介人的报酬。因为指示中介合同的中介人仅向委托人报告订约机会，具体事宜由委托人与第三人进行洽谈；而在媒介中介合同中，中介人的媒介行为给所促成的合同双方均带来经济上的利益，因此，基于公平原则，《民法典》第963条规定，在媒介中介合同中由当事人平均负担中介人的报酬。

3. 中介报酬的数额、支付方式等内容一般应在合同中加以约定，若合同对此没有约定或约定不明的，依照《民法典》第510条规定仍不能确定的，则根据中介人的劳务合理确定。通常以中介人的中介活动成果为确定的主要依据，同时结合中介人为中介服务所花的人力、物力、财力等因素进行综合考虑。从事中介服务活动并取得了成果——为委托人提供订约机会或经介绍促成了委托人与第三人订立合同的，委托人有义务按照中介合同的约定向其支付中介报酬。反之，如果中介人未能提供或未能如实提供订约机会，委托人有权不予支付中介报酬；如果负有介绍委托人与第三人订约义务的中介人没介绍第三人或虽然进行了介绍，但未能促成委托人与第三人订约的，委托人有权不支付报酬。

《合同法》生效后，在司法实践中，二手房买卖居间纠纷中时有发生"跳单"问题。"跳单"为民间俗称，指在二手房买卖居间活动中，买方通过中介公司的居间服务选定房源后，却故意绕开该中介公司直接与房主达成交易或通过其他中介公司与房主达成交易的现象。关于当事人在房屋买卖居间合同中约定的禁止"跳单"条款的法律效力如何，以及何种情况构成"跳单"违约，实践中对此认识不一。为此，最高人民法院发布了指导案例1号"上海中原物业顾问有限公司诉陶德华居间合同纠纷案"，其裁判要点表明："房屋买卖居间合同中关于禁止买方利用中介公司提供的房源信息却绕开该中介公司与卖方签订房屋买卖合同的约定合法有效。但是，当卖方将同一房屋通过多个中介公司挂牌出售时，买方通过其他公众可以获知的正当途径获得相同房源信息的，买方有权选择报价低、服务好的中介公司促成房屋买卖合同成立，其行为并没有利用先前与之签约中介公司的房源信息，故不构成违约。"本案例作为指导案例 1 号在适用中对类似案件的处理具有重要指导意义，[1] 故《民法典》以此为依据在中介合同中增加了第 965 条的规定，即"委托人在接受中介人的服务后，利用中介人提供的交易机会或者媒介服务，绕开中介人直接订立合同的，应当向中介人支付报酬。"该规定是我国对"跳单"行为作出的明确规范。

（二）中介活动必要费用的偿还义务

中介活动未成功时，中介人不得请求委托人支付报酬。但是，其可以要求委托人支付从事中介活动支出的必要费用，委托人所负担的费用以"必要费用为限"。

### ■ 思考题

1. 什么是中介合同？其特征有哪些？
2. 中介合同双方当事人的主要权利义务是什么？

### ■ 参考资料

1. 崔建远：《合同法》，北京大学出版社 2016 年版。
2. 韩世远：《合同法学》，高等教育出版社 2010 年版。
3. 李永军：《合同法》，中国人民大学出版社 2020 年版。
4. 周江洪："民法典中介合同的变革与理解——以委托合同与中介合同的参照适用关系为切入点"，载《比较法研究》2021 年第 2 期。

---

　〔1〕 刘净："指导案例 1 号《上海中原物业顾问有限公司诉陶德华居间合同纠纷案》的理解与参照"，载《人民司法》2012 年第 7 期。

# 第二十八章　合伙合同

■ 学习目的和要求

　　通过本章的学习，了解合伙合同的概念和特征，理解合伙合同的效力；具体掌握合伙人的出资义务、合伙财产、合伙事务的执行、合伙利润分配和亏损分担、合伙人债务的承担、合伙份额的转让、合伙人的债权人的权利限制、合伙合同的终止及终止后的处理等内容。

## 第一节　合伙合同概述

### 一、合伙合同的概念

　　合伙合同是指两个以上民事主体为了共同的事业目的，订立的以共同出资为基础，共享利益、共担风险的协议。其中，订立合伙合同的当事人被称为合伙人，合伙人相互负有义务，即依据合伙合同所规定的方式促进共同事业目的的实现。合伙合同是组成具有团体性质的合伙的基础，其当然包含制定与合伙的组成、运营相关的规则的内容。共同出资为合伙合同的基础，而共享利益、共担风险是合伙合同的基本要素。

　　早在罗马法时期，合伙合同就已经成为合同的重要类型之一，合伙是两人以上的联合，旨在通过共同手段实现共同目的，合伙合同的两个渊源是继承人共同体和资合性的取得合伙，古典合伙合同以不要式表示的继续性合意为基础，合伙人的出资可以是财物也可以是劳务，合伙的存续需要合伙人之间基于信义而产生义务，但通常不具有法律强制性。[1] 近代各国或地区的民法都基本将"合伙合同"作为典型合同加以规定。《民法典》颁布前，我国民事立法未专门规定合伙

---

　　[1]　参见［德］马克斯·卡泽尔、罗尔夫·克努特尔：《罗马私法》，田士永译，法律出版社 2018 年版，第 479~481 页。

合同，只有 1986 年颁布的《民法通则》在民事主体制度中规定了"个人合伙"和"合伙型联营"两种合伙形式，其中也涉及合伙协议相关规范内容。1997 年颁布的《合伙企业法》专门规定了合伙企业，作为典型的商事主体法，其适用范围受到严格限制，其中规范内容的基础也涉及合伙协议。[1]《民法典》区分了构成民事主体的合伙和仅为合同关系的合伙，并将作为民事主体的合伙企业规定在总则编"非法人组织"一章，将合伙合同规定在合同编"合伙合同"一章，以便更好整理作为合同类型之一的合伙合同的一般规则，而其规范所指向的主要是没有成立合伙企业的合同型合伙。

**二、合伙合同的特征**

（一）合伙合同的主体为两个以上的民事主体

合同型合伙因为合伙人的死亡、丧失行为能力等原因导致合伙人数量减少为一人时，合伙合同终止。合伙合同的主体可以是自然人、法人或者非法人组织，结合《民法典》第 977 条的内容，合伙人应当具有完全民事行为能力。

（二）合伙合同是为了共同的事业目的或者共同利益而订立的合同

这是合伙合同区别于其他类型合同的主要特征。所谓的"共同的事业目的"可以是营利性的目的，也可以是非营利性的目的。所谓的"共同利益"可以是物质利益，也可以是其他方面的利益。在一般合同中，当事人之间的利益是相对的，他们的权利义务是"此消彼长"的关系；而合伙合同则具有实现共同事业的目的，故合伙人之间的权利义务是"共消共长"的关系。[2]

（三）合伙合同具有较强的人合性和一定的组织性

合伙合同的成立以合伙人之间的互相信任为基础，合伙人可以互为代理人，且全体合伙人对合伙债务承担连带责任。合伙人共享合伙经营的利益，共担合伙经验的风险。合伙合同必然包含合伙事务执行的相关组织规则。需要注意的是，《民法典》虽规定的是合同型合伙，但这种合伙合同仍以形成组织的合伙为原型。

（四）合伙合同是不要式合同

《民法典》没有特别规定合伙合同的订立形式，因此，合伙合同可以采用口头形式、书面形式或者其他形式。这与《合伙企业法》对合伙企业的要求不同，《合伙企业法》第 14 条要求合伙协议采用书面形式，这是考虑到合伙企业的成立须进行主体登记的结果。

（五）合伙合同是继续性合同

合伙合同约定的共同事业目的往往是持续性的，即使是临时性的合同型合

---

〔1〕 参见黄薇主编：《中华人民共和国民法典释义》，法律出版社 2020 年版，第 1748 页。

〔2〕 参见黄薇主编：《中华人民共和国民法典释义》，法律出版社 2020 年版，第 1750 页。

伙，合伙人履行义务的行为也不是一次性的，只要其共同目的尚未实现，合伙人都应继续履行其义务。合伙合同的解除也不具有溯及力，仅向将来发生效力。

## 第二节　合伙合同的效力

### 一、合伙人履行出资义务

合伙人基于合伙合同约定，为了实现共同的事业目的，须履行出资义务。合伙人出资是合伙得以形成和正常经营的基础。合伙人应在合伙合同中约定出资方式、数额和交付期限等。

（一）出资方式

出资方式是合伙人向合同型合伙投入资本的具体形式。合伙人的出资可以是货币，也可以是非货币。非货币形式包括除货币外的各种有形财产和无形财产，如实物、股权、知识产权等，还可以是劳务。而劳务既可为普通劳务，也可为具有相当经济价值的技术性劳务。[1]

（二）出资数额

出资数额是合伙人用以出资的财产的价值额，对于非货币出资的要按商定的价值或者由法定评估机构评估的价值进行计算并约定数额。出资数额由合伙人通过合伙合同约定，约定的出资数额决定了合伙的利润分配和亏损负担。当合伙合同对出资额没有约定或约定不明时，合伙人应当提供均等的出资，这与《民法典》第972条规定的合伙人利润分配和亏损分担的规则一致。除了货币出资以外，对其他出资的评估可以较为自由，但仍应反映出资财产的客观市场价格，以符合资本充实原则。[2]

（三）缴付期限

合伙人的出资并非须一次性完全缴付，合伙人可以在合伙合同中约定采取实际缴付或者认缴的方式进行缴付。采取认缴的方式，合伙人需要在合伙合同中承诺出资数额，并约定分期缴付的具体期限。如果对缴付期限约定不明确，又无法依据《民法典》第510条的规定确定，则合伙人可以随时出资，其他合伙人或者执行合伙人也可以随时请求出资，但应给出资人以必要的准备时间。[3]

---

〔1〕　参见王轶等：《中国民法典释评·合同编·典型合同（下卷）》，中国人民大学出版社2020年版，第605页。

〔2〕　参见邱聪智：《新订债法各论（下）》，中国人民大学出版社2006年版，第11页。

〔3〕　参见王轶等：《中国民法典释评·合同编·典型合同（下卷）》，中国人民大学出版社2020年版，第606页。

（四）不按约定履行出资义务的后果

合伙人不按合伙合同的约定履行出资义务的，应按照合伙合同的约定或者法律的规定对其他合伙人承担违约责任。如果合伙人不按约定履行出资义务给其他合伙人造成损失的，还应当承担赔偿责任，该损失包括合伙人迟延缴付的利息。

**二、合同型合伙的合伙财产**

合伙财产是合伙经营正常开展的物质保障，包括两个部分：一是合伙人对合伙的出资，也就是合伙的原始财产；二是合伙依法取得的收益和其他财产，包括合伙经营的收入、债权、损害赔偿或补偿等。

合伙财产的归属根据合伙类型的不同而存在区别。依法成立的合伙企业属于《民法典》总则编规定的非法人组织，其具有独立的民事主体资格，可以成为合伙财产的权利人；而合同型合伙虽具有一定的组织性，但其不具有独立的民事主体资格，故不能成为合伙财产的权利主体，其财产应归属于全体合伙人。其中，基于合伙财产产生的物权，则可能成立全体合伙人的共有或准共有，至于是属于按份共有还是共同共有，则需根据合伙合同的约定和依照《民法典》第 308 条的规定予以确定。也有学者认为，合伙财产一律由全体合伙人共同共有，[1] 但这与《民法典》第 974 条的表述不一致，且在合伙财产的范围包括物权以外的财产权利的情况下，简单地以共同共有来界定合伙财产的归属也不合适。因为合伙财产归属于全体合伙人，所以根据合伙合同的约定或者经过全体合伙人同意，才可以对合伙财产进行处分，但合伙人之间对处分合伙财产的内部约定不能对抗善意第三人。如果某项具体不动产物权登记在某个合伙人名下或者该财产为某个合伙人占有，此时该合伙人将不动产物权转移给善意第三人，第三人可以根据善意取得制度取得不动产物权。

合伙财产是合同型合伙得以存续和发展的重要条件，同时由于合同型合伙也具有一定的组织性，财产一旦进入合伙财产的范围，就与合伙人的财产分离而具有相对独立性。根据《民法典》第 969 条规定，在合伙关系终止前，合伙人不得请求分割合伙财产。此外，合伙人也不得私自转移或者处分合伙财产，合伙人执行合伙事务将合伙财产据为己有的，应将相关财产利益返还给合伙，造成损失的还应当承担赔偿责任。

**三、合伙事务的执行**

合伙事务的执行可以由合伙合同约定，在合伙合同未约定时，合伙人就合伙事务作出决定的，应当经全体合伙人一致同意。由于合伙事务关系到全体合伙人

---

〔1〕 参见黄薇主编：《中华人民共和国民法典释义》，法律出版社 2020 年版，第 1755 页；王轶等：《中国民法典释评·合同编·典型合同（下卷）》，中国人民大学出版社 2020 年版，第 611 页。

的共同利益，故合伙事务的执行不能由部分合伙人或者执行事务合伙人自行决定，也不能适用少数服从多数的原则。当然，合伙人可以通过约定采取表决程序，体现合伙人意思自治和协商原则。

合伙事务的执行有三种方法：一是由全体合伙人共同执行；二是委托一个或数个合伙人执行；三是由合伙人分别执行。合伙通常由合伙人共同进行经营和管理。在一般合伙中，合伙人的人数较少，相互之间有充分的信任基础，无需建立严密的组织管理机构，合伙人对于执行合伙事务享有同等的权利，无论出资多少都不影响各合伙人在执行合伙事务时的平等资格，所以原则上合伙事务由全体合伙人共同执行。但是，所有的合伙事务都由全体合伙人共同执行容易导致经营效率低下，不利于合伙事务的执行。[1] 因此，合伙人可以在合伙合同中约定，或者在订立合同后由全体合伙人决定，委托一个或者数个合伙人执行合伙事务。合伙具有一定的组织性，可以合伙的名义从事民事活动，如果全体合伙人共同执行合伙事务，则对外均有代表权；如果全体合伙人委托一个或数个合伙人执行合伙事务，则由受委托的合伙人对外代表合伙。

不执行合伙事务的合伙人虽然不直接参与合伙日常事务的经营管理，但仍享有对合伙重大事务的参与权和决定权。作为合同型合伙的投资者和受益者，非执行事务的合伙人对执行合伙事务的合伙人执行合伙事务享有监督权，其有权了解合伙业务、查阅合伙的业务账簿和文书等。合伙人分别执行合伙事务的，执行合伙事务的合伙人还享有异议权。出于维护合伙共同的事业目的，执行合伙事务的合伙人可以对其他合伙人执行的事务提出异议；提出异议时，应当暂停该项事务的执行。

合伙人执行合伙事务相当于处理自己的事务，因此，原则上合伙人不得以执行合伙事务为由请求支付报酬。但是，在将合伙事务委托给一个或者数个合伙人执行时，有的合伙人可以不直接参与合伙的经营管理，而执行合伙事务不仅需要付出时间和精力，还需要具备一定的专业技能，因此，合伙人也可以在合伙合同中约定对执行事务合伙人给予报酬和奖励的办法；但是，根据《民法典》第971条的规定，如果在合伙合同中没有约定的，则不能请求报酬。

### 四、合伙的利润分配和亏损负担

对于合伙生产经营获得的收入在扣除成本后所得的利润，可以在各合伙人之间进行分配。合伙经营过程中发生的在一定时期内各种收入减去各项费用后出现负的差额即产生的亏损，也应由合伙人分别负担。根据《民法典》第972条的规

---

[1] 参见王轶等：《中国民法典释评·合同编·典型合同（下卷）》，中国人民大学出版社2020年版，第616页。

定，利润分配和亏损负担应当按照合伙合同的约定进行，合伙合同对此没有约定或者约定不明的，可以由合伙人共同协商作出决定；如果合伙人经过协商仍不能作出决定的，应当按照合伙人的实际出资比例进行分配和分担。需要注意的是，这里的出资比例应当是实缴的出资，如果合伙人的出资比例无法确定的，只能由合伙人平均分配和分担。合伙人享有请求计算并分配合伙利润的请求权，无论是委托执行合伙事务的合伙人，还是其他合伙人都同样享有此种请求权。[1]

确定合同型合伙的利润分配和亏损负担的办法应当体现公平原则的要求，如果合伙合同仅约定了利润分配，则推定此约定也可以适用于亏损负担；反之，如果仅约定了亏损负担也应照此处理；只有在对利润分配比例和亏损负担比例均无约定时，才考虑按照出资比例予以确定。每一个合伙人无论其出资多少及以何种方式出资，都享有分配利润的权利，也负有分担亏损的义务，合伙合同不得约定将全部利润分配给部分合伙人或者由部分合伙人承担全部亏损。

**五、合伙债务的承担**

合伙债务是指在合伙事业经营过程中产生的应当由合伙承担的债务。合同型合伙的成立是为了共同的事业目的从事经营，与其他民事主体发生权利义务关系，从而产生各种债权债务。合伙债务不同于合伙人的个人债务，合伙财产由全体合伙人享有权利，合伙债务也应当由合伙人共同承担。因为合伙具有一定的人合性特征，合伙人之间互相信任，共享利益、共担风险，因此，《民法典》第973条规定合伙人对外承担连带责任。该规定虽然增大了合伙人的风险，但同时也增强了合伙对外的信誉，而且还可以扩大合伙人对合伙债务的担保，故有利于实现债权人的债权。

合同型合伙与合伙企业在承担债务的顺序上不同。合伙企业作为非法人组织具有独立的民事主体资格，在对外承担债务时先以合伙财产承担债务，合伙财产不足时才要求合伙人承担无限连带责任。合同型合伙虽亦具有一定的组织性，但结构较为松散，其并不具备独立的民事主体资格，难以厘清合伙财产和合伙人的其他财产，因此，并不要求必须先以合伙财产对合伙债务进行清偿，债权人可以直接请求所有合伙人以所有的财产来承担合伙债务。在民事诉讼中，债权人可以起诉全体合伙人，也可以起诉部分合伙人，要求其承担全部债务。

合伙人对外承担连带责任后，可以向其他合伙人追偿，追偿的数额不能超过其他合伙人按照合伙合同约定或者全体合伙人决定的债务分担比例，也不能超过自己应当承担的份额。

---

〔1〕　参见［日〕我妻荣：《我妻荣民法讲义 $V_3$：债法各论（中卷·二）》，周江洪译，中国法制出版社 2008 年版，第 288 页。

### 六、合伙份额的转让

在合伙合同存续期间，合伙人基于各种原因需要将其投入合伙中的财产份额变现，有权将其持有的合伙财产份额转让。合伙份额的转让既包括向合伙人以外的民事主体转让，也包括转让给其他合伙人。基于合伙的人合性特征，合伙人之间具有相互信任的基础才得以订立合伙合同，故合伙财产份额的对外转让并不能任意为之，除合伙合同另有约定外，合伙人向合伙人以外的人转让其全部或部分财产份额，必须经其他合伙人一致同意。但是，合伙人可以在合伙人内部转让自己的财产份额，这种内部转让虽然会使各合伙人的财产份额发生变化，但此种情形既没有新的合伙人加入，也不影响合伙财产总额的变化，不会破坏合伙人之间的信任关系，因此该内部转让不需要征得其他合伙人的同意。

无论是合伙人对外转让财产份额还是对内转让财产份额，合伙人都可以通过合伙合同的约定设定特别条件，既可以约定限制内部转让的条件，也可以约定对外转让时不需要经过其他合伙人的一致同意，而是依据表决规则进行。需要注意的是，即使有特别约定，该约定也不能违反公平原则而在事实上剥夺某些合伙人的权利，如约定个别合伙人可以任意转让份额，则背离了合伙的人合性特征，从而使整个合伙合同不能存续，以致合同效力出现瑕疵或可以解除合同。

### 七、合伙人的债权人之权利限制

合伙人以自己的名义在合伙经营之外的负债属于个人债务，应当由合伙人自行偿还，但是合伙财产份额也是合伙人的责任财产，合伙人的债权人也会主张合伙人以合伙财产份额来偿债，但基于合伙的人合性和组织性，合伙人的债权人不得代位行使合伙人依法享有的和在合伙合同中约定的权利，否则会导致第三人介入合同关系的结果。[1] 但是，合伙人在合伙中享有的利益分配请求权直接表现为财产利益，与合伙的人合性和组织性无关，故合伙人的债权人可以向合伙要求代位主张合伙人的利益分配请求权。

当合伙人的合伙财产份额以外的个人财产不足以清偿债务时，债权人可以要求以合伙产生的财产性权利来清偿债务。合伙财产是合伙人投入合伙的出资、出资收益等财产权益构成的，合伙人将其出资投入合伙是合伙经营的必要条件，如果允许合伙人以出资来清偿自己的债务就意味着对这种财产进行处分，进而导致对合伙财产进行分割，结果必然会对合伙经营造成负面影响。为了维护合伙组织的稳定，合伙人在合伙存续期间不能直接以其在合伙财产的份额清偿债务。当然，允许合伙人的债权人对合伙利益分配请求权进行代位行使，不会造成合伙财产的减少，对合伙经营来说并无害处。

---

〔1〕　参见史尚宽：《债法各论》，中国政法大学出版社2000年版，第700页。

# 第三节　合伙合同的终止

## 一、合伙合同终止的原因

### （一）合伙合同期限届满

合伙合同期限是指合伙合同约定的存续期间。合伙合同应当对合伙期限作出约定，合伙期限届满后，合伙合同终止。如果合伙合同明确约定了合伙期限，在合伙期限届满前，除非有合伙合同约定的解除事由，或者有行使法定解除权的重大事由等正当理由，合伙人不得解除合伙合同。

### （二）不定期合伙合同的随时解除

根据《民法典》第976条的规定，不定期合伙的产生原因主要有两种：①合伙人对合伙期限没有约定或者约定不明确，依据《民法典》第510条的规定如不能确定合伙期限的，视为不定期合伙；②合伙期限届满，合伙人继续执行合伙事务，其他合伙人没有提出异议的，原合伙合同继续有效，但是合伙期限变为不定期。合伙人可以随时解除不定期合伙合同。

合伙人解除合伙合同，应当尽量不损害合伙及其他合伙人的利益，并给予其他合伙人必要的准备时间，以便其他合伙人对合伙事务及时作出调整，所以合伙人在行使任意解除合伙合同的权利时，应当在一定合理期限之前通知其他合伙人，否则，解除的意思表示在合理的期间经过之后方才生效。[1] 合伙企业与合同型合伙不同，《合伙企业法》第46条规定合伙企业未约定合伙期限的，合伙人在不给合伙企业事业执行造成不利影响的情况下，可以退伙，但应当提前30日通知其他合伙人，而合同型合伙只能解除合同。

### （三）合伙人死亡、丧失民事行为能力或者终止

合伙合同的当事人可以是自然人、法人或者非法人组织等民事主体。因为合伙合同的订立是为了共同的事业目的，对于合伙事务应当由合伙人共同决定、共同执行，因此，作为合伙人的自然人应当具有完全民事行为能力，从而满足合伙经营的要求。同时，合伙人对外承担连带责任，这就要求合伙人应当具有一定的财产或承担责任的能力。对于合同型合伙来说，一旦合伙人死亡或丧失行为能力，则合伙没有存续的必要，应当终止。与此相对应的是，作为合伙人的法人或非法人组织终止的，合伙合同也应当终止。

---

〔1〕　参见邱聪智：《新订债法各论（下）》，中国人民大学出版社2006年版，第83页。

（四）合伙合同的目的已经实现或者无法实现

合伙合同的存续须以一定的共同的事业目的为基础，如果合伙的目的已经实现或者在客观上已经确定无法实现，则没有必要继续维持合伙合同。当然，基于合伙的人合性特征，需要合伙人共同作出终止合伙合同的决定。

（五）全体合伙人决定终止合伙合同

即使没有客观原因致使合伙事业无法继续，但全体合伙人一致同意终止合伙合同的，则合伙即无继续存续的必要，合伙合同将因此而终止。

**二、合伙剩余财产的分配**

合伙合同因为各种原因终止后，应当对合伙财产以及因合伙产生的所有债权债务进行清算。根据《民法典》第 978 条的规定，首先是清偿清算的各项费用和合伙的债务，如果还有剩余的财产，则按照合伙合同确定的份额和方式分配给合伙人。因为合伙人对合伙债务承担连带责任，使得清算的目的并非为保护合伙债权人的利益，而是保障合伙人之间的公平，所以，此种清算仅仅是内部清算。[1]《民法典》第 978 条关于合伙合同终止后合伙财产的分配顺序的规定，在合伙内部具有效力。[2]　如果合伙财产不足以清楚清算的费用和合伙债务，合伙人应当对不足部分以个人财产承担连带责任。

合伙合同终止后，合伙财产应当首先用于清偿因合伙合同终止清算而产生的各项费用，包括合伙财产的评估、保管、变卖等所需的费用，以及律师费、诉讼费等。清偿上述费用后有剩余的，则用于清偿合伙债务。

合同型合伙的一切债务都应当优先于合伙人的分配财产请求权，只有清算费用和合伙债权都得到实现之后，才可以分配剩余的合伙财产。剩余合伙财产的分配应当按照合伙合同的约定办理；没有约定或约定不明确的，由合伙人协商决定，协商不成的按照实际出资比例分配；如果无法确定实际出资比例的，由合伙人平均分配。

需要注意的是，如果某个合伙人仅是将自己的财产交给全体合伙人共同使用，并非作为实际出资的，在支付因终止而产生的费用和清偿合伙债务之前，该合伙人可以取回该财产。当然，在使用期间该财产毁损灭失的，则该合伙人的返还原物请求权就转化为损害赔偿请求权，从而和其他合伙债务处于同等的地位，而基于合伙人应承担的连带责任，其不得要求补偿。

---

〔1〕　参见李永军：“民事合伙的组织性质疑——兼评《民法总则》及《民法典各分编（草案）》相关规定”，载《法商研究》2019 年第 2 期。

〔2〕　参见谢鸿飞、朱广新主编：《民法典评注：合同编·典型合同与准合同（4）》，中国法制出版社 2020 年版，第 559 页。

合同型合伙与合伙企业相比，没有专门的清偿程序，但因合伙合同产生的费用和合伙企业清算的费用具有相同的性质，因此也应当优先予以支付。契约型合伙如果雇佣他人，则受雇人的报酬等费用在合伙合同终止的清算中同样需要作为债务一同考虑。由于合同型的合伙不具有独立民事主体资格，不是独立的纳税主体，故其在合伙合同终止的清算中无需考虑缴纳税款的问题。

### ■思考题

1. 什么是合伙合同？其具有哪些特征？
2. 合伙合同有哪些效力？
3. 合伙合同的终止原因有哪些？
4. 合伙合同终止后的剩余财产如何分配？
5. 试述合伙份额的转让。

### ■参考资料

1. 朱虎："《民法典》合伙合同规范的体系基点"，载《法学》2020 年第 8 期。
2. 王轶等：《中国民法典释评·合同编·典型合同（下卷）》，中国人民大学出版社 2020 年版。
3. 谢鸿飞、朱广新主编：《民法典评注：合同编·典型合同与准合同（4）》，中国法制出版社 2020 年版。
4. 黄薇主编：《中华人民共和国民法典释义》，法律出版社 2020 年版。

# 准　合　同

## 第二十九章　无因管理

■ **学习目的和要求**

　　通过本章的学习，理解无因管理的概念、性质；掌握无因管理的构成条件和无因管理的效力；重点掌握管理人的主要权利、管理人的适当管理义务、通知义务、报告义务等内容。

### 第一节　无因管理概述

#### 一、无因管理的含义

　　无因管理是指管理人没有法定或约定的义务，为了避免他人利益受损失而管理他人事务的法律事实。管理事务的当事人被称为管理人；事务被管理的当事人被称为受益人，也称为本人。根据《民法典》979条的规定，无因管理的管理人可以请求受益人偿还因管理事务而支出的必要费用，管理人因管理事务受到损失的，可以请求受益人给予适当补偿。

　　无因管理制度在罗马法中就已经存在，而且其涉及的范围很广，在前古典法和古典法中包括了非基于特别法律关系（尤其是委托和监护）而基于事实产生的所有事务管理，管理人处理的事务可以是各种法律上的或事实上的事务，但这项事务须是他人事务，且处理这项事务须是为了该他人的利益。[1] 近代以来的民法理论，均认为无因管理是债的发生原因之一。根据《民法典》第118条的规定，无因管理和合同、不当得利等债的发生原因并列存在，但因为《民法典》

---

〔1〕　参见［德］马克斯·卡泽尔、罗尔夫·克努特尔：《罗马私法》，田士永译，法律出版社 2018 年版，第 493~494 页。

没有单独规定债编，而是将债法的相关内容分别规定在合同编和侵权责任编中，基于合同是最主要的债的发生原因，故将债法总则的相关内容规定于合同编总则，将无因管理和不当得利两种债的发生原因作为"准合同"也规定在合同编中。

个人事务应该由自己处理，他人不得擅自干涉，管理他人事务、干涉他人生活的行为应构成侵权，但生活中常见的助人为乐、危难相助等行为显然不是侵权行为，故基于社会倡导的互帮互助理念，将无因管理行为作为合法行为予以规范，是世界各国或地区民事立法的通例。无因管理发生后，在管理人与受益人之间发生债权债务关系，这就是无因管理之债，其主要内容是：管理人有权请求受益人偿还因管理事务而支出的必要费用，而受益人负有向管理人偿还该费用的义务。

**二、无因管理的性质**

无因管理是一种法律事实，属于行为中的事实行为，而不是自然事实。关于无因管理的性质，需要明确以下内容：

1. 无因管理属于事实行为。无因管理不具有意思表示内容，不属于民事法律行为。在无因管理中，尽管法律要求管理人具有为他人管理事务的意思，但这种意思仅是指管理人具有因管理而发生的利益归属于受益人的意思，而不是依据这种意思发生法律效果。无因管理发生后，其法律效果完全基于法律的直接规定而产生，而不问管理人是否具有此种效果意思。

2. 无因管理不能类推适用意思表示和民事法律行为的一般规定。有关意思表示瑕疵影响民事法律行为效力的规定，如虚假表示、欺诈、胁迫等相关规定都不能适用于无因管理。如果产生认识错误，如将他人的事务误认为是自己的事务，或将自己的事务误认为他人事务，并对这种事务进行管理，不能类推适用有关重大误解的规则，而只能依据是否影响"为他人利益而管理事务"来确定是否成立无因管理。

## 第二节　无因管理的构成要件

**一、为他人管理事务**

为他人管理事务是无因管理的客观要件。这里所说的"事务"，是指一切有关人们生活利益的事项，其可以是财产性的事项，也可以是非财产性的事项；其可以是继续性的事项，也可以是一时性的事项；其可以是民事法律行为，也可以是事实行为；其可以是对受益人现存权利的处理，也可以是新的权利的取得。但是，违反法律或违背公序良俗的事务，结婚等需要受益人亲自为之的身份行为，单纯的不作为，以及依照法律规定必须由受益人授权才能实施的行为等，不得作为无因管理的事务。所谓管理，是指对事务进行处理，实现事务目的的行为。

判断当事人所从事的管理行为是否构成无因管理，并不当然以管理活动开始时是否无因作为判断的时间点，因为当事人在从事相关管理活动时可能具有法律上的原因，但事后该法律上的原因消灭，那么，从原因消灭时当事人开始管理活动就构成了无因管理。[1] 管理的事务属于管理人自己和他人的共同事务时，在属于他人的事务部分成立无因管理；而且，管理人在管理他人事务时可以同时兼顾自己的利益。

所谓他人的事务，可以分为客观的他人事务与主观的他人事务。客观的他人事务是指事务在性质上与他人具有当然的结合关系，事务的内容属于他人利益，如救助落水者等；主观的他人事务是指该事务在外观上属于中性，从内容和性质上并不当然和他人有结合关系，但可以根据管理人的意思而成为他人事务，如为了让他人使用而购买东西并供他人使用。

### 二、没有法定或约定义务

管理人对管理他人事务是否有法定义务或者约定义务，这是认定无因管理的前提条件。法律上的义务包括法定义务和约定义务。所谓法定义务，是指法律直接规定的义务。法定义务既可以是民法上的义务，如监护人管理被监护人的事务；也可以是行政法上的义务，如警察收留走失的儿童等。所谓约定义务，是指当事人双方基于合同而约定的义务，如委托合同中受托人管理委托人的事务之义务。无论是哪种类型的义务，其中的利益关系已经为法律关系所固定，因此并无适用无因管理制度的必要。

对于管理人有无管理他人事务的义务，应以管理人着手管理时的客观事实而定，而不能以管理人的主观判断为标准。管理人本来没有管理他人事务的义务，但其于管理过程中负有义务的，不能继续成立无因管理。管理人事实上没有管理他人事务的义务，而管理人主观上认为其有义务的，可以成立无因管理。

### 三、有为他人利益而管理事务的意思

管理意思就是为他人谋利益的意思，或者说是使管理行为所产生的利益归属于受益人的意思。管理人具有为他人管理的意思是无因管理的主观要件。[2] 管理人所管理的事务须为他人事务，纯为自己的事务或者错误地将自己事务作为他

---

〔1〕　参见王轶等：《中国民法典释评·合同编·典型合同（下卷）》，中国人民大学出版社 2020 年版，第 661 页。

〔2〕　参见王利明：《债法总则研究》，中国人民大学出版社 2015 年版，第 536~537 页。

人事务进行管理的，不构成无因管理。管理意思的有无，是无因管理区别于侵权行为、代理的主要特点。只要管理人具有管理他人事务的意思，即使在管理过程中违背了受益人的真实意思也可构成无因管理，但此时可能构成不适当无因管理而需承担相应的责任。

管理意思的判断标准需要从两个方面来看。从动机来看，管理人应出于为受益人谋利益的目的；从效果来看，由管理行为所取得的利益应最终归属于受益人。管理人是否为他人谋利益而为管理，应由管理人负举证责任。管理人应从自己的主观愿望、事务的性质、管理的必要性以及管理的后果诸方面来证明自己的管理是为他人谋利益的。虽然无因管理的管理人须为他人的利益而为管理，但这并不要求管理人须有为他人利益的明确表示。管理人主观上有为他人利益的目的且兼有为自己利益的动机，客观上自己同时受益的，也认定其成立无因管理。

但是，管理人纯粹为自己的利益而管理他人的事务，即使受益人从其管理中获得利益，也不能构成无因管理。管理人将他人的事务作为自己的事务进行管理的，如符合不当得利的构成条件，可以成立不当得利，否则就是对他人事务的不法干涉或侵犯，即构成侵权行为。

## 第三节　无因管理的类型

### 一、适当无因管理和不适当无因管理

根据管理人的管理行为是否符合受益人的真实意愿，可以将无因管理分为适当无因管理和不适当无因管理两类。

适当无因管理是指管理人没有法定的或约定的义务，为了避免他人利益受损失而管理他人事务，且符合受益人真实意思的管理行为。不适当无因管理是指管理人没有法定的或约定的义务，为了避免他人利益受损而管理他人事务，但不符合受益人真实意思的管理行为。根据《民法典》第 979 条的规定，适当无因管理的管理人有请求受益人偿还必要费用和补偿损失的权利，而除受益人的真实意愿违反法律或者违背公序良俗外，不适当无因管理的管理人原则上不享有该权利。

此外，在不适当无因管理中，受益人事实上享有了因管理人的管理所带来的利益，从公平的角度讲，受益人在享有管理利益的同时，有义务偿还管理人在管理事务中所支付的必要费用，且管理人因管理事务受到损失的，也可以请求受益人给予适当补偿。不过，受益人向管理人偿还的费用和补偿的损失，不能超过其从管理人的管理中获得的利益。

## 二、真正无因管理和不真正无因管理

根据管理人在管理事务时有无为他人利益进行管理的意思，可以将无因管理分为真正无因管理和不真正无因管理。这是纯粹地从学理上作出的分类，并没有在《民法典》中加以规定。

真正无因管理是指管理人无法定或约定的义务而为他人管理事务，而且管理人有为他人管理事务的意思的管理行为。真正无因管理产生两个方面的法律效果：一是使无因管理成为合法行为；二是在管理人和受益人之间产生无因管理之债。

不真正无因管理是指管理人非为他人利益而管理事务的管理行为。由于管理人没有为他人利益进行管理的意思，所以其不成立真正的无因管理，只是其具有管理行为的外观。不真正无因管理主要包括三种情况：①不法管理，即明知是他人事务，但非为他人利益进行管理，而是为自己利益进行管理的行为。这种管理在本质上不属于无因管理的范围，但考虑到受益人依据侵权行为或者不当得利请求损害赔偿或返还利益时，其请求范围反倒不如依据无因管理请求管理人返还的利益的范围大，如果不允许受益人适用无因管理返还请求权制度，不但对受益人不公正，而且还有可能诱使更多的不法管理行为发生。因此，对于不法管理，可以准用真正无因管理返还请求权制度。②误信的无因管理，即将他人的事务误认是自己的事务进行管理的行为。这种误信可能是由受益人的原因导致的，也可能是由管理人自己的原因导致的，还可能是由双方共同的过错导致的。对于误信的无因管理应当适用不当得利或者侵权行为制度进行处理，具体的处理结果因发生原因的不同而有所不同。③幻想管理，即误信自己的事务作为他人事务进行管理的行为。因这种情形不满足无因管理中为他人管理事务的实质要求，故不构成无因管理。《民法典》规定的无因管理制度不包括不真正无因管理的规范内容。

## 第四节　无因管理的效力

### 一、管理人的义务

#### （一）适当管理义务

适当管理是指管理人依据受益人明示或者可以推知的意思，以有利于受益人的方法进行管理。管理人在管理他人事务时，应当按照善良管理人的注意义务管理他人事务。根据《民法典》第 981 条的规定，管理人管理事务时，应当采取有利于受益人的方法，中断管理对受益人不利的，无正当理由不得中断。但是，管理人对于事务的管理是为了受益人尽公益上的义务或者为其履行法定义务的，尽管违反受益人明示或可以推知的意思，仍然属于适当管理。管理方法是否有利于受益人，应当从客观上进行判断，以能否避免受益人利益遭受损失为标准。

（二）通知义务

管理人在开始管理后，应当在可能和必要的情况下，将管理开始的事实及时通知受益人。根据《民法典》第982条的规定，管理事务不需要紧急处理的，应当等待受益人的指示。如果管理人不知受益人是谁，或者不知道受益人的住所，则不负通知义务。当然，如果受益人已经知道管理开始的事实，则没有必要通知受益人。管理人发出通知后应当终止管理行为，等待受益人的指示。受益人指示同意管理人管理其事务的，管理人可以继续管理；受益人没有指示或者虽有指示但拒绝其管理的，管理人不得再继续管理。但是，如果管理人管理的事务属于紧急事务，管理人可以在收到受益人的指示前继续管理事务。

（三）报告义务

管理人在管理的事务结束后，其应当向受益人报告管理事务的情况，并向受益人提供涉及管理的相关资料。否则，受益人将不知道管理人是否在管理中履行了各项义务，也不知道管理的结果。对于管理人来说，其不向受益人报告管理的结果，则无法向受益人请求偿还必要费用，也无法请求受益人补偿其于管理事务的过程中所受到的损失。在管理人中断管理事务或者受益人提出请求时，应当将中断前管理事务的情况报告给受益人。管理人向受益人报告管理事务时，可以采取书面形式，也可以采取口头形式或者其他方式。报告的内容原则上应当包括管理的过程、结果等，而且报告的内容应当是真实的，不得欺瞒受益人。

（四）交付义务

管理人管理事务取得的财产，应当及时转交给受益人。在管理事务结束后，管理人除履行报告义务外，还应将因管理事务所收取的金钱、物品及其孳息等财产返还给受益人。管理人以自己的名义为受益人取得的权利，也应转移给受益人。管理人在为受益人管理事务期间，第三人所给付的财产只要应归属于受益人的，管理人都应移交给受益人。管理人拒绝移交的，受益人可以根据不当得利制度要求管理人返还，因此给受益人造成损害的，管理人应承担损害赔偿责任。如果管理人在管理事务期间为了自己的利益使用了应交付给受益人的金钱，其应当自使用之日起支付利息，损害受益人的利益时还应当赔偿损失。

**二、管理人的权利**

（一）必要费用偿还请求权

管理人为受益人管理事务所支出的必要费用，有权请求受益人偿还。所谓必要费用，是指一个理性的管理人在完成管理事务时所支出的合理费用。支出的费用是否必要，应依据支出时的客观情况决定，即使支出时该费用为必要，其后成为不必要，也应将该费用视为必要费用。反之，如果支出时该费用是不必要的，即使其后转化为必要，一般也不应将该费用视为必要费用。

如果管理行为对受益人不利，则受益人偿付的费用只限于其受益部分，超出部分由管理人自负。必要费用超出受益部分可以看作是因管理人违反义务而给受益人造成的损失。管理人在管理事务过程中，因管理事务的必要而对外欠有债务，可以请求受益人偿还。

（二）适当补偿请求权

管理人为了管理受益人事务而受到损害的，如损害的发生与其管理行为之间具有因果关系，则管理人有权向受益人请求给予赔偿。管理人对损害的发生有过错的，应适当减轻受益人的赔偿责任。根据《民法典》第979条第1款的规定，管理人为了受益人的利益而受到损害，受益人应当承担一定的补偿义务。只要管理人在管理过程中所采用的方法是适当的，管理人就享有这种补偿请求权，至于是否给受益人带来实际的效果和利益，则在所不问。

需要注意的是，管理人在管理事务过程中因第三人的原因受到损害的，管理人原则上得向第三人请求损害赔偿，只有在第三人逃逸或者无力承担责任时，受益人才应给予其适当补偿。

三、受益人追认的法律效果

在管理人进行管理的过程中，受益人可以通过追认方式对管理人管理自己的事务予以追认。这种追认原则上应以明示方式进行，在一定情况下也可用默示方式进行，但受益人请求管理人返还因管理所获利益的行为本身不构成追认。对于适当无因管理而言，受益人作出追认行为，不但表明了其认可管理人的管理行为符合自己的意愿，而且于事实上授权管理人对自己的事务继续进行管理。对于不适当的无因管理而言，受益人通过追认补正了管理人的行为不符合受益人真实意愿的不足，使不适当无因管理成为适当无因管理。同时，受益人可以通过追认的方式于事实上正式授权管理人对自己的事务继续进行管理。

受益人的追认是对管理人管理行为的追认，其是否当然包括对管理结果的追认不能一概而论，应根据具体情况进行判断。在受益人追认时没有特别声明的情况下，则要根据管理人管理结果的严重程度和过错程度来判断追认的范围，如果损害结果是因管理人的故意或者重大过失导致的，则不宜将受益人的追认视为对这种管理结果的认可。

根据《民法典》第984条的规定，除管理人另有意思表示外，受益人对管理人的管理事务进行追认后适用委托合同的有关规定。也就是说，在管理人开始管理事务后，一旦受益人追认，管理人和受益人之间的权利义务关系就由无因管理变为委托合同关系。受益人追认具有溯及既往的效力。

■**思考题**

1. 什么是无因管理？如何理解无因管理的性质？
2. 无因管理的构成条件有哪些？
3. 无因管理中管理人的权利和义务有哪些？
4. 试述无因管理中受益人追认的法律效果。

■**参考资料**

1. 黄薇主编：《中华人民共和国民法典释义》，法律出版社 2020 年版。
2. 王轶等：《中国民法典释评·合同编·典型合同（下卷）》，中国人民大学出版社 2020 年版。
3. 谢鸿飞、朱广新主编：《民法典评注：合同编·典型合同与准合同（4）》，中国法制出版社 2020 年版。
4. 王泽鉴：《债法原理》，北京大学出版社 2013 年版。

# 第三十章　不当得利

■ 学习目的和要求

　　通过本章学习，应当了解不当得利的概念，理解不当得利的构成要件和不当得利的排除情形；熟悉不当得利的基本类型以及给付型不当得利和非给付型不当得利的基本内容；掌握不当得利之债的效力。

## 第一节　不当得利概述

### 一、不当得利的概念

　　不当得利是指一方当事人没有法律根据取得不当利益并导致对方当事人受损失的法律事实。取得不当利益的一方当事人称为得利人；受损失的一方当事人称为受损人。在发生不当得利的法律事实后，得利人与受损人之间将产生不当得利之债。其中，得利人负有向受损人返还不当利益的债务；受损人享有请求得利人返还不当利益的债权。

　　不当得利制度起源于罗马法，其历经不同国家或地区的继受和发展，现已成为民法中的基本制度之一。在法律中设立不当得利制度，目的在于矫正欠缺法律关系的财产利益变动，平衡得利人与受损人之间的利益冲突，并通过赋予受损人以不当得利返还请求权和课以受益人承担不当利益返还义务，确定该利益的正确归属，从而使正常的社会经济秩序得到维护。

### 二、不当得利的构成要件

（一）一方取得利益

　　一方取得利益，是指因不当得利的发生，一方当事人的财产利益总额得以增加。具体包括财产或利益的积极增加与财产或利益的消极增加两类：①财产或利益的积极增加，是指财产或利益不应增加而增加，包括通过取得财产权利、增强财产权的效力、获得某种财产利益、财产权限制的减弱等财产范围都扩大。②财产或利益的消极增加，是指财产或利益应当减少而未减少，包括本应当承担的债务未承担或少承担、本应当支出的费用未支出、本应当设定的权利负担未设定等情形。

### （二）他方受有损失

他方受有损失，是指受损人的财产利益总额减少。具体包括两类：①现有财产或利益的积极减少；②应增加的财产或利益没有增加。对于"应增加"的判定不以其"必然增加"为必要，只要在通常情况下受损人的利益可能增加，就可将其认定为"应增加"。如果仅有一方当事人取得利益，而未给他方当事人带来任何损失，则不构成不当得利，因为不当得利制度的功能不是填补损害，而是使得利人将其没有法律根据所取得的利益返还给受损人。

### （三）取得利益与受到损失之间具有因果关系

取得利益与受到损失之间具有因果关系，是指得利人取得利益是以受损人遭受损失为基础的。对于这种因果关系的判断，学界存在两种观点：①直接因果关系说。该规点认为，在不当得利中，取得利益与受有损失必须基于同一事实而发生，若是基于两个不同的事实发生的，则不应视为具有因果关系。②非直接因果关系说。该规点认为，取得利益与受有损失不必基于同一事实而发生，只要依社会观念认可和基于公平理念认为两者之间具有牵连关系，就能够认定为具有因果关系。根据《民法典》第122条的规定可知，我国采纳了非直接因果关系说。

### （四）取得利益无法律根据

一方取得利益造成他方损失构成不当得利，其重要原因在于得利人取得利益没有法律根据。如果一方取得利益有法律根据，即使该行为造成他方当事人受到损失，这种关系也会受到法律的认可和保护，不构成不当得利。在不当得利中，没有法律根据体现为两种情形：一是得利人取得利益时没有法律根据；二是得利人取得利益时有法律根据，但此后丧失了该法律根据。

### 三、不当得利的排除情形

根据《民法典》第985条的规定，得利人没有法律根据取得不当利益的，受损人可以请求得利人返还取得的利益，但在下列情形下不构成不当得利：①为履行道德义务进行的给付；②债务到期之前的清偿；③明知无给付义务而进行的债务清偿。

此外，学界一般认为，因不法原因而作出的给付，如支付赌债、支付毒资、支付"二奶"包养费等违反公序良俗及法律禁止规定的给付，也不构成不当得利。

总之，上述各种情形虽然符合不当得利的构成要件，但因法律特别规定了受损人不得请求得利人返还取得利益，故其不发生不当得利之债的效力。

## 第二节 不当得利的基本类型

不当得利依据不同标准可以划分为不同的类型，而依据其是否基于给付行为而发生，将其区分为给付型不当得利与非给付型不当得利，这在理论上和实践中均具有重要意义。

**一、给付型不当得利**

给付型不当得利，是指得利人受领他人给付的财产或利益，因欠缺给付目的而发生的不当得利。给付目的也就是给付的原因。一般而言，向他人给付财产总有一定法律目的，这种法律目的就是得利人取得利益的法律根据。如果因为某种原因，导致给付目的不存在或原有给付目的丧失，则得利人所取得的利益便会因无法律根据而成为不当得利。给付行为因欠缺给付目的而构成的不当得利情形有：

（一）自始欠缺给付目的

自始欠缺给付目的是指自给付之时就不具有给付的原因。该情形主要有两种：①作为给付的原因的民事法律行为不成立、无效或被撤销；②狭义的非债清偿，即无法律上的债务而以清偿目的进行给付。

（二）给付目的嗣后不存在

给付目的嗣后不存在是指给付时具有法律上的原因，但后来作为给付的法律原因丧失。该情形主要有三种：①基于附解除条件或终期的民事法律行为予以给付，而该民事法律行为所附条件成就或期限届满；②依据双务合同交付标的物后，因不可归责于双方当事人的事由致一方不能为对待给付；③合同解除后，在合同未解除时受领的给付。

（三）给付目的不达

给付目的不达是指为实现将来某种目的而作出给付，但由于存在障碍致使给付目的未能实现。例如，附停止条件的民事法律行为中，一方当事人误认为条件成就而给付标的物，实际上条件尚未成就，以致给付目的无法实现。

**二、非给付型不当得利**

非给付型不当得利，是指基于给付以外的事由而发生的不当得利。这种发生不当得利的事由包括人的行为、自然事件以及法律规定。

（一）基于人的行为发生的不当得利

1. 基于得利人的行为而发生的不当得利。这种不当得利主要表现为得利人通过侵害他人权益而取得利益，属于权益侵害不当得利，如得利人无权处分他人之物并取得利益、非法使用或消费他人财物并取得利益、擅自出租或转租他人财产并取得利益。

2. 基于受损人的行为而发生的不当得利。这种不当得利以受损人为他人支出费用的情形最为典型，如误将他人的家畜当作自己的家畜饲养、误以他人的物当成自己的物而修缮。

3. 基于第三人的行为而发生的不当得利。这种不当得利是得利人因第三人的行为取得利益而造成他人利益受损的情形，如第三人为修缮得利人的物而使用受损人的原材料。

（二）基于自然事件发生的不当得利

在这种不当得利中，财产利益是受到自然因素的影响而发生变动，如甲池塘的鱼因池水满溢而流入乙的池塘、甲饲养的家禽吃掉乙的饲料等，都是基于自然事件发生的不当得利。

（三）基于法律规定而发生的不当得利

基于法律规定而发生的不当得利，是指在一定事实或行为发生时，根据法律的规定可以构成不当得利。例如，在发生添附的情形中，一方当事人基于法律规定取得添附物的所有权，另一方当事人因此受到损失，取得添附物所有权的得利人应向受损人返还其所取得的利益。

# 第三节　不当得利的效力

## 一、不当得利的返还标的

不当得利一经成立，受损人有权请求得利人返还其所取得的不当利益，而得利人负有返还该不当利益的义务。得利人返还的不当利益，包括原物及其孳息。具体而言，得利人的返还标的为：①原物存在的，返还原物；原物不存在的，折价返还；原物毁损后存在代位物的，应当返还原物的代位物。②取得的利益依其性质不能返还的，应当返还相应的价额。③基于取得的利益而产生的孳息，包括天然孳息和法定孳息，均应当予以返还。

## 二、不当得利的返还范围

（一）得利人为善意时的利益返还

《民法典》第 986 条规定："得利人不知道且不应当知道取得的利益没有法律根据，取得的利益已经不存在的，不承担返还该利益的义务。"据此，得利人为善意的，仅返还现存利益，对已经不存在的利益则不负返还义务。

（二）得利人为恶意时的利益返还

《民法典》第 987 条规定："得利人知道或者应当知道取得的利益没有法律根

据的，受损失的人可以请求得利人返还其取得的利益并依法赔偿损失。"可见，在得利人取得利益时为恶意的，其须返还所取得的利益；对于已经不存在的利益，应依法予以赔偿。

（三）得利人取得利益时为善意而嗣后为恶意的利益返还

得利人在取得利益的时候为善意，嗣后转化为恶意的，得利人返还不当利益的范围应以恶意开始之时尚存的利益为准。

（四）第三人的利益返还义务

《民法典》第988条规定："得利人已经将取得的利益无偿转让给第三人的，受损失的人可以请求第三人在相应范围内承担返还义务。"

■ **思考题**

1. 什么是不当得利？其构成要件有哪些？
2. 试述不当得利的排除情形。
3. 试述不当得利的基本类型。
4. 试述不当得利的效力。

■ **参考资料**

1. 王利明主编：《民法》，中国人民大学出版社2022年版。
2. 魏振瀛主编：《民法》，北京大学出版社、高等教育出版社2021年版。
3. 王泽鉴：《不当得利》，北京大学出版社2015年版。